权威·前沿·原创

皮书系列为

"十二五""十三五""十四五"时期国家重点出版物出版专项规划项目

BLUE BOOK

智库成果出版与传播平台

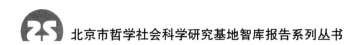

北京市哲学社会科学研究基地智库报告系列丛书

法治政府蓝皮书
BLUE BOOK OF LAW-BASED GOVERNMENT

中国法治政府评估报告（2023）

ANNUAL REPORT ON CHINA'S LAW-BASED GOVERNMENT (2023)

主　编／中国政法大学法治政府研究院

社会科学文献出版社
SOCIAL SCIENCES ACADEMIC PRESS (CHINA)

图书在版编目（CIP）数据

中国法治政府评估报告 . 2023 / 中国政法大学法治
政府研究院主编 . -- 北京：社会科学文献出版社，
2024.4
（法治政府蓝皮书）
ISBN 978-7-5228-3493-1

Ⅰ.①中…　Ⅱ.①中…　Ⅲ.①国家机构-行政管理-
研究报告-中国-2023　Ⅳ.①D630.1

中国国家版本馆 CIP 数据核字（2024）第 072464 号

法治政府蓝皮书
中国法治政府评估报告（2023）

主　　编／中国政法大学法治政府研究院

出 版 人／冀祥德
组稿编辑／刘骁军
责任编辑／易　卉
文稿编辑／郭锡超
责任印制／王京美

出　　版／社会科学文献出版社·法治分社（010）59367161
　　　　　地址：北京市北三环中路甲 29 号院华龙大厦　邮编：100029
　　　　　网址：www.ssap.com.cn
发　　行／社会科学文献出版社（010）59367028
印　　装／三河市东方印刷有限公司

规　　格／开　本：787mm×1092mm　1/16
　　　　　印　张：30.5　字　数：459 千字
版　　次／2024 年 4 月第 1 版　2024 年 4 月第 1 次印刷
书　　号／ISBN 978-7-5228-3493-1
定　　价／168.00 元

读者服务电话：4008918866

项 目 组

主 持 人　马怀德

顾 问　应松年

项目组成员　（按姓氏笔画排序）

马　允　王青斌　王春蕾　王　翔　冯　健

刘　艺　成协中　李红勃　张　莉　林　华

罗智敏　赵　鹏　郝　倩　曹　鎏

感谢中国司法大数据研究院对本报告的数据支撑和技术支撑

主要编撰者简介

顾问　应松年

　　著名行政法学家，现任中国政法大学终身教授、博士生导师。中国法学会行政法学研究会名誉会长，第九届、第十届全国人大代表，内务司法委员会委员，北京市第十届、第十一届、第十二届、第十三届人大代表、法制委员会副主任，北京市第十四届人大常委会法制建设顾问，享受国务院颁发的政府特殊津贴。兼任国家减灾委员会专家委员会成员，中国法学会学术委员会委员，最高人民法院、最高人民检察院专家咨询委员，北京市、四川省、福建省人民政府法律顾问等。曾两度获北京市优秀教师奖，并获中央国家机关"五一劳动奖章"、"百名法学家百场报告会最佳宣讲奖"、"2006 年度法治人物"、中国行政法学"终身成就奖"、日本名古屋大学名誉法学博士等。

主编　马怀德

　　中国政法大学校长，教授，博士生导师，中国政法大学学术委员会主席，享受国务院颁发的政府特殊津贴。兼任中国法学会副会长，中国法学会行政法学研究会会长，最高人民法院特邀咨询员，最高人民检察院专家咨询委员，国务院学位委员会法学学科评议组召集人，教育部法学专业教育指导委员会副主任委员。国家哲学社会科学领军人才，中国十大杰出青年法学家，北京市有突出贡献的科学技术管理人才，"2020 年度法治人物"。直接参与国家赔偿法、行政处罚法、立法法、行政许可法、行政强制法等重大立法工作。出版学术著作 50 余部，包括《国家赔偿法的理论与实务》《当代中国行政法的使命》《行政法前沿问题研究》等。发表论文 300 余篇，包括《法治政府建设存在的问题与主要任务》《法治政府建设的根本遵循》《迈向"规划"时代的法治中国建设》等。

《中国法治政府评估报告（2023）》
撰写分工

本书是中国政法大学法治政府研究院"中国法治政府评估"项目组团队合作的成果，由马怀德教授主持研究，应松年教授担任顾问，各部分负责人和参与人如下：

《2023年度全国100个城市法治政府建设总体情况分析》负责人为赵鹏教授，辛浩天、谢冰钰、李鸿英、郭竞捷协助进行数据检索、分析及图表制作等工作；

《政府职能依法全面履行》负责人为王春蕾副教授，赵秋实、路博尧、谢慧珊、胡滢滢、王越佳、齐嘉钰、金豆豆协助进行数据检索、分析及图表制作等工作；

《法治政府建设的组织领导》负责人为罗智敏教授、马允副教授，刘子婧、何佳晨、司银铃、张童博协助进行数据检索、分析及图表制作等工作；

《依法行政制度体系完善》负责人为曹鎏教授；

《行政决策》负责人为王青斌教授，张雅杰、林胤翔、谢欣汝协助进行数据检索、分析及图表制作等工作；

《行政执法》负责人为张莉教授，吕之滨、李名蕊、张恬园、李博宇协助进行数据检索、分析及图表制作等工作；

《政务公开》负责人为林华教授，何慕、董璇、孟丽协助进行数据检索、分析及图表制作等工作；

《行政权力的制约与监督》负责人为郝倩副教授、冯健师资博士后，赵心畅、张楚涵协助进行数据检索、分析及图表制作等工作；

《法治政府对法治社会的带动》负责人为李红勃教授，朱玉宸、马晟誉、邹芷玥协助进行数据检索、分析及图表制作等工作；

《优化营商环境的法治保障》负责人为成协中教授，苗凌云、姚清寻、李彤、方彦博协助进行数据检索、分析及图表制作等工作；

《数字法治政府》负责人为刘艺教授，高瑞、许峭、刘洁、林沁雪、韩雨珊、孙煜铖协助进行数据检索、分析及图表制作等工作；

《社会公众满意度调查》负责人为王翔助理研究员，沈斌晨、郭锦霖、李泽坤协助进行数据检索、分析及图表制作等工作。

摘　要

　　本报告为中国政法大学法治政府研究院 2023 年度地方法治政府评估的最终成果，是自 2013 年启动的地方法治政府评估工作的延续。法治政府研究院根据党的二十大报告、《法治政府建设实施纲要（2021—2025 年）》等中共中央、国务院制定和颁布的关于法治政府建设的重要文件，以解决法治政府建设中的具体问题作为实践导向，完善并形成了"2023 年度中国法治政府评估指标体系"，据此完成评估。评估对象共计 100 个城市，包括 4 个直辖市、27 个省会（首府）所在地的市、4 个经济特区、18 个国务院批准的较大的市和 47 个根据人口数量和地域分布选择的其他城市。根据三级指标的不同，项目组在具体测评对象的选择上，分别以市政府、市政府各个职能部门、市政府部分职能部门作为具体的测评对象。

　　本次评估主要依据 100 个城市 2023 年法治政府建设的相关数据。数据采集主要通过三种方式：网络检索、实践体验与实地调研、司法大数据的适用。2023 年度评估报告建立在更加科学、完善的指标体系基础上，继续深入评估、考察地方法治政府建设的落实情况以及存在的突出问题，提出具有可行性的解决建议，以评促建，推动新时代法治政府建设提质增效。

目 录 ⟍⟍

I 总报告

II 指标分报告

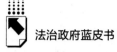

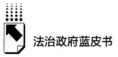
Ⅲ　城市分报告

（按城市名拼音升序排列）

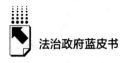
皮书数据库阅读 **使用指南**

主要图表目录 ⌐˥

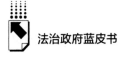

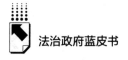

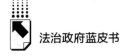

总 报 告

General Report

B.1

2023年度全国100个城市法治政府
建设总体情况分析

赵　鹏[*]

摘　要：　中国政法大学法治政府研究院对2023年度全国法治政府建设情况进行了全面分析。结果显示：法治政府建设水平稳步提升，并向着更加精细化的方向发展；政府职能深入转变，整体性政府建设不断推进，参与式政府建设有所提升，法治政府与数字政府融合发展的态势初步形成。但也要看到，政府职能还有待进一步持续转变，部分地方、部分领域监管不到位、公共服务供给不充足的情况还比较突出。整体性政府建设还相对欠缺制度层面的系统发力，亟待从规则标准、绩效评价、监督问责多个方面开展精细化的建设。公众参与渠道有待进一步拓展，参与方式有待进一步

---

* 赵鹏，中国政法大学法治政府研究院教授，法学博士，研究方向：行政法、政府规制理论、网络法、科技法。中国政法大学法学院2022级宪法学与行政法学博士研究生辛浩天、2024级宪法学与行政法学博士研究生谢冰钰、2023级宪法学与行政法学硕士研究生李鸿英、2023级宪法学与行政法学硕士研究生郭竞捷协助进行数据检索、分析及图表制作等工作。

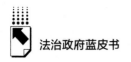

优化，以更加广泛积极的公民主动参与实践全过程人民民主。行政执法体制有待进一步完善，法治政府对法治社会的带动作用有待进一步发挥。为此，需要进一步守正创新、勇毅前行，以更高质量的法治政府建设牵引和带动高质量法治建设，为在法治轨道上全面建设社会主义现代化国家提供有力保障。

关键词： 法治政府　服务政府　数字政府　整体性政府　参与式政府

　　法治政府建设是全面依法治国的重点任务和主体工程，是推进国家治理体系和治理能力现代化的重要支撑。党的十八大以来，以习近平同志为核心的党中央围绕全面推进法治政府建设作出了一系列重大决策、采取了一系列重要举措，我国新时代法治政府建设推进机制基本形成。

　　习近平总书记指出："法治政府建设是重点任务和主体工程，要率先突破，用法治给行政权力定规矩、划界限，规范行政决策程序，加快转变政府职能。"① 2020 年 12 月，中共中央印发了《法治社会建设实施纲要（2020—2025 年）》，对法治社会建设提出了新要求、作出了新部署，明确要全面提升社会治理法治化水平，完善社会治理体制机制、推进多层次多领域依法治理。2021 年 1 月，中共中央印发了《法治中国建设规划（2020—2025 年）》，首次对法治中国建设进行专门规划，提出要构建职责明确、依法行政的政府治理体系，把政府活动全面纳入法治轨道。2021 年 8 月，党中央、国务院印发《法治政府建设实施纲要（2021—2025 年）》（以下简称《纲要》），围绕新发展阶段持续深入推进依法行政、全面建设法治政府，明确提出要健全政府机构职能体系、依法行政制度体系、行政决策制度体系、行政执法工作体系、突发事件应对体系、社会矛盾纠纷行政预防调处

---

① 《习近平在中央全面依法治国工作会议上发表重要讲话》，中国政府网，2020 年 11 月 17 日，https://www.gov.cn/xinwen/2020-11/17/content_ 5562085. htm。

化解体系、行政权力制约和监督体系、法治政府建设科技保障体系、法治政府建设推进机制，对于新发展阶段实现法治政府建设的全面突破具有重大意义。党的二十大报告强调"扎实推进依法行政"，对转变政府职能、深化行政执法体制改革、强化行政执法监督机制和能力建设等提出了明确要求，为新时代法治政府建设提供了根本遵循。

中国政法大学法治政府研究院（以下简称"法治政府研究院"）自2013年开始持续在全国范围内对地方政府法治建设状况进行第三方评估，致力以学术力量推动法治政府建设，以评估方式助力法治政府建设。十余年来，法治政府研究院研究团队根据党中央、国务院制定和颁布的关于法治政府建设的重要文件，针对地方政府法治建设情况，自主研发中国法治政府评估指标体系并不断完善，以独立第三方机构的名义对地方法治政府建设状况进行全面观察和科学评估，基于评估结果提出科学建议，为持续深入推进依法行政、全面建设法治政府提供智识。

法治政府研究院深入贯彻党的二十大精神，结合党的二十大报告、《纲要》以及党中央、国务院对法治政府建设提出的新要求，以解决法治政府建设的具体问题作为实践导向，在整体评估体系架构保持基本稳定和延续性的基础上，完善并形成了本年度中国法治政府评估指标体系，继续深入评估、考察地方法治政府建设的落实情况以及存在的突出问题，提出具有可行性的解决建议，以评促建，推动新时代法治政府建设提质增效。

一　评估指标体系

2023年在延续以往评估工作的基础上，对评估指标进行了适当调整，包括以下三个方面。

第一，更加突出评估指标体系的系统性、时代性。本次评估指标体系共有11项一级指标34项二级指标71项三级指标（观测点），共计1000分（具体参见附录一：2023年度中国法治政府评估指标得分率）。结合党的二十大报告对新时代法治政府建设提出新的更高要求，法治政府研究院研究团

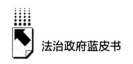

队对评估指标体系予以系统性优化，围绕国家改革大局和法治建设的需要增减调整指标，进而实现以评促建的评估效果。一方面，根据法治政府建设新要求，加强对执法改革情况的评估。党的二十大报告提出，"深化行政执法体制改革，全面推进严格规范公正文明执法"。加强重点领域执法、完善基层执法是全面推进严格规范公正文明执法的关键环节。本次测评增设"部门综合执法改革情况""基层执法体制改革情况""具体行政执法制度建设情况"等三级指标（观测点），具体考察行政执法的法治化水平。另一方面，针对《纲要》提出的"健全行政权力制约和监督体系，促进行政权力规范透明运行"要求，将一级指标"监督与问责"修改为"行政权力的制约与监督"，并通过"内部监督""外部监督"两个层面7个三级指标，更为细致全面地考察对行政权力制约和监督体系的建设情况。

第二，更加突出评估内容的丰富性、实效性。随着法治政府建设向纵深发展，不仅要关注形式上法治政府是否建立，更要关注实质上法治政府的建设成效。因此，本次评估更加注重在良好行政和实质法治层面对地方政府的建设成效予以全面考察，实现法治政府建设的内涵式发展。例如，对一级指标"法治政府对法治社会的带动"项下的观测点予以全面优化、调整，新增了"多元化公共法律服务供给建设""法律援助与村（居）法律顾问""领导干部法治思维培养"等三级指标，进一步扩充了评估主体的范围，提升了评估结果的丰富性，不断向实质法治层面的内涵式评估转变。又如，科学设定了"行政权力的制约与监督"一级指标，从"内部监督""外部监督"两个层面切入，注重政府对内部的审计职能与对外部监督途径的反馈情况及具体的信息披露的范围与程度，重点对审计情况的公开、行政复议体制改革情况、规范性文件制定修改中重大问题请示汇报、人大政协监督、司法监督等重要方面进行了科学评价，提升了指标体系的实用性、实效性。

第三，更加突出测评方式的科学性、智能性。针对部分指标过去受制于法治政府评估数据的多源异构、量化缺乏而导致的评估手段单一、智能化程度不高而只能在小数据基础上进行观测和评估等问题，本次评估继续充分运用人工智能、大数据等新兴技术，结合中国司法大数据研究院开发的中国司法大数据库，基于跨库的司法大数据对相关指标的法治政府评估数据进行筛选和清洗，通过反向验证的方式实质提升法治政府评估的可信度。

二 评分标准及方式

2023年评估中的评分标准基本维持稳定，根据具体的三级指标确定，主要分为五种情况。第一，以考察"是否开展某类工作"或者"有无建立某种制度"等客观事实作为评分依据，根据检索资料的情况进行赋分。第二，以"多寡"或者"频率"等客观事实分层赋分。第三，适当增加"反向扣分"评分形式比例，有效传导评估压力。例如，在一级指标"依法行政制度体系完善"项下的三级指标"行政规范性文件的实体合法性"，利用官方网络检索并考察被评估政府在2022年5月1日至2023年4月30日制定的行政规范性文件的实体合法性，出现一例违法设定情形，本指标不得分。第四，以项目组成员实际的执法体验进行赋分。例如，在一级指标"行政执法"项下设置三级指标"违法行为投诉体验情况""市政设施损坏投诉情况"，根据项目组委派的调研人员的实地调查，发现违法行为或市政设施损坏情况向有关行政部门进行举报，对相关部门接到举报后的行政执法行为进行全程记录。第五，在公众社会调查指标中，根据被调查公众的评价进行综合评分。

为拓展和保障评估所需要资料获取途径和来源的多样性，项目组采取以下三种方式收集具体的信息和资料。

第一，网络检索。课题组全面检索被评估政府及其职能部门的官方网站、政务服务平台、地方政府信息公开网站等，对于无法在地方政府及其职能部门的官网上直接获取的信息，通过在"百度""必应"等进行关键词搜索等间接方式检索。关键词的选择尽量宽泛，以免遗漏相关信息。

第二，实践体验与实地调研。课题组委派调研员到被评估的城市开展实地调研，进行社会公众满意度调查和违法行为执法体验，形成公众满意度调查报告和执法体验报告，作为相关指标评测的依据。

第三，司法大数据的扩展性应用。本次评估将司法大数据适用于行政诉讼、

行政规范性文件、行政执法、行政权力的制约与监督、营商环境优化等项下的观测点，技术赋能创新评估手段，进一步提升评估方式的科学化、智能化。

三　评估对象及过程

2023 年的评估对象是 100 个城市，包括北京、上海、天津、重庆 4 个直辖市，长春、长沙、成都、福州、贵阳、广州、哈尔滨、海口、呼和浩特、杭州、合肥、昆明、济南、拉萨、兰州、南昌、南京、石家庄、沈阳、太原、武汉、乌鲁木齐、西安、西宁、南宁、银川、郑州 27 个省会（首府）所在地的城市，汕头、深圳、厦门、珠海 4 个经济特区市，鞍山、包头、本溪、大连、大同、抚顺、邯郸、淮南、吉林、洛阳、宁波、齐齐哈尔、青岛、苏州、唐山、无锡、徐州、淄博 18 个国务院批准的较大的市，佛山、常德、烟台、济宁、德州、衡阳、温州、岳阳、盐城、六安、泰安、茂名、临沂、阜阳、台州、南通、南阳、襄阳、聊城、驻马店、遵义、东莞、湛江、菏泽、泉州、荆州、邢台、沧州、潍坊、宜春、黄冈、玉林、揭阳、毕节、保定、南充、邵阳、上饶、新乡、达州、赣州、周口、信阳、商丘、曲靖、绥化、克拉玛依 47 个根据人口数量和地域分布选择的其他城市。

根据三级指标的不同，项目组在具体测评对象的选择上，分别以市政府、市政府各个职能部门、市政府部分职能部门作为具体的测评对象。其中，有的指标以市政府为考察对象，例如对"行政决策"一级指标项下的"重大决策目录制定公开情况"三级指标，通过检索各市政府信息公开网站、政府门户网站，观测各市政府制定重大行政决策事项目录、标准的情况。有的指标以地方政府及其各职能部门为考察对象，例如对"法治政府对法治社会的带动"一级指标项下的"落实'谁执法谁普法'"三级指标，项目组对测评对象政府及其各职能部门的情况进行检索，查找工作文件、新闻报道、普法文章、年度报告等佐证材料，据此评估赋分。有的指标选取部分政府职能部门进行考察，例如对"行政执法"一级指标项下的"部门综合执法改革情况"三级指标，通过在市政府及相关农业农村部门等网站的搜索，重点考察农业综合执法的改革情况。

四 评估结论与建议

（一）法治政府建设水平稳步提升

总体来看，2023年评估结果显示，有97个城市得分率在60%以上，这一结果相较于上一年度法治政府建设评估稳中有进。在11项一级指标中，"政府职能依法全面履行""法治政府建设的组织领导""依法行政制度体系完善""行政决策""政务公开""法治政府对法治社会的带动""数字法治政府""社会公众满意度调查"八项一级指标的全国平均得分率较上一年度实现有序增长。

与此同时，评估也发现，目前，已经开展的两批全国法治政府建设示范创建活动所形成的示范带动作用逐步显现。一些具有传统优势的城市为了保持优势不断精细化法治政府建设举措，其他城市则不断弥补短板，良好制度的示范扩散效应逐步显现。

报告选取2023年度总得分率排名靠前的30个城市加以展示（见图 B.1-1）。

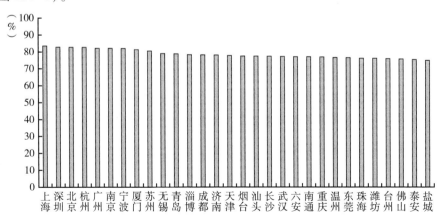

图 B.1-1　2023年度法治政府评估排名1~30的城市总得分率情况

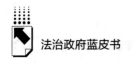

（二）法治政府建设的举措逐步精细化

从评估结果可以看出，各地法治政府建设推进机制不断健全，强调把握法治政府建设的核心环节、关键要素，更有针对性地解决深层次问题，更精准地推进法治政府建设目标任务落地落实。

一是组织领导的精细化、实效化。地方党委对法治政府建设的组织领导已经不限于开一次会、发一次报告这样形式化的工作。评估发现，96%的城市市委常委会、市政府常务会议都专题研究过法治政府建设情况，且多数城市的党委能够结合社会治理、法治政府建设情况报告审核、法治政府建设示范创建、党政主要负责人履行推进法治建设第一责任人职责等具体工作对法治政府建设进行研讨。

二是提升推进方式的精细化。例如，关于"权责清单的动态调整情况"三级指标，一些获得满分的城市不仅能够按照规定公示权责清单和就权责清单进行动态调整并予以说明，而且在清单的标准化层面自我加压。通过清单内容的标准化建设、表格化管理，检索过程更加高效便利，做到了科学性与人性化的统一。

三是提升法治政府建设任务的穿透性。评估发现，以往评估的触角穿透市本级至区县、街乡层面时相关评估指标的得分参差的情况得到一定改观。特别是，在推进执法力量下沉方面，一些城市专门建立了案件移送、相互告知、联合执法、执法协助、信息共享、业务指导等制度，为建立健全乡镇（街道）与上一级相关部门行政执法案件移送及协调协作机制探索相应的制度保障。这有利于在法治轨道上强化基层治理能力。

（三）法治政府与数字政府融合发展的态势逐步形成

作为法治政府建设的重要抓手，数字政府经过多年发展，已经迈入以技术融合、业务融合、数据融合为特征，跨层级、跨地域、跨系统、跨部门、跨业务一体化协同服务的阶段，在便利企业群众办事创业、推动政府职能转变、推进国家治理体系和治理能力现代化进程中发挥了重要作用。

一方面，以数字政府建设牵引深化政府自身改革。一些地方政府依托数字技术，全面提升政务服务水平，推进线上线下深度融合，增强全国一体化政务服务平台服务能力，优化整合提升各级政务大厅"一站式"功能，全面实现政务服务事项全城通办、就近能办、异地可办。一些城市政府着眼于平台建设，在地方政府规章、行政规范性文件的统一查询平台、行政执法公示平台、网络问政平台以及政务服务平台建设方面表现优异，在行政执法监督平台的建设中也取得了明显的进步。杭州、深圳、上海、宁波等东部沿海地区城市数字政府建设成效尤其显著，在政务服务平台、政府数据公开等方面都取得了优异的成绩。

另一方面，"数字法治政府"也正在嵌入法治政府与服务型政府双轮驱动的发展模式之中。评估发现，六成以上的地方政府均通过战略规划、发文等方式明晰了数字政府建设对于经济社会高质量发展的意义。广州、深圳、南昌等城市政府相继提出"推进公共数据开放""加速数据要素市场培育"等实质措施，破解数据要素流通等制约数字政府建设和数字经济发展的堵点难点。

当然，课题组也认为，当下的数字化和法治政府建设融合推进仍然主要借助地方层面的政策推动，伴随数字政务重塑公众与政府的交互界面，革新政府内部的决策流程，形成公众与政府、政府部门与政府部门之间新型的交互方式、交互空间。国家层面健全完善规范数字政务运行的法律框架的需求也日渐紧迫。特别是，通过立法规范行政机关在数字政务活动中收集、处理个人信息的权限，明确行政机关之间数据传输的法律规则，健全行政机关利用大数据、算法辅助决策的正当法律程序规则。

（四）政府职能转变不断深入，但在监管和公共服务等领域仍存在短板

科学的政府职能涉及政府与市场、政府与社会的关系，关乎有效市场和有为政府两个作用的结合，是政府正确有效行使权力、发挥作用的前提和基础。评估发现，地方政府围绕经济调节、市场监管、社会管理、公共服务和

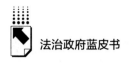

生态环境保护等职能持续发力，取得积极成效。例如，以临时居民身份证办理、城乡居民养老保险待遇申请、租房提取住房公积金、船舶安全管理证书的查询与核验四项内容抽查的跨省通办得分情况来看，有1/3以上的城市获得了满分，说明政务事项办理的便捷程度得到明显提升，"高效办成一件事"成为牵引政府自身变革的重要抓手。又如，在生态环境保护职能发挥方面，有1/4的城市得了满分。

政府职能转变只有进行时，没有完成时。在成绩的背后，也要看到存在的突出问题。部分地方政府在重点领域监管"不到位"、公共服务供给"不充足"方面的短板效应突出。例如，从行政执法领域的测评结果来看，安全生产执法仍然存在短板。而且，对被评估城市安全生产事故发生频率的评估也印证了这种执法上的缺陷最终造成一些损害后果。这暴露出一些地方政府监管不到位、制度不落实的问题。此外，在公共服务提供方面，以托位进行的抽样评估显示相关公共服务资源总体上也存在供给不足，这反映出政府公共服务职能履行与社会需求之间还存在一定的差距。与此同时，政府职能在不同层级政府间配置的清晰化程度仍需大力提升。例如，权责清单指标的评估结果显示，在各地政府普遍建立起权责清单制度的同时，具体的行政权力和责任应由哪一级政府的相关主体行使和承担还比较模糊，这将在一定程度上制约政府职能的有效发挥。

（五）整体性政府建设不断推进，但还需构建系统的制度框架

整体主义治理理念是推进国家治理体系和治理能力现代化的必然要求。《纲要》提出，"推进政府机构职能优化协同高效。坚持优化政府组织结构与促进政府职能转变、理顺部门职责关系统筹结合，使机构设置更加科学、职能更加优化、权责更加协同"。评估发现，各地政府进行了丰富有益的探索创新，积极健全监管体制机制，完善监管制度框架，强化条块结合、区域联动，建立健全跨部门综合监管制度，完善协同监管机制，如跨部门综合监管改革、区域一体化协调，逐步形成高效的法治实施体系，为一体化和高质量发展铸造坚实的法治屏障、提供积极的示范样板。

不过，评估也发现，整体性政府建设本身就在一定程度上存在"点状"推进的问题，相对欠缺在制度层面系统发力的合力。例如，一些地方虽然组建了综合执法机构，在组织上实现了"综合"，但在违法线索互联、执法标准互通、处理结果互认以及案件移送及协调协作机制方面还存在明显的短板，在行动中没有实现真正的"综合"，这显然与改革的初衷有悖，容易出现非但没有解决老问题，反而滋生新问题的窘境。

上述问题表明，推进整体性政府建设还需要构建系统的制度框架，这既需要从宏观层面就纵向和横向两个维度明确行政机关职责边界、促进合理分工、保证权责一致，强化制度化的行政协作机制，避免同一地域不同政府部门或不同地域同一政府部门之间行政的"碎片化"，也需要从规则标准、绩效评价甚至监督问责方面开展大量精细化的机制建设。

（六）参与式政府建设成效有所提升，但公众参与仍有进一步提升空间

参与式政府是实践全过程人民民主的重要环节，也是彰显人民政府本质特征的重要保障。总体来看，各级政府在建设参与式政府方面有了一定的实践基础。不论是规章和规范性文件制定过程中的参与，还是重大行政决策形成过程中的参与，相较前些年而言，在建章立制和平台建设方面都已经有了比较明显的改善。例如，大部分城市官网设立了规章和规范性文件的专栏。绝大多数城市在重大行政决策的公众参与环节中得分超过了总分的90%，有一半以上的城市得了满分。评估也发现，与过去"公告—评论"式参与模式不同，各地通过召开听证会、论证会等方式实施参与的案例相较过去有所增多，相对便利了参与的途径，提升了参与的可能性。

不过，也需要高度关注当前参与式政府建设过程中暴露出来的形式主义问题。例如，一些地方政府虽然在网站的意见征集专栏开放参与途径，但缺乏对参与事项和途径的醒目标识和主动宣介，这导致很多参与空有途径，少有甚至没有意见，参与的程序实质上在空转。又如，部分城市虽然召开听证会、座谈会引入公众参与，但对参加听证会、座谈会设置过高的参与要求，

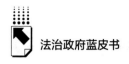

且座谈会参加人士的筛选机制不透明，座谈会过程往往不公开，减弱了听证会、座谈会的公众性。特别是当前还普遍存在对意见的处理结果不透明、反馈不及时等问题，为此，需要以多种互动方式推动由被动参与到主动作为，让群众意见成为政府开门立法、开门决策的"源头活水"。

（七）与高质量发展相适应的行政执法体制还需要持续完善

行政执法是政府最为重要的活动。行政执法一头连着政府，一头连着群众。执法人员是否公正严明，执法行为是否规范文明，执法手段是否与时俱进，直接关系到群众对党和政府的信任度，关系到行政执法现代化建设的进程。国务院办公厅印发的《提升行政执法质量三年行动计划（2023—2025年）》将进一步提升执法质效作为完成当前法治政府建设阶段性目标的重要指征，直面执法中存在的突出问题，提出细化要求。从评估的结果来看，经过多年不懈的努力，行政执法的各项改革已颇具成效，但高质量发展要求更高水平的执法，对此，仍有大幅改进的空间。

一是行政执法水平不均衡的矛盾依旧突出。横向上，行政执法水平区域间不平衡的现象长期存在，从通过非诉执行申请被否定率测评行政执法质量的情况来看，尽管全国平均值并不高，但抽样统计发现，一些城市的非诉执行申请被否定率达到了四成左右，比较突出地存在执法主体不适格、程序违法、行政行为使用错误等问题，特别是主体不适格这种严重错误占到了一半以上，这暴露当地部分领域行政执法随意性强、质量低下的问题。在纵向上，尽管执法向基层下沉的工作得到推进，一定程度上化解了过去"看得见的管不着"的问题，但从以城市管理部门为考察对象考察乡镇（街道）与上一级相关部门行政执法案件移送及协调协作机制的建设情况来看，有近1/3的城市未建立相关案件移送及协调协作机制，这将导致下沉后的权力得不到有效实施，折损执法下沉改革的实效。

二是"行政执法三项制度"的落实还有待深入。"行政执法三项制度"是限制执法权力、提升执法质量的重要抓手，已经写入了《行政处罚法》，但评估结果发现，各地在落实"行政执法三项制度"方面还存在一些共性的问题。比如执法公示存在超期公布、遗漏公布的现象；法治审核存在应审事项界定笼统模糊，法制审核应审未审，或审而不严、审而不改等现象，直接影响"行政处罚、行政强制、行政许可行为违法情况"等指标的评价，客观上也反馈出执法质量不高的问题。

三是执法人员法治素养不高，正确执法意识欠缺的问题还普遍存在。在刚性执法环节，一些执法部门行政强制案件的胜诉率极低，其中行政机关适用法律错误、适用程序违法、证据材料不充分等导致的违法占绝大多数，在浪费行政执法资源的同时又纵容了违法行为。在柔性执法环节，一些政府部门网站中几乎找不到有关说服教育、劝导示范、警示告诫、指导约谈等柔性执法方式的信息。既没有做到严格执法，让违法者敬法畏法，也没有体现出要让执法既有力度又有温度，与严格规范公正文明执法的要求还存在一定的差距。

课题组认为，近年来，地方政府在过去监管相对懈怠的一些领域加大了执法力度，这对于保障高质量发展意义重大。但在这一背景下，更需要加强执法的规范化建设，确保执法活动建立在充分的事实基础和对法律的准确适用基础上，根据具体案件情况，保护好合法权益，平衡好不同的利益，做到宽严相济、法理相融。

（八）法治政府对法治社会的带动作用有待进一步发挥

在法治国家、法治政府、法治社会一体建设的格局中，法治政府是主体工程。法治社会的形成，在一定程度上也需要依靠政府的示范引领。法治政府建设不仅仅与行政机关内部的法治理念、法治思维和法治信仰有关，还要让社会公众共享法治政府建设的成果，增强人民群众的法治获得感、幸福感、安全感，让法治成为人民美好生活需要的重要保障。

本次评估结果显示，各地政府在通过调解组织建设、推进行政裁决以有效化解社会矛盾，加强多元化法律服务供给，以及通过领导干部法治思维培养，推进"谁执法谁普法"普法责任制建设等方面采取了积极有效的措施，对法治社会培育产生了卓有成效的带动作用，但在落实机制上尚存不足，有

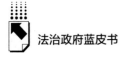

待进一步改进和完善。例如，在纠纷解决与社会矛盾有效化解方面，以行政裁决为代表的非诉讼纠纷解决机制建设还处于初级层面，行政裁决主体设置较为分散、独立性不彰，行政裁决的制度依据不足，行政裁决过程缺乏程序约束，一定程度上制约了裁决作用的发挥。又如，部分城市公共法律服务供给单一，不同地区间存在公证服务、司法鉴定服务的发展不平衡、不充分的矛盾，村（居）法律顾问的作用未能有效发挥，工作浮于表面。再如，对于"谁执法谁普法"，不少地方、不少部门停留于口号，并未制定和公开普法责任清单，更缺少制度化开展工作的实施机制，使得该项制度还存在"个案化""碎片化""宣传化"的问题。

指标分报告
Sub-reports on Indicators

B.2
政府职能依法全面履行

王春蕾*

摘　要：　2023 年法治政府评估中一级指标"政府职能依法全面履行"下设"简政放权""清单式管理""公共服务""重大突发事件依法预防处置""生态保护"5 个二级指标，并细化为 6 个三级指标，对我国地方政府依法全面履行政府职能情况进行综合、完整、细致的评估。评估发现政府职能依法全面履行过程中部分工作取得显著成效：简政放权改革得到不断深化，清单式管理落到实处，公共服务水平日益提高，重大突发事件依法预防处置能力显著提升。当然，我国政府职能履行仍然存在部分问题：部分地

---

* 王春蕾，中国政法大学法治政府研究院副教授，法学博士，研究方向：行政法学、行政诉讼法学、教育法与学术法。中国政法大学法律硕士学院 2021 级法律（非法学）硕士研究生赵秋实、中国政法大学法学院 2022 级宪法学与行政法学硕士研究生路博尧、中国政法大学法学院 2022 级法律（法学）硕士研究生谢慧珊、中国政法大学法学院 2023 级宪法学与行政法学硕士研究生胡滢滢、中国政法大学法学院 2023 级法律（法学）硕士研究生王越佳、中国政法大学法学院 2023 级法律（法学）硕士研究生齐嘉钰、中国政法大学法学院 2020 级本科生金豆豆协助进行数据收集、检索、分析及图表制作等工作。

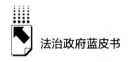
方政府简政放权的"放"尚未完全实现，部分地方政府权责清单动态调整说明落实不足、规章更新工作不够及时，12345 政务服务热线运行情况公示不透明、供需关系失衡，托育公共服务供给不足，重大突发事件应对能力仍需提高，生态环境工作落实不到位。各地方政府应当继续推进简政放权，加强权责清单动态调整的常态化管理，全面优化服务型政府建设，提升突发事件依法预防与应急处置能力，加大环境整治力度。

关键词： 政府职能　法治政府建设　法治政府评估　依法行政

一　指标设置和评估标准

（一）指标设置

《法治政府建设实施纲要（2015—2020 年）》提出了政府职能依法全面履行的主要目标，要求"牢固树立创新、协调、绿色、开放、共享的发展理念，坚持政企分开、政资分开……政府与社会的关系基本理顺，政府职能切实转变，宏观调控、市场监管、社会管理、公共服务、环境保护等职责依法全面履行"，对保障法律实施、发挥政府职能和全面提高政府公信力及执行力起到重要作用。本次评估共设置五个二级指标对政府职能依法全面履行展开评估，分别为"简政放权""清单式管理""公共服务""重大突发事件依法预防处置""生态保护"，并于二级指标项下分设三级指标，以三级指标为具体观测点。三级指标（观测点）主要涉及政府职能依法全面履行的制度建设情况和制度动态实施调整情况，从"跨省通办""权责清单的动态调整情况""12345 政务服务便民热线""托育服务""突发事件依法处置能力""生态环境保护情况"六个方面的具体信息，综合考量政府的机构设置和职能履行情况是否符合法治政府的要求。

在分数设置上，政府职能依法全面履行一级指标满分80分，五个二级指标的分值分配为：简政放权15分、清单式管理15分、公共服务20分、重大突发事件依法预防处置15分、生态保护15分。六个三级指标的分值分配是在二级指标的分值上进行进一步的细分。其中，二级指标公共服务的分值分配为：12345政务服务便民热线10分、托育服务10分。分值分配主要考虑到两个方面的因素。一是各制度建设在政府职能依法全面履行中的重要性。宏观调控、市场监管、社会管理、公共服务、环境保护等都是政府职能依法全面履行的重要要求，因此二级指标的分值分配较为均衡。二是三级指标的数量情况。相比于其他二级指标，公共服务的三级指标更为丰富。从可操作性上看，公共服务能够设置的三级指标更多；从评估需求上看，为全面客观地对公共服务指标进行评估，需要依靠更多的三级指标。当然，三级指标分值需要根据二级指标的分值分配情况以及相同二级指标下各三级指标间的关系和重要性差异进行进一步的细分，因此三级指标分值并不均等（见表 B.2-1）。

表 B.2-1　政府职能依法全面履行

一级指标	二级指标	三级指标
政府职能依法全面履行（80分）	（一）简政放权（15分）	1. 跨省通办（15分）
	（二）清单式管理（15分）	2. 权责清单的动态调整情况（15分）
	（三）公共服务（20分）	3. 12345政务服务便民热线（10分）
		4. 托育服务（10分）
	（四）重大突发事件依法预防处置（15分）	5. 突发事件依法处置能力（15分）
	（五）生态保护（15分）	6. 生态环境保护情况（15分）

（二）设置依据和评估标准

本项指标主要根据《中共中央关于全面推进依法治国若干重大问题的决定》、《全面推进依法行政实施纲要》、《法治政府建设实施纲要（2015—2020年）》、《法治政府建设实施纲要（2021—2025年）》、《关于废止部分规章和行政规范性文件的决定》、《国务院办公厅关于进一步优化地方政

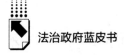
务服务便民热线的指导意见》、《生产安全事故报告和调查处理条例》、《国家基本公共服务标准》（2021 年版）以及相关法律法规对政府职能依法全面履行方面的基本要求而设置。本项评估中，评估组所依据的材料与数据主要通过网络检索、电话访谈（体验）的方式进行。网络检索范围涵盖政府官方网站、权威媒体、公共网络平台信息。未能通过公开渠道检索到相关材料的，则视为未建立或未落实该项指标。

各三级指标的设置依据、测评方法以及评分标准如下。

1. 跨省通办

【设置依据】

《国务院办公厅关于扩大政务服务"跨省通办"范围　进一步提升服务效能的意见》（国办发〔2022〕34 号）提出，扩大"跨省通办"事项范围，新增一批高频政务服务"跨省通办"事项。在深入落实国办发〔2020〕35 号文件部署的基础上，聚焦便利企业跨区域经营和加快解决群众关切事项的异地办理问题，健全清单化管理和更新机制，按照需求量大、覆盖面广、办理频次高的原则，推出新一批政务服务"跨省通办"事项，组织实施《全国政务服务"跨省通办"新增任务清单》。

【测评方法】

测评方法为网络检索。通过检索市本级政府官网、市一级的政务服务网站，获取本市实现"跨省通办"的具体项目情况。其中，以检索临时居民身份证办理、城乡居民养老保险待遇申请、租房提取住房公积金、船舶安全管理证书的查询与核验这四项是否实现作为具体评估标准。

本指标的考察时间为 2022 年 5 月 1 日至 2023 年 4 月 30 日。

【评分标准】

本项满分为 15 分。

检索被评估城市政务服务网站（多地推出"跨省通办"、"全程网办"、"异地代收代办"或"多地联办"专区），在以下 4 个事项中有 3 个已经实现跨省通办的，得 15 分；有 2 个已经实现跨省通办的，得 10 分；有 1 个已经实现跨省通办的，得 5 分；全部未实现的，不得分。

（1）临时居民身份证办理

（2）城乡居民养老保险待遇申请

（3）租房提取住房公积金

（4）船舶安全管理证书查询、核验

2. 权责清单的动态调整情况

【设置依据】

《法治政府建设实施纲要（2021—2025 年）》："全面实行政府权责清单制度，推动各级政府高效履职尽责。2022 年上半年编制完成国务院部门权责清单，建立公开、动态调整、考核评估、衔接规范等配套机制和办法。调整完善地方各级政府部门权责清单，加强标准化建设，实现同一事项的规范统一。"

《关于废止部分规章和行政规范性文件的决定》（国家发展和改革委员会第 42 号令）。国家发改委决定废止的规章目录包括：《居民用户家用电器损坏处理办法》（电力工业部令 1996 年第 7 号）、《涉案物品价格鉴定复核裁定管理办法》（计价费〔1998〕775 号）、《国家重大建设项目招标投标监督暂行办法》（国家发展计划委员会令 2002 年第 18 号）、《中央投资项目招标代理资格管理办法》（国家发展和改革委员会令 2012 年第 13 号）、《价格违法行为举报处理规定》（国家发展和改革委员会令 2014 年第 6 号）、《碳排放权交易管理暂行办法》（国家发展和改革委员会令 2014 年第 17 号）。

【测评方法】

测评方法为网络检索。通过检索市本级政府官网、市一级的发改委官网，获取发改委最新版权责清单，考察各市的发改委进行权责清单动态调整时是否公开说明和提供具体调整理由；考察发改委权责清单是否依据法律法规和相关规定及时调整，清单权责依据中是否删除已被废止的部门规章。

本指标的考察时间为 2022 年 5 月 1 日至 2023 年 4 月 30 日。

【评分标准】

本项满分为 15 分。

拥有权责清单，且清单涵盖职权名称、职权类型、法律依据（具体到哪一条）和行使层级的，得 4 分；欠缺 1 个要素的，扣 1 分；检索不到权责

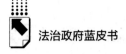

清单的，不得分。

就权责清单动态调整情况进行说明，提供动态调整的具体理由的，得 3 分；检索不到权责清单动态调整情况的，不得分。

清单的权责依据未出现已经废止的部门规章的，得 8 分；出现 1 例扣 2 分，扣完 8 分为止。已经废止的部门规章包括：

（1）《居民用户家用电器损坏处理办法》

（2）《涉案物品价格鉴定复核裁定管理办法》

（3）《国家重大建设项目招标投标监督暂行办法》

（4）《中央投资项目招标代理资格管理办法》

（5）《价格违法行为举报处理规定》

（6）《碳排放权交易管理暂行办法》

3. 12345 政务服务便民热线

【设置依据】

《国务院办公厅关于进一步优化地方政务服务便民热线的指导意见》（国办发〔2020〕53 号）提出，加快推进除 110、119、120、122 等紧急热线外的政务服务便民热线归并，2021 年底前，各地区设立的政务服务便民热线以及国务院有关部门设立并在地方接听的政务服务便民热线实现一个号码服务，各地区归并后的热线统一为"12345 政务服务便民热线"。

【测评方法】

测评方式为电话访谈/体验、网络检索。在被评估城市政府网站上检索 2022 年度 12345 政府服务热线运行分析报告，考察各城市 12345 政府服务热线运行情况。通过委派调查员拨打各城市 12345 政务服务便民热线（最多拨打三次），咨询 HPV 疫苗接种问题（如哪里可以打，前两针不在本地接种、第三针需要准备些什么资料等），考察各城市 12345 政务服务便民热线的运行情况。

本指标的考察时间为 2022 年 5 月 1 日至 2023 年 4 月 30 日。

【评分标准】

本项满分为 10 分。

在被评估城市政府网站上能够检索到 2022 年度 12345 政府服务热线运行分析报告的，得 3 分；检索不到的不得分。

热线在 1 分钟内接通的，得 3 分；热线在 1~3 分钟内接通的，得 2 分；热线超过 3 分钟仍无法接通的，不得分。

直接解答或通过呼叫转接、派发工单、解释引导等方式，在 1 个工作日内解决问题，咨询体验较好的，得 4 分；反之则不得分。

4. 托育服务

【设置依据】

党的二十大报告提出"深入贯彻以人民为中心的发展思想，在幼有所育、学有所教、劳有所得、病有所医、老有所养、住有所居、弱有所扶上持续用力"，"建立生育支持政策体系"。国家发改委等 21 个部门发布《国家基本公共服务标准》（2021 年版），从幼有所育、学有所教、劳有所得、病有所医、老有所养、住有所居、弱有所扶以及优军服务保障、文体服务保障等 9 个方面明确了国家基本公共服务具体保障范围和质量要求。国家先后印发《关于促进 3 岁以下婴幼儿照护服务发展的指导意见》《关于促进养老托育服务健康发展的意见》，提出了发展托育服务的基本原则、重点任务、支持政策和保障措施。截至 2022 年底，全国每千人口托位数约 2.5 个。《"十四五"公共服务规划》明确提出，到"十四五"期末，我国每千人口托位数要提高到 4.5 个。

【测评方法】

测评方法为网络检索。通过检索所评估城市统计局《2022 年全市国民经济和社会发展统计公报》，获取 2022 年当地人口数和托位数，并通过公式计算得出每千人拥有的托位数：每千人拥有的托位数 = 托位数/人口数 × 1000，考察 2022 年各城市的托育服务提供情况。有部分城市可直接检索到所评估城市卫健委每千人拥有的托位数，无须计算。

本指标的考察时间为 2022 年 1 月 1 日至 12 月 31 日。

【评分标准】

本项满分为 10 分。

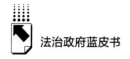

每千人拥有的托位数≥4.5个，得10分；

3.5个≤每千人拥有的托位数<4.5个，得8分；

2.5个≤每千人拥有的托位数<3.5个，得6分；

2个≤每千人拥有的托位数<2.5个，得4分；

1个≤每千人拥有的托位数<2个，得2分；

每千人拥有的托位数<1个，不得分。

＊部分城市可直接检索到该项数据。

5. 突发事件依法处置能力

【设置依据】

从指导政策来讲，《法治政府建设实施纲要（2021—2025年）》提出"定期开展应急演练，注重提升依法预防突发事件、先期处置和快速反应能力"。

从法律依据来讲，《生产安全事故报告和调查处理条例》第3条规定，根据生产安全事故造成的人员伤亡或者直接经济损失，将事故分为以下四个等级：（一）特别重大事故，是指造成30人以上死亡，或者100人以上重伤（包括急性工业中毒，下同），或者1亿元以上直接经济损失的事故；（二）重大事故，是指造成10人以上30人以下死亡，或者50人以上100人以下重伤，或者5000万元以上1亿元以下直接经济损失的事故；（三）较大事故，是指造成3人以上10人以下死亡，或者10人以上50人以下重伤，或者1000万元以上5000万元以下直接经济损失的事故；（四）一般事故，是指造成3人以下死亡，或者10人以下重伤，或者1000万元以下直接经济损失的事故。

【测评方法】

测评方法为网络检索。通过检索所评估城市政府官网、权威媒体和公共网络平台等有关信息和报道，关注生产领域安全事故发生的情况，考察各城市生产安全事故发生情况。通过检索危险化学品领域安全突发事件应急演练的开展信息，考察各城市安全突发事件应急演练情况。

本指标的考察时间为2022年5月1日至2023年4月30日。

【评分标准】

本项满分为 15 分。

（1）通过检索，有关城市至少开展过一次危险化学品领域安全突发事件应急演练的，得 5 分；未开展过的不得分。

（2）通过政府官网、权威媒体、公共网络平台检索生产安全事故发生情况：

未发生特别重大、重大或较大事故，得 10 分；

未发生特大事故或重大事故，但发生过一次较大事故，得 6 分；

未发生特大事故，但发生过一次重大事故或两次及以上较大事故，得 3 分；

发生过一次特大事故或两次及以上重大事故，不得分。

6. 生态环境保护情况

【设置依据】

《法治政府建设实施纲要（2015—2020 年）》提出要强化生态环境保护，"改革生态环境保护管理体制，完善并严格实行环境信息公开制度、环境影响评价制度和污染物排放总量控制制度。健全生态环境保护责任追究制度和生态环境损害赔偿制度"。《中共中央 国务院关于深入打好污染防治攻坚战的意见》（2021 年 11 月 2 日）提出，打好蓝天、碧水、净土保卫战，"到 2025 年，生态环境持续改善，主要污染物排放总量持续下降，单位国内生产总值二氧化碳排放比 2020 年下降 18%，地级及以上城市细颗粒物（$PM_{2.5}$）浓度下降 10%，空气质量优良天数比率达到 87.5%"。《中国生态环境状况公报（2022）》对全国全年环境空气质量情况进行了详细统计。《环境空气质量标准》（GB 3095—2012）规定了环境空气质量指数（AQI）中涉及的六项环境空气污染物二级浓度限值。

【测评方法】

测评方法为网络检索。通过检索被评估城市发布的 2022 年环境质量公报中全年 AQI（六项污染物浓度均达到国家环境空气质量二级标准）是否达标、全年 AQI 优良天数比例情况，考察被评估城市的空气质量；对于未发布 2022 年环境质量公报的城市，通过检索评估其所在省份发布的

2022 年环境质量公报或该城市官方报道相关内容，考察该城市的空气质量。

通过检索地方政府网站、权威媒体，关注被评估城市所在省份生态环境厅例行督察、检查各市中央环保督察整改情况，各市被省级政府约谈、通报批评情况，以及被新闻媒体报道的重大环境污染事件。

本指标的考察时间为 2022 年 5 月 1 日至 2023 年 4 月 30 日。

【评分标准】

本项满分为 15 分。

评估城市全年 AQI 达标的，得 3 分；不达标的不得分。评估城市全年环境空气质量指数优良天数比例在 90% 及以上的，得 6 分；优良天数比例在 80%~90% 的，得 4 分；优良天数比例在 70%~80% 的，得 2 分；优良天数比例在 70% 以下的不得分。

未检索到被省级政府例行督察通报、被媒体报道的重大环境污染事件的，得 6 分；发现 1 例被省级政府例行督察通报、被媒体报道的重大环境污染事件的，扣 3 分，情节轻微的扣 2 分，扣完 6 分为止。

根据《环境空气质量标准》（GB 3095—2012），国家环境空气质量二级标准是指：

（1）二氧化硫（SO_2）年平均二级标准 $60\mu g/m^3$；

（2）二氧化氮（NO_2）年平均二级标准 $40\mu g/m^3$；

（3）一氧化碳（CO）年平均二级标准 $4mg/m^3$；

（4）臭氧（O_3）8 小时均值二级标准 $160\mu g/m^3$；

（5）颗粒物（PM_{10}）年平均二级标准 $70\mu g/m^3$；

（6）颗粒物（$PM_{2.5}$）年平均二级标准 $35\mu g/m^3$。

二　总体评估结果分析

本项评估总分为 80 分，被评估的 100 个城市的平均得分为 59.65 分，得分在平均分之上的城市共 54 个，占被评估城市总数的 54%；得分在平均分之下的城市共 46 个，占城市总数的 46%，总体得分趋于正态分布。本项评估最高得分为 78 分，最低得分为 31 分，总体区分度较大。其中，得分主要集中在45~65 分，共计 73 个城市，占所有被评估城市的 73%。本级指标项下，排名前五的城市依次是：温州（78 分）、厦门（76 分）、泉州（73 分）、烟台（72分）、贵阳（71 分）、宁波（71 分）、南充（71 分）、上饶（71 分）。

反观 2020~2022 年的评估结果，其平均得分为 53.03 分（满分 80 分），最高得分为 70.6 分，最低得分为 31.8 分。得分在平均分之上的城市共 52 个，占被评估城市总数的 52%；得分在平均分之下的城市共 48 个，占城市总数的48%，总体得分趋于正态分布。得分主要集中在 45~65 分，共计 73 个城市，占所有被评估城市的 73%。排名前五的城市依次是：吉林（70.6 分）、宜春（70 分）、泉州（69.8 分）、福州（68.8 分）、毕节（67.8 分）。

在 2023 年的评估结果中，除泉州外，其余 4 座城市皆不在前五。但2023 年的平均得分与 2022 年相比，略有上升。[①]

2022~2023 年度"政府职能依法全面履行"指标排名 1~30 的城市得分率情况见图 B.2-1。

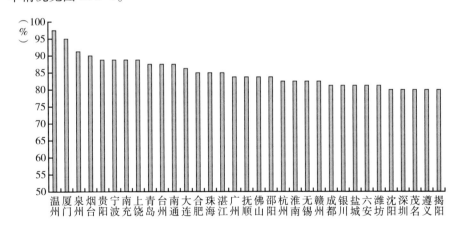

图 B.2-1　"政府职能依法全面履行"指标排名 1~30 的城市得分率情况

---

① 被评估的 100 个城市的 2023 年平均得分与 2022 年平均得分产生差异在一定程度上是因为本部分的指标在 2023 年较 2022 年有一定程度的调整，调整后的指标更加适应当下依法全面履行政府职能的要求。

政府职能依法全面履行一级指标项下共包含 5 个二级指标。各二级指标的得分情况如下：（1）简政放权，平均得分为 10.95 分，平均得分率 73.00%；（2）清单式管理，平均得分为 11.87 分，平均得分率 79.13%；（3）公共服务，平均得分为 13.95 分，平均得分率 69.75%；（4）重大突发事件依法预防处置，平均得分为 12.93 分，平均得分率 86.20%；（5）生态保护，平均得分为 9.95 分，平均得分率 66.33%。二级指标平均得分率见图 B.2-2。

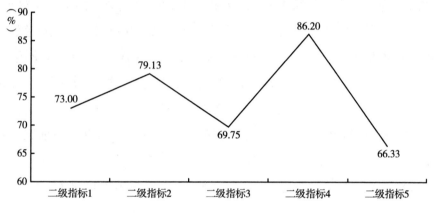

图 B.2-2　"政府职能依法全面履行"各二级指标的平均得分率

三　三级指标评估结果分析

（一）跨省通办

1.总体表现分析

本项指标主要考察 100 个城市推进国务院高频政务服务事项"跨省通办"的情况，满分 15 分。本项指标下，共有 37 个城市获得满分，无未得分城市。这说明"跨省通办"事项的推进情况良好。100 个城市的得分情况见表 B.2-2。

表 B.2-2 "跨省通办"指标 100 个城市得分情况

得分（分）	15	10	5
城市（个）	37	45	18

2.分差说明及典型事例

本项指标下，各城市的平均得分为 10.95 分，平均得分率良好。本项以检索临时居民身份证办理、城乡居民养老保险待遇申请、租房提取住房公积金、船舶安全管理证书的查询与核验这四项是否实现作为具体评估标准。100 个城市中有 37 个城市获得满分 15 分，其中，有 10 个城市四个项目全部开通。具体开通的项目中，第一项临时居民身份证办理的开通情况最不理想，仅有 24 个城市完成开通，需要抓紧推行、尽快落实该项目在各地的开通工作。第二项城乡居民养老保险待遇申请的开通情况最为理想，有 97 个城市完成开通，仅有 3 个城市未完成开通。

总体而言，本指标的评估情况为满分城市较多，也有若干低分城市。这说明各市在推进国务院高频政务服务事项"跨省通办"工作的程度上仍存在较大差距。本项指标下，表现较好的城市为重庆、杭州、合肥、南京、淮南、宁波、温州、盐城、台州、南通，这些城市在该项不仅获得了满分，并且对所评估的四项工作均完成了开通，这体现出这些城市积极推进"跨省通办"项目，在较大程度上减少人民群众、企业的办事负担。

（二）权责清单的动态调整情况

1.总体表现分析

本项指标以市一级的发改委为测评对象，考察评估城市权责清单的动态调整情况，满分为 15 分。总体而言，本项评估结果不够理想。本项指标下，有 9 个城市获得满分，平均分为 11.87 分，有 24% 的城市未能达到及格线，无未得分城市。虽然有 99% 的城市均建立了权责清单，但在权责清单动态调整说明及更新行政许可改备案工作上仍存在没有更新、无法检索到的问题。100 个城市的得分情况见表 B.2-3。

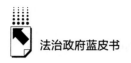

表 B. 2-3　　"权责清单的动态调整情况"指标 100 个城市得分情况

得分(分)	15	8~14	0~7
城市(个)	9	82	9

2. 分差说明及典型事例

本项指标下的平均得分率为 79.13%，大部分城市得分在 8~14 分区间，体现了该指标仍存在一定的上升空间。本指标主要存在三方面问题。其一，该区间内大部分城市的权责清单欠缺行使层级要素，未明确相应权责的行使主体。其二，存在权力清单中仍将已经废止的部门规章作为权责依据的情况。其三，虽然该区间内的城市均建立了较为完整的权责清单，但是部分城市并未提供动态调整说明及具体理由。据此，评估小组根据各城市存在上述问题的数量及检索便利程度进行了不同程度的分数扣减。

该指标下做得较好的城市有北京、杭州、厦门、拉萨等，这些获得满分的城市不仅能够就权责清单的动态调整情况进行说明，且清单内容实现了表格化管理，检索过程高效便利，网站页面简洁明了且权责依据中及时删除了已被废止的规范文件，做到了科学性与人性化的统一。另外，在本次评估的截止时间内，在某城市政府门户网站上无法检索到明确的发改委权力清单，只在其所在省政务服务网检索到行政许可事项清单，且该清单只有一项权责，根据赋分标准得到 1 分。该城市应当在未来的政府公开工作中加快设立权力清单，向公众明确政府权力边界，加强政府公信度建设。

（三）12345政务服务便民热线

1. 总体表现分析

本指标主要考察的是被评估的 100 个城市在公共服务领域中关于 12345 政务服务便民热线的实施情况，满分为 10 分。本指标共有 91 个城市高于及格线，没有未得分城市。100 个城市的得分情况见表 B. 2-4。

表 B.2-4 "12345 政务服务便民热线"指标 100 个城市得分情况

得分(分)	10	6~9	0~3
城市(个)	55	36	9

2. 分差说明及典型事例

本指标项的平均得分高达 8.39 分，超过及格线 2.39 分，评估情况较为理想，相较 2022 年有所提升。本指标下的优秀城市较多，如成都、福州、贵阳、广州、哈尔滨、海口、呼和浩特等。这些城市的政务服务热线均能够在 1 分钟之内被拨通，且人工咨询基本能够直接解答问题或者通过呼叫转接、派发工单、解释引导等方式，在 1 个工作日内回复解决，政务服务便民热线咨询体验良好。部分城市在本指标评估中获得 9 分，这些城市没能得到满分的原因是，评估小组在三次拨入热线过程中，均没能在 1 分钟内成功拨通，排队等待时间在 1~3 分钟。不过这些城市仍能在接通热线后于 1 个工作日内解决咨询问题，根据赋分标准，获得 9 分。本指标有个别城市获得 6 分，原因是虽然被评估城市的政务服务热线能够成功拨通，但就评估小组咨询的疫苗接种问题没能直接解答，且欠缺回应机制，咨询体验欠佳，根据赋分标准，在问题解决方面不得分。还有城市仅获得了基本分 3 分，扣分原因是评估小组未能在三次内成功拨通政务服务热线，因此也无从解决咨询问题，根据赋分标准，总共仅获得了能够检索到 12345 热线分析报告的 3 分。

通过本次评估可以看出，未能获得满分的城市存在政务服务热线接通能力不足的问题。咨询热线难拨通，将会使便民服务热线与其设立初衷背道而驰，因此在处理热线资源与市民需求问题上仍需要各城市政府寻求措施加以解决。

（四）托育服务

1. 总体表现分析

本项指标主要考察 100 个被评估城市的托育服务提供情况，通过公式计算得出每千人拥有的托位数并进行测评，满分为10分。总体来看，该项指标平均得分率为55.60%，整体得分率未达到及格线。其中4个城市得满分，4个城市未得分。这说明被评估城市在提供托育服务方面的履职能力尚有较大上升空间。100个城市的得分情况见表B.2-5。

表B.2-5　"托育服务"指标100个城市得分情况

得分(分)	10	8	6	4	2	0
城市(个)	4	16	49	20	7	4

2. 分差说明及典型事例

本项评估显示，多数城市在加强城市托育服务提供和提升托育服务质量上不断推进。近七成城市每千人拥有的托位数超2.5个，达到本次评估及格分。其中，抚顺、佛山、聊城、新乡4个城市得满分。抚顺在评估城市中表现突出，每千人拥有的托位数达6.08个，远超《"十四五"公共服务规划》所要求的4.5个，托育服务工作落实比较到位。

但从本项评估结果来看，被评估城市政府在提供托位、保障"幼有所育"工作上仍然道阻且长。该项指标平均得分率并不理想，仅为55.6%，尚未及格。尽管仅有4个城市未得分，但三成以上的城市在该项指标的评估中分数未及格。此外，满分城市占比仅为4%，九成以上城市尚未满足"十四五"期末我国每千人拥有的托位数提高到4.5个的基本要求。这说明实现"幼有所育"的基本公共服务提供是相当一部分城市政府在履职中的短板。城市政府在提供托育服务、保障0~3岁婴幼儿基本服务需要方面，仍然有很大的完善空间。

（五）突发事件依法处置能力

1. 总体表现分析

本项指标对100个城市的突发事件依法处置能力进行测评，满分为15分，平均得分率为86.20%。本次评估城市整体表现较好，超过六成被评估的城市分数为 15 分，两成被评估的城市分数为 11 分，超过一成被评估的城市分数为 10 分或 8 分，个别城市仅得 5 分。整体表现良好，超过八成的城市分数达到及格线。100 个城市的得分情况见表 B.2-6。

表 B.2-6 "突发事件依法处置能力"指标 100 个城市得分情况

得分（分）	15	11	10	8	5
个数（个）	63	20	2	11	4

2. 分差说明及典型事例

在本项评估中，各被评估城市在危险化学品领域安全突发事件应急演练的开展情况表现良好，超九成城市开展过至少一次应急演练，演练内容针对危险化学品的防护，多采用实地演习、讲座宣传等形式。大部分城市通过市级单位开展应急演练活动，部分城市通过各市区区级单位开展应急演练活动，还有很多城市的重点企业自行开展相关应急演练。在得分较低的城市中，城市对消防演练定时开展，表现积极，但对危险化学品领域独特的应急演练有所缺漏。

在生产安全事故发生情况指标下，各城市表现差异大，且大部分城市或多或少发生过安全事故。有 2 个城市曾发生一次特别重大事故，A 市特别重大安全事故造成 14 人死亡、1 人失联，B 市特别重大安全事故造成 53 人死亡。未发生特大事故，但发生过一次重大事故或两次及以上较大事故的城市有 11 个。在特别重大和重大事故中，城市存在瞒报现象，需要进一步落实安全管理监督责任。未发生特大事故或重大事故，但发生过一次较大事故的城市有 20 个。未发生过特别重大、重大或较大事故的城市有 66 个，这些城市的安全监督管理比较到位。

（六）生态环境保护情况

1. 总体表现分析

本指标对 100 个城市的空气质量和重大环境污染事件、环保问责事件发

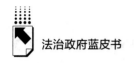

生情况进行测评，满分为15分。被评估城市平均得分为9.95分，平均得分率为66.33%，得分及格城市占55%。

（1）福州、贵阳、昆明、西宁等25个城市得满分，生态环境保护工作落实比较到位，全年空气质量良好，六项污染物浓度均达到国家空气质量二级标准，且全年未发生被省级政府例行督察通报、被媒体报道的重大环境污染事件。

（2）得分12~13分的城市共19个。得分13分的城市全年AQI优良天数比例在80%~90%区间，未发生被生态环境部、省级政府通报的环境污染事件。得分12分的城市全年AQI优良天数比例均在90%以上，其主要存在两类失分情形：一为污染物治理不达标，其中主要问题为颗粒物（PM_{10}、$PM_{2.5}$）治理不达标；二为存在1例被省级政府例行督察通报、被媒体报道的重大环境污染事件。

（3）得分10~11分的城市共10个。这些城市的全年AQI优良天数比例均在80%~90%区间，部分城市存在被省级政府例行督察通报、被媒体报道的重大环境污染事件，部分城市六项污染物指标未达标。

（4）得分9分的城市有2个。两城市的六项污染物浓度均达到国家空气质量二级标准，且全年AQI优良天数比例均在90%以上，但存在2例被省级政府例行督察通报、被媒体报道的重大环境污染事件。

（5）得分8分的城市有14个。这些城市均存在污染物浓度超标问题，且全年AQI优良天数比例较低，部分城市存在被省级政府例行督察通报、被媒体报道的重大环境污染事件。

（6）得分7分的城市有3个。这些城市的全年AQI优良天数比例均在80%~90%区间，其中仅一个城市存在污染物超标问题，但均存在1~2例被省级政府例行督察通报、被媒体报道的重大环境污染事件。

（7）得分2~6分的城市共27个。这些城市均存在六项污染物浓度未达到国家二级标准的情况，全年AQI优良天数比例多在80%以下，且其中近八成城市存在被省级政府例行督察通报、被媒体报道的重大环境污染事件。

100个城市的得分情况见表B.2-7。

表 B. 2-7　"生态环境保护情况"指标 100 个城市得分情况

得分(分)	15	10~14	5~9	0~4
城市(个)	25	30	34	11

2.分差说明及典型事例

在 AQI 的达标率方面,六项污染物浓度均达到国家环境空气质量二级标准的城市共有 49 个,未达标的城市有 51 个;全年 AQI 优良天数比例在 90%及以上的城市共有 35 个。其中,贵阳、昆明、六安的优良天数比例达到 100%,拉萨、遵义、毕节的优良天数比例达到 98%以上,可见这些城市的污染物浓度控制工作成效较好。评估组发现,在区位分布上,AQI 未达标地区相对集中于华北地区省份。

在重大环境污染事件及环保问责事件的通报方面,被省级政府约谈、通报批评,或有新闻媒体报道的重大环境污染事件通报记录的城市为 33 个,占比约 1/3。部分城市生态破坏等问题突出,人民群众反映强烈,责任落实不到位,日常监管不够有力,被省级政府作为督察整改的典型案例通报;部分城市由于秸秆露天焚烧治理不力,空气质量恶化严重而被上级政府约谈;部分城市因水体污染严重且整改工作推进缓慢,而被权威媒体通报。

四　评估结论与建议

在评估指标体系所设计的一级指标中,"政府职能依法全面履行"一级指标的平均得分为 59.65 分(总分 80 分),平均得分率为 74.56%。总体来看,三级指标中平均得分率较高的有两项,分别是:突发事件依法处置能力,平均得分率为 86.20%;12345 政务服务便民热线,平均得分率为 83.90%。平均得分率刚过合格线的指标为生态环境保护情况,为 66.33%。三级指标中平均得分率较低,未达合格线的指标有一项,为托育服务,平均得分率为 55.60%。由此看来,政府职能全面履行过程中一些工作落实比较

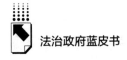

到位，但也存在职能履行的短板，总体表现在政府证明事项目录规范化有待提高、政府简政放权的"放"尚未完全实现、权责清单动态调整说明落实不足、规章更新工作不够及时、行政许可事项改为备案制或者取消审批制工作不够完善及政务服务热线供需不平衡、养老公共服务供给不足、重大突发事件应对能力仍需提高、生态环境工作落实不到位。评估组将结合本次指标设置调整及得分情况，指出目前地方政府依法全面履行政府职能过程中存在的不足之处，并对存在的问题提出有针对性的改进建议。

（一）存在的问题

1."跨省通办"项目仍需进一步开通，各地区之间的协同性不高

在本次评估中，虽然各城市在政务服务"跨省通办"项目的开通方面总体表现较好，但是仍存在值得关注的不足，主要问题如下。一方面，不同城市"跨省通办"项目的开通情况存在较大差异。我国幅员辽阔，区域经济社会发展不平衡问题突出。与之相应，不同地区政务服务的资源投入、技术应用水平、人才队伍建设也存在较大差异，使得跨省政务服务供给呈现明显的非均衡性。另一方面，地方政府之间的协同性不高。首先，受地方政府竞争机制影响，加之不同地区、不同部门间的工作方法、服务模式、考核机制的差异以及由此造成的地区壁垒、政策壁垒等，地方政府合作提升政务服务效率和水平受到影响。其次，受地方政府间合作水平、改革推进力度、政务信息化程度等因素影响，在不同省份办理同一事项的行使层级、受理条件、申请材料、办理时限等要素均存在较大差异。

通过本次评估整体可以看出，政务服务"跨省通办"项目虽然已经逐步在全国各城市中推行，但是其开通程度仍存在较大提高空间，同时各地方政府在推进政务服务"跨省通办"工作中，存在各地区协同性不高的问题，需要加强地区间的沟通协调，提高地方政府合作推进政务服务的效率和水平。

2.权责清单未明确行使层级问题突出，动态调整情况落实效果欠佳

向全社会公开政府部门的权责清单，能够让政府自身及社会公众更加清楚政府权力边界，从而优化政府职责体系。通过持续多年的努力，政府部门

的权责清单在各评估城市中已基本建立，但在推进清单制度的动态调整情况说明工作方面仍缺乏及时性与主动性，权责清单所列的规章依据部分已被废止。本指标多数城市得分在 8~14 分区间的情况也说明，各城市对权责清单的动态调整重视程度虽较往年有所提升，但仍有一定的提升空间，清单的常态化管理、更新工作仍需加强。

其一，权责清单未明确行使层级问题突出。本次评估考察了市本级发改委权责清单是否涵盖各种要素，包括职权名称、职权类型、法律依据和行使层级，发现近 1/3 的城市未在清单中明确权责的行使层级，这说明被评估城市在具体职责分配问题上仍不明确，公众仅依据权责清单难以了解政府具体是哪一部门或层级行使具体权力。

其二，权责清单的法律依据存在滞后性。评估发现，许多城市仍将部分被废止的部门规章作为清单的权责依据。这也从侧面说明了被评估对象在权责清单的动态调整方面还未形成常态化建设，许多城市未能及时根据法律法规立改废释情况进行清单调整，这也是被评估城市在该项三级指标中分数产生波动的原因。

其三，权责清单的动态调整落实情况欠佳。本次评估以市本级发改委的权责清单为考察对象，发现虽然绝大多数的城市均已建立了权责清单，但仍有一半城市并没有就更新的权责清单进行动态调整说明，又或者存在一年有而另一年没有的情况。这说明被评估城市在清单动态调整的落实上仍有待加强。在评估过程中还发现，部分被评估城市的权责清单链接不显眼、难以找到，权责清单的呈现内容也未实现表格化管理，不论是公众的查阅便利性还是清单的视觉观感，均存在不足。

3. 政务便民服务热线运行情况的公示不透明，热线运行供需不平衡

政务服务便民热线是政府提供便民服务咨询的统一公共服务平台，将各部门非紧急类政务热线、网上信箱、投诉咨询等渠道进行整合，对提高政务服务效率、提高人民政府办事满意度、加强公众对政府服务及政府工作人员的监督工作具有重要意义。但本次评估发现，虽然政务便民服务热线已实现全国范围内的基本覆盖，但在实施过程中，仍然存在地区政府未能及时公示

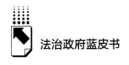

该地区政务便民服务热线的运行情况。此外，还存在部分地区政府热线难以接通的问题。

部分地区政府所设置的便民服务热线与真正便利民众办事的目标还有一定距离，拨通热线等待时间过长、多次拨打热线无法接入、问题无法解决且无回应的现象不容忽视。这也从侧面反映出，政府在设立便民服务热线时，未能处理好公共服务供需问题，没能及时根据实际需求调整资源配置或者优化服务流程。

4. 托育服务供给总量不足

从评估结果来看，被评估城市的托育服务提供情况未满足标准，普遍存在供给不足问题。其一，托位供给缺口较大。尽管绝大多数被评估城市都在积极推进托育服务建设，但九成以上城市尚未满足"十四五"阶段要求的每千人拥有的托位数标准，存在托位数供给不足问题。其二，托育服务发展存在地区间不平衡、总体发展不充分等问题。例如，西部地区多个城市托育服务得分率较低，发展较慢。北京、上海等人口高密度城市的托育服务发展在个别方面也存在提升空间，人多托位少现状亟待改善。其三，"普惠优先"的托育服务供给尚未形成。评估数据显示，目前各城市托育服务供给仍以民办的营利性机构为主，具有普惠性和公益性的托育机构发展相对不足。0~3岁婴幼儿托育服务是国家生育政策下政府所面临的民生新课题，我国现代托育服务体系建设起步较晚，目前仍处于探索阶段，发展基础薄弱，服务提供水平亟待提高。

5. 重大突发事件依法预防处置能力亟待提高

生产安全事故方面存在的问题主要包括三方面：第一，生产安全事故仍然频发；第二，生产安全应急演练频率不足；第三，生产安全应急演练的连续性未能保持。

首先，生产安全事故仍然频发，需要进一步提前预防并加强事后监管、完善事后处理。超三成城市曾发生较大或重大生产安全事故，需要进一步强化各城市安全事故的提前预防，做好事故发生应急处理预案和日常生产安全检查，避免发生较大及以上生产安全事故。其次，要加强安全监督责任的落实和事故问责制度。在城市特别重大生产安全事故中，存在矿井刻意瞒报的情形，这一问题重大且严峻。在多数城市生产安全事故中，死亡人数多为3人、10人等卡线人数，存在为避免生产安全事故评级过高而卡线之嫌。最后，部分城市未能严格履行信息公开职责。安全生产事故原因的调查与信息公开，是安全监管部门的职责所在，也能够对今后的生产活动发挥警示作用。部分城市对于未达到较大事故等级的生产安全事故没有明确的数据公布和原因调查，事故防范工作需要进一步加强。

在危险化学品领域安全突发事件应急演练指标下，被评估城市大多表现良好，至少开展过一次应急演练，但仍存在频率较低、延续性不足的情况。危险化学品难储存、难运输，易燃易爆物质多，对周围环境敏感，需要更多开展应急演练活动，避免悲剧发生。绝大部分城市半年才开展一次应急演练，应当进一步提高演练频率，按季度、按月定时定点开展相关演练。此外，绝大部分城市的应急演练多在一天内完成，未有后续措施的相关报道，故应当进一步加强后续应急演练接洽工作，提升演练的延续性，推动生产安全意识融入生产日常，不断熟练应急预演处理措施。

6. 空气质量亟待改善，生态环境保护责任仍需压紧压实

从评估结果来看，该项指标平均得分率为66.33%，相较上一考核期呈现整体向好趋势。在环境空气质量指数提升方面，存在降水日数偏少、温度偏高等不利于污染物浓度降低的气象因素，可能导致污染治理举措并未发挥预期效能。但就结果而言，未达标城市仍有43%，且在地域分布上相对集中于个别省份。可见空气质量状况改善仍任重道远；传统产业结构对地区环境保护的影响深远，重点区域、重点行业污染问题仍然突出，生态环境保护工作仍需持续推进、不断落实。

在生态环境保护工作领域，不作为、慢作为现象依然存在。中央第三轮环保督察还未开展，但省级政府例行环保督察，在持续跟踪、组织开展整改效果"回头看"核查时，仍发现一些城市未按照整改时限落实环保措施。部分城市对群众反映强烈的污染问题未做及时回应，暴露出相关部门履职不力，生态环境整改工作不积极、落实不到位。

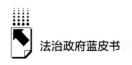

（二）完善的建议

1. 加强地区间的协调沟通，建立政府间的信任机制

针对"跨省通办"项目存在的不足之处，建议各城市加强沟通协调。沟通协商是平等主体之间寻求共识、达成合作的重要方式。要想进一步拓宽"跨省通办"范围，必须建立更加稳定成熟的省级协调机制，组织开展常态化协商沟通，签订相关合作协议或框架，明确不同地区政务服务"通办"的战略规划、合作内容以及权责关系，以保证"通办"的顺利进行。此外，必须建立不同地方政府间的信任机制。通过明确角色、尊重地方自主权和适当行使权力，及时消除地方政府在信息共享中的安全保障和治理能力顾虑，有效节约公共服务的支出成本，使参与各方都能共享"跨省通办"带来的改革红利。

2. 明确权责清单的权力行使层级，加强权责清单动态调整的常态化管理

建立健全"清权、减权、制权、晒权"的清单管理制度不仅能够推动社会公众参与公共管理，还能反向监督政府依法行政、合法行政。从本次评估结果来看，一方面，权责清单的两个关键要素即权力行使层级和法律依据的明确和更新情况并不理想。地方政府应明确权责清单的权力行使层级，落实具体的权责分配，并积极查漏补缺，建立周期性审查机制，及时配合法律规范的立改废释情况，更新权责清单法律依据，做到清单的各项权责有法可依。

另一方面，常态化的动态调整工作仍存在不足。针对这一问题，在政府职能依法全面履行的过程中，应当加强权责清单动态调整制度的落实与优化，进一步规范政府权力的运行。这要求地方政府首先提高对权责清单动态调整的重视程度，不断探索完善权责清单内容的系统化、科学性措施，从部门的职责出发，明确部门的责任与义务，不断优化权责清单内容，使之更加全面。

3. 优化政务服务热线资源配置，建立政务服务回访机制

进一步优化政务服务热线，充分发挥统一公共服务平台的便民作用，需要地方政府不断反思审视当前服务热线资源设置的不合理之处。一方面，不断加大对政务服务与公共服务供需矛盾的解决力度，从制度、流程上不断优化，通过增设热线的线路资源、拓宽社情民意反映渠道来对大量热线咨询进行"分流"，运用数据分析手段筛选热线需求量较大的部门与问题领域，着重增加或者调整相应部分的资源配置。另一方面，要从源头治理，各部门应当从问题起点入手，分析自身工作的不足并加以改进，从而根本上解决热线咨询量过大的问题。同时，12345 政务便民热线还应当加强对来访者的回访工作，保证来电无法直接解决的问题，在通过呼叫转移、派发工单后，能够得到相应的业务部门的处理，以此监督公共服务的质量，提升群众对政府服务的满意度。

4. 完善托育服务体系建设，推动服务型政府转型

党的二十大报告指出，要建立生育支持政策体系，降低生育、养育、教育成本。托育服务关乎民生福祉，牵动亿万家庭。政府应当在体制机制、服务供给、人才培育等方面构建托育服务体系，作为国家生育政策的重要配套支持。具体而言，主要应从以下几个方面加以完善。其一，"推进托幼一体化"，加强卫生健康、教育、人社、民政、市场监管、财政等部门的综合施策、统筹协调。明确相关职能部门的托育服务体系建设责任，将托育服务体系建设任务纳入部门工作规划以及部门年度绩效考核指标。其二，加强普惠性托育服务机构建设，大力发展普惠托育，为普惠托育提供政策支持及经费保障，缓解托育服务供需结构性失衡问题。其三，建立人才培育机制，为托育服务体系建设提供支撑。其四，充分调动社会力量，加强政府监管。大力发展社区托育、用人单位托育、幼儿园托班和家庭托育等多种模式，不断促进托育服务发展。在多元托育服务体系下，强化综合监管，提升监管效力和监管效率。

5. 提升防治能力，形成生产安全防护体系，保障生产安全

安全重于泰山，安全生产工作事关人民群众生命财产安全和社会整体稳定。要加强生产安全事故的预防管理和事后监管工作，严肃问责生产安全事故负责人，强化责任落实。要避免瞒报、漏报等情形，提高事故处理能力，

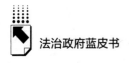

加强事后问责，合力保障群众人身财产安全。严格贯彻《国务院安委会办公室关于加强生产安全事故信息公开工作的意见》（安委办〔2012〕27号）精神，忠实履责，继续加大生产安全事故信息公开力度，高度重视社会公众的知情权、参与权和监督权，充分发挥案例对今后生产活动的警示作用。每一座城市都要完善安全管理制度体系，加强安全基础设施建设，进一步强化安全宣传教育，注重各类安全隐患排查，有效开展针对突发事件的应急演练，不断提高全体市民安全素养及整座城市的依法预防和应急处置水平。特别要注意扩大应急演练的覆盖面，提高规范化和高效化程度，保证应急演练的连续性，避免应急演练工作时冷时热、敷衍应付。同时积极推动政府主导、企业负责的应急演练活动，推动让相关危险化学品企业自行定时定点开展应急演练，提高企业安全生产意识，推动安全生产融入日常工作。

6. 重视例行督察问题整改，加大环境问题整治力度

《中共中央　国务院关于深入打好污染防治攻坚战的意见》（2021年11月2日）指出，自党的十八大以来，党中央开展了一系列根本性、开创性、长远性的推动污染防治的工作，生态环境明显改善。但我国生态环境保护任务依然艰巨，重点区域、重点行业污染问题仍然突出。文件在正文中提出到2025年的生态环境工作目标，包括大气污染物排放降低、水质提高、土壤污染风险得到有效管控、固体废弃物和新污染物治理能力增强等。单位国内生产总值二氧化碳排放比2020年下降18%，地级及以上城市细颗粒物（$PM_{2.5}$）浓度下降10%，全年空气质量优良天数比例达到87.5%。评估组针对评估过程中呈现的问题，对加强生态环境建设提出如下建议。

加强生态环境保护工作的规范化、体系化开展，加大环境问题整治力度。由于当前环境问题仍然较为严峻，呈现部分地域问题突出、部分行业整治困难的态势，生态保护工作对各地政府针对性治理能力的要求越发提高。各地政府应切实提高对辖区内环境问题的预见水平与监管水平，加强对辖区内重点区域、重点产业的统筹治理与监管。此外，针对部分城市环境治理情况查询不便的情况，各地政府应切实加强环境治理信息的整合与传播，坚定将环境保护工作作为长远性工作推进的决心。同时，应不断健全环境法治保护体系，以法治为支撑，在法治轨道上深入推进生态环境保护，强化生态环境保护工作中的政府与公众合力。

切实发挥省生态环境保护督察作用，从严从紧落实整改工作。中央生态环境保护督察具有周期性，在第三轮中央环保督察开展前，各省政府通过例行督察发现各城市环保问题，并通过约谈、通报典型案例方式，督促各城市政府落实环保问题整改工作。各城市应重视通报和典型案例所指出的环保问题，时刻敲响工作未落实的警钟，杜绝督察后依然不作为、不改正的情况。同时，相关部门应注重日常自查自纠，着眼环境治理的持续性，做到长期治理，久久为功，做好生态环境保护督察"后半篇文章"。生态环境保护部门应注重协同治理，与其他部门共同致力于环境问题的实质性整改，将相关标准执行到位，做好科学部署，加大整治力度。

B.3
法治政府建设的组织领导

罗智敏　马允*

摘　要： 2023年度法治政府评估中一级指标"法治政府建设的组织领导"下设"法治政府建设的组织保障""法治政府建设的落实机制"两项二级指标，并细化为四项三级指标，从不同层面对法治政府建设中的组织领导情况进行整体考察。评估结果显示，党在法治政府建设中的领导作用进一步凸显，各级政府注重落实法治政府建设主体责任，以法治政府建设保障当地中心工作。但同时发现，在法治政府建设的组织领导领域还存在一定的问题，例如部分地方党委对法治政府建设缺乏具体有效的领导，法治政府建设督察的落实程度与公开力度有待进一步提升，法治政府建设年报在反馈现实问题、谋划未来举措方面仍缺乏针对性，法治政府建设保障当地中心工作的落实情况有待进一步提升，等等。建议推动党委对法治政府建设领导的实质化；健全法治政府建设督察实施方案，保证内容与结果的及时公开；强化法治政府建设年报内容的现实性，重视提炼总结实践中遇到的现实问题，细化优化未来工作愿景与部署；明确具体法治保障方案，紧紧围绕中心工作开展法治会议，提升法治政府建设保障当地中心工作的落实程度；等等。

* 罗智敏，中国政法大学法学院教授，法学博士，研究方向：行政法与行政诉讼法、罗马公法；马允，中国政法大学法学院副教授，法学博士，研究方向：行政法、环境规制与治理、公共土地与自然资源法。中国政法大学法学院2020级宪法学与行政法学专业硕士研究生刘子婧、中国政法大学法学院2022级宪法学与行政法学专业硕士研究生何佳晨、中国政法大学法学院2022级宪法学与行政法学专业硕士研究生司银铃、中国政法大学法学院2022级宪法学与行政法学专业硕士研究生张童博协助进行数据收集、检索、分析及图表制作等工作。

关键词: 组织领导　法治政府建设　落实机制

一　指标设置及评估标准

（一）指标体系

在"法治政府建设的组织领导"一级指标之下，设置了两项二级指标，分别为"法治政府建设的组织保障""法治政府建设的落实机制"。

"法治政府建设的组织保障"指标下设有"法治政府建设领导作用发挥情况"和"法治政府建设督察工作落实情况"两项三级指标。"法治政府建设的落实机制"指标下设有"法治政府建设主体责任的落实情况""以法治政府建设保障当地中心工作的落实情况"两项三级指标。

四项三级指标主要通过检索市委、市政府网站及政府信息公开网站，市委常委会及党委法治建设议事协调机构开展工作的相关报道，国务院对地方政府依法行政工作的通报，法治政府情况报告，依法行政考核及领导干部和执法人员法治思维培养、接受法律培训等的情况，并辅以百度、必应等搜索引擎，形成对法治政府建设的组织领导的全面观测。四项三级指标从不同层面综合考察地方主要领导是否重视法治政府建设工作、相应的组织领导措施是否得力等。

法治政府建设的组织领导评估指标见表 B.3-1。

表 B.3-1　法治政府建设的组织领导

一级指标	二级指标	三级指标
法治政府建设的组织领导（80分）	（一）法治政府建设的组织保障（40分）	1. 法治政府建设领导作用发挥情况（20分）
		2. 法治政府建设督察工作落实情况（20分）
	（二）法治政府建设的落实机制（40分）	3. 法治政府建设主体责任的落实情况（20分）
		4. 以法治政府建设保障当地中心工作的落实情况（20分）

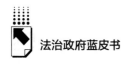

（二）设置依据和评估标准

课题组在本年度对指标的设置、分值分配和评分标准进行了适当调整，其中原三级指标"法治政府建设考核评价和督促检查工作落实情况"改为"法治政府建设督察工作落实情况"；去掉原三级指标"领导干部的法治思维培养情况"和"执法人员及公务员接受法律培训情况"，新设"以法治政府建设保障当地中心工作的落实情况"三级指标。本次调整主要考虑到以下几点。一是根据往年评估经验，地方政府在考核检查工作方面的区分度不高，有必要进行调整以聚焦核心问题，且司法部近日高度重视法治政府建设督察的作用，中央层面开展了专门的督察活动，致力于将督察工作落到实处，故本次评估将三级指标进一步限定于"法治政府建设督察工作落实情况"。二是根据往年的评估经验，各地领导干部、执法人员及公务员的法治学习情况评估区分度不高，有必要进行调整，聚焦问题领域，以强化以评促建的作用。三是《法治政府建设实施纲要（2021—2025 年）》对法治政府建设的依法行政情况提出了更高的要求，因此相应设置了"以法治政府建设保障当地中心工作的落实情况"这一三级指标。

测评中，评估团队所依据的材料与数据主要来源于市委、市政府网站及政府信息公开网站，同时通过百度、必应等搜索引擎进行辅助查询。未能检测到相关内容的，则视为未落实该项工作。需要指出的是，受制于第三方外部观测的限制，未检测到相关内容并不意味着有关地方没有实际开展相关工作，但至少说明有关工作的透明度不高、开放性不强，同样需要有关地区予以重视。各三级指标的测评时间为 2022 年 5 月 1 日至 2023 年 4 月 30 日，测评方法及赋分标准如下。

1. 法治政府建设领导作用发挥情况

【设置依据】《法治政府建设实施纲要（2021—2025 年）》规定"各级党委要切实履行推进法治建设领导职责，安排听取有关工作汇报，及时研究解决影响法治政府建设重大问题。各级政府要在党委统一领导下，履行法治政府建设主体责任，谋划落实好法治政府建设各项任务，主动向党委报告法治政府建设中的重大问题。各级政府及其部门主要负责人要切实履行推进本地区本部门法治政府建设第一责任人职责，作为重要工作定期部署推进、抓实抓好。各地区党委法治建设议事协调机构及其办事机构要加强法治政府建设的协调督促推动"。《市县法治政府建设示范指标体系》（2021 年版）第98 项要求"党委法治建设议事协调机构的办事机构认真履行推进法治政府建设职责，确保专门工作力量、确保高效规范运转、确保发挥职能作用"。

【测评方法】通过检索市委、市政府网站及其司法行政部门网站，并辅以百度搜索引擎检索，查找党委常委会议简报、会议纪要、新闻报道等，检索"法治政府工作建设""全面依法治市委员会""法治政府工作会议"等关键词，考察市委常委会会议讨论、听取法治政府汇报的情况以及党委法治建设议事协调机构及其办事机构实际履职情况。

【评分标准】本指标满分为 20 分。市委常委会会议讨论、听取法治政府汇报情况，市委常委会、市政府常务会议专题研究法治政府建设情况，每次得 5 分，满分 10 分；党委法治建设议事协调机构专题开展法治政府建设活动，如调研、出台规划、相关制度建设等，每次得 5 分，满分 10 分。

2. 法治政府建设督察工作落实情况

【设置依据】《法治政府建设实施纲要（2021—2025 年）》规定："深入推进法治政府建设督察工作，2025 年前实现对地方各级政府督察全覆盖。"为了使法治政府建设更加可量化、可证明、可比较，《市县法治政府建设示范指标体系》（2021 年版）第 100 项要求："法治建设成效作为衡量各级领导班子和领导干部实绩的重要内容，纳入政绩考核等指标体系。每年对法治政府建设情况开展督察考评，对工作不力、问题较多的单位开展约谈整改。"在具体的指标设置上，依据《法治政府建设与责任落实督察工作规定》对督察工作的要求，既考虑到开展督察工作应坚持的一般原则，也兼顾到在督察对象和内容、督察组织实施、督察结果通报等方面的详细规则，综合设置"法治政府建设督察工作落实情况"指标的评分标准。

【测评方法】通过检索当地的政府门户网站、市政府相关职能部门网站、政府信息公开网站，以及通过百度等主流搜索引擎搜索"法治政府建

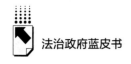

设""法治政府督察""法治政府考核""依法治市"等关键词,根据当地政府及司法局发布的 2022 年法治政府建设情况报告,市政府及被督察单位发布的官方信息以及其他关于法治政府督察的新闻报道,仔细核对查看该市政府及其职能部门对于法治政府建设督察工作所涉及的各项指标的落实情况。

【评分标准】本指标为累计加分,满分 20 分。

(1)市政府 2022 年度法治政府建设督察的开展情况,下设六项细分指标分别赋分取其总和,但总分不超过 12 分:

①法治政府建设督察范围实现全覆盖的,得 4 分;

②督察方式具有综合性、多样性、创新性的,得 4 分;

③督察对象和内容全面且向社会公开的,得 4 分;

④制定督察工作年度计划的,得 2 分;

⑤推进"互联网+督察"的,得 2 分;

⑥建立法治督察与纪检监察协作机制的,得 2 分。

(2)市政府向社会公示了督察结果的,得 4 分;不能查询到详细结果或名单的,酌情扣分。

(3)市政府进一步公布了督察中发现的有针对性的具体问题并提出有针对性、可操作性的改进建议的,得 4 分;所发现的问题及提出的改进建议不具有针对性的,酌情扣分。

3.法治政府建设主体责任的落实情况

【设置依据】《法治政府建设实施纲要(2021—2025 年)》规定"严格执行法治政府建设年度报告制度,按时向社会公开";《市县法治政府建设示范指标体系》(2021 年版)第 97 项要求"每年 3 月 1 日前,市县政府向同级党委、人大常委会和上一级政府报告上一年度法治政府建设情况,市县政府部门向本级党委和政府、上一级政府有关部门报告上一年度法治政府建设情况,并在 4 月 1 日前通过报刊、政府门户网站等向社会公开"。

【测评方法】对各市政府官方网站进行检索,着重通过首页关键词、政府信息公开专栏对该市法治政府建设年度报告进行检索。如政府官方网站无法获取年度报告信息，可在该市所在省级政府官网进行相应检索。此外，还可借用百度、谷歌、搜狐等搜索引擎，以"市+年份+法治政府建设年度报告"为关键词进行检索，以求达到全面检索、不遗漏信息。对于市政府报告法治政府建设的情况，则通过市政府官网、市委官网、市人大官网、所属省级政府官网、官方微信公众号等进行关键词检索，或者阅读法治政府建设报告内容及时间判断是否按时报告及公开。此外为求全面无遗漏，也可以再次使用搜索引擎以"市政府/市委/市人大/省级政府+听取法治政府建设年度报告"为关键词进行补充检索。检索截止日期为 2023 年 7 月 5 日。

【评分标准】本指标满分为 20 分。对于法治政府建设年报的公开及报告时间而言，被评估政府严格执行法治政府建设年度报告制度，在 3 月 1 日前按时报告并在 4 月 1 日前按时向社会公开的，得满分 5 分。未公开有关报告或者未按时公开的，酌情扣分，其中，报告时间或向社会公开时间中有延迟的，得 4 分；报告时间和向社会公开时间均延迟的，得 3 分；未报告但按时向社会公开的，得 3 分，未向社会公开但按时报告的，得 2 分；既未报告也未向社会公开的，不得分。对于法治政府建设年报的数据披露情况而言，满分 6 分，其中，法治政府建设年报披露了规范性文件审查相关情况有关数据的，得 2 分；披露法律顾问参与法治政府建设情况有关数据的，得 2 分；披露行政机关负责人出庭应诉情况有关数据的，得 2 分。对于法治政府建设年报的现实性而言，报告直面现实，反馈法治政府建设中的具体问题，或者其他有助于各方了解本市政府落实法治政府建设工作情况的，得满分 4 分。对于法治政府建设年报的展望性而言，满分 5 分，其中，报告展望下一年工作有目标有举措的，得 3 分；有关建设措施条理清晰、详略突出有具体分项且对本市有针对性的，得 2 分，二者缺其一的，得 1 分。

4. 以法治政府建设保障当地中心工作的落实情况

【设置依据】《法治政府建设实施纲要（2021—2025 年）》规定"把法治政府建设放在党和国家事业发展全局中统筹谋划，加快构建职责明确、依法行政的政府治理体系，全面建设职能科学、权责法定、执法严明、公开公正、智能高效、廉洁诚信、人民满意的法治政府"，"坚持问题导向，用法

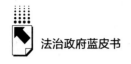

治给行政权力定规矩、划界限，切实解决制约法治政府建设的突出问题"。《市县法治政府建设示范指标体系》（2021 年版）第 22 项要求"制度建设紧密结合地方发展需要和实际，突出地方特色，突出针对性、适用性、可操作性，推进'小快灵''小切口'制度建设的探索实践，不断提高地方制度建设的质量和效率"。

【测评方法】 对各市政府官方网站、市政府相关职能部门网站、政府信息公开网站进行检索，以及通过百度等搜索引擎直接以"市+年份+党代会报告""市+'十四五'规划""法治政府建设""中心工作""法治讲座""法治培训"等关键词进行检索。通过查看当地党代会报告、中心工作规划方案或"十四五"规划，以及相关新闻报道、会议纪要等，仔细核对该市政府及其职能部门对于以法治政府建设保障当地中心工作的落实情况。

【评分标准】 本指标为累计加分，满分 20 分。

（1）当地最新的党代会报告、中心工作的规划方案或"十四五"规划中提到要通过法治保障当地中心工作的，得 8 分；不仅提到要通过法治保障当地中心工作，并且明确提出了具体保障方案的，得 10 分。

（2）当地围绕中心工作开展了法治讲座或法治培训的，每次讲座或培训得 5 分；开展了两次及以上讲座或培训的，得 10 分。

二 总体评估结果分析

本项评估总分为 80 分，被评估的 100 个城市的平均得分率为 65.80%，整体得分趋于正态分布。本项评估下各城市最高得分率为 93.75%，最低得分率为 36.25%，体现了较大的区分度。本项评估中，排名前五的城市分别为上海市（93.75%）、深圳市（83.75%）、成都市（83.75%）、北京市（82.50%）与杭州市（82.50%）（本年度排名 1~30 的城市得分率情况见图 B.3-1）。

本项一级指标共包含四个三级指标，每个三级指标满分为 20 分。各三级指标的得分情况如下：法治政府建设领导作用发挥情况，平均分为 14.40分；法治政府建设督察工作落实情况，平均分为 9.15 分；法治政府建设主

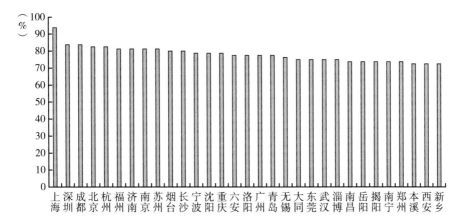

图 B. 3-1 "法治政府建设的组织领导"指标排名 1~30 的城市得分率情况

体责任的落实情况，平均分为 14.02 分；以法治政府建设保障当地中心工作的落实情况，平均分为 15.07 分。其中，平均得分率最高的三级指标为"以法治政府建设保障当地中心工作的落实情况"，这表明各地政府十分重视法治政府建设的作用，以法治政府建设保障当地中心工作的落实；平均得分率最低的三级指标为"法治政府建设督察工作落实情况"，这反映出各地方政府向社会公开的法治政府督察信息还不够全面，对于必要的督察方案以及督察后下发的总结性文件等内容没有向社会公开（本级指标下各三级指标的平均得分率见图 B. 3-2）。

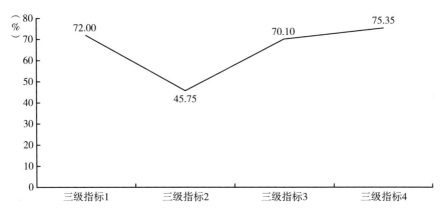

图 B. 3-2 "法治政府建设的组织领导"各三级指标的平均得分率

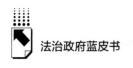

三 三级指标评估结果分析

（一）法治政府建设领导作用发挥情况

1. 总体表现分析

本项评估中，满分为 20 分，平均得分率为 72.00%，有 69 个城市的得分率在平均得分率以上，占总数的 69%。满分城市有 20 个，占总数的 20%；无未得分城市（见表 B.3-2）。

表 B.3-2 "法治政府建设领导作用发挥情况"指标 100 个城市得分情况

得分(分)	5	10	15	20
城市(个)	1	30	49	20

本项评估中，通过在市政府及其司法行政部门网站和百度搜索引擎检索，查询到 96% 的城市市委常委会、市政府常务会议专题研究过法治政府建设情况，96% 的城市党委法治建设议事协调机构通过召开会议、调研、出台规划、相关制度建设等方式专题开展了法治政府建设活动。多数城市的党委能够从整体层面上或者结合社会治理、法治政府建设情况报告审核、法治政府建设示范创建、党政主要负责人履行推进法治建设第一责任人职责等具体工作对法治政府建设进行研讨。有 20% 的城市党委年度开展法治政府专题研讨的次数达到四次及以上。有 31% 的城市党委年度讨论法治政府工作不足三次，未达到基本的要求。

2. 分差说明及典型事例

本项指标最高分为 20 分，得满分的城市共有 20 个，得 15 分的城市有 49 个，得 10 分及以下的城市有 31 个，可见本项指标得分总体较高，但同时也存在少数城市断层式低分的情况。10 分及以下城市与 15 分及以上城市的得分差距主要体现在该市委常委会会议次数和该市市委所领导的法治政府建设相关领导小组是否开展实质性活动以及开展活动的频次等。15分城市与满分城市的得分差距主要体现在该市市委常委会或者市委法治政府建设相关领导小组研究法治政府建设的针对性、实效性方面。

以杭州市（2022年得分为20分）为例，2022年杭州市多次在市委常委会会议、市政府常务会议和依法治市委员会会议上对法治政府和法治建设相关议题进行讨论。2022年12月12日，杭州市委召开法治杭州建设工作会议。会议指出，要深入学习贯彻党的二十大精神和习近平法治思想，高水平推进新时代法治杭州建设，奋力建设法治中国示范城市，为杭州市"奋进新时代、建设新天堂"、加快打造世界一流的社会主义现代化国际大都市提供强有力的法治保障。依据《杭州市司法局2022年工作总结》，杭州市委常委会、市人大常委会专题听取法治政府建设情况汇报。杭州重大行政决策管理系统升级完善，实现目录化管理市县乡三级全覆盖。全年共对71件市政府规范性文件、协议等进行合法性审查，对296件区县及市级部门报备文件备案审查。

（二）法治政府建设督察工作落实情况

1.总体表现分析

本项评估中，满分为20分，各城市平均得分率为45.75%，其中有49个城市得分率在平均得分率以上，占总数的49%；无满分城市和未得分城市。得分最高的城市为上海市和宜春市，为17分，占总数的2%。最低分为2分，共有6个城市，占总数的6%（见表B.3-3）。

表 B.3-3　"法治政府建设督察工作落实情况"指标100个城市得分情况

得分（分）	0≤X≤5	5<X≤10	10<X≤15	15<X≤20
城市（个）	20	38	38	4

本项评估中，得分在0≤X≤5和15<X≤20这两个区间段的城市仅占总数的24%，绝大多数城市的得分在5<X≤10和10<X≤15这两个区

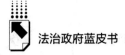
间段。对照评分标准可以看出，所有城市的市政府在"法治政府建设督察的开展情况"一项均有得分，在2022年或多或少开展过相关督察或考评工作，并能够通过市政府及其职能部门公开的法治政府建设年度报告以及政府门户、主流媒体等发布的新闻报道被检索到。然而，该项得分存在较大差异，既存在满分12分的城市，也存在仅获得2分的城市，可见各个城市在督察的落实力度与宣传力度上存在较大差别。38个城市在完成法治政府建设督察后，向社会公开发布了督察结果，但在公开的详细程度上存在差别，仅5个城市在该项获得满分4分。在此基础上，仅有11个城市在公布结果时或者后续新闻报道中，能够详细列举出督察发现的问题并提出较为全面的改进建议，在该项获得3~4分。究其原因，绝大多数城市的督察实效性不高，要么没有在新闻报道中指出问题、提出改进建议，要么指出的问题与提出的改进举措针对性较差，停于表面、止于泛泛等。

2. 分差说明及典型事例

本项指标最高分为17分，位于高分段（15<X≤20）的共有4个城市。因处于中高分段（10<X≤15分）的城市尚有38个，但到高分段城市数量出现断层递减，故需进行分差说明。高分段城市与中高分段城市的得分差距，一方面体现在法治政府建设督察工作是否落实到位，尽管所有市政府均开展了相应的督察工作，但在督察覆盖范围、采取的督察方式、督察对象和内容等方面差距较大。若市政府的督察范围仅限于某几个辖区市县或部门、督察方式和措施单一、督察对象不公开或内容过窄，也不存在制定督察工作年度计划、推进"互联网+督察"、建立法治督察与纪检监察协作机制等加分情形，此项得分则较低。另一方面体现在市政府是否进一步公布了督察考评结果、提出具体问题和改进建议，若结果不完全向社会公开、所提出的问题与改进建议不具有针对性，将酌情扣分。

在本项指标中，上海市、宜春市分数为17分，成都市、苏州市分数为16分，北京市、本溪市、长沙市、广州市、玉林市、淄博市分数为15分，排名靠前。以苏州市为例，为了使法治督察"有规可依""有章可循"，苏州市出台了《苏州市法治督察工作规程（试行）》《中共苏州市委全面依法治市委员会办公室督察工作办法》等，系统规范督察对象、内容、方式、程序、结果运用等。在督察范围上，苏州市实行市、县两级督察体制，对市级部门主要采取书面督察，对区县级进行实地督察，积极推进法治督察全覆盖。在督察方式上，苏州市在督察过程中将全面督察与专项督察相结合，健全法治建设考核评价制度，积极探索"暗访督察"、第三方测评、督察专员库、"互联网+督察"、"市委巡察+法治督察"新模式，建立健全督察反馈、督察专报、督察通报、问责建议、跟踪问效和督察公开机制。在督察内容上，全面督察主要督察各级领导干部对法治建设的重视程度和推进力度，重点督察责任落实和年度法治建设任务完成情况；专项督察则及时落实上级安排任务，回应人民群众在法治领域的关切，实行跟踪式、机动式、调研式、点穴式督察。在结果公开方面，苏州市及时召开全面依法治市工作推进会，在会上通报了 2022 年度法治苏州建设工作的评议考核情况，并能在新闻中提及督察反馈问题和整改建议。因此，在本项指标中，苏州市整体完成度较高，得到了较高的分数。

（三）法治政府建设主体责任的落实情况

1.总体表现分析

通过对本指标数据得分情况进行分析，$16<X \leqslant 20$ 分区间城市共 33 个，占比 33%；$12<X \leqslant 16$ 分区间城市共 41 个，占比 41%；$8<X \leqslant 12$ 分区间城市共 14 个，占比 14%；$4<X \leqslant 8$ 分区间城市共 5 个，占比 5%；$0 \leqslant X \leqslant 4$ 分区间城市共 7 个，占比 7%。其中，7 个城市得到满分 20 分，6 个城市得到 0 分。本指标总体表现较好，平均得分率为 70.10%，及格线（12 分）以上城市占比较高，为 74%（见表 B.3-4），除少部分城市未公开法治政府建设年报外，较多城市可以按时公开法治政府建设年报，并在年报中公开相应的数据，指出问题并提出举措。

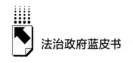
表 B. 3-4　"法治政府建设主体责任的落实情况"指标 100 个城市得分情况

得分(分)	16<X≤20	12<X≤16	8<X≤12	4<X≤8	0≤X≤4
城市(个)	33	41	14	5	7

　　就法治政府建设年报的公开情况而言，绝大多数被评估城市可以做到按照《市县法治政府建设示范指标体系》（2021 年版）的要求在 4 月 1 日前向社会公开年报。相较向社会公开法治政府建设年报的情况而言，只有少部分被评估城市能在 3 月 1 日前按时向同级党委、人大常委会和上一级政府报告上一年度法治政府建设情况，其他被评估城市或延期报告，或未进行报告。因此，就法治政府建设年报的公开及报告评分指标而言，多数城市存在酌情扣分的情况。就法治政府建设年报的数据披露情况而言，半数以上的被评估城市在披露规范性文件审查、法律顾问、负责人出庭应诉这三项的数据情况上有所遗漏，只有部分城市对三项相关数据均进行了披露。就法治政府建设年报的内容而言，所有被评估城市均对本城市法治政府建设情况进行了具体、翔实的说明，其中，大部分被评估城市可以做到在年报中反馈法治政府建设过程中的现实问题，但也有极少部分城市未反映存在的问题，或者反馈的问题过于笼统含糊。另外，几乎所有的城市均在年报中对下一年度的法治政府建设情况作出展望，但部分城市的愿景展望存在空泛简略的问题，没有提出具体建议措施，或者对本市的法治政府建设没有针对性。

　　2. 分差说明及典型案例

　　在本指标数据中，能够按时报告且向社会公开法治政府建设年报的城市有天津市、济南市、福州市等 7 个城市，另外有 10 个城市在 4 月 1 日前按时向社会公开法治政府建设年报，但未及时向同级党委、人大或者上级政府进行报告。此外，还有 7 个城市未公开法治政府建设年报，最大分差达 5 分。能够全面披露规范性文件审查、法律顾问、负责人出庭应诉相关情况及其数据的有上海市、深圳市、西安市、厦门市等 30 余个城市，部分城市缺少其中一项或两项数据，仅有 1 个城市三项数据均缺失，分差为 2~6 分。在法治政府建设年报的内容方面，大部分被评估城市能够做到在报告中反馈法治政府建设面临的具体问题，并对下一年度法治政府建设提出详略突出、有针对性的目标与举措，但也有极少部分被评估城市未在报告中反馈现实问题和未来工作愿景，分差为 2~9 分。此外，部分城市在数据采集时尚未公布法治政府建设报告，故不得分。

在本次评估中，天津市、福州市、济南市、岳阳市、本溪市、东莞市和揭阳市得到满分 20 分。这些城市在法治政府建设年报的公开、报告、制作和内容方面符合《法治政府建设实施纲要（2021—2025 年）》与《市县法治政府建设示范指标体系》（2021 年版）的要求。例如济南市在 2022 年法治政府建设情况报告中，对上一年度法治政府建设成果进行全面总结梳理，数据翔实、尽数披露，对存在的问题与不足进行细致反馈，并对未来工作安排提出富有建设性和针对性的举措。又如岳阳市在 2022 年法治政府建设情况报告中，对其法治政府建设主要工作及相关数据进行了详尽的披露，剖析了当前法治政府建设存在的问题，并在未来主要工作任务中细致地阐明了具体改进举措。

（四）以法治政府建设保障当地中心工作的落实情况

1. 总体表现分析

本项评估中，满分为 20 分，各城市平均得分率为 75.35%，其中有 50 个城市得分率在平均得分率以上，占总数的 50%；满分城市 17 个，占总数的 17%；无未得分城市。得满分的城市为上海市、深圳市、成都市、北京市、南京市、长沙市、宁波市、沈阳市、重庆市、洛阳市、青岛市、无锡市、西安市、石家庄市、长春市、呼和浩特市、信阳市。最低分为 5 分，共有 1 个城市，占总数的 1%（见表 B.3-5）。

表 B.3-5　"以法治政府建设保障当地中心工作的落实情况"指标 100 个城市得分情况

得分（分）	0≤X≤5	5<X≤10	10<X≤15	15<X≤20
城市（个）	1	19	30	50

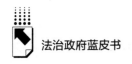

本项评估中，得分在 0≤X≤5 和 5<X≤10 这两个区间段的城市仅占总数的 20%，绝大多数城市的得分在 10<X≤15 和 15<X≤20 这两个区间段，其中一半的城市得分在 15<X≤20 这一区间段。对照评分标准可以看出，各城市在党代会报告、中心工作的规划方案或"十四五"规划中明确以法治保障当地中心工作具体方案方面的得分也存在差异，既存在满分 10 分的城市，也存在未提出具体方案获得 8 分的城市，还有几乎未搜索到相关证据获得 5 分的城市。可见各个城市在法治保障方案具体程度上存在差别。此外，绝大部分城市的市政府在"围绕中心工作开展法治讲座会议或法治培训会议"一项均有得分，或多或少地开展过相关法治会议，并能够通过市政府及其职能部门公开的法治政府建设年度报告以及政府门户、主流媒体等发布的新闻报道被检索到。但各市的法治会议基本不是围绕中心工作展开的，偏向普法宣传性质。究其原因，绝大多数城市对以法治建设保障当地中心工作不够重视，仅开展流于形式的法治宣传。

2.分差说明及典型事例

本项指标最高分为 20 分，得分差距一方面体现在是否就中心工作提出具体法治保障方案。尽管大部分市政府的党代会报告中均提到要以法治建设保障当地中心工作，但在法治保障主体、法治保障对象以及法治保障措施等方面差距较大。若市政府在党代会报告中仅做宣示性、口号性阐述，没有说明从哪些方面保障、采取何种保障措施，就不存在提出具体保障方案的加分情形，此项得分则较低。另一方面体现在开展的法治讲座会议或法治培训会议是否围绕中心工作。尽管大部分市政府都开展了法治讲座会议或法治培训会议，但很多市政府的法治会议并非围绕该市的中心工作展开，仅仅是主题泛泛的法治会议或非围绕中心工作的专题性讲座/会议，且偏向于普法宣传。以上情形将酌情扣分。

在本项指标中，北京市等 13 个城市得到满分 20 分。以北京市为例，北京市的中心工作是两区建设［建设国家服务业扩大开放综合示范区、中国（北京）自由贸易试验区］。围绕此项中心工作，《北京市第十三次党代会报告》指出：高标准推进"两区""三平台"建设。积极开展国际高水平自由贸易协定规则对接先行先试。深化科技创新、数字经济、服务业开放等优势领域制度创新和政策集成。可见北京不仅提到要以法治保障两区建设，而且还明确提出了具体保障方案。此外，围绕两区建设，北京市门头沟区政府"两区"专班于 2022 年 7 月参加《北京"两区"立法解读》大讲堂培训；北京市东城区于 2022 年 7 月举办"两区"建设专题培训班，围绕其中的不动产投资信托基金（REITS）进行了政策解读。因此，在本项指标中，北京市整体完成度较高，得到了满分。

四 评估结论与建议

（一）存在的问题

1. 部分地方党委对法治政府建设缺乏具体有效的领导

评估发现，绝大多数城市都能够在这些会议上对法治政府建设议题进行讨论，或者由市委法治政府建设相关领导小组、党委法治建设议事协调机构及其办事机构开展活动，但也存在一些需要改进的问题：部分城市市委常委会会议对法治政府的讨论次数较少，部分城市市委常委会、市政府常务会议对法治政府建设的具体议题没有进行深入的讨论，更多是从宏观层面强调要加强法治政府建设，而缺乏对法治政府建设细节的研讨。而对于党委法治建设议事协调机构，其功能没有得到充分的发挥，并且逐渐成为一种附属的机构。在很多地方，依法治市委员会的会议是通过市委常委会会议（套开市委全面依法治市委员会会议）的形式召开的。而依法治市委员会的职能也集中在对年度法治政府建设情况报告的审查上，这一职能与市委常委会的职能高度重合，并且是一种规划性的职能，依法治市委员会的具体制度建设、法治政府调研职能发挥较少。

2. 法治政府建设督察的落实程度与公开力度有待进一步提升

法治政府建设督察工作是对被督察单位工作情况的检验，其目的在于规范政府部门职能工作的开展，进一步促进依法治市、依法行政工作取得实

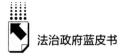

效。然而评估发现，绝大多数市政府在督察的落实程度与公开力度方面工作不到位，有待进一步提升。（1）在落实程度上，从披露情况来看，各市均开展了督察工作，但督察次数的多与少、督察全面程度存在较大差异，有的城市对其所有辖区市县和部门均开展了全面督察，有的城市则仅仅对部分地区督察或就某一方面展开专项督察。在督察方式上，实践中大多数市政府都仅采取实地督察方式，缺乏综合性和创新性，目前已有市政府注意到并在年报中指出"督察方式和措施较为单一，书面督察、自查报告、专项督察等方式和暗访、委托评查等措施运用较少"的问题。在督察对象和内容方面，尽管《法治政府建设与责任落实督察工作规定》对此规定得十分详细，但各市政府在实际开展督察工作时并不会全部涵盖，或是在新闻中笼统概括一下督察内容，或直接不予提及。（2）在公开力度上，评估发现，绝大多数城市虽然开展了相关督察，也配发了相关的新闻报道或者公示文件，但基本无法检索到向社会公开的督察方案，更难检索到督察后下发的总结性文件。尽管有关督察涉及一些不宜公开的内容，但一味地不对外公开，或多或少体现出当前地方法治政府督察运行机制存在的封闭性特点，缺乏社会公众的必要参与和有效监督，难免存在督察工作流于形式的情况。

3. 法治政府建设年报在反馈现实问题、谋划未来举措方面仍缺乏针对性

《法治政府建设实施纲要（2021—2025年）》规定，"各级政府要在党委统一领导下，履行法治政府建设主体责任，谋划落实好法治政府建设各项任务，主动向党委报告法治政府建设中的重大问题"。法治政府建设并非一朝一夕所能完成，而是需要各级市委市政府持续努力、久久为功，因此总结并反馈当前法治政府建设中存在的具体问题，有助于日后各市进行有针对性的改进，也能使各方了解各市落实法治政府建设工作的情况和进展。通过对被评估城市的法治政府建设年报进行检索发现，虽然部分城市能够较为详尽细致地分析本市存在的现实问题，并提出有针对性和可操作性的未来举措，如成都市、杭州市、上海市等，但是大部分城市仅对法治政府建设所面临的共性问题进行简单概括，也有报告仅以寥寥数笔带过。此外，在下一年度目标展望部分，也有部分城市的举措建议浮于表面，仅重申宏观的法治政府建设目标，而未能结合本市实际情况提出具有针对性和可操作性的工作举措和任务安排。

4. 以法治政府建设保障当地中心工作的落实情况有待进一步提升

以法治政府建设保障当地中心工作的落实是把法治政府建设放在党和国家事业发展全局中统筹谋划，加快构建职责明确、依法行政的政府治理体系，全面建设职能科学、权责法定、执法严明、公开公正、智能高效、廉洁诚信、人民满意的法治政府的关键措施。然而评估发现，绝大多数市政府的法治政府建设不足以保障当地中心工作。这具体体现在党代会报告中未就中心工作提出具体法治保障方案以及开展的法治讲座会议或法治培训会议没有围绕中心工作。（1）在具体法治保障方案上，根据统计，各市之间在中心工作法治保障方案的具体程度上存在较大差异，有的城市对法治保障方案做了详细阐述，例如青岛市在《中国共产党青岛市第十三次代表大会报告》中就指出："坚持市场化、法治化、国际化方向，打造公开透明的法治环境。依法治污，集中攻克突出生态环境问题。积极发展全过程人民民主，强化法治引领保障作用。全面推进法治青岛建设。深入贯彻习近平法治思想，坚持全面依法治市，更好发挥法治固根本作用。深化法治政府建设。创建全国法治政府建设示范市。实施'八五'普法规划，加快法治社会建设。"有的城市则仅仅做"全面依法治市""强化法治城市建设"的口号性宣示。（2）在法治讲座会议或法治培训会议与中心工作联系的密切程度上，评估发现，绝大多数城市虽然开展了相关讲座或培训，也配发了相关的新闻报道，但基本无法检索到与其中心工作有关的内容。相较而言，福州市表现突出。2022年8月23日，福州市开展了2022年度优化法治化营商环境专家论坛暨培训会，以助力其做好"建设现代化国际城市一流营商环境"的中心工作。

（二）完善的建议

1. 推动地方党委对法治政府建设领导的实质化

部分城市存在的形式化工作方式，使得法治政府仅仅停留在口号和指标上。有些地区在获得"全国法治政府建设示范市"的荣誉之后，对于

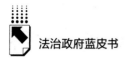

法治政府的研究工作便有所懈怠，这种"运动式执法"的态度不利于法治政府的长期建设。各地政府应当推动法治政府建设的常态化、制度化和实质化。常态化要求地方党委把法治政府的研究工作作为一项长期工作来完成，每年都应当召开一定次数的法治政府研究会议，对地方法治政府的建设进行研究、部署。制度化要求完善对法治政府建设的领导制度，只有制度化才能实现领导法治政府建设的实质化。对于市委常委会会议和市政府常务会议，要避免会议内容的空洞。许多地方会围绕《法治政府建设报告》召开会议，可以在此基础之上对全市的法治政府建设作出具体规划，通过地方负责人述职、区县法治评分排名、政府应诉信访情况统计的方式对全市政府履职情况进行分析，进而提出具体且有针对性的指导建议。对于地方的依法治市委员会这样的议事协调机构，要注重发挥其自身的功能，在审查报告之外，要注重出台地方法治政府建设的规划政策，定期组织政府履职状况的调研与评估，特别要注重同人民群众的联系，了解群众对于政府的看法。

2. 健全法治政府建设督察实施方案，保证内容与结果的及时公开

各地应进一步提高思想站位和大局意识，贯彻落实党中央关于统筹规范督察检查工作的要求，充分把握督察对于法治政府建设的重要意义，增强督察工作的权威性、科学性、针对性、有效性。为了高效开展每年度的督察工作，各市政府应当及时出台本年度的法治督察工作计划和具体的实施方案，依据《法治政府建设与责任落实督察工作规定》，在督察对象和内容、督察形式和方法、督察组织实施等方面进行明确规划，以加强督察工作的统筹协调。各地应主要针对当地存在的具体问题展开督察，聚焦人民群众急难愁盼问题，不做表面文章，对不同地区、不同层级的督察因地制宜。在开展督察工作时，市政府应综合运用多种督察方式，构建实地督察、走访暗访、书面督察、第三方评估、专项督察相结合的机制，深入推进"互联网+督察"以提升督察工作精细化和信息化水平，探索实施法治督察员制度、法治督察与纪检监察协同制度等创新举措。在任务上做实的同时，也要在责任上做实，针对督察中发现的薄弱环节和显著问题，要督促有关责任单位精准分析原

因、切实斩断根源，避免督察泛化与落空。对于督察中的必经环节和最终结果，除依法应当保密的以外，应当以必要、合理的方式向社会公开，由此倒逼被督察单位履职尽责、推动相关问题的落实整改，真正达到以法治督察促进法治建设的目的。

3. 强化法治政府建设年报内容的现实性，重视提炼总结实践中遇到的现实问题，细化优化未来工作愿景与部署

法治政府建设年度报告不仅是对本年度法治政府建设工作的总结，也是本级党委和人大、上级政府以及公民对法治政府建设工作进行监督的重要依托，还是未来进一步优化相关工作的重要凭据。因此法治政府建设年报的内容不应该仅仅是对中央政策和文件的简单重复，或者是对上级或同级人民政府法治政府建设年报照葫芦画瓢式的模仿，而应是对本市法治政府建设实际工作的现实反映。虽然法治政府建设中的确存在共性问题，但考虑到区域差异的存在，各地法治政府建设面临的问题、挑战和未来工作重心应当在相当程度上具备地方性和特殊性。因此，法治政府建设年报的内容应当贴合本地实际情况，切实反思工作中存在的具体问题，并以解决自身问题为目标进行详略突出且有针对性的未来工作部署。

4. 明确具体法治保障方案，紧紧围绕中心工作召开法治会议，提升以法治政府建设保障当地中心工作的落实程度

各地应进一步提高思想站位和大局意识，贯彻落实党中央关于用法治给行政权力定规矩、划界限的要求，充分把握法治政府建设对于保障当地中心工作的重要意义，增强依法行政意识。（1）理论层面，为了充分保障本地中心工作，各市政府应当在党代会报告、中心工作的规划方案或"十四五"规划中明确以法治保障中心工作的具体实施方案。依据《法治政府建设实施纲要（2021—2025年）》，对法治保障中心工作的主体、对象以及措施等方面进行明确规划，以加强法治保障工作的统筹协调。在开展法治保障工作时，市政府应综合运用多种方式，深入推进"互联网+法治"以提升法治保障工作精细化和信息化水平。（2）实践层面，在明确具体法治保障方案的同时，也要紧紧围绕当地中心工作积极召开法治会议。坚持法治建设围绕中心、服务大局，不仅局限于普法性质的讲座。探索法治专家指导中心工作等形式；围绕中心工作成立法治建设专题小组，定期召开会议，深入细致谋划部署、立足实际抓好落实。针对围绕中心工作的法治会议召开情况，实施考核制度，定期检查督察，避免法治会议流于形式。真正做到突出重点，凝聚合力，坚决以高标准高质量推进中心工作的法治建设。

B.4
依法行政制度体系完善

曹 鎏*

摘 要： 法治政府建设离不开系统完备、科学规范、运行有效的制度体系。《法治政府建设实施纲要（2021—2025 年）》强调"健全依法行政制度体系，加快推进政府治理规范化程序化法治化"。本报告主要考察地方政府规章、行政规范性文件在公开听取意见、实体合法性、信息化水平及管理监督方面的情况，指标设计的主要依据是党中央和国务院对地方政府规章、行政规范性文件工作的部署要求。评估显示，各地贯彻落实规章、行政规范性文件的内容合法性要求的情况较好，但在公开听取意见、清理及后评估制度落实等方面的短板仍然存在，亟须有针对性地解决健全依法行政制度体系中的痛点、堵点、难点问题。

关键词： 地方政府规章 行政规范性文件 民主立法 清理与后评估

一 指标设置及评估标准

（一）指标体系

完备的法律规范体系是中国特色社会主义法治体系的前提，是法治国家、法治政府、法治社会的制度基础。地方政府规章、行政规范性文件是

---

* 曹鎏，中国政法大学法治政府研究院教授，法学博士，研究方向：行政法、监察法。

形成完备的法律规范体系的必要环节，也是法治政府建设的重要内容。本报告评估以"依法行政制度体系完善"作为一级指标，围绕地方政府规章、行政规范性文件的制定和管理情况进行考察。在贯彻《法治政府建设实施纲要（2021—2025 年）》提出的"科学立法、民主立法、依法立法"理念的基础上，考虑到数据获取的可行性，本一级指标选取了"制度建设的公众参与度"、"制度建设的合法性"、"制度建设信息化对法治化推进水平"和"管理和监督制度实施情况"四大方面作为二级指标，并设置了地方政府规章草案及其说明是否一律向社会公开征求意见、行政规范性文件的制定是否切实公开听取意见、地方政府规章的实体合法性、行政规范性文件的实体合法性、地方政府规章平台信息化水平、行政规范性文件平台智能化水平落实情况、地方政府规章清理及后评估制度落实情况、行政规范性文件清理及后评估制度落实情况共八项三级指标（具体内容见表 B.4-1）。通过对这些观测点的评估，识别各地在依法行政制度体系完善方面存在的痛点、堵点和难点，并提出有针对性的评估建议，为各地政府健全依法行政制度体系提供参考。

表 B.4-1 依法行政制度体系完善

一级指标	二级指标	三级指标
依法行政制度体系完善（100分）	（一）制度建设的公众参与度（20分）	1. 地方政府规章草案及其说明是否一律向社会公开征求意见（10分）
		2. 行政规范性文件的制定是否切实公开听取意见（10分）
	（二）制度建设的合法性（20分）	3. 地方政府规章的实体合法性（10分）
		4. 行政规范性文件的实体合法性（10分）
	（三）制度建设信息化对法治化推进水平（40分）	5. 地方政府规章平台信息化水平（20分）
		6. 行政规范性文件平台智能化水平落实情况（20分）
	（四）管理和监督制度实施情况（20分）	7. 地方政府规章清理及后评估制度落实情况（10分）
		8. 行政规范性文件清理及后评估制度落实情况（10分）

（二）设置依据和评估标准

评估指标主要根据《法治政府建设实施纲要（2021—2025 年）》《法治中国建设规划（2020—2025 年）》《规章制定程序条例》《国务院办公厅关于加强行政规范性文件制定和监督管理工作的通知》以及有关法律法规对地方政府制定规章、行政规范性文件方面的明确要求而设计。本年度指标体系与上一年度相同，旨在对地方政府规章和行政规范性文件的制定和管理情况进行持续性评估。各项三级指标的设置依据、观测方法以及评分标准如下。

1. 地方政府规章草案及其说明是否一律向社会公开征求意见

【设置依据】公众参与是民主立法的重要体现和实现路径。《规章制定程序条例》第 15 条规定："起草规章，应当深入调查研究，总结实践经验，广泛听取有关机关、组织和公民的意见。听取意见可以采取书面征求意见、座谈会、论证会、听证会等多种形式。起草规章，除依法需要保密的外，应当将规章草案及其说明等向社会公布，征求意见。向社会公布征求意见的期限一般不少于 30 日。起草专业性较强的规章，可以吸收相关领域的专家参与起草工作，或者委托有关专家、教学科研单位、社会组织起草。"《法治中国建设规划（2020—2025 年）》要求："严格按照法定权限和程序制定行政法规、规章，保证行政法规、规章质量。"《法治政府建设实施纲要（2021—2025 年）》规定："积极运用新媒体新技术拓宽立法公众参与渠道，完善立法听证、民意调查机制。"

【测评方法】利用官方网络检索并考察被评估地方政府在 2022 年 5 月 1 日至 2023 年 4 月 30 日制定的规章向社会公开征求意见的信息。如果被评估地方政府在此期间未发布规章，则往前追溯一年。

【评分标准】本项满分 10 分，采取扣分制。（1）存在一例未公开听取意见的情况，扣 5 分，扣完 10 分为止；（2）存在一例未对公众意见采纳情况进行反馈的，扣 5 分，扣完 10 分为止；（3）向社会公开征求意见期限一般应不少于 30 日，存在一例少于 30 日且没有正当理由的，扣 5 分，扣完 10

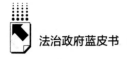

分为止；涉及企业和特定群体、行业利益的地方政府规章，应充分听取企业、人民团体、行业协会商会意见，存在一例未听取意见的，扣5分，扣完10分为止。

2. 行政规范性文件的制定是否切实公开听取意见

【设置依据】《国务院办公厅关于加强行政规范性文件制定和监督管理工作的通知》要求："（五）广泛征求意见。除依法需要保密的外，对涉及群众切身利益或者对公民、法人和其他组织权利义务有重大影响的行政规范性文件，要向社会公开征求意见。起草部门可以通过政府网站、新闻发布会以及报刊、广播、电视等便于群众知晓的方式，公布文件草案及其说明等材料，并明确提出意见的方式和期限。对涉及群众重大利益调整的，起草部门要深入调查研究，采取座谈会、论证会、实地走访等形式充分听取各方面意见，特别是利益相关方的意见。建立意见沟通协商反馈机制，对相对集中的意见建议不予采纳的，公布时要说明理由。"《市县法治政府建设示范指标体系》（2021年版）第24项要求："对公民、法人和其他组织权利义务有重大影响、涉及人民群众切身利益的行政规范性文件，在向社会公开征求意见时，期限一般不少于7个工作日（与市场主体生产经营活动密切相关的行政规范性文件，期限一般不少于30日）。涉及企业和特定群体、行业利益的，充分听取企业、人民团体、行业协会商会的意见。"

【测评方法】利用官方网络以及在百度等主流搜索引擎上检索被评估地方政府在2022年5月1日至2023年4月30日制定的行政规范性文件向社会公开征求意见的信息。如果被评估地方政府在此期间未发布行政规范性文件，则往前追溯一年。

【评分标准】本项满分10分，采取扣分制。（1）存在一例未公开听取意见的情况，扣5分，扣完10分为止；（2）向社会公开征求意见期限一般应不少于7个工作日（与市场主体生产经营活动密切相关的行政规范性文件，期限一般不少于30日），存在一例少于7个工作日且没有正当理由的，扣5分，扣完10分为止；（3）对涉及企业和特定群体、行业利益的行政规范性文件，应当充分听取企业、人民团体、行业协会商会意见，存在一例未听取意见的，扣5分，扣完10分为止。

3. 地方政府规章的实体合法性

【设置依据】《规章制定程序条例》第 19 条规定："规章送审稿由法制机构负责统一审查。法制机构主要从以下方面对送审稿进行审查：（一）是否符合本条例第三条、第四条、第五条、第六条的规定；（二）是否符合社会主义核心价值观的要求；（三）是否与有关规章协调、衔接；（四）是否正确处理有关机关、组织和公民对规章送审稿主要问题的意见；（五）是否符合立法技术要求；（六）需要审查的其他内容。"《法治中国建设规划（2020—2025 年）》要求："坚持宪法法律至上，维护国家法制统一、尊严、权威，一切法律法规规章规范性文件都不得同宪法相抵触，一切违反宪法法律的行为都必须予以追究。"

【测评方法】利用官方网络检索并考察被评估地方政府在 2022 年 5 月 1 日至 2023 年 4 月 30 日制定的规章的实体合法性。同时，查询行政诉讼、行政复议和备案审查中是否有确认地方政府规章违法的案例；查询全国人大合宪性审查报告是否存在与宪法及宪法精神不一致情形或者未能根据合宪性审查报告及时修改的情况。

【评分标准】本项满分10分，采取扣分制。本级政府在 2022 年 5 月 1 日至 2023 年 4 月 30 日制定的地方政府规章出现一例违法设定情形，本指标不得分。

4. 行政规范性文件的实体合法性

【设置依据】《法治政府建设实施纲要（2021—2025 年）》规定："依法制定行政规范性文件，严禁越权发文、严控发文数量、严格制发程序。"《国务院办公厅关于加强行政规范性文件制定和监督管理工作的通知》也明确要求："要严格落实权责清单制度，行政规范性文件不得增加法律、法规规定之外的行政权力事项或者减少法定职责；不得设定行政许可、行政处罚、行政强制等事项，增加办理行政许可事项的条件，规定出具循环证明、重复证明、无谓证明的内容；不得违法减损公民、法人和其他组织的合法权

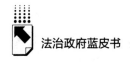
益或者增加其义务，侵犯公民人身权、财产权、人格权、劳动权、休息权等基本权利；不得超越职权规定应由市场调节、企业和社会自律、公民自我管理的事项；不得违法制定含有排除或者限制公平竞争内容的措施，违法干预或者影响市场主体正常生产经营活动，违法设置市场准入和退出条件等。"《市县法治政府建设示范指标体系》（2021 年版）第 27 项要求："行政规范性文件没有增加法律、法规规定之外的行政权力事项或者减少法定职责；没有设定行政许可、行政处罚、行政强制等事项，增加办理行政许可事项的条件，规定出具循环证明、重复证明、无谓证明的内容；没有违法减损公民、法人和其他组织的合法权益或者增加其义务，侵犯公民各项基本权利；没有超越职权规定应由市场调节、企业和社会自律、公民自我管理的事项；没有违法制定含有排除或者限制公平竞争内容的措施，违法干预或者影响市场主体正常生产经营活动，违法设置市场准入和退出条件等。"第 29 项要求："没有发生因行政规范性文件内容违法或者超越法定职权，被本级人大常委会或者上级行政机关责令改正或者撤销的情况，被行政复议机关、人民法院认定为不合法的情况。"

【测评方法】利用官方网络检索并考察被评估地方政府在 2022 年 5 月 1 日至 2023 年 4 月 30 日制定的行政规范性文件的实体合法性。同时，查询行政诉讼、行政复议和备案审查中是否有确认行政规范性文件违法的案例。

【评分标准】本项满分 10 分，采取扣分制。本级政府在 2022 年 5 月 1 日至 2023 年 4 月 30 日制定的行政规范性文件出现一例违法设定情形，本指标不得分。

5. 地方政府规章平台信息化水平

【设置依据】《法治政府建设实施纲要（2021—2025 年）》规定："建设法规规章行政规范性文件统一公开查询平台，2022 年年底前实现现行有效的行政法规、部门规章、国务院及其部门行政规范性文件的统一公开查询；2023 年年底前各省（自治区、直辖市）实现本地区现行有效地方性法规、规章、行政规范性文件统一公开查询。"《国务院关于加强数字政府建设的指导意见》规定："完善政务公开信息化平台，建设分类分级、集中统

一、共享共用、动态更新的政策文件库。加快构建以网上发布为主、其他发布渠道为辅的政策发布新格局。"《市县法治政府建设示范指标体系》（2021年版）第 33 项要求："实现本地区地方政府规章、行政规范性文件在政府门户网站统一公开、发布，实现现行有效的地方政府规章、行政规范性文件统一平台查询。"

【测评方法】对被评估地方政府的政府门户网站、司法局网站、政务信息公开网站等官方网站的政府规章专栏进行检索，查找市政府在 2022 年 5 月 1 日至 2023 年 4 月 30 日公布的政府规章是否还包括了非政府规章文件。

【评分标准】本项满分 20 分。根据地方政府规章制定全过程公开程度、智能化程度进行赋分。建立政府规章专栏的，得 10 分；建立政府规章专栏且信息全面更新及时的，得 15 分；建立政府规章专栏、信息全面、更新及时，且包含部分制定过程信息的，得 18 分；建立政府规章专栏、信息全面、更新及时，且包含所有制定过程信息的，得 20 分。

6. 行政规范性文件平台智能化水平落实情况

【设置依据】《法治政府建设实施纲要（2021—2025 年）》规定："建设法规规章行政规范性文件统一公开查询平台，2022 年年底前实现现行有效的行政法规、部门规章、国务院及其部门行政规范性文件的统一公开查询；2023 年年底前各省（自治区、直辖市）实现本地区现行有效地方性法规、规章、行政规范性文件统一公开查询。"《国务院办公厅关于加强行政规范性文件制定和监督管理工作的通知》规定："县级以上各级人民政府要逐步构建权威发布、信息共享、动态更新的行政规范性文件信息平台，以大数据等技术手段实现对文件的标准化、精细化、动态化管理。"《国务院关于加强数字政府建设的指导意见》规定："完善政务公开信息化平台，建设分类分级、集中统一、共享共用、动态更新的政策文件库。加快构建以网上发布为主、其他发布渠道为辅的政策发布新格局。"《市县法治政府建设示范指标体系》（2021 年版）第 33 项要求："实现本地区地方政府规章、行政规范性文件在政府门户网站统一公开、发布，实现现行有效的地方政府规章、行政规范性文件统一平台查询。"

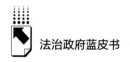

【测评方法】对被评估地方政府的政府门户网站、司法局网站、政务信息公开网站、政府相关部门网站等官方网站的行政规范性文件专栏进行检索,查找市政府在 2022 年 5 月 1 日至 2023 年 4 月 30 日公布的行政规范性文件是否包括了非行政规范性文件。

【评分标准】本项满分 20 分。根据行政规范性文件制定全过程公开程度、智能化程度以及公布的规范性文件的规范情况进行赋分。建立行政规范性文件专栏的,得 10 分;建立行政规范性文件专栏且信息全面、更新及时的,得 15 分;建立行政规范性文件专栏、信息全面、更新及时,且包含部分制定过程的,得 18 分;建立行政规范性文件专栏、信息全面、更新及时,且包含所有制定过程信息的,得 20 分。

7. 地方政府规章清理及后评估制度落实情况

【设置依据】《规章制定程序条例》第 37 条要求:"国务院部门,省、自治区、直辖市和设区的市、自治州的人民政府,应当根据全面深化改革、经济社会发展需要以及上位法规定,及时组织开展规章清理工作。对不适应全面深化改革和经济社会发展要求、不符合上位法规定的规章,应当及时修改或者废止。"第 38 条要求:"国务院部门,省、自治区、直辖市和设区的市、自治州的人民政府,可以组织对有关规章或者规章中的有关规定进行立法后评估,并把评估结果作为修改、废止有关规章的重要参考。"《市县法治政府建设示范指标体系》(2021 年版)第 30 项要求:"建立、实施地方政府规章、行政规范性文件后评估制度,每年至少对 1 件现行有效的地方政府规章或者行政规范性文件开展后评估。"第 32 项要求:"根据上位法的动态变化或者上级政府要求,及时对不适应全面深化改革和经济社会发展要求的地方政府规章或者行政规范性文件进行清理,清理结果向社会公布。"

【测评方法】以"城市名""政府规章""清理结果""后评估"等为关键词在百度等主流搜索引擎和中国法律法规信息系统上检索相关信息,以判断被评估地方政府是否定期对政府规章进行清理和后评估并公布结果。

【评分标准】本项满分 10 分。根据被评估地方政府对地方政府规章进行清理、后评估及其公开情况进行赋分。2021 年以来,开展过地方政府规章清理工作，且向社会公布清理结果的，得 5 分，未向社会公布清理结果的，得 2.5 分；2021 年以来，开展过地方政府规章后评估工作，且把评估结果作为修改、废止有关规章重要参考的，得 5 分，未把评估结果作为修改、废止有关规章重要参考的，得 2.5 分；2021 年以来，未开展过清理和后评估工作的，均不得分。

8. 行政规范性文件清理及后评估制度落实情况

【设置依据】《国务院办公厅关于加强行政规范性文件制定和监督管理工作的通知》要求："健全行政规范性文件动态清理工作机制，根据全面深化改革、全面依法治国要求和经济社会发展需要，以及上位法和上级文件制定、修改、废止情况，及时对本地区、本部门行政规范性文件进行清理。"《法治政府建设实施纲要（2021—2025 年）》指出："健全行政规范性文件动态清理工作机制。"《市县法治政府建设示范指标体系》（2021 年版）第 30 项要求："建立、实施地方政府规章、行政规范性文件后评估制度，每年至少对 1 件现行有效的地方政府规章或者行政规范性文件开展后评估。"第 32 项要求："根据上位法的动态变化或者上级政府要求，及时对不适应全面深化改革和经济社会发展要求的地方政府规章或者行政规范性文件进行清理，清理结果向社会公布。"

【测评方法】以"城市名""行政规范性文件""清理结果""后评估"等为关键词在百度等主流搜索引擎和中国法律法规信息系统上检索相关信息，以判断被评估地方政府是否如期对行政规范性文件进行清理和后评估并公布结果。

【评分标准】本项满分 10 分。根据被评估地方政府对行政规范性文件进行清理、后评估及其公开情况进行赋分。2021 年以来，开展过行政规范性文件清理工作，且向社会公布清理结果的，得 5 分，未向社会公布清理结果的，得 2.5 分；2021 年以来，开展过行政规范性文件后评估工作，且把评估结果作为修改、废止有关规章重要参考的，得 5 分，未把评估结果作为修改、废止有关行政规范性文件重要参考的，得 2.5 分；2021 年以来，未开展过清理和后评估工作的，均不得分。

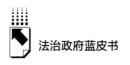

二 总体评估结果分析

本一级指标总分为 100 分,被评估的 100 个城市的平均得分为 74.2 分,平均得分率为 74.20%。共有 46 个城市在平均分之上,占被评估城市总数的 46%,54 个城市在平均分之下,占被评估城市总数的 54%,得分呈正态分布。本一级指标各城市最高得分率为 96.00%,最低得分率为 53.42%,分差较大、区分度较高。在 100 个被评估城市中,得分率排名前三的城市分别是泰安市(96.00%)、襄阳市(93.50%)和西安市、汕头市、珠海市、达州市(91.00%,并列第三)(见图 B.4-1)。

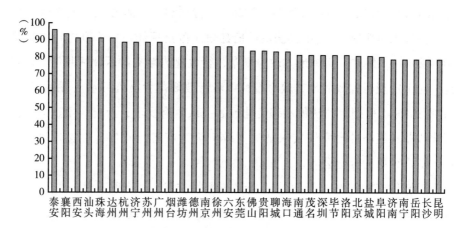

图 B.4-1 "依法行政制度体系完善"指标排名 1~30 的城市得分率情况

本一级指标共包含八项三级指标(观测点),其中三级指标 5"地方政府规章平台信息化水平"和三级指标 6"行政规范性文件平台智能化水平落实情况"满分均为 20 分,其他六项三级指标满分均为 10 分。各项三级指标的得分情况如下:地方政府规章草案及其说明是否一律向社会公开征求意见,平均分 5.421 分,平均得分率 54.21%;行政规范性文件的制定是否切实公开听取意见,平均分 3.1 分,平均得分率 31.00%;地方政府规章的实体合法性,平均分 10 分,平均得分率 100.00%;行政规范性文件的实体合法性，平均分 9.7 分，平均得分率 97.00%；地方政府规章平台信息化水平，平均分 17.09 分，平均得分率 85.45%；行政规范性文件平台智能化水平落实情况，平均分 17.39 分，平均得分率 86.95%；地方政府规章清理及后评估制度落实情况，平均分 5.625 分，平均得分率 56.25%；行政规范性文件清理及后评估制度落实情况，平均分 5.875 分，平均得分率 58.75%（见图 B.4-2）。可见，各项三级指标得分率差异明显，这充分反映出各地在落实依法行政制度体系建设不同环节要求中仍有较大差距。

其中，三级指标 3 和三级指标 4 侧重于地方政府规章和行政规范性文件实体合法性方面的评估，三级指标 5 和三级指标 6 侧重于地方政府规章平台信息化和行政规范性文件平台智能化建设的情况，得分率相对较高。而其他侧重于对相关制度实施情况的评估，得分率则相对较低。具体来说，三级指标 1 和三级指标 2 侧重于考察公开听取意见制度的落实情况，三级指标 7 和三级指标 8 侧重于考察清理和后评估制度的落实情况。

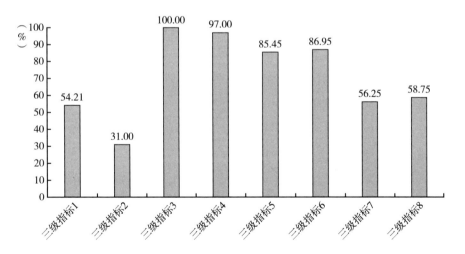

图 B.4-2　"依法行政制度体系完善"各三级指标的平均得分率

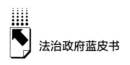

三　三级指标评估结果分析

（一）地方政府规章草案及其说明是否一律向社会公开征求意见

1.总体表现分析

地方政府规章草案及其说明是否一律向社会公开征求意见这一指标，被评估政府的平均得分率为 54.21%。该指标得分情况见表 B.4-2。

表 B.4-2　"地方政府规章草案及其说明是否一律向社会公开征求意见"
指标 100 个城市得分情况

得分（分）	0	5	5.42	10
城市（个）	32	23	5*	40

注：* 由于 5 个城市在 2022 年 5 月 1 日至 2023 年 4 月 30 日未制定规章，且规章库/专栏中未见规章或追溯期间没有可以评估的规章（如 A 市最近制定的规章为 2012 年，B 市规章专栏仅有一项 2023 年 6 月公布的规章），故此项指标得分为 95 个城市的平均分。

从该项指标所包含的具体内容来看，向社会公开征求意见并反馈的城市不足半数，过半数城市存在 2022 年 5 月 1 日至 2023 年 4 月 30 日制定的规章未向社会公开征求意见或征求意见后未反馈的情况。

2.分差说明及典型事例

在本项指标中，优秀城市是杭州市、苏州市、广州市、南宁市、合肥市、厦门市等 40 个城市，这些城市对 2022 年 5 月 1 日至 2023 年 4 月 30 日制定的规章均能听取意见，并对公众意见采纳情况进行反馈，得到满分 10 分。例如，南宁市司法局就《南宁市人民政府关于修改〈南宁市城市建设档案管理办法〉的决定》公开征求意见并反馈，合肥市司法局就《合肥市市政公用事业特许经营管理办法（修改草案征求意见稿）》公开征求意见并反馈。与上一年度评估类似，大部分城市在该指标失分的原因有三种情况。一是制定的规章未向社会公开听取意见。例如，《〈××市国有土地上房屋征收与补偿条例〉实施办法》《××市病媒生物预防控制管理办法》未见公开征求意见。二是向社会公开征求意见的期限未满 30 日。例如，《××市城市更新办法》征求意见期间为 2022 年 9 月 6 日至 9 月 23 日，《××市土地储备管理办法》征求意见期间为 2021 年 11 月 2 日至 11 月 30 日，《××市轨道交通运营线路安全保护区管理办法》征求意见期间为 2021 年 6 月 7 日至 6 月 30 日，《××市三峡水库消落区管理办法》征求意见期间为 2021 年 11 月 22 日至 11 月 30 日。三是向公众征求意见后未进行反馈。例如，《××市优化营商环境办法》《××市城市绿化条例》《××市节约用水办法》《××市机动车停车设施管理办法》《××市生活垃圾分类管理办法》《××市再生资源回收管理办法》等公开征求了意见但未反馈。

（二）行政规范性文件的制定是否切实公开听取意见

1. 总体表现分析

关于行政规范性文件的制定是否切实公开听取意见这一指标，被评估城市政府平均得分率为 31.00%。该指标得分情况见表 B.4-3。

表 B.4-3　"行政规范性文件的制定是否切实公开听取意见"指标 100 个城市得分情况

得分（分）	0	5	10
城市（个）	58	22	20

从该项指标所包含的具体内容来看，大多数城市存在 2022 年 5 月 1 日至 2023 年 4 月 30 日制定的行政规范性文件未向社会公开征求意见的情况。

2. 分差说明及典型事例

在本次观测中，南京市、苏州市、南通市、海口市、西安市、广州市、珠海市、烟台市等 20 个城市于 2022 年 5 月 1 日至 2023 年 4 月 30 日制定的行政规范性文件向社会公开征求了意见，获得满分 10 分。有些地方的举措值得推广。例如，《海口市校车安全管理办法》《佛山市职工生育保险管理办法》《广州市人民政府关于扩大活禽经营限制区的通告》《茂名市职工生育保险办法》《毕节市医疗保障基金使用监督管理办法》等行政规范性文件向社会公开征求意见并对征集结果进行反馈。与上一年度评估类似，大部分城市在该指标失分的原因主要在于制定的行政规范性文件未征求意见，或者公开征求意见不足 7 个工作日。前者如《××市文物建筑活化利用管理办法》《××市工业招商引资项目中介奖励办法（试行）》《××市建设工程规划批后管理办法（试行）》《××市邮政快递管理办法》《××市职工基本医疗保险门诊共济实施细则》《××市园林绿化工程质量和安全监督管理办法》等文件；后者如《××市市级储备粮管理办法》征求意见期间为 2022 年 6 月 16 日至 6 月 23 日，《××市新型城镇化土地储备资金管理暂行办法》征求意见期间为 2022 年 3 月 3 日至 3 月 7 日，《××市城市地下管线工程档案管理办法》征求意见期间为 2020 年 10 月 23 日至 10 月 30 日，《××市市长质量奖评定管理办法》征求意见期间为 2022 年 6 月 20 日至 6 月 25 日，《××市控制性详细规划管理规定》征求意见期间为 2022 年 12 月 14 日至 12 月 21 日，《××市经济困难家庭子女高等教育阶段就学救助办法》征求意见期间为 2022 年 5 月 9 日至 5 月 14 日。

（三）地方政府规章的实体合法性

1. 总体表现分析

关于地方政府规章的实体合法性这一指标，被评估城市政府在本指标得分情况较好，平均得分率为 100.00%。该指标得分情况见表 B.4-4。

表 B.4-4　"地方政府规章的实体合法性"指标 100 个城市得分情况

得分(分)	0	10
城市(个)	0	100

从该项指标所包含的具体内容来看，100 个城市未见有失分的情况。

2. 分差说明及典型事例

课题组未见备案审查中有确认地方政府规章违法的案例，也未见地方政府规章违法设定行政许可、行政处罚、行政强制等事项，减损公民、法人和其他组织合法权益或者增加其义务等实体违法的情况。

（四）行政规范性文件的实体合法性

1. 总体表现分析

关于行政规范性文件的实体合法性这一指标，被评估城市政府总体上得分较高，平均得分率为97.00%。该指标得分情况见表B.4-5。

表 B.4-5　"行政规范性文件的实体合法性"指标 100 个城市得分情况

得分（分）	0	10
城市（个）	3	97

从整体上来看，除极个别城市制定的行政规范性文件存在实体违法性情况外，绝大多数城市制定的行政规范性文件均不存在实体违法性问题。

2. 分差说明及典型事例

本项指标未得分的城市有 3 个。在评估时，除了课题组自行判断行政规范性文件是否存在实体合法性问题外，还结合司法大数据研究院提供的数据来进行综合判断。司法大数据研究中心提供的数据显示，这 3 个城市均存在行政规范性文件败诉案件。

（五）地方政府规章平台信息化水平

1. 总体表现分析

关于地方政府规章平台信息化水平这一指标，被评估城市政府总体上得分较高，平均得分率为85.45%。该指标得分情况见表 B.4-6。

表 B.4-6　"地方政府规章平台信息化水平"指标 100 个城市得分情况

得分（分）	15	17	18
城市（个）	30	1	69

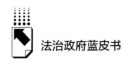

2.分差说明及典型事例

本项指标下的优秀城市是杭州市、济南市、南京市等 69 个城市，均得到 18 分。这些城市的政府规章专栏得到了规范化管理，专栏内不包括非政府规章文件，公布的信息还包含部分制定过程信息。其他 30 个得 15 分的城市虽然建立了政府规章专栏，但是该专栏并不包含制定过程中的其他信息，如备案审查等内容。另外，1 个城市目前无有效政府规章（2022 年把唯一一部规章废止了），取其他 99 个城市的平均分 17 分。

（六）行政规范性文件平台智能化水平落实情况

1.总体表现分析

关于行政规范性文件平台智能化水平落实情况这一指标，被评估城市政府平均得分率为 86.95%。该指标得分情况见表 B.4-7。

表 B.4-7　"行政规范性文件平台智能化水平落实情况"指标 100 个城市得分情况

得分(分)	0	15	18	20
城市(个)	1	15	83	1

2.分差说明及典型事例

在本项指标中，优秀城市是阜阳市，得到满分 20 分。阜阳市政府官方网站的"政策法规"下设有"行政规范性文件发布"专栏①，信息全面，更新及时，每个行政规范性文件网页下侧都附有"意见征集、意见反馈、常务会议、文字解读、媒体报道、负责人解读"等相关信息，未包括专家论证、合法性审核等信息，但是在"规范性文件立改废专栏"②公布了公开征求意见、合法性审查、集体讨论、备案目录等信息。有 98 个城市因未公

---

① 参见阜阳市人民政府网，https：//www.fy.gov.cn/xxgkContent/？branch_ id＝545214aaba6de118f0c2bde5&column_ code＝40201，访问时间：2023 年 8 月 1 日。

② 参见阜阳市人民政府网，https：//www.fy.gov.cn/xxgkContent/？branch_ id＝545214aaba6de118f0c2bde5&column_ code＝40202，访问时间：2023 年 8 月 1 日。

开或未公开所有过程性信息而失分，1 个城市则因未建立行政规范性文件专栏而未得分。

（七）地方政府规章清理及后评估制度落实情况

1. 总体表现分析

关于地方政府规章清理及后评估制度落实情况这一指标，被评估城市政府的平均得分率为 56. 25%。该指标得分情况见表 B. 4-8。

表 B. 4-8　"地方政府规章清理及后评估制度落实情况"指标 100 个城市得分情况

得分（分）	0	2. 5	5	7. 5	10
城市（个）	15	3	45	16	21

2. 分差说明及典型事例

本项指标下的优秀城市是宁波市、烟台市、武汉市等 21 个城市，均得到满分 10 分。这些城市不仅对政府规章开展清理工作且向社会公布清理结果，同时还开展了政府规章的后评估工作，且把评估结果作为修改、废止有关规章的重要参考。15 个城市从 2021 年以来未对政府规章开展过清理和后评估工作。2 个城市在 2021 年开展了政府规章清理工作，但均未向社会公开清理结果，且 2021 年以来未对政府规章开展过后评估工作。1 个城市在 2021 年对《××红树林国家级自然保护区管理办法》和《××市专职消防队建设管理规定》两部政府规章开展了立法后评估，但未向社会公开具体评估报告，且 2021 年以来未对政府规章开展清理工作。其他 61 个城市的失分原因在于对政府规章只开展了清理或后评估一项工作，或者未向社会公开清理结果。

（八）行政规范性文件清理及后评估制度落实情况

1. 总体表现分析

关于行政规范性文件清理及后评估制度落实情况这一指标，被评估城市政府的平均得分率为 58. 75%。该指标得分情况见表 B. 4-9。

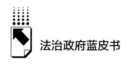
表 B.4-9 "行政规范性文件清理及后评估制度落实情况"指标 100 个城市得分情况

得分(分)	0	2.5	5	7.5	10
城市(个)	1	2	72	11	14

2. 分差说明及典型事例

本项指标下的优秀城市是淄博市、烟台市、潍坊市、泰安市、南京市、南通市、厦门市、西安市、淮南市、汕头市、珠海市、毕节市、襄阳市、达州市等 14 个城市，均得到满分 10 分。这些城市不仅对行政规范性文件开展清理工作且向社会公布清理结果，同时还开展了行政规范性文件的后评估工作，且把评估结果作为修改、废止有关规章的重要参考。1 个城市从 2021 年以来未对行政规范性文件开展过清理和后评估工作。××市在 2021 年、××市在 2022 年开展了行政规范性文件专项清理工作，但均未向社会公开清理结果，且 2021 年以来未对行政规范性文件开展过后评估工作。其他 83 个城市的失分原因在于对行政规范性文件只开展了清理或后评估一项工作，或者未向社会公开清理结果。

四 评估结论与建议

（一）存在的问题

1. 公开听取意见制度有待严格落实

党的十八大以来，党和国家对于推动高质量立法工作提出了更高的要求。党的二十大报告强调"推进科学立法、民主立法、依法立法"，国务院制定的《规章制定程序条例》规定规章制定主体在制定规章过程中要广泛征求社会主体的意见，国务院办公厅《关于加强行政规范性文件制定和监督管理工作的通知》亦对地方政府的行政规范性文件的公开征求意见程序进行了规定。向社会公众公开征求意见是贯彻民主立法的具体体现，也是地方政府规章、行政规范性文件在制定过程中必须遵循的重要规则，对于确保地方政府规章、行政规范性文件的公正性和有效性具有重要意义。从此次评估结果来看，有关公开听取意见制度的两个指标得分率不高，公开征求意见制度有待严格落实。具体来说，被评估城市"地方政府规章草案及其说明是否一律向社会公开征求意见"的平均得分率为54.21%，过半数城市制定的规章未向社会公开征求意见或征求意见后未反馈的情况；被评估城市"行政规范性文件的制定是否切实公开听取意见"的平均得分率为31.00%，大部分城市在制定行政规范性文件时未全面履行公开征求意见的义务，规范性文件公开征求意见制度的实施效果欠佳。

2. 依法行政制度体系信息化平台建设水平有待提升

目前，依法行政制度体系的信息化平台建设还存在以下问题。一是依法行政制度体系的信息化平台建设还是依托政务公开信息化平台，在政府信息公开栏目下设置政策专栏，仍未上升为一项专门的建设模式。只有个别城市建立了专门的依法行政制度体系数据库或网站。例如，杭州市建立了"杭州市规范性文件数据库"①，并分为"地方性法规""政府规章""行政规范性文件"三类；吉林市建立了"吉林市人民政府规章和行政规范性文件管理网"②，下设"政策法规""政府规章""行政规范性文件""清理工作""政策解读"等专栏。二是仍有个别城市未建立行政规范性文件专栏，栏目名一般为"政策文件"或分为"市政府文件""市政府办公厅文件""部门文件"等，内容比较杂乱，包含了一些非制度性文件。三是虽然大部分城市建立了专栏，也有政策解读文件，但是并不包含制定过程中的其他信息。例如，未包括公开听取意见、专家咨询论证、合法性审核、集体讨论决定、备案审查、后评估报告、清理结果等全过程性信息。

3. 动态清理和后评估制度没有得到严格落实

定期清理制度和后评估制度的平均得分率连续两个年度均不到60%，

---

① 参见杭州市人民政府网，http://www.hangzhou.gov.cn/col/col1229417972/index.html，访问时间：2023年8月1日。
② 参见吉林市人民政府规章和行政规范性文件管理网，http://gfxwj.jlcity.gov.cn，访问时间：2023年8月1日。

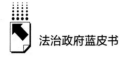

说明这两项制度在实践中未得到严格落实。一是近两年未对政府规章和行政规范性文件开展过清理或后评估。相比较而言，开展清理活动较多，开展后评估较少；根据上级要求开展专项清理较多，主动定期开展全面清理较少；各职能部门自行开展清理较多，统一组织开展清理较少。二是未将清理结果或后评估报告通过网络或公告等方式统一向社会公布。有的城市仅发布开展清理工作的通知，但未公布清理结果，如××市 2021 年开展了政府规章和行政规范性文件涉及行政处罚内容的专项清理工作；有的城市仅在年度法治政府建设工作报告中简单介绍相关工作，如《××市 2022 年度法治政府建设情况报告》说明"多轮次组织开展相关法律法规和行政规范性文件清理工作，政府治理程序化法治化水平得到明显提升"，但检索不到清理结果；有的城市仅在政府官网发布开展相关工作的新闻稿，如××市人民政府首次开展政府规章立法后评估。

（二）完善的建议

1. 地方政府应当切实落实公开听取意见制度

党的二十大报告强调全过程人民民主是社会主义民主政治的本质属性，把发展全过程人民民主确定为中国式现代化本质要求的一项重要内容。在地方政府规章、行政规范性文件制定过程中公开听取意见，是坚持和践行全过程人民民主的内在要求，能够有效提升地方立法民主化水平，也有助于提高立法质量。地方政府应当在立法中践行全过程民主，积极落实公开听取意见制度，加大开门立法力度，利用报纸、网络、新媒体等手段公开征集社会各方面意见，未公开征求意见的不得提交集体讨论决定。而且，要不断地激发公众参与的热情和积极性，意见结果反馈机制即是调动公众参与积极性的重要方式。通过多种方式不断互动，推动公众从被动参与转变为主动参与，真正实现良性循环的效果，让群众意见成为高质量立法的"源头活水"。

2. 着力提升依法行政制度体系信息化平台建设水平

《法治政府建设实施纲要（2021—2025 年）》、《国务院办公厅关于加强行政规范性文件制定和监督管理工作的通知》和《国务院关于加强数字政府建设的指导意见》均对依法行政制度体系信息化平台建设提出具体要求，目前大部分城市依托政务公开信息化平台建立了专栏，基本实现了对现行有效地方性法规、规章、行政规范性文件的统一公开查询。下一步，建议各地方政府在"一级政府一个门户网站"的背景下，全面建设分类分级、集中统一、共享共用、动态更新的政策文件库或专门网站。该政策文件库或专门网站应当包括公开听取意见、专家咨询论证、合法性审核、集体讨论决定、备案审查、后评估报告、清理结果等专栏，以实现标准化、精细化、动态化管理。

3. 严格实施政府规章和行政规范性文件动态清理制度和后评估制度

通过近两年评估发现，大部分城市建立了政府规章和行政规范性文件清理制度和后评估制度，但尚未形成长效工作机制。建议各地方政府重点关注这两项制度的严格落实情况，逐步扩展制度实施的广度和深度，并按要求向社会公开清理结果和后评估报告。例如，统一安排部署本级政府及其各职能部门每年或两年开展一次定期清理活动，定期选取一批政府规章和行政规范性文件开展后评估，并统一向社会公开清理结果和后评估结果。

B.5
行政决策

王青斌*

摘　要： 2022~2023年法治政府评估中设置"行政决策"为一级指标，在此之下设"重大行政决策事项年度目录公开""合法决策""科学决策""民主决策"4个二级指标。4个二级指标进一步细化为5个三级指标，以全面考察政府机构行政决策的完善程度。评估发现，行政决策方面的规范化程度较为理想，各项制度普遍得到落实，尤其在政府重大行政决策合法化、科学化和民主化方面取得了显著进展。但同时行政决策领域还存在诸多问题，例如：重大行政决策事项年度目录公开存在不规范现象，决策公开仍需提高全面性；合法性审查力度需加大，审查质效缺乏足够保障；重大行政决策风险评估存在应评未评、公开不足等问题；重大决策专家论证程序保障机制有待加强，薄弱领域问题突出；部分地方公众参与流于形式，意见反馈机制有待加强。建议进一步推动重大行政决策事项年度目录公开制度规范化，提高重大行政决策预公开工作水平；落实重大决策合法性审查工作，规范重大决策合法性审查工作流程；进一步实现各类风险评估切实应评尽评，加强风险评估法治化、公开化建设；建立科学、系统的专家论证制度，提高专家论证透明度；丰富公众参与形式，反馈意见采纳情况，推进参与效果的

* 王青斌，中国政法大学法治政府研究院教授，研究方向：行政法学、卫生法学。中国政法大学法学院2021级宪法学与行政法学硕士研究生张雅杰、中国政法大学法学院2022级宪法学与行政法学博士研究生林胤翔、中国政法大学法学院2022级宪法学与行政法学硕士研究生谢欣汝协助进行数据检索、分析及图表制作等工作。

实质化；加强政府网站等传播媒介的智能化、信息化建设。

关键词： 行政决策　法治政府　法治评估

一　指标设置及评估标准

（一）指标设置

根据国务院的指导和要求，实现重大行政决策的法治化是建设法治政府、实现依法行政不可或缺的核心步骤。为确保中国法治政府评估工作的连续性，增强年度评估结果的参考性，本次"行政决策"的指标设置较往年未发生重大变化，保持了评估标准的一贯性。[①] 具体而言，本指标的设计深入融合了国务院《全面推进依法行政实施纲要》中所明确的要求，并结合了《法治中国建设规划（2020—2025 年）》《法治政府建设实施纲要（2021—2025 年）》《关于全面推进政务公开工作的意见》以及《重大行政决策程序暂行条例》中的相关规定和制度。本次行政决策评估依旧包含 4 个二级指标，分别从"重大行政决策事项年度目录公开""合法决策""科学决策""民主决策"四个角度评估各城市本年度行政决策工作。二级指标下细分为 5 个三级指标作为具体的衡量标准点，各三级指标不仅关注制度建设的成果，还深入考察制度实施的进展。从这个角度出发，评估范围内的城市不只是要建立健全的行政决策制度，还需强化这些制度的实际执行力。只有这样才能更全面、更客观地评估一个城市在行政决策上的质量和成效。在评分机制中，行政决策一级指标设定的最高得分为 80 分。出于对制度重要性的考量，重大行政决策事项年度目录公开、合法决策、科学决策、

---

① 参见中国政法大学法治政府研究院主编《中国法治政府评估报告（2021~2022）》，社会科学文献出版社，2022，第 90~94 页。

民主决策 4 个二级指标对于保证行政决策工作在法治化轨道上展开而言同等重要，不分高低，故每个指标均赋 20 分。其中，由于科学决策相比合法决策、民主决策，具体的衡量标准点更细，能够设置的三级指标更多，因此，将科学决策进一步细分为 2 个三级指标。为了平衡二级指标的分值，在三级指标的分值分配上并没有采用等分的方法，而是根据二级指标的分值情况来确定三级指标的分值。因此，不是每个三级指标都有相同的最高分值（见表 B.5-1）。

本次评估的三级指标共计五项，将分别考察被评估城市的以下内容：

1. 是否制定了该城市年度重大行政决策目录及具体程序；

2. 是否明确并公开了该城市年度重大行政决策目录、决策主体、事项范围、法定程序、法律责任等相关内容；

3. 相关重大行政决策是否经过合法性审查以及合法性审查的工作成果如何；

4. 决策机关是否对相关重大行政决策进行了风险评估和专家论证；

5. 公众是否参与到相关重大行政决策中，公众意见是否得到有效反馈。

表 B.5-1　行政决策

一级指标	二级指标	三级指标
行政决策（80分）	（一）重大行政决策事项年度目录公开（20分）	1. 重大决策目录制定公开情况（20分）
	（二）合法决策（20分）	2. 重大决策合法性审查情况（20分）
	（三）科学决策（20分）	3. 重大决策风险评估（包括社会稳定风险、生态环境风险、经济风险）情况（10分）
		4. 重大决策专家论证情况（10分）
	（四）民主决策（20分）	5. 公众参与重大决策情况（20分）

（二）设定依据和评估标准

本项指标的设定参考了一系列法律法规的规定和要求，包括《中共中央关于全面推进依法治国若干重大问题的决定》《全面推进依法行政实施纲要》《国务院关于加强市县政府依法行政的决定》《法治中国建设规划（2020—2025 年）》《国务院关于加强法治政府建设的意见》《法治政府建设实施纲要（2021—2025 年）》《关于全面推进政务公开工作的意见》《重大行政决策程序暂行条例》《关于推行法律顾问制度和公职律师公司律师制度的意见》等，相关法律法规为政府在行政决策方面的工作明确了基本要求和原则。在实施本一级指标的评估时，评估团队采取了多元化的数据收集策略。具体而言，评估组将通过访问被评估城市的政府门户网站以及运用网络搜索工具进行深入查询等方式努力获取相关的评估资料。值得注意的是，如果某城市在公开信息上存在不足，则视为相应指标尚未完善或未充分执行。针对这五项三级指标，评估组已经明确了设定依据、评估数据收集方式和赋分细则，为评估工作提供了明确的指导和框架，如下所述。

1. 重大决策目录制定公开情况（20 分）

【设定依据】根据《重大行政决策程序暂行条例》第 3 条，决策机关可以结合职责权限和本地实际，确定决策事项目录、标准，经同级党委同意后向社会公布，并根据实际情况调整。《法治政府建设实施纲要（2021—2025 年）》中亦要求严格落实重大行政决策程序，推行重大行政决策事项年度目录公开制度。此指标的核心目的是评估各市政府是否积极贯彻制定并公布重大决策目录，旨在促使各市政府高度重视这一公开工作并确保其内容的规范性和透明性。

【评估数据收集方式】通过网络搜索进行数据收集。通过检索各市政府信息公开网站、政府门户网站，以了解其在制定重大行政决策事项目录和标准方面的具体情况。同时，评估的重点还包括：该市政府是否向社会公开了相关信息，以及是否根据实际情况进行调整；是否明确规定了各个重大行政决策的决策主体、事项范围、法定程序和相应的法律责任。需要注意的是，本指标的数据检索时间范围设定为 2022 年 5 月 1 日至 2023 年 4 月 30 日。

【赋分细则】本项最高得分为 20 分。向社会公开重大行政决策事项目录、标准的，分别得 5 分，共计 10 分；规定重大行政决策的决策主体、法定程序和法律责任，内容较为完整的，得 10 分，每遗漏一项扣 3 分。未检

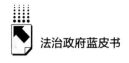

索到任何相关信息的，不得分。

2. 重大决策合法性审查情况（20分）

【设定依据】《重大行政决策程序暂行条例》第三章专设"合法性审查"一节，其中第25条至第28条详细规定了合法性审查的内容与程序。《法治政府建设实施纲要（2021—2025年）》明确规定，必须确保所有的重大行政决策都经过严格的合法性审查程序。在作出重要决策之前，行政机关的主要负责人应该听取合法性审查机构的意见，并重视听取法律顾问、公职律师或其他相关专家的意见。这一要求旨在确保行政决策的合法性，提高决策质量和效果。

【评估数据收集方式】通过网络搜索进行数据收集。通过检索各市政府的信息公开网站、政府门户网站以及司法局的官方网站，同时参照各市政府及司法局发布的法治政府建设年度报告，深入研究各市政府法制机构对重大行政决策进行合法性审查的情况。具体评估点包括：是否对这些重大行政决策进行了合法性审查，审查过程是否形成了明确的审查意见，以及是否出具了法律审查意见书。最终，综合考察各地合法性审查的数量、质量和实际效果，以全面评价其合法性审查工作的进展和实施情况。需要注意的是，本指标的数据检索时间范围设定为2022年5月1日至2023年4月30日。

【赋分细则】本项最高得分为20分。每完成一项重大行政决策的合法性审查，得1分；对于政府合同、协议以及其他关键事宜进行合法性审查的，每50件得1分；对于提出审查意见的，每50份合法性审查意见得1分；若能够查阅到重大决策合法性审查意见书，每份可得1分；在审查中，若提出的意见比例较高、在有效保障大额财政资金安全等方面表现良好，或者通过其他方法积极进行合法性审查，可额外获得1~3分的加分；若法律顾问参与了重大决策的合法性审查，可适当增加1~2分。总评分上限为20分。未检索到相关信息的，不得分。

3. 重大决策风险评估（包括社会稳定风险、生态环境风险、经济风险）情况（10分）

【设定依据】《重大行政决策程序暂行条例》第二章专设"风险评估"

一节，第 22 条至第 24 条详细规定了风险评估的对象、内容与程序。根据《法治政府建设实施纲要（2021—2025 年）》的要求，各地政府需要充分利用风险评估的机制，深入开展风险评估工作。

【评估数据收集方式】通过网络搜索进行数据收集。通过检索市政府官方网站、各行政部门网站，以及利用网络搜索引擎，使用关键词如"风险评估""行政决策风险评估""城市名+行政决策风险评估""城市名+风险评估""城市名+决策评估"等进行逐一搜寻和检索。需要注意的是，本指标的数据检索时间范围设定为 2022 年 5 月 1 日至 2023 年 4 月 30 日。

【赋分细则】本项最高得分为 10 分。根据环保、价格、规划和政府工程这四个特定领域的重大行政决策风险评估实施情况，若四个领域均可检索到风险评估内容且相关领域事例丰富，获得满分 10 分；若仅有三个领域可以检索到相关的风险评估内容且相关领域事例丰富，得 8 分；若只能在其中两个领域检索到相关的风险评估内容且相关领域事例丰富，得 6 分；可检索到其中任意两个领域风险评估内容的，得 4 分；若仅在一个领域检索到相关的风险评估内容，得 2 分。若未能检索到任何相关信息，视为对上述领域的重大决策未进行风险评估，不得分。

4. 重大决策专家论证情况（10 分）

【设定依据】《重大行政决策程序暂行条例》第二章专设"专家论证"一节，第 19 条至第 21 条详细规定了专家论证的对象、程序与专家来源。《法治政府建设实施纲要（2021—2025 年）》中特别提出在进行法治政府建设的过程中要重视提高专家论证的质量。

【评估数据收集方式】通过网络搜索进行数据收集。通过市政府门户网站、各行政部门官方网站，以及利用网络搜索引擎，使用"专家论证""专家咨询""专家评审""城市名+专家论证""城市名+专家咨询""城市名+专家审查""城市名+专家评审"等关键词进行详细检索。需要注意的是，本指标的数据检索时间范围设定为 2022 年 5 月 1 日至 2023 年 4 月 30 日。

【赋分细则】本项最高得分为 10 分。根据环保、价格、规划和政府工程这四个领域的重大决策专家论证情况，若四个领域均可检索到专家论证材

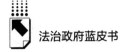

料且相关领域事例丰富，获得满分 10 分；若仅有三个领域可以检索到相关的专家论证材料且相关领域事例丰富，得 8 分；若只能在其中两个领域检索到相关的专家论证材料且相关领域事例丰富，得 6 分；可检索到任意两个领域专家论证材料的，得 4 分；若仅在一个领域检索到专家论证的信息，得 2 分。若未能检索到任何相关信息，视为对上述领域的重大决策未进行专家论证，不得分。

5. 公众参与重大决策情况（20 分）

【设定依据】《重大行政决策程序暂行条例》第二章专设"公众参与"一节，第 14 条至第 18 条详细规定了公众参与的对象、方式与程序。《法治政府建设实施纲要（2021—2025 年）》要求增强公众参与实效，通过举办听证会等形式加大公众参与力度，认真听取和反映利益相关群体的意见建议。

【评估数据收集方式】通过网络搜索进行数据收集。首先，访问各城市政府及其相关部门的官方网站，获取最直接和权威的信息。此外，为了确保全面性和准确性，利用百度等主流网络搜索引擎进行搜索。具体而言，仔细检查该城市相关门户网站中的政民互动板块，包括但不限于意见征集栏、座谈会公告、听证会通知以及相关的新闻稿件等内容。评估的重点将放在政府或媒体公布的征求意见的具体事项、座谈会和听证会的召开情况，以及公众意见的征集、采纳和反馈等方面。这些数据将为评估提供关于该城市在重大行政决策方面公众参与程度和效果的关键信息。需要注意的是，本指标的数据检索时间范围设定为 2022 年 5 月 1 日至 2023 年 4 月 30 日。

【赋分细则】本项最高得分为 20 分。在考察环保、价格、规划以及政府工程这四大领域的重大决策过程中，如果能在所有领域中都检索到详尽的公众参与信息，如政府网站公开征求社会各界的意见和建议，那么该城市将获得满分，即 20 分。若在上述任何三个领域内发现了公众参与的记录，并且这些记录显示公众的意见和建议得到了充分的考虑，评分为 16 分。如果能在两个领域中找到相关的公众参与信息，且这些信息表明公众参与程度相对充足，那么该城市将获得 12 分。对于那些只在一个领域找到公众参与信息的城市，其得分为 4 分。值得注意的是，未检索到该城市在任何领域公开公众意见采纳情况的，扣 3 分。未检索到任何相关信息的，视为公众没有参与以上任何领域重大决策，不得分。

二 总体评估结果分析

在此项评估中，每个城市可以获得的最高分为 80 分。对于被评估的 100 个城市而言，其平均得分达到了 64.93 分，平均得分率为 81.16%。有 64 个城市的得分超过了平均水平，占总评估城市数的 64%；而 36 个城市的得分低于平均值，占总数的 36%。总体得分呈正态分布。值得注意的是，城市得分的范围涵盖最高的 80 分到最低的 20 分，这导致被评估的城市之间存在明显的得分差异。在具体的分数区间内，55~75 分的得分范围内有 78 个城市，占总评估城市数的 78%。在此一级指标中，表现最突出的八个城市依次是：北京（100.00%）、天津（100.00%）、广州（97.50%）、厦门（97.50%）、上海（97.50%）、深圳（97.50%）、无锡（97.50%）、重庆（97.50%）（见图 B.5-1）。

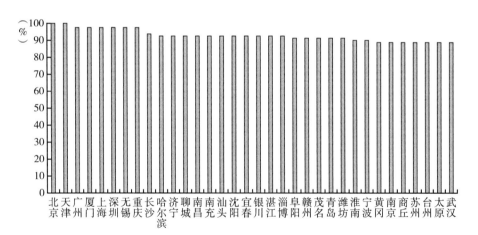

图 B.5-1 "行政决策"指标排名 1~30 的城市得分率情况

在 2021~2022 年度的评估中，100 个参评城市同样基于满分 80 分的标准，平均得分为 56.81 分，平均得分率为 71.01%。58 个城市高于平均水平，而 42 个城市则未达到平均水平。此外，分数范围从最高的 80 分至最低

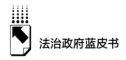

的 6 分, 呈现明显的分数差异。特别值得一提的是, 处于 45~75 分得分区间的城市达到了 75 个。在这次评估中, 表现最为突出的五个城市分别为: 北京 (100.00%)、重庆 (100.00%)、广州 (100.00%)、温州 (100.00%)、天津 (97.50%)。[①]

在连续两次行政决策的评估结果中, 可以观察到一系列有意义的差异和趋势。[②] 对比发现, 2023 年 100 个城市行政决策方面的平均得分与 2022 年相比有所提高, 这反映了多数城市在行政决策方面取得了显著进步。尤其值得注意的是, 本次评估中超过平均得分的城市占比高于上一次的 58%, 达到了 64%, 进一步证明了更多城市在这方面的表现得到了认可。然而, 尽管整体得分有所提升, 但城市之间的得分差异依然明显, 这一点在最高和最低得分之间的明显分差以及得分分布区间中得到了体现。78% 的城市的得分在 55~75 分区间, 这在一定程度上反映出大部分城市在行政决策方面的表现相对稳定, 但也存在进一步提升的空间。在这一背景下, 北京作为表现出色的城市, 继续保持着领先地位并与其他城市 (包括天津、重庆和广州等) 展现出高水平的行政决策能力。综合考虑上述数据和趋势, 虽然许多城市在行政决策上已取得显著进步, 但仍需充分关注分数差异并持续寻求提升, 以进一步完善政策制定和决策过程。

综合分析本次评估的数据可以看出, 行政决策一级指标总得分率达到了 81.16%。这一指标下涵盖 5 个三级指标, 其中, 重大决策目录制定公开情况及合法性审查情况的平均得分率分别为 75.10% 和 84.15%, 重大决策风险评估 (包括社会稳定风险、生态环境风险、经济风险) 情况的平均得分率仅为 70.60%, 重大决策专家论证情况的平均得分率达 76.60%, 而公众参与重大决策情况的平均得分率达到了 91.40% (见图 B.5-2)。

---

① 参见中国政法大学法治政府研究院主编《中国法治政府评估报告 (2021~2022)》, 社会科学文献出版社, 2022, 第 95 页。

② 在被评估的 100 个城市范围方面, 2022~2023 年评估与 2021~2022 年评估基本一致, 仅有一处变动, 即新疆喀什变更为新疆克拉玛依, 评估工作成果具有相当大的连续性与可参考性。

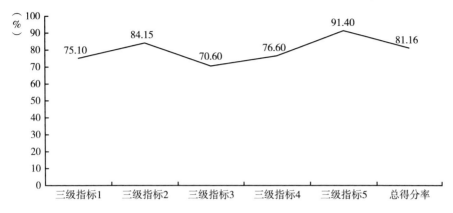

图 B.5-2   "行政决策"各三级指标的平均得分率

三   三级指标评估结果分析

（一）重大决策目录制定公开情况

1.整体表现情况分析

本项指标旨在观察评估范围内 100 个城市在重大决策目录公开方面的表现，满分 20 分。在该指标下，100 个城市的平均分为 15.02 分，平均得分率为 75.10%，达到了及格标准，其中有 51 个城市获得满分。要而言之，该项指标评估结果较为理想。本项指标得分情况见表 B.5-2。

表 B.5-2   "重大决策目录制定公开情况"指标 100 个城市得分情况

得分(分)	20	15~19.5	10~14.5	5~9.5	0~4.5
城市(个)	51	13	9	19	8

2.评估分差评析及典型表现

本项指标总体得分情况较为良好，评估分数超过平均分的城市有 60 个，多于半数；得分达到及格线（即 12 分及以上）的城市有 73 个，及格率为 73%。根据该项指标的具体评估结果，有 50% 以上的城市在本项指标中获得了满分，在一定程度上说明评估范围内大部分城市对"重大决策目录制定公开"这一行政决策环节较为重视。同时部分城市在重大行政决策事项目录制定标准以及重大行政决策的决策主体、事项范围、法定程序、法律责任等内容上存在不足，导致出现扣分的情况，需要进一步明确及完善重大决策目录相关机制，保证公开内容的完整、流程的规范。还有极少数城市得分较低，主要是由于未检索到重大决策目录。

本项指标中，广州、重庆、厦门、苏州等城市表现较为突出，不仅在政府门户网站等便于检索的相关网站上及时公开了重大决策事项目录，而且公开内容完整，对重大决策事项目录的事项范围、法定程序、法律责任等内容作了详细规定。其次，重庆等城市针对重大决策事项目录出台专门性规范性文件，有利于当地政府依法决策、因地制宜，根据当地发展的实际情况、社会治理需求对当地行政决策程序、内容等进行修改完善，有效保证了重大决策目录制定公开工作的贯彻落实。

（二）重大决策合法性审查情况

1. 整体表现情况分析

本项指标旨在观察 100 个城市在重大决策合法性审查制度具体实施方面的表现，满分 20 分。在本项指标下，100 个城市的平均分为 16.83 分，平均得分率为 84.15%，其中有 58 个城市获得满分，得分情况良好。总体而言，重大决策合法性审查制度得到了广泛的认可和贯彻，整体实施情况良好。本项指标得分情况见表 B.5-3。

表 B.5-3 "重大决策合法性审查情况"指标 100 个城市得分情况

得分(分)	20	15~19.5	10~14.5	5~9.5	0~4.5
城市(个)	58	18	15	7	2

2. 评估分差评析及典型表现

该项指标得分情况较为理想，有 66 个城市的分数超过了平均分；得分在及格线（12 分及以上）的城市有 83 个，及格率为 83%，情况较为良好。从具体评估结果来看，大部分城市得分较高，在高分段（16 分及以上）聚集了大部分城市，共计 69 个，而未能得分的城市仅有 1 个。这表明该项指标评估状况非常理想，说明全国范围内重大决策合法性审查制度得到了良好的实施，并取得了良好的效果。

本项指标下，表现较为突出的有天津、沈阳、太原、上海、汕头等城市。通过检索上述城市的政府法制办网站、政府信息公开网站、政府门户网站等相关网站，能较为便捷地获取有关重大行政决策合法性审查工作的数据和信息，例如本年度政府进行合同审查的数量、法律审查意见书的数量以及审查效果等内容。从获取的相关数据来看，以上城市合法性审查范围覆盖较为全面，经审查提出意见的比例较高，且能够积极发挥法律顾问和公职律师的作用，为打造法治化营商环境提供高效法律服务，为依法决策提供法治保障。总体而言，重大决策合法性审查制度在这些城市得到了广泛且有效的贯彻和执行。另外，在本次评估中，有 1 个城市在本项指标评估下未得分，原因是通过网络检索未能查到重大决策合法性审查的实施情况。

（三）重大决策风险评估（包括社会稳定风险、生态环境风险、经济风险）情况

1.整体表现情况分析

本项指标以各地人民政府重大行政决策的风险评估状况为观测对象，满分为 10 分。在本项指标下，9 个城市获得满分，1 个城市不得分，平均分是7.06 分，超过及格线，重大决策风险评估总体情况良好。本项指标得分情况见表 B.5-4。

表 B.5-4　"重大决策风险评估（包括社会稳定风险、生态环境风险、经济风险）情况"指标 100 个城市得分情况

得分（分）	10	8	6	4	2	0
城市（个）	9	49	35	1	5	1

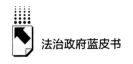

2. 评估分差评析及典型表现

在本项指标中，100个城市的平均分为7.06分，平均得分率良好，超过及格线水平。在100个城市中，仅有9个城市获得满分，获得满分城市数与2021~2022测评年度持平；得分在平均分之上的城市有58个，达到或超过及格线的城市达93个，及格率达93%，相较2021~2022测评年度有所上升。由此可见，重大决策风险评估制度已在全国绝大部分城市得以落实，落实情况良好，落实较为全面，但仍有一定的上升空间。

本项指标综合考察了各城市在环保、价格、规划、政府工程这四个领域的重大决策风险评估情况。在测评中，49%的城市得分为8分，其中大多系缺失价格领域的行政决策风险评估数据；得分为6分的城市占总数的35%，系只检索到了两个领域的风险评估实施情况，且相关事例较为丰富；得分为2分的城市占总数的5%，原因在于仅检索到一个领域的风险评估实施情况。总体而言，各城市在政府工程、环保、规划领域多能检索到相关风险评估信息，相较而言，价格领域弱势较为明显，相关信息较少，亟须更加重视。

本项指标下的优秀城市有北京、天津、无锡、长沙、茂名、宁波、温州、鞍山、常德9个，数量较少。这9个城市的重大行政决策风险评估情况完整覆盖了环保、价格、规划、政府工程四个领域。可见，重大行政决策风险评估得分率虽较上一测评年度有所提升，但在重大行政决策风险评估工作覆盖的全面性上仍然有不小的上升空间，亟须进一步落实、完善。

（四）重大决策专家论证情况

1. 整体表现情况分析

本项指标以被测评的100个城市的重大行政决策专家论证制度的落实情况为考察对象，满分为10分。在本指标项下，得满分的城市数量为19个，测评城市的得分大多居于6~8分区间，平均得分率超过及格线。本项指标得分情况见表B.5-5。

表 B. 5-5 "重大决策专家论证情况"指标 100 个城市得分情况

得分（分）	10	8	6	4	2	0
城市（个）	19	50	28	1	2	0

2. 评估分差评析及典型表现

本项指标测评结果显示，各城市的平均得分为 7. 66 分，稍高于指标 3 重大决策风险评估情况，69 个城市的得分在平均分以上，得分为 6~8 分的城市占总数的 78%，共有 97 个城市的得分在及格线及以上，及格率达 97%，较上一测评年度有明显提高，可见大部分城市的重大行政决策专家论证情况已达到或超过了及格水平。与指标 3 类似，大部分城市得到 6~8 分但未能获得满分的主要原因是开展重大决策专家论证的领域不全面，一般存在四个测评领域中的一个或两个领域的事例不够丰富的情况，其中又多为欠缺价格领域的专家论证工作事例，亟须进一步重视以推动、落实。

北京、天津、重庆、上海、厦门、广州、深圳、长沙、济宁、潍坊、武汉、商丘、六安、贵阳、东莞、信阳、鞍山、成都、呼和浩特共 19 个城市是本指标测评中的优秀城市。这些城市对环保、价格、规划、政府工程领域的重大行政决策专家论证的相关事例均通过政府网站的公开栏目等渠道进行了充分的公开。这些城市的专家论证制度覆盖面广、实施顺畅。其他城市的专家论证制度仍存在较大的进步空间。

（五）公众参与重大决策情况

1. 整体表现情况分析

本项指标考察 100 个城市的公众参与重大行政决策情况，满分为 20 分。在本项指标测评中，68 个城市获得满分，100 个城市的平均分达 18. 28 分，公众参与重大决策实施情况较好。本项指标得分情况见表 B. 5-6。

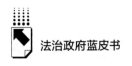

表 B. 5-6　"公众参与重大决策情况"指标 100 个城市得分情况

得分(分)	20	16	12	8	4
城市(个)	68	23	7	2	0

2. 评估分差评析及典型表现

本项指标测评结果显示，各城市的平均得分率达 91.40%，得满分的城市达到了 68 个，占本次评估城市总数的 68%，相比上一测评年度具有明显的提升。本项指标的得分集中在 15～20 分，91 个城市均位居此分数段，占本次被测评城市总数的 91%，9 个城市的得分在 15 分以下，没有城市的得分低于 5 分。以上数据表明，我国绝大部分城市的政府已较好地在行政决策领域开展了鼓励、引导公众积极参与重大决策的各项工作，已较好地采用政府网站、报纸等新闻媒体等渠道对重大行政决策公开征求意见，并对所收集的公众意见的采纳情况进行汇总、反馈。数据表明，大部分城市的行政决策公众参与情况优秀，但仍然有一部分城市的重大决策公众参与的落实情况还存在较大的改进空间。此类城市往往存在个别领域的公众参与制度落实不到位或公众意见采纳情况反馈缺失等问题，有必要进一步加强、完善。

本项指标测评中的优秀城市数量较多，有北京、天津、上海、重庆、广州、长沙等 68 个城市，这些城市的重大行政决策公众参与制度落实情况较好，执行较为充分，公众有机会深入参与环保、价格、规划、政府工程等领域的重大行政决策。值得一提的是，苏州等城市在政府网站开辟"重大决策预公开"等栏目，对行政决策公开进行系统性梳理，条理清晰，方便公众查阅并获取反馈，值得其他城市加以学习、借鉴。

四　评估结论与建议

从整体评估结果来看，评估指标体系中的"行政决策"一级指标平均得分为 64.93 分，平均得分率达 81.16%。相较于上一年度来说，"行政决策"一级指标得分有所提高，说明虽然行政决策法治化存在一定问题，但整体而言持续推进优化。从评估分数来看，本次评估的 100 个城市中，94% 的城市依法决策工作在及格线及以上（得分在 48 分及以上），"重大行政决策事项年度目录公开""合法决策""科学决策""民主决策"等二级指标的平均得分率也均超过 60%，没有出现明显短板。平均得分率最高的三级指标为公众参与重大决策情况，为 91.40%。重大决策合法性审查情况也较为良好，平均得分率为 84.15%。重大决策专家论证情况、重大决策目录制定公开情况以及重大决策风险评估情况的平均得分率也均超过 70%，分别为 76.60%、75.10% 以及 70.60%。

（一）存在的问题

从"行政决策"这一指标的评估工作成果来看，不难发现各地在法治政府建设过程中都存在不同程度的问题，总体表现为：重大行政决策事项年度目录公开工作不够规范，决策公开需提高全面性；合法性审查力度仍需加大，审查质效难以保障；重大行政决策风险评估存在应评未评、公开不足等问题；重大决策专家论证程序保障机制有待加强，薄弱领域问题突出；部分地方公众参与流于形式，意见反馈机制有待加强。"行政决策"存在的问题具体表现在以下五个方面。

1. 重大行政决策事项年度目录公开工作规范性不够，决策公开需提高全面性

虽然本次评估过程中重大决策目录制定公开情况较为理想，大部分城市都出台了本年度重大行政决策事项目录，但是目录公开工作中存在目录范围不明、内容不一、标准模糊，不够全面等问题，欠缺统一性和规范性。重大决策目录是为了提高决策质量效率、推动各项重大决策落实而设立的，故重大决策目录应明确决策主体、适用范围、程序设计以及法律责任等问题，建立一套明确的规范和指导原则，以便对各项重大决策进行有效管理和监督。但是部分城市的目录制定过于简单，内容不够详尽，不能保证重大行政决策事项的全面公开，也没有考虑公众的参与和监督。另外，仅有部分城市就重

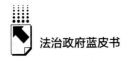

大行政决策目录制定了专门详细的规定，重大行政决策事项年度目录公开制度虽然已初具规模，但还需进一步规范化，从现状来看，在目录的制定上，部分城市重视程度仍然不够，目录公开工作仅流于形式。总体而言，重大行政决策事项年度目录公开制度在各地实施的情况存在差异，还需要持续推动提升重大行政决策规范化，提高重大行政决策预公开工作的科学性、准确性和全面性。此外，要实现重大行政决策事项"可视化"管理，做好重大行政决策事项目录动态调整，及时跟进决策出台进度，保证决策内容符合法律、法规和规章等规定，确保事项落实到位。

2. 合法性审查力度仍需加大，审查质效难以保障

在本次评估过程中，重大决策合法性审查情况总体表现良好，大部分城市在此项指标中都获得了较高分数，但仍有部分城市对重大决策、政府合同等进行合法性审查的事例较少，检索到的审查意见书数量较少，导致得分较低。从本次评估结果来看，尽管总体情况较为理想，但是合法性审查实施情况仍存在许多现实问题，需要进一步改进完善，努力不懈地朝着完善落实的目标迈进，以实现合法性审查的长期发展。大部分城市缺少对于本年度合法性审查实施情况的详尽说明，而只是在年度法治政府建设工作报告中简要地提及本年度对重大决策、政府合同进行的合法性审查次数以及出具的审查意见书数量，缺乏对合法性审查具体实施情况的阐述以及质效的体现。另外，合法性审查透明度、公开性较弱，通过网络检索较难获得相关重大决策的合法性审查意见书，公众难以获取合法性审查意见内容及相关信息，合法性审查制度实施缺少监督，审查效果反馈不足。以上问题说明重大行政决策合法性审查工作机制还需要进一步健全完善，以发挥规范行政权力行使、提高依法决策水平的功能。日后各地方政府应更加重视重大行政决策合法性审查制度的专业化、程序化、法治化，吸收各方专业人士参与合法性审查，构建多元审查主体；加强合法性审查意见内容公开披露，完善外部监督体制。

3. 重大行政决策风险评估存在应评未评、公开不足等问题

在行政决策风险评估的测评中，社会稳定风险、生态环境风险、经济风险为本次评估的三大指标，评估涉及环保、价格、规划、政府工程四大领

域。100 个被评估城市的平均得分超过及格线，但仍有相当数量城市的得分仅刚达到及格线或位于及格线以下，相较其他指标而言行政决策风险评估仍有较大进步空间。

具言之，本次评估中重大决策的风险评估实施情况的地域差异和领域差异较大，不少城市的价格领域风险评估存在缺位，导致在该项指标上普遍失分。并且，虽然生态环境风险等的评估情况相较而言更为乐观，但经济风险评估受到的轻视也尤为明显，100 个城市中罕有经济风险评估的相关具体落实信息，反映出目前风险评估制度仍然存在风险评估的类型不够全面、风险评估的领域不够均衡等问题。

除此以外，行政决策风险评估在信息公开层面存在不足。在评估过程中发现，部分风险评估的事例仅笼统叙及进行了风险评估，但缺少对评估过程、结果等内容的公开。目前风险评估公开程度较低，完全实现评估的"全过程公开"仍然道阻且长。

4. 重大决策专家论证程序保障机制有待加强，薄弱领域问题突出

由重大决策专家论证制度的测评情况可知，重大决策专家论证制度的得分率虽超过了及格线，但在实施中依然存在不少问题。首先，本次测评发现不少城市采用的专家论证模式在具体流程上具有较大的随意性，相关文件对流程、专家库等的规定仅为原则性规定，对实践的指导意义有限，可操作性不强。在此背景下，一些地方的专家论证会与专家座谈会混同，专家在座谈前的前期准备不足，一些不具备充分独立性的人士亦被邀请作为专家参加座谈或论证。

其次，重大决策专家论证的透明度情况欠佳，公开情况存在不足。本次测评发现，不少城市在行政过程中虽进行了专家论证，但对专家论证未予充分公开，如仅笼统提及某项目经过了专家论证，或仅笼统提及会议召开的日期、地点，但对参与专家的姓名、专家的具体意见及结论普遍缺乏充分公开。专家论证的细节与专家论证报告内容公开的匮乏，对公众参与产生了消极影响，甚至影响到专家论证制度本身的实效性与权威性。

最后，重大决策专家论证制度在各领域的落实情况存在较大差异。相较

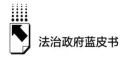

于环保、规划、政府工程领域，价格领域的专家论证事例较少。测评表明，专家论证也存在形式单一等问题，不利于专家论证制度进一步发挥辅助科学决策的作用。

5. 部分地方公众参与流于形式，意见反馈机制有待加强

本次评估数据显示，各地普遍建立了重大决策公众参与制度，通过网络征集意见、听证会、座谈会等多种形式引入公众参与。不过，首先，应当注意到，行政决策往往仅在政府网站的意见征集栏征集意见，没有醒目标识或进行主动传播，不容易引起公众注意。这导致公众参与流于形式，使其对行政决策的民主性的促进作用未得到充分发挥。

其次，部分城市虽然召开听证会、座谈会引入公众参与，但对参加听证会、座谈会设置过高的参与门槛，如提出要求单位盖章同意等烦琐要求，且座谈会参加人士的筛选机制不透明，座谈会过程往往不公开，降低了听证会、座谈会的公众性。

最后，部分城市在收集到有效的公众参与意见后，怠于进行处理、分析、采纳，或对处理、采纳情况不予公开。部分地方政府虽然进行了反馈，但仅简单以原有的决策理由驳斥不同意见，怠于对行政决策进行实质性调整。行政决策征求意见处理结果的不透明性、反馈的不及时等问题应当引起重视，否则可能损害民主决策机制作用的发挥与长效实施。

（二）完善的建议

针对目前行政决策中出现的问题，评估组提出以下六点针对性建议。

1. 推动重大行政决策事项年度目录公开制度规范化，提高重大行政决策预公开工作水平

针对重大行政决策事项年度目录公开不够规范、决策公开需提高全面性的问题，建议进一步规范我国重大行政决策事项年度目录公开的制度设计，实现重大行政决策目录全覆盖，提高重大行政决策预公开工作水平。首先，各地方政府要认识到重大行政决策预公开工作的重要性和必要性，持续健全重大行政决策目录公开制度，加强重大决策落实情况的公开。其次，严格把握重大行政决策事项年度目录覆盖范围，科学论证并制定市政府重大行政决策事项目录。重大行政决策目录的拟定要从科学、准确、全面三个方面进行把握，将符合重大决策范围的事项纳入目录管理范围，提高决策公开的效率和透明度。另外，要促进重大行政决策事项年度目录公开工作规范程度的提高，进一步细化目录编制程序。各地政府要明确重大行政决策事项年度目录涉及的公开内容，保证重大行政决策事项年度目录涵盖法定内容，充分保障行政决策的透明度和公开性，方便外部监督，并为后续的监督落实和责任追究提供依据，促进政府决策的透明度和公信力的提升，充分发挥制度积极作用。总体而言，规范重大行政决策事项年度目录公开制度是保证政府决策公信力和有效性的关键举措，在实践中需要进一步完善和落实。

2. 落实重大决策合法性审查工作，规范重大决策合法性审查工作流程

针对合法性审查力度仍需加大、审查质效难以保障的问题，各地方政府应进一步落实重大决策合法性审查工作，对重大行政决策应审尽审，从而解决合法性审查宽度、广度不够的问题，同时要规范重大决策合法性审查工作流程，努力形成全流程、全环节的合法性审查闭环，保证合法性审查结果质效。首先，各地方政府应当加大重大决策合法性审查宣传力度，明确合法性审查工作的重要地位、积极作用，提高依法行政、依法决策意识，确保每个重大行政决策都经过审慎审查，推动重大行政决策合法性审查全面覆盖。其次，明确审查流程、审查方式，制定相应的合法性审查工作实施方案，记录审查事项、审查时间、审查意见、集体讨论情况等，切实做到有备可查，确保合法性审查过程中的全面性和透明度，使合法性审查规范化、制度化水平进一步提升。虽然具体的合法性审查事务是由具体的法制机构承担，但并不意味着整个合法性审查过程就只能是法制机构的"独角戏"。① 各地方政府应增强合法性审查的公开性，完善重大决策合法性

---

① 参见梅扬《重大行政决策合法性审查制度的构建》，《江西社会科学》2018 年第 8 期，第 171 页。

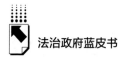

审查结果的披露机制，以保障人民群众的知情权。切实发挥外部对重大决策合法性审查结果的监督作用，通过加强信息公开和提高信息公开的透明度让公众了解重大决策的合法性审查过程和结果，保障人民群众的知情权和监督权，增强决策的合法性和公信力。

3.进一步实现各类风险评估切实应评尽评，加强风险评估法治化、公开化建设

本次测评表明，当前全国范围内各个城市大多建立了风险评估相关机制。不过，风险评估落实水平参差不齐，部分城市重视不足，社会稳定风险评估法治化程度不足，风险评估制度可操作性和透明度欠佳等仍然是现实存在的问题。

首先，本次评估涉及社会稳定风险、生态环境风险、经济风险，涵盖风险评估的三大类型。当代社会步入风险社会，各类风险都不可忽视，风险评估应当应评尽评，且不可走形式、走过场。评估发现，当前我国部分城市政府的风险评估工作在所针对的领域存在单一化的问题，风险类型的覆盖也不全面，地方政府普遍在价格领域的风险评估上存在工作缺位，且被测评城市中罕有经济风险评估的相关具体落实信息。对此，各地方政府应当从风险评估制度实施的全面性、均衡性切入，着力完善重大行政决策风险评估工作，重视以价格领域为代表的薄弱领域，全方位开展风险评估工作，切实补足短板，充分发挥风险评估制度的优势，积极预防重大行政决策带来的各项风险。

其次，应当加强风险评估法治化与公开化建设。当前，社会稳定等领域的风险评估仍然存在法律规定不足、笼统，主要依托政策文件开展等问题。并且，重大决策社会稳定风险评估相关文件的公开甚至受到限制，不利于公众的有效参与。应当通过法律形式对评估主体、责任主体和监督主体及其相互关系加以规定，对其各自的责任进行规范和约束，构建科学、独立的社会稳定风险评估程序。[①] 面对各领域风险评估公开不足的问题，各地方政府应

---

① 参见林鸿潮《重大行政决策社会稳评体制的批判与重构》，《行政法学研究》2018年第3期，第77页。

当探索建立"评估全过程公开制度",覆盖评估的依据、筹备、过程、结果等环节,加大公开力度,发挥外界监督对风险评估工作质量提升的促进作用,使社会公众全面清晰地了解风险评估及其自身的权利义务。[①]

4. 建立科学、系统的专家论证制度,提高专家论证透明度

在专家论证制度层面,重大决策专家论证制度已在被测评城市较为普遍地建立,不过,部分城市仍然存在具体程序规定欠缺及落地实施不足等问题。首先,各地方政府应当加强专家论证程序规定的制定工作。应制定科学、中立的专家选择标准,确保专家的专业性、客观中立性;应规定专家论证的基本程序要求,保障论证的有效性、可靠性,防范专家论证受外界干预;应丰富专家论证形式,各地方政府应鼓励创新专家论证方式,坚持具体问题具体分析,依据每一类每一项重大决策各自的特点,有针对性地选择采用专家论证会、专家实地调研等多样方式;应明确专家论证的效力与专家责任,提升专家论证制度的实效性。

其次,专家论证活动的透明度亦应得到充分重视,本次测评发现专家论证在主体、过程、结论等方面的公开均存在不足。应当及时公开专家论证的各项具体内容,确保畅通人民群众的监督渠道,这也是公众充分参与行政决策的基本要求。

最后,应当重点推进专家论证工作全面覆盖重大行政决策事项,要特别重视价格等薄弱领域,重视以专家论证提升相关行政决策的科学性。

5. 丰富公众参与形式,反馈意见采纳情况,推进参与效果的实质化

在行政决策公众参与领域,应当着力克服前文述及的流于形式、不当设限、怠于反馈等问题。首先,应当丰富公众参与形式,尤其是认真落实公开征求意见制度,丰富公开征求意见的方式、方法,多渠道保障公民参与权行使。地方政府应当紧跟时代步伐,结合网络时代公众生活特点及习惯,积极利用网络平台拓宽重大行政决策公众意见的收集渠道,在此基础上加强对手机移动端的渠道开发,着力实现公众参与形式多样化,例如通

---

① 参见戚建刚《我国行政决策风险评估制度之反思》,《法学》2014年第10期,第98页。

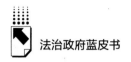

过政府微信公众号、微博等渠道推送公开征求意见信息，提高公民接收到征求意见通知的可能性，积极鼓励公众参与到政府的重大决策过程中。

其次，应当保障公民参与行政决策的程序权利，避免对公民参与听证会、座谈会进行烦琐、不当的限制。各地方政府应当积极运用新科技、新技术，适时允许线下线上同步召开听证会、座谈会，提高作为公众参与形式的听证会、座谈会的公开性、实效性，积极推动听证会、座谈会与公开征求意见相结合，实现公众参与制度的有效运转。

最后，应当重视公众合理意见。公众参与制度不仅仅是收集意见，研究、分析、合理采纳相关意见亦不容忽视。应当避免仅收集、不分析、不采纳、不反馈的形式主义做法，重视收集信息后的系统性、针对性研究，及时反馈公众参与情况，向公众公布采纳及修改情况及其理由。通过及时向公众反馈工作进展，切实增强公众参与制度的有效性，保障公众参与制度真正落地，提升重大行政决策的民主性、合法性与科学性。

6. 加强政府网站等传播媒介的智能化、信息化建设

本次评估发现，部分城市的市政府或司法局官网、政府信息网络公开平台页面老旧，站内搜索功能简陋，给公众获取相关政府信息在客观上造成了阻碍。对此，各地方政府应当重视政府相关网站的建设，特别是应当及时维护并实时更新相关政府信息，提升政府网站布局的合理性、科学性、美观性。并且，应积极拓宽政府信息公开渠道，通过多种媒介加强政府信息公开的智能化、信息化，切实提升行政决策信息的可获取性。

B.6
行政执法

张　莉[*]

摘　要： 长期以来，依法行政一直是公众关注的焦点。2021 年中共中央、国务院印发的《法治政府建设实施纲要（2021—2025 年）》针对行政执法工作指出，健全行政执法工作体系，全面推进严格规范公正文明执法，着眼提高人民群众满意度，着力实现行政执法水平普遍提升，努力让人民群众在每一个执法行为中都能看到风清气正、从每一项执法决定中都能感受到公平正义。2022~2023年法治政府评估是新冠疫情结束后的首次评估，评估结果表明，行政执法的各项改革已颇具成效，但行政执法的法治化水平呈现差异化的提升趋势。总体而言，综合执法改革稳步推进，重点领域执法不断加强，"行政执法三项制度"的建设取得长足进步，其他新制度、新执法方式也在不断推广。在执法理念上越来越重视以人为本，程序意识不断增强，执法结果朝着公正、透明、人性化的方向持续进步。在稳步前进的同时，我们也应当看到目前行政执法还存在一系列问题，影响执法质效。行政执法水平区域不平衡情况依旧突出，综合执法工作机制各环节衔接薄弱，执法协调协作机制相对缺失，重点领域执法缺少有针对性的和精准化的制度规则，执法规范化建设任重道远。在坚持全面依法治国、推进法治中国建设的新时代，行政执法作为依法行政的重中之

* 张莉，中国政法大学法治政府研究院教授，法学博士，研究方向：中国行政法、法国公法、比较行政法。中国政法大学法学院 2023 级宪法学与行政法学博士研究生吕之滨、中国政法大学中欧法学院 2023 级宪法学与行政法学硕士研究生李名蕊、中国政法大学法学院 2022 级宪法学与行政法学硕士研究生张恬园、中国政法大学法学院 2021 级法律（法学）硕士研究生李博宇协助进行数据检索、分析及图表制作等工作。

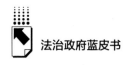

重，关系人民幸福安康，关系党和国家长治久安。在行政执法工作和各项改革中，要坚持以人为本、以人民为中心的理念，推动行政执法持续朝公正、透明、人性化的方向进步；要持续推进政府职能转变，优化政府职责体系和组织结构，推进机构、职能、权限、程序、责任法定化，提高行政效率和公信力，实现法治水平的进一步提升，用高质量的法治保障高质量的发展。

关键词： 综合执法　重点领域执法　执法质量

一　指标设置及评估标准

（一）指标体系

在法治政府建设和评估过程中，行政执法历来都是至关重要的，行政执法部分在总体评估框架下的占比举足轻重。本次行政执法一级指标总分为130分，下设5项二级指标和13项三级指标，其中二级指标"行政执法效果"由中国司法大数据研究院提供数据进行考察并出具报告。具体指标设置详见表B.6-1。

表 B.6-1　行政执法指标体系

一级指标	二级指标	三级指标(观测点)
行政执法 （130分）	（一）行政执法体制改革（20分）	1. 部门综合执法改革情况（10分）
		2. 基层执法体制改革情况（10分）
	（二）重点领域执法（20分）	3. 加大重点领域执法力度（以交通运输领域为考察对象）（10分）
		4. 加大重点领域执法力度（以安全生产领域为考察对象）（10分）
	（三）行政执法制度建设（40分）	5. 完善"行政执法三项制度"（10分）
		6. 具体行政执法制度建设情况（10分）
		7. 行政执法具体开展情况（10分）
		8. 创新行政执法方式情况（10分）

续表

一级指标	二级指标	三级指标（观测点）
行政执法 （130分）	（四）行政执法状况 （20分）	9. 违法行为投诉体验情况（10分）
		10. 市政设施损坏投诉情况（10分）
	（五）行政执法效果 （30分）	11. 非诉执行申请被否定情况（10分）
		12. 行政机关不履行法定职责情况（10分）
		13. 行政处罚、行政强制、行政许可行为违法情况（10分）

在体系结构上，本次评估主要从行政执法体制改革、重点领域执法、行政执法制度建设、行政执法状况、行政执法效果五个方面考察市一级政府的行政执法情况。其中，"行政执法体制改革"主要考察行政执法体制改革开展以来，市级政府在跨部门和跨层级执法改革的工作开展情况。

"重点领域执法"结合了《法治政府建设实施纲要（2021—2025年）》中提出的重要要求。其中要求考察的内容较为丰富，本次评估结合了社会热点，选取了其中的两个领域，分别是交通运输领域和安全生产领域。

"行政执法制度建设"结合了《法治政府建设实施纲要（2021—2025年）》中对于行政执法制度提出的新的要求，并综合考察了已经开展了较长时间的"行政执法三项制度"的制度建设成果，分别设立"完善'行政执法三项制度'""具体行政执法制度建设情况""行政执法具体开展情况""创新行政执法方式情况"四个观测点进行考察。

"行政执法状况"同往年的考察角度相同，都是在考虑制度建设的同时从实践的角度对城市的执法现状进行观察。本次评估同时延续了自上年新设的"市政设施损坏投诉情况"观测点，能够直观地考察各个被评估城市的执法和市政服务水平。

"行政执法效果"是法治政府研究院与中国司法大数据研究院合作的项目，通过中国司法大数据研究院提供的技术支持，从大数据的角度对行政执法的效果进行考察。主要从"非诉执行申请被否定情况""行政机关不履行法定职责情况""行政处罚、行政强制、行政许可行为违法情况"三个反向角度考察行政机关的依法行政情况。

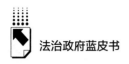

（二）设置依据和评估标准

本部分主要依据国务院《全面推进依法行政实施纲要》第七项"理顺行政执法体制，加快行政程序建设，规范行政执法行为"、《国务院关于加强市县政府依法行政的决定》第五项"严格行政执法"、《国务院关于加强法治政府建设的意见》第五项"严格规范公正文明执法"、《法治政府建设实施纲要（2021—2025 年）》第五项"健全行政执法工作体系，全面推进严格规范公正文明执法"和第八项"健全行政权力制约和监督体系，促进行政权力规范透明运行"以及司法部《市县法治政府建设示范指标体系》（2021 年版）第四项"行政执法严格规范公正文明"的要求进行设计。

相比上年，本次指标设计总体调整不大，主要调整了不同指标的考察领域。依托 2021 年 8 月中共中央、国务院印发的《法治政府建设实施纲要（2021—2025 年）》，继续重点考察了《法治政府建设实施纲要（2021—2025 年）》中重点要求的"行政执法体制改革"。强化重点领域执法考察，在回应《法治政府建设实施纲要（2021—2025 年）》中"加大重点领域执法力度"的同时注重以实践和执法的实效导向考察当前我国的执法情况。对于"行政执法三项制度"，鉴于各地已开展较长时间相应的制度建设、培训等，本次指标体系设计对其进行精简，并融合了《法治政府建设实施纲要（2021—2025 年）》中"完善行政执法程序"一节中的要求，设计了"行政执法制度建设"综合性指标。在往年考察过程中被证明卓有成效的"违法投诉体验"方面继续设置"市政设施损坏投诉情况"三级指标，考察各个城市的市政服务水平。最后，本次评估还创造性地采用大数据的形式，与中国司法大数据研究院进行合作，由其提供部分司法数据，对行政执法的情况特别是违法情况进行考察。

1. 部门综合执法改革情况

【设置依据】本项指标旨在考察部门综合执法改革具体落实情况。

【测评方法】网络检索。登录市政府及相关农业农村部门网站，分别以

"综合执法+农业""综合执法+农业农村""农业综合执法""农业行政综合执法""农业执法改革""农业综合（行政）执法大队""联合执法""局队合一""执法人员培训""执法大比武""典型案例"等关键词进行检索，并借助百度、谷歌等搜索相关新闻报道。

【评分标准】本项满分为10分：（1）县（市、区、旗）实行"局队合一"体制的，加2分；（2）大力推进跨领域跨部门联合执法，实现违法线索互联、执法标准互通、处理结果互认，出台相应文件的，加2分，实际开展工作的，加1分；（3）出台行政执法程序规则文件，规范执法行为的，加2分，发布典型案例，开展宣传教育的，加2分；（4）组织农业综合执法人员培训、比武，提升执法人员素质的，加1分。

2. 基层执法体制改革情况

【设置依据】本项指标旨在考察基层执法力量的整合和执法力量的协调协作机制。

【测评方法】网络检索。登录市政府及相关部门网站，分别以"综合执法+城市管理""城市管理综合行政执法""城市管理综合执法""城市管理执法改革""城市管理综合行政执法大队""一支队伍管执法""案件移送""职权下放"等关键词进行检索，并借助百度、谷歌等搜索相关新闻报道。

【评分标准】本项满分为10分：（1）整合乡镇（街道）执法力量和资源，组建统一的综合行政执法机构，实现"一支队伍管执法"的，加3分；（2）建立健全乡镇（街道）与上一级相关部门行政执法案件移送及协调协作机制的，加4分；（3）出台相关文件同步实现权力下放、编制划转、钱随事转的，加3分。

3. 加大重点领域执法力度（以交通运输领域为考察对象）

【设置依据】本项指标旨在考察各地交通运输领域专项整治执法活动开展情况、合理合法性，以及有关鲜活农产品运输绿色通道建设管理配套措施的完成情况。

【观测方法】网络检索。登录被评估城市市政府网站及交通运输局网站，以"重点领域执法""交通运输执法""执法培训""鲜活农产品绿色

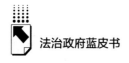

通道""保通保畅"等关键词进行检索；结合百度、谷歌等搜索相关新闻报道。

【评分标准】本项满分为10分：（1）开展交通运输领域集中专项整治的，加2分，设立专项投诉举报渠道的，加1分；（2）制定市级统一的规范、方案或计划的，酌情加2~3分；（3）出台有关鲜活农产品运输绿色通道建设管理的意见、方案等的，酌情加1~2分；（4）进行政策宣传活动或规范绿色通道专用车道设置、完善标识的，加2分。

4. 加大重点领域执法力度（以安全生产领域为考察对象）

【设置依据】本项指标旨在考察被评估城市在安全生产领域的执法情况，是否重视安全生产执法培训，执法培训是否理论与实际相结合，以及对安全生产培训机构等培训"走过场"行为是否进行整治。

【观测方法】网络检索。登录被评估城市市政府网站及市场监督管理局网站，以"重点领域执法""安全生产执法""安全生产整治三年行动""执法培训""走过场"等关键词进行检索；结合百度、谷歌等搜索相关新闻报道。

【评分标准】本项满分为10分：（1）进行安全生产专项整治三年行动工作总结的，加1分；（2）制定市级统一未来安全生产领域规划、计划、方案等的，酌情加2~3分；（3）评估周期内开展安全生产监管执法培训的，加2分，包含业务知识培训和实操训练的，加2分；（4）评估周期内，开展安全生产培训"走过场"专项整治的，加2分。

5. 完善"行政执法三项制度"

【设置依据】本项指标以国务院2018年提出的"行政执法三项制度"要求为依托，挑选"行政执法三项制度"建设中的薄弱环节进行重点考察，旨在考察被评估城市在"行政执法三项制度"建设上的阶段性成果。

【观测方法】网络检索。登录市政府及其住房和城乡建设部门相关网站，查找"执法公示"专栏或"执法信息公示平台"，或者以"建设施工安全隐患""生产安全事故""工程质量事故""工程建设检查""工程建设抽查""安全检查""安全抽查""职业资格证书"等关键词进行检索。

【评分标准】本项满分为 10 分：（1）公布本部门行政执法权限、依据、程序、救济渠道的，加 2 分；（2）公布工程建设抽查检查名单、考核内容与程序等，并及时公示抽查考核结果的，加 3 分；（3）执法决定信息在执法决定作出之日起 20 个工作日之内公开的，加 1 分，行政处罚的执法决定信息在执法决定作出之日起 7 个工作日之内公开的，加 1 分；（4）公布重大执法决定法制审核事项清单的，加 3 分。

6. 具体行政执法制度建设情况

【设置依据】本项指标旨在考察被评估城市在执法人员管理制度和执法裁量基准制度上的建设情况。

【测评方法】网络检索。登录规划与自然资源部门及相关部门网站或新闻网站，以"执法事项""裁量基准""人员管理""执法人员""执法辅助人员"等关键词进行检索。

【评分标准】本项满分为 10 分：（1）健全行政执法人员管理制度的，加 1 分，实现执法人员资格动态更新的，加 1 分，具有执法辅助人员管理规范的，加 1 分，执法辅助人员管理得到规范，执法辅助人员适用岗位、身份性质、职责权限、权利义务、聘用条件和程序均已明确的，加 2 分；（2）全面更新行政裁量权基准制度的，加 2 分，细化量化本地区行政处罚的裁量范围、种类、幅度等的，加 1 分，对外公布的，加 2 分。

7. 行政执法具体开展情况

【设置依据】本项指标以被评估城市涉企检查情况为抓手，旨在考察被评估城市在涉企检查活动中是否存在事项不合理、扰企等情况，并综合考察被评估城市在"首违免罚"制度上的建设情况。

【观测方法】网络检索。登录市场监督管理部门及相关部门网站，以"停产停业""涉企检查"等关键词进行检索，考察是否发生相关事件，对违法执法行为的影响进行实质判断。结合百度、谷歌等搜索相关新闻报道。

【评分标准】本项满分为 10 分：（1）开展过规范涉企行政检查活动，解决涉企现场检查事项多、频次高、随意检查问题的，加 4 分；（2）积极

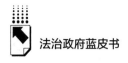

推行"首违免罚"、轻微违法依法免予处罚清单的，加 4 分；（3）考察时间范围内没有发生因违法执法或者执法不当造成恶劣社会影响的情形的，加 2 分，出现该情形的，不得分。

8. 创新行政执法方式情况

【设置依据】本项指标旨在考察被评估城市的新型执法方式创新情况，选择了具有多元性、复杂性与地方特色性的文化和旅游领域，对新型执法方式的创新情况和推行情况进行考察。

【观测方法】网络检索。登录被评估城市市政府网站及文化和旅游部门网站，以"柔性执法""非强制性执法""谁执法谁普法""免罚清单""说服教育""劝导示范""指导约谈""案例"等关键词进行检索；结合百度、谷歌等搜索相关新闻报道。

【评分标准】本项满分为 10 分：（1）运用说服教育、劝导示范、警示告诫、指导约谈等柔性执法方式执法的，加 4 分；（2）推行并公布初次违法且危害后果轻微并及时改正，可以不予行政处罚的免罚清单的，加 3 分；（3）落实"谁执法谁普法"机制的，加 3 分。

9. 违法行为投诉体验情况

【设置依据】本项指标旨在考察被评估城市履行法定职责情况。

【测评方法】委派调查员在各城市进行实际体验。由其在发现违法行为后向相关行政部门进行举报，并对相关部门接到举报后的行政执法行为进行全程记录，形成体验报告。评估组根据调查报告赋分。

【评分标准】本项满分为 10 分，执法部门在接到违法行为举报或投诉后：（1）查处及时，使问题得到实质性解决的，加 10 分，查处不够及时，未能从根本上解决问题，或存在显著合法性、合理性瑕疵的，加 5 分，接到投诉后，不予理睬的或未处理的，不加分；（2）投诉渠道不畅通，需要公民自行寻找各种渠道的，或 12345 拒不处理，告知其他部门电话另行投诉的，扣 2 分；（3）12345 电话不通，或 12345 及其他电话拨打至接通次数一共在 5 次以上的，扣 1 分；接线员存在态度不好情形的，扣 1 分；（4）未对投诉进行短信或电话或其他方式回访的，扣 2 分。

10.市政设施损坏投诉情况

【设置依据】本项指标旨在考察被评估城市履行法定职责情况。

【测评方法】委派调查员在各城市进行实际体验。由其在发现市政设施损坏后向相关行政部门进行举报，并对相关部门接到投诉后的行为进行全程记录，形成体验报告。评估组根据调查报告赋分。

【评分标准】本项满分为 10 分，相关部门在接到市政设施损坏举报或投诉后：（1）查处及时，使问题得到实质性解决的，加 10 分，查处不够及时，或未能从根本上解决问题的，加 5 分，接到投诉后，不予理睬的或未处理的，不加分；（2）投诉渠道不畅通，需要公民自行寻找各种渠道的，或 12345 拒不处理，告知其他部门电话另行投诉的，扣 2 分；（3）12345 电话不通，或 12345 及其他电话拨打至接通次数一共在 5 次以上的，扣 1 分，接线员存在态度不好情形的，扣 1 分；（4）未对投诉进行短信或电话或其他方式回访的，扣 2 分。

11.非诉执行申请被否定情况

【设置依据】本项指标旨在通过分析被法院裁定不予执行的行政机关非诉执行案件数据，考察行政机关执法行为的合法性。

【测评方法】数据分析。由中国司法大数据研究院检索相关数据后进行大数据处理并赋分。（1）统计全国 2018～2022 年度行政机关申请所有非诉执行的案件总数（①）和行政机关被法院裁定不准予强制执行的非诉执行案件数（②）；（2）统计各城市 2018～2022 年度行政机关申请所有非诉执行的案件总数（①）和行政机关被法院裁定不准予强制执行的非诉执行案件数（②）；（3）将②所得数据除以①所得数据，计算出全国和各市 2018～2022 年度的行政机关申请非诉执行案件被否定率。

【评分标准】本项满分为 10 分，采取比值赋分法。各市得分＝基准分（5 分）／（当地案件被否定率/全国案件被否定率），负向指标，被否定率越高，比值越大，分数越低。得分区间为［0，10］，低于 0 分的赋 0 分，高于 10 分的赋 10 分。若某城市在评估年度没有相关涉诉案件，评估组推定行政相对人因认可其行为合法性而自觉履行义务，赋其满分 10 分。

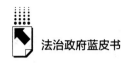

12. 行政机关不履行法定职责情况

【设置依据】本项指标旨在考察被评估城市行政机关不履行法定职责的情况，尤其通过法院以数据的形式对不履行法定职责和不履行法定职责案件的诉讼情况进行评估。

【测评方法】数据分析。（1）由中国司法大数据研究院统计全国 2018~2022 年度行政机关不履行法定职责的案件总数（①）和行政机关不履行法定职责的案件胜诉数量（②）；（2）统计各城市 2018~2022 年度行政机关不履行法定职责的案件总数（①）和行政机关不履行法定职责的案件胜诉数量（②）；（3）将②所得数据除以①所得数据，计算出全国和各市 2018~2022 年度的行政机关不履行法定职责的案件胜诉率。

【评分标准】本项满分为 10 分，采取比值赋分法。各市得分 = 基准分（5 分）×（当地案件胜诉率/全国案件胜诉率），正向指标，胜诉率越高，比值越大，分数越高。得分区间为 [0，10]，低于 0 分的赋 0 分，高于 10 分的赋 10 分。若某城市在评估年度没有相关涉诉案件，评估组推定行政相对人因认可其行为合法性而自觉履行义务，赋其满分 10 分。

13. 行政处罚、行政强制、行政许可行为违法情况

【设置依据】本项指标旨在通过对行政处罚、行政强制、行政许可行为违法情况进行分析，考察被评估城市的行政行为总体合法性水平。

【测评方法】数据分析。（1）由中国司法大数据研究院统计全国 2018~2022 年度行政机关行政处罚、行政强制以及行政许可的案件总数（①）和行政机关行政处罚、行政强制、行政许可案件胜诉的数量（②）；（2）统计各城市 2018~2022 年度行政机关行政处罚、行政强制、行政许可的案件总数（①）和行政机关行政处罚、行政强制、行政许可案件胜诉的数量（②）；（3）将②所得数据除以①所得数据，计算出全国和各市 2018~2022 年度的行政机关行政处罚、行政强制、行政许可的胜诉率。

【评分标准】本项满分为 10 分，赋分方式采取线性增减法。（1）行政处罚案件胜诉率情况，满分 4 分。全国平均水平赋基础分 2 分，每高于全国平均水平 1 个百分点加 0.05 分，加满 4 分为止，每低于全国平均水平 1 个

百分点减 0.05 分，减至 0 分为止。行政处罚胜诉率的评分公式为：2 分+0.05 分×（各市行政处罚案件胜诉率-全国行政处罚案件胜诉率）×100。（2）行政强制案件胜诉率情况，满分 3 分。全国平均水平赋基础分 1.5 分，每高于全国平均水平 1 个百分点加 0.05 分，加满 3 分为止，每低于全国平均水平 1 个百分点减 0.05 分，减至 0 分为止。胜诉率的评分公式为：1.5 分+0.05 分×（各市行政强制案件胜诉率-全国行政强制案件胜诉率）×100。（3）行政许可案件胜诉率情况，满分 3 分。全国平均水平赋基础分 1.5 分，每高于全国平均水平 1 个百分点加 0.05 分，加满 3 分为止，每低于全国平均水平 1 个百分点减 0.05 分，减至 0 分为止。胜诉率的评分公式为：1.5 分+0.05 分×（各市行政许可案件胜诉率-全国行政许可案件胜诉率）×100。加总各城市得分为该项总分，即各城市得分=（1）+（2）+（3）的得分。另外，若某城市在评估年度没有相关涉诉案件，评估组推定行政相对人因认可其行为合法性而自觉履行义务，赋其满分 10 分。

二 总体评估结果分析

本次评估针对全国 100 个城市的行政执法工作，从 13 个观测点进行评价。从总体结果来看，指标具有区分度，能够在一定程度上反映被评估城市行政执法情况。本项一级指标总分为 130 分，100 个城市的平均得分率为 63.42%；与 2022 年相比，100 个城市的平均得分率下降 9.92 个百分点，波动较大。得分在平均分以上的城市共 48 个，占总数的 48%，得分在平均分以下的城市共 52 个，占总数的 52%；与 2022 年相比，得分在平均分以上的城市减少 1 个。行政执法项下的各城市最高得分率为 83.54%，最低得分率为 41.46%，相比 2022 年分别下降 5.18 个百分点和 17.41 个百分点，最高得分率与最低得分率差值相较 2022 年扩大了 12.23 个百分点，说明各城市法治政府建设差距有所增大，部分城市法治政府建设动力显著趋弱，亟须强化。得分率排名前五位的城市分别是：上海（83.54%）、南京（83.48%）、天津（80.79%）、南通（80.58%）和深圳（79.96%）（见图 B.6-1）。与

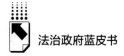

2022 年相比，泉州、唐山、南阳、新乡、潍坊、常德、邵阳、宁波在本年度的评估中进步明显。

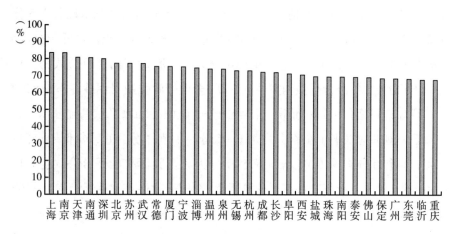

图 B.6-1 "行政执法"指标排名 1~30 的城市得分率情况

从二级指标的得分情况来看，行政执法体制改革总分 20 分，平均得分 17.06 分，得分率 85.30%；重点领域执法总分 20 分，平均得分 12.92 分，得分率 64.60%；行政执法制度建设总分 40 分，平均得分 26.71 分，得分率 66.78%；行政执法状况总分 20 分，平均得分 10.48 分，得分率 52.40%；行政执法效果总分 30 分，平均得分 15.29 分，得分率 50.97%。

13 项三级指标（观测点）的得分状况如下：部门综合执法改革情况，总分 10 分，平均得分率 87.70%；基层执法体制改革情况，总分 10 分，平均得分率 82.90%；加大重点领域执法力度（以交通运输领域为考察对象），总分 10 分，平均得分率 65.50%；加大重点领域执法力度（以安全生产领域为考察对象），总分 10 分，平均得分率 63.70%；完善"行政执法三项制度"，总分 10 分，平均得分率 70.85%；具体行政执法制度建设情况，总分 10 分，平均得分率 65.50%；行政执法具体开展情况，总分 10 分，平均得分率 85.70%；创新行政执法方式情况，总分 10 分，平均得分率 45.00%；违法行为投诉体验情况，总分 10 分，平均得分率 34.36%；市政设施损坏投诉情况，总分 10 分，平均得分率 70.40%；非诉执行申请被否定情况，总分 10 分，平均得分率 59.50%；行政机关不履行法定职责情况，总分 10 分，平均得分率 50.14%；行政处罚、行政强制、行政许可行为违法情况，总分 10 分，平均得分率 43.21%。从各观测点看，如图 B.6-2 所示，各评估对象在部门综合执法改革情况、基层执法体制改革情况以及行政执法具体开展情况方面表现较好，上述指标得分率高。但是，在创新行政执法方式情况、违法行为投诉体验情况、行政机关不履行法定职责情况以及行政处罚、行政强制、行政许可违法情况方面的平均得分率较低，这表明许多地方政府在这些方面还存在问题。

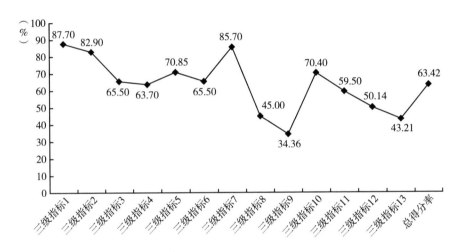

图 B.6-2　"行政执法"各三级指标的平均得分率

三　三级指标评估结果分析

（一）部门综合执法改革情况

1. 总体表现分析

本项指标为考察综合执法改革的实施情况而设置，总分为 10 分。100 个城市的总体得分情况见表 B.6-2。

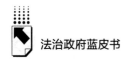

表 B. 6-2　"部门综合执法改革情况"指标 100 个城市得分情况

得分(分)	10	9	8	7	6	5	4
城市(个)	52	6	25	7	5	4	1

2. 分差说明和典型案例

本项指标下被评估对象的平均得分为 8.77 分。在 100 个城市中，得分为 10 分的城市有 52 个，占总数的 52%；得分在平均分以上的城市有 58 个，占总数的 58%；得分在平均分以下的城市有 42 个，占总数的 42%。

本次评估结果显示，有 52 个城市较好地实现了部门综合执法改革的任务，出台并落实综合执法改革文件，以实际行动深入推进了乡镇（街道）和市、区两级的综合执法改革；得分为 7~9 分的 38 个城市基本完成了部门综合执法改革的任务，但在具体落实综合执法改革文件、推进跨部门跨领域联合执法方面完成度有待提高；得分为 4~6 分的 10 个城市基本上未能实现本行政区域内部门综合执法改革，尤其在出台地方规范文件和具体措施落实方面仍有不足之处。

本项指标下，得到满分 10 分的城市有成都、天津、东莞等。例如，成都市出台《2023 年成都市种业监管执法年活动实施方案》，从程序规则、裁量标准等方面有效规范了该区域该年度部门综合执法行政行为；天津市农业农村委印发《天津市农业行政处罚裁量基准（动物防疫部分）》，细化上级行政处罚裁量基准，使得本行政区域内行政处罚活动裁量基准有法可依；东莞市出台《2023 年东莞市无牌无证拖拉机联合执法专项整治行动方案》并实际落实，有效推进跨领域跨部门联合执法，实现违法线索互联、执法标准互通、处理结果互认。

本项指标下，各城市在部门综合执法改革领域成效显著，各县（市、区、旗）均实行"局队合一"体制；在规范综合执法行为方面，出台行政执法程序、行政处罚裁量标准规则等规范执法行为文件，并通过发布典型案例开展宣传教育，实现执法活动事实清楚，证据充分，程序合法，定性准确，适用法律正确，裁量合理，以及综合行政执法人员依法履职，公正文明执法；通过出台文件大力推进跨领域跨部门联合执法，并在具体落实措施中有效实现违法线索互联、执法标准互通、处理结果互认。但是，部分城市不能就部门综合执法深化改革领域出台有效的规范执法行为文件，有的城市尽管出台了相关文件但缺少具体落实，或在实际执法活动中并不遵守相关规则。少部分城市在跨部门联合执法方面未有具体活动实施文件，或在具体落实违法线索互联、执法标准互通、处理结果互认方面存在一些问题，或虽有指导文件但并未有相关新闻报道等证实文件所涉多部门实际贯彻落实了该方案。

（二）基层执法体制改革情况

1.总体表现分析

本项指标为考察基层执法体制改革的实施情况而设置，总分为 10 分。全部 100 个城市的总体得分情况见表 B.6-3。

表 B.6-3　"基层执法体制改革情况"指标 100 个城市得分情况

得分（分）	10	9	8	7	6
城市（个）	48	2	7	17	26

2.分差说明和典型案例

本项指标下被评估对象的平均得分为 8.29 分。在被评估的 100 个城市中，得分为 10 分的观测对象有 48 个，占总数的 48%；得分在平均分以上的观测对象有 50 个，占总数的 50%，得分在平均分以下的观测对象有 50 个，占总数的 50%。

本次评估结果显示，被评估的 100 个城市中，有 48 个城市建立了乡镇（街道）城市管理综合行政执法队伍，并同步出台配套文件予以保障，较好地完成了跨部门、跨领域执法改革的任务；有 52 个城市虽然建立了乡镇（街道）城市管理综合行政执法队伍，并出台配套文件予以保障，但未有效

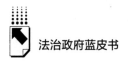

建立健全乡镇（街道）与上一级相关部门行政执法案件移送及协调协作机制。

本项指标下，得到满分10分的城市有唐山、海口等城市。例如，唐山市古冶区发布《关于建立乡镇和街道与区直行政执法部门行政执法案件移送及协调协作机制的实施意见》，建立案件移送制度、相互告知制度、联合执法制度、执法协助制度、信息共享制度、业务指导制度，并从组织领导、工作落实、监督考核方面加强组织保障，落实了河北省司法厅关于加强乡镇和街道与县级行政执法部门行政执法案件移送及协调协作工作的要求，为建立健全乡镇（街道）与上一级相关部门行政执法案件移送及协调协作机制提供了有力的制度保障。海口市印发《海口市综合行政执法部门与住房城乡建设部门执法协作配合制度》，明确了城市管理综合行政执法部门和有关部门间对不属于本部门管辖的案件的移送职责和规范以及具体移送程序。

本项指标下，各城市基本能实现整合乡镇（街道）执法力量和资源，组建统一的综合行政执法机构，实现"一支队伍管执法"，并通过出台相关文件同步实现权力下放、编制划转、钱随事转，有效建立健全乡镇（街道）与上一级相关部门行政执法案件移送及协调协作机制。但部分城市未按照要求在制度层面形成相关规范文件体系，或尽管出台相关规范综合行政执法文件或规范案件移送及协调协作机制文件，却不能有效贯彻落实，从而导致失分。

（三）加大重点领域执法力度（以交通运输领域为考察对象）

1. 总体表现分析

本项指标为考察加大重点领域执法力度的实施情况而设置，以交通运输领域执法情况为观测点，总分为10分。100个城市的总体得分情况见表B.6-4。

表B.6-4　"加大重点领域执法力度（以交通运输领域为考察对象）"
指标100个城市得分情况

得分（分）	10	9	8	7	6	5	4
城市（个）	0	3	10	40	38	4	5

2.分差说明和典型案例

交通运输是与人民群众切身利益相关的重点领域。本项指标重点观察 100个城市在交通运输领域的执法情况。被评估对象的平均得分为6.55分。该项没有满分的城市，最高得分为9分，得9分的城市有3个，占总数的 3%；得分在平均分以上的城市有53个，占总数的53%，得分在平均分以下的城市有47个，占总数的47%。

通过网络检索得知，所有城市均开展了交通运输领域专项治理，建立了独立畅通的投诉举报渠道，基础分值的3分所有城市均获得。几乎所有城市都出台了专项治理方案，并在整治方案中就整治内容、工作安排、工作要求等作出了相对完备的规定，有的城市还附上领导小组人员构成、工作开展情况表、追责问责情况表等文件，推进专项治理工作顺利进行，只有极少数城市无法查询。

鲜活农产品运输"绿色通道"政策的实施，对保障市民菜篮子、促进鲜活农产品的流通、降低运输成本等发挥了重要作用。但长期以来，关于鲜活农产品运输"绿色通道"政策在执行过程中发生的争议屡见不鲜，提醒有关部门要对政策进行更为深入的解释宣传，确保政策正确执行。通过网络检索得知，绝大部分城市本着为货物流通提供便利的态度，针对鲜活农产品运输"绿色通道"政策的执行出台了相关建设管理的意见、方案，但是在内容详细程度及配套措施方面仍有不足，且部分文件年代久远，没有及时更新。同时，我们也发现，绝大部分城市对进行鲜活农产品运输"绿色通道"政策宣传或"绿色通道"专用车道设置、完善标识等工作活动的信息公开不够重视，未对其相关活动进行报道，但也有少数城市通过发放宣传资料、完善"绿色通道"专用车道指示标志、组织征管人员教育培训等方式，提高"绿色通道"通行效率，并进行相关报道。希望各城市政府在今后开展工作时进一步重视，相关工作执行情况的公开是打造便民高效法治政府的必然要求。

在本项指标下，得分较高（8~9分）的城市有：哈尔滨、吉林、天津、北京、广州、海口、揭阳、兰州、茂名、泉州、苏州、台州、唐山。

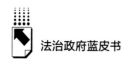

（四）加大重点领域执法力度（以安全生产领域为考察对象）

1. 总体表现分析

本指标为考察加大重点领域执法力度的实施情况而设置，涉及安全生产领域执法情况，总分为 10 分。100 个城市的总体得分情况见表 B.6-5。

表 B.6-5 "加大重点领域执法力度（以安全生产领域为考察对象）"
指标 100 个城市得分情况

得分（分）	10	9	8	7	6	5	4	3	1
城市（个）	1	7	16	27	25	5	17	1	1

2. 分差说明和典型案例

本项指标重点观测各地在针对安全生产领域的执法力度情况。被评估对象的平均得分为 6.37 分。得分为 10 分的城市有 1 个，占总数的 1%；得分在平均分以上的城市有 51 个，占总数的 51%，得分在平均分以下的城市有 49 个，占总数的 49%。

2022 年末是全国安全生产专项整治三年行动的收官阶段，各城市政府应对城市的安全生产相关情况进行细致总结，通过回顾总结发现问题、总结自我，并在此基础上制定新的工作目标。通过网络检索得知，共有 38 个城市针对安全生产专项整治三年行动做了工作总结并进行了报道，其他城市则未能将相关信息及时公开和报道。不过各城市政府都及时制定了未来安全生产领域的工作规划、方案等，为相关执法活动的开展提供了保障。

当前，为加强安全生产执法工作，提高运用法治思维和法治方式解决安全生产问题的能力和水平，必须着力加强执法队伍能力建设。各地积极推进执法队伍的专业化建设，开展安全生产监管执法培训，成效喜人。通过网络检索得知，几乎所有城市都开展了有关安全生产监管执法培训的活动，少数城市无法查询。有的城市设立了安全生产执法骨干高级研修班；有的城市开展了年度执法队伍岗位比武练兵活动；有的城市开展了安全生产执法人员现场执法实操训练。共有20个城市在评估周期内，既开展过业务知识培训，又开展过实操训练。其他城市则仅有开展理论知识培训的报道，并未在实践层面上有所体现，推进执法队伍专业化建设任重而道远。

开展安全生产培训"走过场"专项整治工作，有利于加强和规范安全生产培训管理，保障人民群众生命和财产安全。通过网络检索得知，共有79个城市及时对培训机构、考试机构和考试点等进行了全覆盖执法检查，其中部分城市还对违法违规典型案例进行集中曝光，进一步规范安全生产培训秩序，提升培训考试质量；而有21个城市并未对其相关的执法活动进行公开和报道，极少数城市的政府网站还存在"网页长期不更新""网页无法访问"的问题。在互联网时代，民众通过网络方式获取政府信息已是常态，建设功能丰富灵活的政府网站，是深化政务公开、提高政府治理能力的必然要求。

（五）完善"行政执法三项制度"

1. 总体表现分析

本项指标为评测"行政执法三项制度"的落实情况而设置，总分为10分。100个城市的总体得分情况见表B.6-6。

表 B.6-6　"完善'行政执法三项制度'"指标100个城市得分情况

得分（分）	10	9	8	7	6	5.5	5	4	2
城市（个）	3	15	18	30	23	1	8	1	1

2. 分差说明及典型事例

本指标重点观测住房和城乡建设部门对行政执法公示、执法全过程记录、重大执法决定法制审核制度的完善及落实情况。各被评估对象平均得分为7.085分。得分为10分的城市有3个，占总数的3%；得分在平均分以上的城市有36个，占总数的36%，得分在平均分以下的城市有64个，占总数的64%；无观测对象得0分。

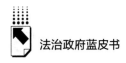

通过网络检索得知，97 个城市能够较为全面完整地公示部门执法依据、权限、程序，66 个城市能够及时公布工程建设抽查检查、考核的相关信息，63 个城市能够依法及时公开行政处罚的执法决定信息，34 个城市编制并公布重大执法决定法制审核事项清单。

本项指标下，得分较高（8～10 分）的城市有成都、抚顺、赣州、广州、贵阳、呼和浩特、揭阳、临沂、洛阳、茂名、南阳、齐齐哈尔、邵阳、沈阳、苏州、泰安、西安、襄阳、德州、菏泽、衡阳、淮南、荆州、聊城、南昌、南京、上海、石家庄、乌鲁木齐、武汉、新乡、玉林、岳阳、深圳、邢台、淄博。这些城市得分较高的原因是建立了较为完善的"行政执法三项制度"，住房和城乡建设部门执法权限、依据、程序、救济渠道公示得较为全面，依法及时公开工程建设抽查检查名单、考核内容、程序及随机抽查结果，并能够及时公布行政处罚信息，且大部分均建立了部门重大执法决定法制审核事项清单，能够较好地督促行政机关依法行政。

得分较低城市的主要问题在于，只对执法权限及依据进行公布而未明确行政相对人的救济渠道，或是抽查结果与处罚信息公示不完整，或是尚未建立起重大执法决定法制审核事项清单。

（六）具体行政执法制度建设情况

1.总体表现分析

本项指标为评测具体行政执法制度落实情况而设置，总分为 10 分。100 个城市的总体得分情况见表 B.6-7。

表 B.6-7 "具体行政执法制度建设情况"指标 100 个城市得分情况

得分（分）	9	8	7	6	5	4	3
城市（个）	10	18	26	24	8	13	1

2.分差说明和典型事例

本指标重点观测规划与自然资源部门对行政执法人员管理情况、执法辅助人员管理情况、行政裁量权基准制度的健全及落实情况。各被评估对象平均得分为 6.55 分。无得满分 10 分的城市；得分在平均分以上的城市有 54 个，占总数的 54%，得分在平均分以下的城市有 46 个，占总数的 46%。

通过网络检索得知，57 个城市能够实现实时执法人员资格动态更新，15 个城市制定了较为完善明确的执法辅助人员管理规范，73 个城市全面更新并细化了行政裁量权基准制度。

本项指标下，得分较高（9 分）的城市有常德、德州、阜阳、南充、南京、南通、宁波、沈阳、武汉、珠海。例如，阜阳市出台《阜阳市行政执法辅助人员管理办法》，明确了执法辅助人员的职责、权利和义务，建立了较为公开平等的执法辅助人员招聘制度，并完善相应职业保障和监督管理制度；在明确行政裁量权基准制度方面，宁波市出台《宁波市自然资源行政处罚裁量基准（土地类）》，细化本地区行政处罚裁量基准，帮助优化本地区行政执法活动。

尽管大多数城市能够健全行政执法人员和行政执法辅助人员管理制度并实现执法人员资格动态更新，全面更新行政裁量权基准，量化本地区行政处罚的裁量范围、种类、幅度，但仍有部分城市对行政执法人员及执法辅助人员管理不够重视，制度建设存在不足，部分城市规划与自然资源部门未能及时更新行政裁量权基准制度。

（七）行政执法具体开展情况

1. 总体表现分析

本项指标为评测行政执法具体开展情况而设置，主要考察各市市场监管部门的执法程序完善、执法检查具体开展是否存在违法的情况，总分为 10 分。100 个城市的总体得分情况见表 B.6-8。

表 B.6-8　"行政执法具体开展情况"指标 100 个城市得分情况

得分（分）	10	9	8	7	6	5	2
城市（个）	35	30	15	10	3	5	2

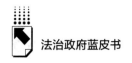

2. 分差说明及典型事例

本项指标重点观测市场监管部门规范涉企检查活动开展情况、"轻微违法不罚"清单推行情况。各被评估对象平均得分为 8.57 分。得分为 10 分的城市有 35 个，占总数的 35%；得分在平均分以上的城市有 65 个，占总数的 65%；无观测对象得 0 分。

通过网络检索得知，56 个城市的市场监管部门能够严格规范涉企行政检查活动，解决涉企现场检查事项多、频次高、随意检查问题，整治涉企违规收费切实减轻企业负担，61 个城市积极推行"首违免罚"制度，出台轻微违法依法免予处罚清单。

本项指标下，得分较高（10 分）的城市有保定、北京、沧州、常德、成都、大连、德州、佛山、福州、广州、杭州、济南、济宁、揭阳、荆州、南充、南京、南通、宁波、泉州、汕头、上海、上饶、深圳、沈阳、台州、太原、天津、温州、乌鲁木齐、武汉、西安、西宁、玉林、重庆。在规范涉企检查方面，上饶市表现突出，能够切实减轻企业负担，全面推行"企业安静期"，规范涉企检查行为，减轻企业负担。在创新执法方式方面，得分较高的城市均制定了轻微违法免予处罚清单，向社会公布，努力打造宽容柔性的执法生态。

得分较低城市的主要问题在于其市场监管部门未开展专项涉企检查规范活动，未能积极推行市场监管领域的"轻微违法不罚"制度。

（八）创新行政执法方式情况

1. 总体表现分析

本项指标为考察创新行政执法方式情况而设置，总分为 10 分。100 个城市的总体得分情况见表 B.6-9。

表 B.6-9 "创新行政执法方式情况"指标 100 个城市得分情况

得分(分)	10	9	8	7	6	5	4	3	2	1	0
城市(个)	3	1	5	11	15	9	15	23	13	4	1

2. 分差说明及典型案例

本项指标重点观测文化旅游部门创新行政执法方式的情况。各被评估对象的平均得分为 4.5 分。在 100 个城市中，得分为 10 分的城市有 3 个，占总数的 3%；得分在平均分以上的城市有 44 个，占总数的 44%，得分在平均分以下的城市有 56 个，占总数的 56%；有 1 个城市得 0 分。

通过网络检索得知，被评估的 100 个城市中，有 27 个城市能够运用说服教育、劝导示范、警示告诫、指导约谈等柔性执法方式执法；有 56 个城市制定并公布初次违法且危害后果轻微并及时改正，可以不予行政处罚的免罚清单；有 35 个城市较好落实了"谁执法谁普法"机制。

本项指标下，得分较高（7~10 分）的城市有：南宁、天津、西安、济南、常德、聊城、厦门、上海、新乡、佛山、阜阳、青岛、商丘、武汉、毕节、抚顺、温州、南阳、太原、徐州。其中在落实"谁执法谁普法"制度方面，汕头、烟台较为突出，制定了普法责任清单。在落实柔性执法方式方面，南宁、天津、西安、温州较为突出，能够运用说服教育、劝导示范、警示告诫、指导约谈等方式创新优化执法过程，提升执法效果。

得分较低城市的主要问题在于其文化旅游部门未落实柔性执法方式，未出台初次违法且危害后果轻微并及时改正，可以不予行政处罚的免罚清单，或未能较好落实"谁执法谁普法"机制。

（九）违法行为投诉体验情况

1. 总体表现分析

本项指标为考察行政机关查处被举报违法行为的合法性和合理性而设置，总分为 10 分。100 个城市的总体得分情况见表 B.6-10。

表 B.6-10　"违法行为投诉体验情况"指标 100 个城市得分情况

得分（分）	10	8≤X<10	6≤X<8	4≤X<6	2≤X<4	1≤X<2	0
城市（个）	2	5	5	26	35	12	15

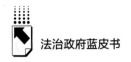

2. 分差说明和典型案例

本指标的考察依据为调研员在各城市进行违法投诉后撰写的违法投诉体验报告。所有被评估城市的平均得分为 3.436 分。所有城市中，得分为 10 分的城市仅有 2 个，分数低于平均分的城市有 59 个，平均分以上的城市有 41 个，得分为 0 分的城市有 15 个，占总数的 15%，指标的总体状况不佳。

本次评估采取与上年度一致的打分方式，采用"合格样本全部打分+最后平均得分"的方法。该方法虽然增大了工作量，但是得到的数据更为准确且全面。在这样的打分机制下，被评估城市如果出现了一次 0 分样本，将会直接显著地影响该城市的得分，这也是部分城市得分较低的原因。从指标的总体得分情况可以看出，不少城市的执法人员在处理违法投诉体验上的表现不足，平均分以上的城市数量较上一次评估有了一定回落。获得高分的城市中，执法人员处理相关投诉都做到了响应迅速、程序合法、执法合理、反馈及时，如吉林、淄博、南通、泉州、东莞等。但是有近 60% 的城市表现较差，得分处于较低的分数段。

（十）市政设施损坏投诉情况

1. 总体表现分析

本项指标为考察行政机关处理公民投诉市政设施损坏的工作情况而设置，总分为 10 分。100 个城市的总体得分情况见表 B.6-11。

表 B.6-11　"市政设施损坏投诉情况"指标 100 个城市得分情况

得分（分）	10	8≤X<10	6≤X<8	4≤X<6	2≤X<4	0≤X<2
城市（个）	14	25	34	18	7	2

2. 分差说明和典型案例

本指标的考察依据为调研员在各城市进行市政设施损坏投诉体验后撰写的市政设施损坏投诉体验报告。所有被评估城市的平均分为 7.04 分。所有城市中，得分为 10 分的城市有 14 个，分数低于平均分的城市有 43 个，平均分以上的城市有 57 个，得分为 0 分的城市有 2 个，占总数的 2%，指标的总体状况较好。

本指标系上轮评估增设，旨在考察被评估城市的总体市政服务水平。评估从市政服务热线接受投诉开始，直至最终完成修理、实质性解决问题的全过程。可以看到在全国 100 个样本城市中，绝大部分城市在市政服务上表现得很好，相比于违法投诉，在处理结果、事后反馈、服务质量上更令人满意。这反映了近几年来我国服务型政府的建设取得了较大的进展，各地行政机关的市政服务水平和意识有了较大提高。许多中小城市在本次评估中表现不俗，如保定、淄博、达州、阜阳、新乡、信阳等。

不过所有样本中仍然存在 9 个低分段（4 分以下）城市，这些城市失分的原因主要是市政部门对于市政设施损坏的投诉不闻不问，虽处理但是没有实质解决问题，城市的整体市政服务水平表现不一等。在总体向好的大背景下，低分段的城市应当努力提升自身的市政服务水平，树立服务意识，真正做到为市民解决问题。

（十一）非诉执行申请被否定情况

1. 总体表现分析

本项指标旨在通过收集、整理和统计被测评对象行政机关申请非诉执行的被否定率，逆向考察被测评对象 2018～2022 年度行政执法的质量，以此来观测其法治政府建设中行政执法效果指标绩效。2018～2022 年度，全国行政机关非诉执行申请被否定率为 5.37%，各市行政机关非诉执行被否定率等于全国平均水平时，比值为 1，得分为 5 分。被否定率为负向指标，被否定率越高，则各市行政机关与全国的比值越大，分数越低。100 个被评估城市的总体得分情况见表 B.6-12。

表 B.6-12　"非诉执行申请被否定情况" 指标 100 个城市得分情况

得分（分）	10	9≤X<10	7≤X<9	5≤X<7	4≤X<5	0≤X<4
城市（个）	26	4	9	15	14	32

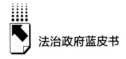

2. 分差说明和典型事例

本项指标重点观测 2018～2022 年度各市行政机关向法院申请的非诉执行案件被裁定不予执行的情况。该观测年度内全国行政机关非诉执行申请被否定率为 5.37%，被评估的 100 个城市平均得分为 5.95 分，高于全国平均分 0.95 分，总体得分情况较好。抽样的 100 个城市中，54 个城市非诉执行申请被否定率低于全国平均水平，占比 54%；46 个城市非诉执行申请被否定率高于全国平均水平，占比 46%。

从得分区间分布看，30% 的城市分布于 9～10 分区间，高分城市较多，有 26 个城市获得了满分，分别为常德、佛山、阜阳、杭州、临沂、南京、南通、宁波、青岛、厦门、深圳、苏州、台州、泰安、唐山、天津、潍坊、温州、无锡、武汉、烟台、盐城、长沙、重庆、珠海、克拉玛依，该 26 个城市的非诉执行申请被否定率均低于 2.55%。而有 13 个城市的分数在 0～2 分区间，该 13 个城市的非诉执行申请被否定率均高于 13.98%。从城市分布来看，东南沿海城市及经济水平发展较好的地区，行政机关应诉能力较强，效率导向下的执行制度体系也催生出更高的执行率。而中西部城市或经济较为落后的地区，行政机关的行政执法质量不高，导致申请非诉执行被否定率较高。①

从非诉执行申请被裁定不予执行的原因及其行政管理领域来看：其一，在非诉执行申请被裁定不予执行的理由中，排名前三的是行政行为适用错误、行政程序违法、主体不适格，占比分别为 32.32%、22.68%、19.18%；其二，在非诉执行申请被裁定不予执行的所涉行政管理领域中，案件量最多的三个领域是自然资源领域、交通运输领域、综合执法领域，占比分别为 38.32%、10.36%、6.87%。

（十二）行政机关不履行法定职责情况

1. 总体表现分析

本项指标旨在通过收集、整理和统计被测评对象行政机关不履行法定职

---

① 行政机关非诉执行申请被法院裁定不予执行的具体理由及行政机关存在的问题，将在本节的"评估结论与建议"部分详细论述。

责案件的胜诉率，来考察被测评对象 2018~2022 年度行政机关依法履行法定职责的质量，以此来观测其法治政府建设中行政执法效果指标绩效。2018~2022 年度，全国行政机关不履行法定职责案件的行政机关胜诉率为49.88%，各市行政机关不履行法定职责案件胜诉率等于全国平均水平时，比值为 1，得分为 5 分。胜诉率为正向指标，胜诉率越高，则各市行政机关与全国的比值越大，分数越高。100 个被评估城市的总体得分情况见表 B.6-13。

表 B.6-13 "行政机关不履行法定职责情况"指标 100 个城市得分情况

得分（分）	10	8≤X<10	5≤X<8	3≤X<5	0≤X<3
城市（个）	0	6	37	49	8

2. 分差说明和典型事例

本项指标重点观测 2018~2022 年度各市行政机关不履行法定职责的情况。被评估的 100 个城市平均得分为 5.01 分，高于全国平均分 0.01 分，总体来看行政机关不履行法定职责情况表现良好。抽样的 100 个城市中，43 个城市行政机关胜诉率高于全国平均水平，占比 43%；57 个城市行政机关胜诉率低于全国平均水平，占比 57%。

从得分区间分布来看，48% 的城市分布于 4~6 分区间，在全国平均水平上下浮动。高分区间城市较少，没有城市获得满分。在高分区间（8~10 分）中，仅上海市得分为 9 分以上，其行政机关不履行法定职责案件胜诉率达 90.16%，高于全国平均水平 40.28 个百分点，侧面反映出上海在行政机关依法履行法定职责方面取得的优秀成绩。没有城市得分低于 2 分。

从所涉行政部门来看，行政机关不履责涉案率较高的三个部门分别是综合执法部门、住房和城乡建设部门、各级政府，案件量占比分别为15.71%、12.27%、9.87%，三个部门的胜诉率分别为 53.70%、55.09%、46.70%。而涉及最多的被诉行政行为则是政府信息公开领域，35.42% 的政府信息公开行政机关不履责案件中，行政机关都被确认违法和责令履行。该

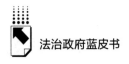
数据结果提示各市行政机关应当督促综合执法部门、住房和城乡建设部门以及各级政府依法履行法定职责，尤其重视在政府信息公开领域的法定职责履责。

（十三）行政处罚、行政强制、行政许可行为违法情况

1. 总体表现分析

本项指标旨在通过收集、整理和统计被测评对象行政处罚、行政强制、行政许可案件，考察被测评对象 2018～2022 年度行政处罚、行政强制、行政许可案件的胜诉情况，进而观测其法治政府建设中行政执法效果指标绩效。本指标共 10 分，其中行政处罚占比 40%（4 分），行政强制和行政许可各占 30%（各 3 分）。2018～2022 年度，全国行政机关行政处罚、行政强制、行政许可案件的胜诉率分别为 72.16%、42.16%、53.20%，各市行政机关行政处罚、行政强制、行政许可案件胜诉率等于全国平均水平时，行政处罚、行政强制、行政许可分别可得 2 分、1.5 分、1.5 分。胜诉率为正向指标，胜诉率越高，分数越高。全国 100 个被评估城市的总体得分情况见表 B.6-14。

表 B.6-14　"行政处罚、行政强制、行政许可行为违法情况"
指标 100 个城市得分情况

得分（分）	10	8≤X<10	5≤X<8	3≤X<5	0≤X<3
城市（个）	0	5	26	43	26

2. 分差说明和典型事例

本项指标重点观测 2018～2022 年度各市行政处罚、行政强制、行政许可行为违法情况，该项指标总体得分不高，被评估城市的平均得分 4.32 分，低于全国平均水平 0.68 分。其中，31 个城市的胜诉率高于全国平均水平，占总数的 31%；69 个城市的胜诉率低于全国平均水平，占总数的 69%。

在 100 个城市中，没有出现满分（10 分）的城市。8 分以上的城市有 5

个，分别为上海、盐城、东莞、南京、深圳，得分低于 2 分的城市有 9 个。得分较低的城市中多是行政处罚、行政强制、行政许可案件胜诉率中有一项或多项得分为 0 分。例如，西北某市行政强制类案件胜诉率仅为 11.90%，其行政强制类案件中 73.68% 的违法情形为强制拆除，违法的原因主要有实施强制拆除的主体不适格、强制拆除程序违法①，此外还存在采取强制扣押措施后没有及时作出行政处罚决定而违法等行为。

另外，评估发现，有 76 个城市的三种行政行为胜诉率呈"U"形分布，即行政处罚、行政许可胜诉率高，行政强制胜诉率低。全国平均胜诉率分布情况也具有这一特征，即全国行政机关行政处罚、行政强制、行政许可案件的胜诉率分别为 72.16%、42.16%、53.20%。这从侧面反映出，行政强制领域执法质量相对较低，加强行政执法人员队伍在行政强制领域依法行政的意识尤为关键。

四　评估结论与建议

（一）存在的问题

1. 综合执法改革制度体系有待健全，协调协作机制效果不佳

本年度在部门综合执法改革方面，以农业部门为考察对象，结合农业农村部最新出台的《农业综合行政执法管理办法》进行具体观测，但在该项指标下，部分城市对于农业领域综合行政执法制度建设的关注度不够，综合执法行为规范制度体系不够健全，有 26 个城市未出台本行政区域内较为细化的综合行政执法行为规范文件。此外，在跨部门联合执法方面，有 7 个城市没有出台相关实现"违法线索互联、执法标准互通、处理结果互认"的文件，或是仅存在总体执法计划但未有相应具体行动计划和

---

① 在实施强制拆除前，未依法履行催告、发布公告等程序；在实施强制拆除时，未核实被拆房屋是否有人员居住、房屋内物品是否腾空等。

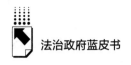

行为规范文件，或是仅有口号但未见具体落实。在基层执法体制改革方面，以城市管理部门为考察对象考察乡镇（街道）与上一级相关部门行政执法案件移送及协调协作机制的建设情况，根据网络检索得知23个城市未建立相关案件移送及协调协作机制，这显然不利于有效推进综合执法改革，审慎公正处理案件，健全规范协调、精简高效、保障有力的行政执法体制和运行机制。

2. 执法配套措施及内容细化程度不足

评估周期内，所有城市都进行了交通运输领域专项整治，并制定了相关工作方案，但在某些领域，各大城市仅将国家有关政策发布出来，而没有进一步结合本地实际来解释宣传。长期以来，关于鲜活农产品运输"绿色通道"政策在执行过程中发生的争议屡见不鲜，但各大城市并没有以有关政策为基础及时更新、制定相关配套措施来保障通行服务顺畅。同时，绝大部分城市缺少对鲜活农产品运输"绿色通道"政策的落实情况的监督工作；在"绿色通道"专用车道设置、完善标识等工作活动的信息公开方面不够重视；缺少指导高速公路经营管理单位加强一线收费人员业务培训的相关信息，对鲜活农产品"绿色通道"政策的贯彻落实不免流于形式。

3. 安全生产执法工作总结及实操训练缺失

在通过网络检索各大城市在安全生产专项整治三年行动收官阶段的各项工作后，我们可以发现仅有小部分的城市针对安全生产专项整治三年行动做了工作总结。其他大部分城市既无法查询到较为详细的工作总结文件，也无法查询到通过新闻发布会的方式向社会公众公开有关信息。此外，在评估周期内，几乎所有城市均通过多种形式进行了安全生产执法人员培训，但是只有少数城市在培训内容中设置实际操练的内容，并进行相关报道，大部分城市仅有开展理论知识培训的报道，未能体现出对实操训练的足够重视。

4. 行政执法公示工作缺乏细节把控

大部分政府部门行政执法的主动公示意识较强，但在具体工作细节上仍有待改进。97%的政府部门能够较清晰准确地公示本部门行政执法权限、依据与程序，但其中69%的政府部门未能清晰公布本部门执法的救济渠道。在公示执法决定信息时，也有部分政府部门采取将执法信息汇总后统一公布或是摘取典型案例的方式公布，导致超期公布、遗漏公布，或是无法考察公布时间。在公布工程建设抽查检查工作方面，也常常遗漏公布抽查检查名单，或是检查结果公示不够及时。此外，部分行政机关网站的信息公开界面目录设置混乱，不利于降低行政相对人信息检索成本，未能较好落实高效便民原则。

5. 重大执法决定法制审核范围不清

重大执法决定法制审核制度落实不够到位，法制审核事项范围不明。经考察，仅33%的城市住建部门能够制定并公布重大执法决定法制审核事项清单或目录，还有部分政府部门仅在政府法治建设报告中提到要制定相应清单，但最终并未制定或未公布。部分已经公示的事项清单中，存在事项界定笼统模糊、执法决定限于行政处罚的问题。重大执法决定法制审核事项清单类似于政府的权责清单，若清单中的事项范围模糊，极易导致法制审核制度在实际运作中出现该审核未审核、不该审核却审核的情况，不仅降低了工作效率，也无法为行政执法的合法性提供保障。

6. 执法辅助人员制度建设欠缺，行政裁量基准有待完善

本次评估结果显示，有66个城市未完全在规划与自然资源领域建立起行政执法辅助人员制度，包括欠缺执法辅助人员管理规范，未明确执法辅助人员适用岗位、身份性质、职责权限、权利义务、聘用条件和程序，仅有15个城市制定了较为完善明确的执法辅助人员管理规范，但在具体文本公示上也存在不明确不清楚之处。此外，本次评估仍有37个城市未实现全面更新并细化行政裁量权基准制度。执法辅助人员制度欠缺不利于提高行政执法效率以及促进行政执法目标的实现，地方裁量基准模糊不利于推动公正文明执法。

7. 柔性执法意识欠缺，普法责任亟待强化

本年度在创新行政执法方式方面选取文化旅游部门为考察对象，发

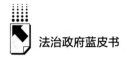

现大多数政府部门能够较好推行初次违法且危害后果轻微并及时改正可以不予行政处罚制度，但对柔性执法与"谁执法谁普法"制度的重视程度则较为欠缺。在柔性执法方式方面，43%的城市政府部门网站中几乎找不到有关说服教育、劝导示范、警示告诫、指导约谈等柔性执法方式的信息。在"谁执法谁普法"机制方面，有33%的城市政府部门对该项制度重视程度非常低。有些是市政府提到了该项制度，但下属部门并未及时学习与落实，有些则是在几年前学习过该项制度，但在考察期限内未再予以强调。

8. "接诉即办"响应机制设计存在不合理之处

实践中，以12345市民热线为重要实现手段的"接诉即办"机制在与行政执法工作的衔接配合方面出现了较多的问题。调研发现，调研城市范围内，基本实现了违法投诉举报热线统一归集至12345热线，但不少地方将急救、火警、治安类案件以外的投诉举报事项一律定性为"非紧急事项"，不再加以二次区分，导致占道经营、违法停车等有必要及时开展执法的事项亦需等待3~5个工作日方能得到处理，造成行政执法不及时或举报违法行为与实际查处的违法行为不一致等现象频发，以投诉举报为线索的行政执法工作时效性受到显著影响。

9. 执法人员法治素养不高，程序意识不强

行政机关行政执法胜诉率较低的重要原因之一就是基层行政执法人员法律业务水平不高，导致诸多案件行政相对人确有违法事实存在，但行政执法人员法治素养较低，造成其作出的行政行为有瑕疵，进而在行政诉讼中败诉。以行政强制中的强制拆除案件为例，该类案件行政机关的胜诉率仅为13.12%，其中39.26%的案件确有存在违章建筑的情况，但因适用法律错误、适用程序违法、证据材料不充分等，行政机关在行政诉讼中败诉，在浪费了行政执法资源的同时又纵容了违法行为。

10. 行政执法效果发展不均衡，短板弱项明显

各市政府非诉执行申请案件执行率的高低，不履行法定职责、行政处罚、行政强制、行政许可案件的胜诉率情况，侧面反映出行政机关依法行政

的水平。一方面，行政处罚、行政强制、行政许可案件胜诉率的"U"形分布现象，提示各市行政机关亟待提高行政执法人员在行政强制领域的执法水平。而具体到各个地区可能亦有不同，例如个别城市行政许可案件胜诉率极低，其应当重点关注行政许可执法情况。

另一方面，每一项得分背后是数项行政执法的综合评价，为进一步提高各市行政机关法治政府建设水平，除了关注总分外，还应当关注每一细项。以非诉执行申请为例，总体来说，全国非诉执行申请被否定率较低，但是各市情况大有不同。例如，北方某市非诉执行申请被否定率达到了44.70%，其被裁定不予执行的原因排名前三的分别是主体不适格、程序违法、行政行为使用错误，三者的占比分别为59.01%、28.4%和5.30%。从被裁定不予执行的行政领域看，集中分布于自然资源领域，占比达60.90%。从数据结果可见，该市应当重视提高其涉自然资源行政管理领域行政机关人员的行政执法水平，尤其重视在申请非诉执行中的主体适格问题，这有利于其有针对性地提高行政执法能力，突破法治政府建设的弱点领域。

（二）完善的建议

1.完善执法行为规范，构建协同高效执法体系

《法治政府建设实施纲要（2021—2025年）》明确要求："稳步将基层管理迫切需要且能有效承接的行政执法事项下放给基层，坚持依法下放、试点先行，坚持权随事转、编随事转、钱随事转，确保放得下、接得住、管得好、有监督。"对于规范部门综合执法行为来说，首先应建立完善的制度规范体系，县级以上人民政府主管部门实施行政处罚及相关执法活动，应当做到事实清楚，证据充分，程序合法，定性准确，适用法律正确，裁量合理，文书规范；综合行政执法人员应当依照法定权限履行行政执法职责，做到严格规范公正文明执法，不得玩忽职守、超越职权、滥用职权。其次，在规范内容上，做到合理划转综合执法职权，依法划转行政处罚权并公布清单，有限集中下沉技术性不强、以简易程序为主的行政处罚事项。针对下放基层行

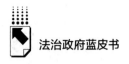

政执法事项后形成的新的管理体制中出现的在执法主体、人财物管理、日常指挥、法律文书、法制审核、监督考核等方面发生的变化，均可以出台相应或统一的规范文件加以规制。

关于完善乡镇（街道）与县级行政执法部门行政执法案件移送及协调协作制度，构建协同高效执法体系，应出台行政执法案件移送及协调协作制度文件。首先，明确移送及协调机制的制定依据、适用范围和管辖规定。其次，建立相互告知制度，包括违法行为告知和案件线索告知；建立联合执法制度，健全联合执法协商机制，完善联合执法具体程序，依法作出行政执法决定；建立执法协助制度，补足联合执法过程中所需的文书、材料和相关技术支持；建立信息共享机制，及时沟通执法活动中出现的各种问题，借助网络信息平台，确保集中力量打击波及范围广、社会影响大的违法行为，保证执法的及时性与有效性，形成资源共享、信息互通、协作畅通的工作格局，建立权责一致、权威高效的综合行政执法体制。

2. 完善交通运输执法配套措施，加强监管、指导与宣传

各城市应坚持科学立法，针对执法领域突出问题制定规范详细的制度文件，对执法工作中存在的问题进行复盘总结。有关部门要对政策文件进行更为深入的研究，并以此为基础制定符合本地区实际的相关配套措施，并组织相关人员学习有关政策及配套措施要求，深入一线进行解释宣传，及时接收公众反馈意见，确保政策措施正确执行。同时，也要发挥政府有关部门监管职能，并依法进行交通运输执法活动，加强公路通行情况监测和调度，保障鲜活农产品车辆高效便捷通行，确保"绿色通道"政策严格规范实施，更好地惠及广大人民群众。

3. 完善执法工作总结，加强执法实操实训

做好总结工作，才能发现问题，总结经验，提升工作能力。建议各城市在进行行政管理活动时，重视工作总结，正确认识以往工作的优缺点，并及时将有关信息向社会公众公开，接受建议、指正，更好地推动未来有关工作进行。

安全生产事关人民群众生命财产安全，事关经济发展和社会稳定大局，提升安全生产执法效能，着力提高执法质量、化解安全风险、消除事故隐患，重点就在于执法队伍的建设工作。各城市应按照国家相关政策要求，加强和规范安全生产执法培训工作，坚持实战导向，将专业知识学习与执法实践训练一并推进，改善执法人员实操实训条件，采用教学片讲解与测验、执法流程模拟、专家现场点评等方式，让参训人员全程参与。同时，各城市之间也可以根据实际情况开展联合执法培训活动，采取执法大练兵、大比武等多种形式，加强沟通交流，学习先进经验，建立专业化、职业化的安全生产行政执法队伍。

4. 结合高效便民原则，全面落实行政执法公示制度

《国务院办公厅关于全面推行行政执法公示制度执法全过程记录制度重大执法决定法制审核制度的指导意见》要求："行政执法机关要按照'谁执法谁公示'的原则，明确公示内容的采集、传递、审核、发布职责，规范信息公示内容的标准、格式。建立统一的执法信息公示平台，及时通过政府网站及政务新媒体、办事大厅公示栏、服务窗口等平台向社会公开行政执法基本信息、结果信息。"

行政机关应当提升执法公示、"阳光行政"意识，优化行政执法权限、依据、程序与救济渠道的公示方式，将权责清单、办事大厅、办事指南等窗口设置在网站醒目位置，特别注重公示相对人的救济渠道，细化至救济方式、联络机关、联络电话等，方便行政相对人查阅及保障自身权益。在公示执法决定信息时，依照法律规定在合法期限内及时公布，并设置方便快捷的查询途径。公示内容应当尽量全面，将与行政相对人权利联系紧密的事项及时、完整公开，保障相对人的知情权与监督权。此外，行政机关应定期评估执法公示的效果，收集公众意见，根据需要进行改进与调整。

5. 科学合理制定重大执法决定法制审核指南及审核事项清单

重大执法决定法制审核制度是确保决策合法性的重要步骤。《国务院办公厅关于全面推行行政执法公示制度执法全过程记录制度重大执法决定法制审核制度的指导意见》要求："行政执法机关作出重大执法决定前，要严格

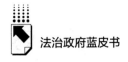
进行法制审核，未经法制审核或者审核未通过的，不得作出决定。"行政机关应制定详细的法制审核指南，明确法制审核的机构、方式、标准、程序、责任等，保证法制审核的质量与效率。同时，行政机关应结合本机关行政执法行为的类别、执法层级、所属领域、涉案金额等因素，并分析执法数据、评估审核工作量，科学合理制定重大执法决定法制审核事项清单，明确法制审核事项范围。

6. 规范执法辅助人员管理，细化行政裁量基准

各地政府应当重视执法辅助人员制度管理，出台相应规范文本，详细规定其权限地位、执法程序、权利义务、监督考核、职务保障等；结合各部门领域特点，联系辅助行政执法特色制定兼具针对性与指导性的执法辅助人员管理制度。此外，各地也应当及时更新执法辅助人员名库，并对相关名单进行公示。同时健全执法辅助人员考核培训制度，通过日常培训和技能比赛等提高执法辅助人员的业务能力与法治素养，并将考核结果作为岗位调整、续聘的依据。

《法治政府建设实施纲要（2021—2025年）》明确要求："全面落实行政裁量权基准制度。""全面梳理、规范和精简执法事项。"各地应当对当地实践进行归纳、总结、提炼，在对法律判断合理性的追求以及对裁量行为体系化的约束的基础上进一步细化完善本地区行政裁量基准，细化量化本地区行政处罚的裁量范围、种类、幅度，达成法律规范与个案事实的等置，走上定分止争的正确路径，有效落实具体行政执法制度建设。

7. 创新柔性管理方式，释放行政执法温度

《法治政府建设实施纲要（2021—2025年）》中要求行政机关应"广泛运用说服教育、劝导示范、警示告诫、指导约谈等方式，努力做到宽严相济、法理相融，让执法既有力度又有温度。全面推行轻微违法行为依法免予处罚清单。建立行政执法案例指导制度，国务院有关部门和省级政府要定期发布指导案例。全面落实'谁执法谁普法'普法责任制，加强以案释法"。

行政机关应当积极创新行政执法方式，树立柔性执法意识，学习柔性

执法方式，落实"谁执法谁普法"机制。具体而言，行政机关应通过说服教育、指导约谈等方式给予行政相对人具体的指导，让相对人能够自愿地遵循法律法规规定、配合行政机关工作。行政机关针对行政相对人容易疏忽之处，应提前善意告知与提醒，促使相对人加以注意，减少违法违规事件发生。其次，行政机关与相对人之间就某些事项应当共同协商讨论决定，促使较复杂问题顺利解决。当相对人出现违法行为时，若为初次违法且危害后果轻微并及时改正，行政机关可以不予行政处罚，其他较轻微情节可以采取警示告诫、教育引导、及时普法的方式，让相对人了解法律规定并心悦诚服地及时改正，同时也能够较好落实"谁执法谁普法"的制度。

8. 优化"接诉即办"工作机制，切实提升行政执法效率

本次评估中，违法投诉体验情况部分得分较上年度显著下降，很大程度上与"接诉即办"投诉举报诉求移交转办机制设置不甚合理有关。"接诉即办"工作机制的普遍确立有助于降低民众通过投诉举报等方式参与行政执法、共建和谐社会的门槛，但应当注意的是，在急救、火警和治安等典型的紧急事项之外，仍然存在不少的次要紧急事项需尽快转交相关部门处理。该类事件中尤以行政执法投诉举报较为典型，实践中的不少违法行为都呈现存续时间短、违法事实或线索易消灭的特点，针对此类违法行为举报投诉，有必要压减诉求转交时限，减少不必要的信息传递环节，借助类型化识别标记、启动特别程序处理，以及开通专门热线转接服务等方式，提升"接诉即办"工作的有效性，促进行政执法效率进一步提升。

9. 因地制宜，突破法治政府建设的弱点领域

评估结果所示，当前各地法治政府建设取得了一定的成效，但各市进度不同，各市不同执法领域之间存在明显的法治政府建设进展不均衡现象。在当前情形下，为进一步巩固法治建设成果以及提高全国法治政府建设水平，各地政府应当因地制宜，抓重点击痛点，对法治政府建设过程中的弱点领域逐个击破。

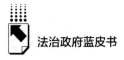
10. 创新法治人才培养机制，打造高素质执法人才队伍

加强执法人员队伍建设，是实施依法治国的根本途径，结合目前的评估结果来看，基层执法工作人员的业务水平仍需进一步提高。各市政府一方面应当加强重点领域执法人员素质培养，规范执法行为；另一方面，可以引进专业人才，建设高素质法治专门队伍和法律服务队伍，打造精通业务、执法有力的新时代综合行政执法队伍。

B.7
政务公开

林　华*

摘　要： 2023 年，我国地方政务公开工作继续保持纵深推进的态势，不断拓宽公开渠道、扩展公开深度，整体工作质量得以稳步提升。然而，各地政务公开在便利度、回应度、规范度等方面仍然有所欠缺，信息获取不高效、政民互动不充分、答复效力不到位等问题亟待解决。为此，有必要通过提高技术与服务专业性、互动机制常态性以及答复审查规范性，进一步落实政务公开工作的科学化、精细化要求，以更高质量的公开助力推进国家治理体系和治理能力现代化。

关键词： 政务公开　主动公开　依申请公开　政民互动

一　指标设置及评估标准

（一）指标体系

2016 年 2 月，中共中央办公厅、国务院办公厅颁布了《关于全面推进政务公开工作的意见》，国务院办公厅也将每年的政府信息公开工作要点改

---

* 林华，中国政法大学习近平法治思想研究院教授，法学博士，研究方向：行政法、教育法、互联网法。中国政法大学法学院 2022 级宪法学与行政法学硕士研究生何慕、中国政法大学法学院 2022 级法律（法学）硕士研究生董璇、中国政法大学法律硕士学院 2021 级法律（非法学）硕士研究生孟丽协助进行数据收集、分析及图表制作等工作。

为政务公开工作要点。因此，为适应我国政务公开工作的新趋势和新要求，自2016年度评估起，评估组将往年的"政府信息公开"一级指标名称修改为"政务公开"。本次测评在"政务公开"一级指标之下，设置了2项二级指标和5项三级指标，具体指标设置详见表B.7-1。一级指标总分延续上一年度，为80分。其中，二级指标"主动公开"共40分，下设2项三级指标，分别为：1.重点领域信息主动公开（20分），具体包括公开办理行政许可的依据、条件、程序以及办理结果（10分）和公开行政事业性收费项目及其依据、标准（10分）；2.政府门户网站的咨询服务功能（20分）。二级指标"依申请公开"共40分，下设3项三级指标，分别为：1.政府提供所申请信息的情况（20分）；2.答复文书格式的规范性（10分）；3.政府信息公开诉讼的胜诉率（10分）。

评估组根据国务院办公厅发布的《2022年政务公开工作要点》，向地方自然资源和规划部门申请公开2022年度当地的国有土地出让金总额，向地方教育部门申请公开当地的公办幼儿园数量。通过抽样申请方式，评估2022年地方政府依申请公开工作的实施状况，共提交申请200份。

表 B.7-1　政务公开指标体系

一级指标	二级指标	三级指标
政务公开（80分）	主动公开（40分）	1.重点领域信息主动公开（20分） （1）公开办理行政许可的依据、条件、程序以及办理结果（10分） （2）公开行政事业性收费项目及其依据、标准（10分）
		2.政府门户网站的咨询服务功能（20分）
	依申请公开（40分）	3.政府提供所申请信息的情况（20分）
		4.答复文书格式的规范性（10分）
		5.政府信息公开诉讼的胜诉率（10分）

（二）设置依据和评估标准

本项指标主要根据《全面推进依法行政实施纲要》《国务院关于加强市县政府依法行政的决定》《法治政府建设实施纲要（2021—2025年）》《中

共中央关于全面推进依法治国若干重大问题的决定》《关于全面推进政务公开工作的意见》《中华人民共和国政府信息公开条例》《2022 年政务公开工作要点》等行政法规、政策文件进行设置。在本次测评中，评估组所依据的材料与数据，主要通过检索各市政府门户网站、相关部门的政务网站以及发起信息公开申请等方式获得，评估工作开展时间为 2023 年 4 月 20 日至 7 月 6 日。

本次测评中采用的"政务公开"指标体系设置思路，与 2021 年度测评时基本相同。但在具体测评内容与赋分方式方面变动较大，共涉及三项内容的修改：一是将测评"政府门户网站的咨询服务功能"指标时的具体咨询内容，调整为当地的公办小学入学政策；二是将依申请公开的具体申请内容，调整为分别向地方自然资源和规划部门、教育部门申请公开当地 2022 年度的国有土地出让金总额、当地公办幼儿园数量；三是将"政府信息公开诉讼的胜诉率"指标的赋分方式调整为基准分乘以（当地案件胜诉率/全国案件胜诉率），引入相对化衡量，使得赋分能够反映各地胜诉率相较全国总体水平的表现情况。具体的设置依据、测评方法和评分标准如下。

1. 重点领域信息主动公开

【设置依据】本项指标是针对政府职能部门主动公开的专项评价。2019 年修订的《政府信息公开条例》第 20 条规定："行政机关应当依照本条例第十九条的规定，主动公开本行政机关的下列政府信息……（五）办理行政许可和其他对外管理服务事项的依据、条件、程序以及办理结果……（八）行政事业性收费项目及其依据、标准……"评估组据此设置了两项具体评测内容：（1）公开办理行政许可的依据、条件、程序以及办理结果（10 分）；（2）公开行政事业性收费项目及其依据、标准（10 分）。

【测评方法】测评员通过以下方法进行测评。（1）在当地政府门户网站的政务公开专栏或政府信息公开专栏以及办事服务板块进行检索，观察是否公布本地的行政许可项目名称以及对应的办理依据、条件、程序。此外，还在每个城市专属的"信用中国"网站搜索是否公开了已经办理的行政许可结果。（2）通过当地政府门户网站中的政府信息公开专栏进行检索，观察

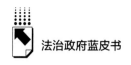

是否主动公开当地执行的行政事业性收费的项目名称、政策依据以及收费标准。

【评分标准】总分为 20 分，每项为 10 分。（1）公开行政许可的依据、条件、程序以及办理结果，每项要素为 2.5 分，累计得分。（2）公开行政事业性收费项目 4 分，依据 3 分，标准 3 分，累计得分。

2. 政府门户网站的咨询服务功能

【设置依据】《政府信息公开条例》第 5 条规定，行政机关公开政府信息，应当遵循公正、公平、合法、便民的原则。《〈关于全面推进政务公开工作的意见〉实施细则》提出，积极探索公众参与新模式，不断拓展政府网站的民意征集、网民留言办理等互动功能，积极利用新媒体搭建公众参与新平台。《2022 年政务公开工作要点》强调，务实推进政务公开专区建设，为基层群众提供政府信息网上查询、政府信息公开申请接收、政策咨询等服务，明确要求优化政策咨询服务以"更好解答生育、上学、就业、创业、养老、医疗、纳税、疫情防控等方面与人民群众切身利益密切相关的问题"。

【测评方法】通过网络咨询方式，观察政府门户网站的咨询服务功能是否存在以及是否有效运行。登录当地政府的门户网站，点击"我要咨询"或者相关名称的栏目，就当地政府的公办小学入学政策进行咨询，观察是否及时回复。

【评分标准】总分为 20 分，根据被咨询单位答复的相关性和及时性赋分。政府门户网站上有咨询服务功能，答复的内容与咨询事项直接相关，且在 15 天内及时答复的，得 20 分；有咨询服务功能但在 15 天后答复（评估组汇总所有数据之前）的，或者虽然在 15 天内答复，但是答复内容是与其他部门联系而没有直接解答咨询事项的，得 10 分；没有咨询服务功能的，或者在评估组汇总所有数据之后答复的，不得分。

3. 政府提供所申请信息的情况

【设置依据】本项指标是评价政府能否切实依法落实依申请公开制度，认真对待申请人的各项申请。《政府信息公开条例》第 6 条规定，行政机关应当及时、准确地公开政府信息。行政机关发现影响或者可能影响社会稳定、扰乱社会管理秩序的虚假或者不完整信息的，应当在其职责范围内发布准确的政府信息予以澄清。《2017年政务公开工作要点》指出要围绕促进房地产市场平稳健康发展推进公开，指导、督促各地及时规范发布土地供应计划、出让公告、成交公示和供应结果信息。《2019年政务公开工作要点》在强化重点民生领域信息公开方面，明确提出县级以上地方政府要多渠道扩大学前教育供给的相关信息，促进发展更加公平更有质量的教育。

【测评方法】通过信息公开申请，观察政府提供所申请信息的情况。具体的信息公开申请内容为：（1）向当地的自然资源和规划部门申请"2022年度当地的国有土地出让金总额"；（2）向当地的教育部门申请"当地的公办幼儿园数量"。

【评分标准】总分为20分，每项申请10分，累计得分。按照被申请单位答复的及时性（5分）和内容（5分）赋分。在单项申请中，被申请单位完整提供信息的，得5分，在法定时限内答复的，得5分；被申请单位提供部分信息的，按提供的信息数量酌情给分；被申请单位没有回复信息的，或者无正当理由拒绝提供的，不得分。

4. 答复文书格式的规范性

【设置依据】《2020年政务公开工作要点》提出，以完善内部制度为抓手，以规范答复文书格式为重点，全面提升政府信息公开申请办理工作质量，依法保障公众合理信息需求。《2021年政务公开工作要点》进一步提出，切实转变观念，强化服务理念，把依申请公开工作作为服务人民群众生产生活、支持市场主体创业创新的重要方式，更好满足申请人对政府信息的个性化合理需求。加强业务培训和案例指导，提升答复文书规范化水平。

【测评方法】通过信息公开申请，观察答复文书是否明示法律救济途径，是否通过编号方式进行区分。具体的信息公开内容同三级指标3"政府提供所申请信息的情况"。

【评分标准】总分为10分，每项申请为5分，累计得分。如果明示法律救济途径，得2.5分，通过编号方式进行区分，得2.5分。

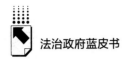

5. 政府信息公开诉讼的胜诉率

【设置依据】《政府信息公开条例》第51条规定，公民、法人或者其他组织认为行政机关在政府信息公开工作中侵犯其合法权益的，可以向上一级行政机关或者政府信息公开工作主管部门投诉、举报，也可以依法申请行政复议或者提起行政诉讼。

【测评方法】通过最高人民法院司法案例数据库，观察政府2022年度政府信息公开诉讼的胜诉率。

【评分标准】在司法案例数据库中检索各个城市2022年度政府信息公开案件的生效判决书，从中筛选出被告行政机关胜诉的案件，除以当地2022年度政府信息公开案件的总数，就是各个城市2022年度行政机关政府信息公开的案件胜诉率。同样地，检索得到全国2022年度行政机关政府信息公开的案件胜诉数，除以全国行政机关政府信息公开的案件总数，计算出全国2022年度行政机关政府信息公开的案件胜诉率。

赋分方式采取比值赋分法。各市得分=基准分（5分）×（各个城市案件胜诉率/全国案件胜诉率）。该项指标为正向指标，各市行政机关胜诉率越高，比值越大，分数越高。得分区间为［0，10］，低于0分的赋0分，高于10分的赋10分。此外，若某城市在评估年度没有相关涉诉案件或胜诉率为100%，评估组推定行政相对人因认可当地政府信息公开行为的合法性而自觉履行义务，赋其满分10分。

二　总体评估结果分析

本次测评的对象是全国100个城市的政务公开情况，评估方式是基于5个三级指标，检测和评价各个城市政府信息公开工作的开展和落实情况。评估组经由网站检索与申请、邮寄申请、电话沟通等途径获取测评信息，然后按照统一的赋分标准进行评分。从指标设置来看，本年度指标体系侧重于评价政务公开工作的实效性、便民性、互动性和时效性；从评估结果来看，各城市的得分存在一定区分度。因此，本年度评估指标能够在相当程度上反映政府信息主动公开和依申请公开工作的实施情况。

在 2022 年度评估中，"政务公开"指标的总分为 80 分，所有城市的平均分为 66.26 分，平均得分率为 82.82%。有 58 个城市得分高于平均分，另有 42 个城市得分低于平均分。其中，得分最高的城市为南京市（77.21分），与得分最低的城市相差 34.73 分。在 2021 年度评估中，本项一级指标总分为 80 分，所有城市的平均分为 62.75 分，得分率为 78.44%，有 59 个城市得分高于平均分，另有 41 个城市得分低于平均分。其中，最高分城市与最低分城市相差 49.17 分。相较于 2021 年度的评估结果，2022 年度"政务公开"指标的平均得分率提升了 4.38%，得分高于平均分的城市数量减少了 1 个，最高分与最低分之间的分差减少了 14.44 分。除了三级指标 5 "政府信息公开诉讼的胜诉率"得分率因计算方式变化而下降 15.02%，2022 年度其余 4 个三级指标的得分率分别提升 2.43%、7.50%、10.88%、8.50%，因此平均得分率最终呈现稳中有升的态势。其中，三级指标 3 "政府提供所申请信息的情况"与三级指标 4 "答复文书格式的规范性"的得分率大幅提高，分别从 2021 年度的 70.75%、60.30% 跃升至 81.63%、68.80%。

2022 年度，本项一级指标平均得分率处于前 30 位的城市依次是：南京市、天津市、广州市、青岛市、北京市、重庆市、六安市、洛阳市、深圳市、周口市、潍坊市、台州市、长沙市、郑州市、宁波市、烟台市、温州市、苏州市、菏泽市、西安市、淄博市、徐州市、佛山市、克拉玛依市、遵义市、杭州市、上海市、东莞市、昆明市、揭阳市（见图 B.7-1）。

从二级指标的得分情况来看，主动公开指标总分 40 分，平均得分 38.31 分，平均得分率 95.76%，共有 80 个城市得满分，1 个城市得 37.5 分，9 个城市得 37 分，6 个城市得 30 分，4 个城市得 20 分（得分率排名 1~30 的城市见图 B.7-2）。相比 2021 年度平均得分 36.27 分，平均得分率 90.68%，只有 58 个城市得到满分，2022 年度该二级指标表现有明显提升。

依申请公开指标总分 40 分，平均得分 27.95 分，平均得分率 69.88%，得分率位列前 30 名的城市依次是：南京市、天津市、广州市、青岛市、北京市、重庆市、六安市、洛阳市、昆明市、深圳市、周口市、潍坊市、台州

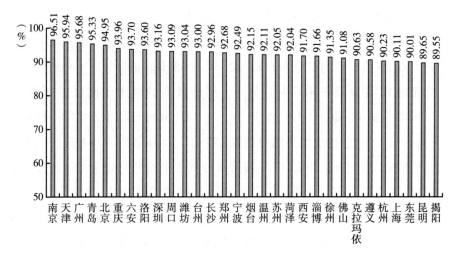

图 B.7-1 "政务公开"指标排名 1~30 的城市得分率情况

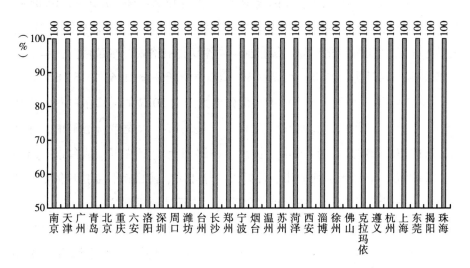

图 B.7-2 "主动公开"指标排名 1~30 的城市得分率情况

市、长沙市、郑州市、宁波市、烟台市、温州市、苏州市、菏泽市、南阳
市、西安市、淄博市、徐州市、佛山市、长春市、玉林市、克拉玛依市、拉
萨市、遵义市（见图 B.7-3）。就得分情况而言，主动公开和依申请公开两
项工作的实施情况差别较大，前者的实施情况明显优于后者。

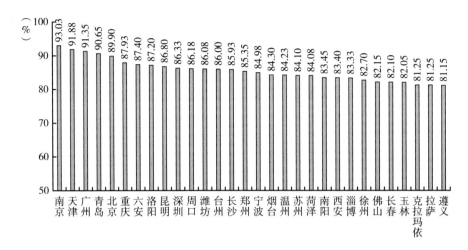

图 B. 7-3　"依申请公开"指标排名 1~30 的城市得分率情况

从三级指标的得分情况来看，对比 2021 年度，2022 年度得分率最高的仍然是指标 1 "重点领域信息主动公开"，达到了 98.53%；而得分率最低的指标发生变化，由上一年度的指标 4 "答复文书格式的规范性"变为指标 5 "政府信息公开诉讼的胜诉率"，得分率仅为 47.48%。各三级指标的平均得分率见图 B. 7-4。

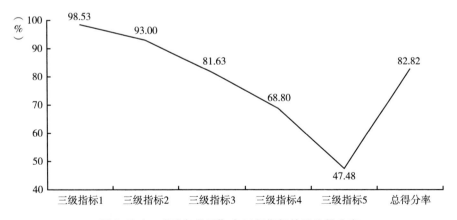

图 B. 7-4　"政务公开"各三级指标的平均得分率

153

三　三级指标评估结果分析

（一）重点领域信息主动公开

1.总体表现分析

本项指标测评针对 100 个城市通过政府门户网站公布的行政许可和行政事业性收费的相关信息，主要考察各个城市是否在其政府门户网站上公布了各项行政许可的办理条件、程序、设立依据、已经办理的行政许可的结果以及行政事业性收费的项目及其设立依据和收费标准。需要说明的是，在政府门户网站设置了可查询到相关信息的网址链接亦可得分。总分为 20 分，100 个城市的总体得分情况见表 B.7-2。

表 B.7-2　"重点领域信息主动公开"指标 100 个城市得分情况

得分（分）	20	17.5	17
城市（个）	90	1	9

2.分差说明和典型事例

本项三级指标总分 20 分，平均得分 19.71 分，较 2021 年度提升 0.49 分，平均得分率为 98.53%，在各项三级指标中位列第一。其中，共有 90 个城市获得满分，这些城市完整公开了当地所有行政许可的设立依据、办理条件、程序以及已经办理的行政许可的审批结果，并且公开了执行的行政事业性收费项目及其设立的依据和收费标准。

得 17.5 分的城市有 1 个，该市政府门户网站的政府信息公开专栏中未公开 2022 年度的行政许可办理结果，因此酌情减扣 2.5 分。

得 17 分的城市有 9 个，均只公开了行政事业性收费的项目名称及其设立的政策依据，但未公开行政事业性收费的收费标准。具体而言，主要有以下两种情况：（1）以省级行政事业性收费目录清单文件作为公开内容，而其中缺失收费标准；（2）公开内容为本市级的行政事业性收费目录清单，但其中仅包含项目名称及政策依据。

本次测评发现，对比上一年度，2022年度地方政府的重点领域信息主动公开工作在以下三方面具有明显改善。（1）行政许可信息的放置合理性和获取集中性提升。大部分城市在政府信息公开专栏中的"法定主动公开内容"板块下分设了"行政许可"专门板块，符合行政许可相关信息作为法定主动公开内容的制度定位。此外，多数城市将行政许可的办理条件、程序和设定依据等信息统一放置，方便相对人集中检索。（2）行政许可办理结果的查询便利度得到优化。部分城市在当地政府的门户网站"法定主动公开内容"专栏的"行政许可"项下设置了"行政许可结果公示""结果公示""办件公示"等可以查询行政许可办理结果的链接，比如郑州，点击其政府门户网站上的"行政许可结果公示"，将直接跳转至"信用中国（郑州）"网站，再如德州，点击其政府门户网站上的"结果公示"，将跳转至山东政务服务平台的统一公示界面；也有部分城市的做法是直接在具体的许可事项界面设置与"申报依据""申请条件""办理流程"等并列的"办件公示"板块，对申报结果进行批量公示，如大连。但仍然有部分城市既未在行政许可相关界面设置结果查询链接、板块，也未在网页内就如何查询行政许可办理结果作出任何提示说明，导致相对人不知如何查询行政许可的办理结果。（3）行政事业性收费项目未标明收费标准的现象有明显改进，但仍有少数城市存在收费标准缺失、收费项目信息公开不充分的问题。

（二）政府门户网站的咨询服务功能

1.总体表现分析

本项指标主要考察行政机关公开政府信息是否遵循便民原则，侧重评估政府制定的政策、方针，以及政府部门办事制度和程序等信息在公开过程中的及时性与全面性。具体方式是，由测评员登录当地政府的门户网站，点击"我要咨询"或者相关名称的互动栏目（如市长信箱、部门信箱、网上12345等），就当地某一区县的公办小学入学政策进行咨询，观察是否及时

回复、回复的内容是否详细全面。总分为 20 分，各城市的总体得分情况见表 B.7-3。

表 B.7-3　"政府门户网站的咨询服务功能"指标 100 个城市得分情况

得分(分)	20	10	0
城市(个)	90	6	4

2.分差说明和典型事例

本项三级指标总分 20 分，平均得分 18.60 分，较 2021 年度提升 1.50 分。平均得分率为 93.00%，在三级指标中排名第二。其中，共有 90 个城市获得满分，这些城市开设了"我要咨询""市长信箱""部长信箱""网上12345"等咨询渠道或相关政民互动栏目，并且能及时进行回复，回复内容也与咨询事项直接相关。

得 10 分的城市有 6 个，这些城市虽然在其政府门户网站设置了咨询服务功能，但得分偏低，主要有两方面原因。一方面，回复咨询的时间超过 15 天（但在评估组汇总所有数据之前）。另一方面，虽然在 15 天内回复，但是仅回复了部分内容或者未针对咨询事项作直接解答而是告知与其他部门联系。个别城市回复"由于信息不全无法派件处置，已短信告知市民，此单办结"，未就咨询作实质回复，有少数城市仅提供了咨询电话，但并未说明该联系方式所属单位或部门；也有部分城市回复向区教育局进行咨询，提供了相应的联系方式、办公地址。

另有 4 个城市该项指标得分为 0 分，主要原因在于：截至评估组汇总数据时仍未收到任何关于咨询事项的回复。在提交咨询之后，相应页面始终仅显示"已收到您的诉求，我们会尽快回复您"的字样，或者虽然"办件状态"一栏显示"处理完成"，但当测评员点击"查看详情"时却显示"暂无数据"，并未给出任何处理结果和回复内容，测评员也未收到电话、短信或其他任何形式的回复。因此，存在上述现象的城市该项指标不得分。

测评结果显示，该项指标反映出以下几方面的问题。（1）存在咨询门槛。在咨询流程上，大多数受测评城市的政府网站支持支付宝、微信扫码等便捷的登录提交方式，而少数城市的政府网站则需要经过下载当地政务App、进行人脸识别等一系列操作才能注册成功、提交咨询件。在咨询内容上，个别城市对于咨询者提供的信息有具体要求，但在提交咨询界面未设置说明，也未提供补充信息的入口，而是直接以信息不全为由对咨询件予以办结。（2）回复可获取性不足。部分受测评城市政府网站在咨询件提交后或相关部门处理完成后会自动生成查询编号或查询码，却未提供明确的查询方式、查询入口，导致测评员无法查询到咨询处理结果。（3）回复效率不高。部分受测评城市截至评估组汇总数据时仍未回复。（4）回复质量不佳。部分受测评城市告知测评员政策尚未制定完，建议测评员关注属地教育部门微信公众号，或者在回复中直接告知测评员通过教育部门公众号查询相关事宜；部分受测评城市仅提供咨询电话或提供属地教育部门联系方式，未能直接解答测评员的咨询问题。（5）回复形式存在随意性。极个别受测评城市的回复人员使用私人手机号码进行回电，甚至要求测评员撤销所作咨询。

（三）政府提供所申请信息的情况

1. 总体表现分析

本项指标着重评价 100 个受测评城市的自然资源和规划部门、教育部门是否及时、依法、完整对信息公开申请作出答复。总分为 20 分，各城市的总体得分情况见表 B.7-4。

表 B.7-4 "政府提供所申请信息的情况"指标 100 个城市得分情况

得分（分）	20	17.5	15	12.5	10	7.5	5	0
城市（个）	39	17	29	1	8	1	4	1

2. 分差说明和典型事例

本项三级指标总分 20 分，平均得分 16.33 分，平均得分率为 81.63%，在各项三级指标中排名第三。其中，有 39 个城市获得满分。这些城市的自然资

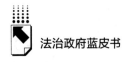

源和规划部门、教育部门在法定期限内及时、详细且完整地提供了测评员所申请的信息。需要说明的是，个别城市的某一部门因故无法按期答复，依法作出延期答复告知书，或因申请内容指向不明而作出补正信息告知书，之后作出答复符合要求的，此种情形得满分；在出具正式答复文书之前，先行采取短信、电话、邮件等形式与测评员沟通或说明具体情况的，此种情形亦得满分。

得 17.5 分的城市有 17 个，这些受测评城市虽然及时对信息公开申请进行了答复，但其自然资源和规划部门未直接提供申请公开的政府信息内容，仅告知了与之相关信息的获取方式、途径，主要有以下 4 种情形。（1）依据《政府信息公开条例》第 37 条①、第 38 条②的规定，对申请信息不予公开，同时告知测评员与申请信息关联的现有政府信息的查询路径。例如，A 市自然资源和规划部门认为测评员申请获取的政府信息属于需要行政机关对现有政府信息进行加工、分析的内容，因此不予提供，同时说明可通过该市"公共资源交易中心—国土资源网上交易系统"查询国有建设用地使用权网上挂牌出让相关竞买信息，并提供相应网址；再如，B 市自然资源和规划部门回复称所申请信息不是本机关已制作或者获取的政府信息，需要进行加工、分析，因此不予提供，但考虑到测评员获取信息的现实需求，先行告知 B 市范围内地块成交情况相关网址；C 市自然资源和规划部门则以相同理由不予提供申请信息，并告知测评员可登入"X 省土地使用权网上交易系统"获取 C 市国有土地使用权公开出让相关信息。（2）将申请信息等同于已经主动公开的该信息的关联信息，并依据《政府信息公开条例》第 36 条第 1 项③的规定，告知获取该关联信息的方式、路径。例如，

---

① 《政府信息公开条例》第 37 条规定："申请公开的信息中含有不应当公开或者不属于政府信息的内容，但是能够作区分处理的，行政机关应当向申请人提供可以公开的政府信息内容，并对不予公开的内容说明理由。"

② 《政府信息公开条例》第 38 条规定："行政机关向申请人提供的信息，应当是已制作或者获取的政府信息。除依照本条例第三十七条的规定能够作区分处理的外，需要行政机关对现有政府信息进行加工、分析的，行政机关可以不予提供。"

③ 《政府信息公开条例》第 36 条第 1 项规定，对政府信息公开申请，行政机关根据下列情况分别作出答复：所申请公开信息已经主动公开的，告知申请人获取该政府信息的方式、途径。

D市自然资源和规划部门回复称涉及出让金的有关信息已通过该部门政务网站发布的"国有建设用地使用权挂牌出让结果的公告"对外公开,提供了查询路径及网址;E市自然资源和规划部门在回复中将测评员提交的申请信息"国有土地出让金总额"解释为"国有土地每一笔成交出让金信息",并告知测评员后者已经通过省级公共资源交易网对外公开,提供了相应查询路径及网址;F市自然资源和规划部门在根据《政府信息公开条例》第37条、第38条作出不予提供决定之外,又援引第36条第1项,打电话确认测评员所需信息的具体内容,表示在该市土地市场网发布的"国有建设用地使用权出让成交结果公示"中已载明每宗招拍挂出让地块的成交总价。(3)未明示法律依据,仅告知申请信息的关联信息已公开,并提供查询路径。例如,G市自然资源和规划部门答复时称该市国有建设用地出让成交信息均已在其土地资源矿产交易市场网公示,并分别提供该市不同性质土地出让信息公示的网址。而H市自然资源和规划部门在答复中称"土地使用权出让公告信息体现出让金额",测评员可通过"中国土地市场网出让公告专栏"自行查询。经测评员查阅发现,上述三类情形中相关部门提供的查询路径所登载的均为国有土地出让明细类信息,未满足"2022年度国有土地出让金总额"的申请要求,因此酌情给予2.5分。(4)建议向其他部门了解获取,但提供了已公开关联信息的具体查询路径。如I市自然资源和规划部门依据发文字号为"×税发〔2021〕×号"的文件和《政府信息公开条例》第36条第5项,回复由于相关土地出让收入征收已划转至税务部门,建议测评员向税务部门查询申请信息,同时该市2022年度国有土地出让价款金额信息已逐宗在"中国土地市场网"主动公开,也可自行查询。

得15分的城市有29个。这些受测评城市虽然及时地对依申请公开进行了答复,但是自然资源和规划部门、教育部门二者之一无正当理由对所申请信息不予提供,也未告知与之相关信息的直接获取方式、途径。答复依据及理由主要分为两类。(1)依据《政府信息公开条例》第38条,受测评城市的自然资源和规划部门以"所申请信息需要行政机关对现有政府信息进行加工、分析"为由拒绝提供。（2）依据《政府信息公开条例》第 36 条第 5 项①，受测评城市以"所申请公开信息不属于本行政机关负责公开"为由拒绝提供。在此种情形中，除了某市自然资源和规划部门仅回复"不属于我局职能"并直接将申请件退回外，其余城市均在表示不予提供的同时，告知测评员可向当地税务部门、财政部门、土地收购储备交易中心等单位咨询，并附有地址和电话。其中，15 个受测评城市采用"国有土地使用权出让收入的征收职能已划转税务部门、国有土地使用权出让收入划转至税务部门征收"等表述作为回复，以此建议测评员向税务部门咨询了解。

得 12.5 分的城市有 1 个。该市自然资源和规划部门回复申请信息需加工、处理和制作，不予提供，建议测评员登录"Y 省公共资源交易服务平台"自行查阅相关数据，属于提供了关联信息的查询路径，因此这一指标得 7.5 分。同时，该市教育部门虽然准确回复了当地公办幼儿园数量，但在回复及时性方面存在不足，测评员实际于 5 月 6 日在线提交了申请，但直至 7 月 4 日教育部门才予以答复，即使答复文书中将收到申请时间表述为 7 月 3 日，但实际上已经超出了法定答复期限。

得 10 分的城市有 8 个，主要原因有二：（1）受测评城市的教育部门超期未作答复；（2）自然资源和规划部门对所申请信息表示不予提供，教育部门则未及时回复或表示不予提供。其中，有 4 个城市的教育部门直至评估组汇总数据时，仍未作出回复。另外 4 个城市的自然资源和规划部门以"所申请的内容不属于可提供的政府信息""申请公开的政府信息不属于本机关制作，建议向本市税务局进行申请""年度国有土地出让金总额数据及是否可以公开，不属于我局职责，建议向财政部门办理"为由不予提供。相对应的教育部门则回复"此数据为内部数据，不予公开"、"本机关将该政府信息提供给您（复印件附后）"②、"你提交的不属于政府信息公开申

---

① 《政府信息公开条例》第 36 条第 5 项规定，对政府信息公开申请，行政机关根据下列情况分别作出答复：所申请公开信息不属于本行政机关负责公开的，告知申请人并说明理由；能够确定负责公开该政府信息的行政机关的，告知申请人该行政机关的名称、联系方式。

② 但直至数据汇总时，评估组仍未收到关于该信息的具体数据。

请，属于对行政有关事项的咨询，本机关不作为政府信息公开申请处理，你可以通过电话方式提出"。

得 7.5 分的城市有 1 个，该市的自然资源和规划部门以信息需加工、处理和制作为由表示不予提供，教育部门则超期通过电话回复。

得 5 分的城市有 4 个，均属于受测评城市的教育部门超期未作回复，自然资源和规划部门表示不予提供的情形。其中，后者不予提供的理由包括"该政府信息客观不存在，需要行政机关制作并加工"以及"可以登录自然资源部网站查询挂牌成交的信息"。

另有 1 个城市在该项指标上不得分，其自然资源和规划部门及教育部门均超期未答复测评员提交的信息公开申请。

（四）答复文书格式的规范性

1.总体表现分析

本项指标考察的是受测评城市的自然资源和规划部门、教育部门在回复申请时使用答复文书的规范性，即是否按照《2020 年政务公开工作要点》的规定，使用正式文书进行答复，要求：（1）明示法律救济途径；（2）通过编号方式进行区分。两个得分项各 2.5 分，总分为 10 分，各城市的总体得分情况见表 B.7-5。

表 B.7-5　"答复文书格式的规范性"指标 100 个城市得分情况

得分（分）	10	9	7.5	5	4	2.5	0
城市（个）	39	1	15	31	1	7	6

2.分差说明和典型事例

本项三级指标总分 10 分，平均得分 6.88 分，平均得分率为 68.80%，在三级指标中排名第四。其中，有 39 个受测评城市得满分，这些城市均使用了正式文书进行答复，不仅内容上明示了法律救济途径，形式上也通过编号方式进行区分。

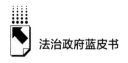

得 9 分的城市有 1 个，该市自然资源和规划部门未在答复文书的法律救济途径中明示可提起行政诉讼的法院，酌情扣除 1 分。

得 7.5 分的城市有 15 个，扣分原因是自然资源和规划部门、教育部门二者之一的答复文书未明示法律救济途径或无文书编号。例如，J 市教育部门的答复书未明示法律救济途径，但自然资源和规划部门在告知书中作出明示，且两个部门对政府信息公开申请的告知书或答复书均进行了编号区分，因此扣除 2.5 分；K 市自然资源和规划部门出具的答复书符合要求，该市教育部门虽然在答复书中明示了行政复议和行政诉讼两种救济途径，但是未对文书进行编号区分，因此亦扣除 2.5 分。

得 5 分的城市有 31 个。主要有 4 类情形：（1）受测评城市的自然资源和规划部门或教育部门尚未回复，因此无法就答复文书的规范性进行评价；（2）两部门之一未以正式文书进行答复，或出具的答复文书既未明示法律救济途径，又无文书编号；（3）两部门的答复文书均无编号或均未明示法律救济途径；（4）一个部门的答复文书无编号，另一部门的答复文书未明示法律救济途径。另有 1 个城市得 4 分，该市教育部门未回复正式文书，而自然资源和规划部门在文书所载的救济途径中未明示起诉法院。

得 2.5 分的城市有 7 个。这些城市各仅有一个部门所作的答复文书满足"明示法律救济途径"与"进行编号区分"两个得分项中的一项。例如，L 市自然资源和规划部门出具的答复文书无编号，且未明示行政复议机关和可提起行政诉讼的法院，而教育部门出具的答复文书虽有编号，但未明示法律救济途径。再如，M 市自然资源和规划部门的答复文书中，将行政复议机关表述为"M 市人民政府或 M 市自然资源局部门"，而该市教育部门的答复文书既无编号，也缺少关于法律救济期限的明确告知，即申请人在收到答复文书六个月内可提起行政诉讼。未明示行政复议机关和可提起诉讼的法院，以及未明示法律救济期限，均属于答复文书在"明示法律救济途径"方面存在明显瑕疵，故上述情形无法得分。

另有 6 个城市的该项指标不得分。主要原因有二：（1）两个部门均未回复或未回复正式文书；（2）仅有一个部门作出文书回复，但文书未明示法律救济途径以及进行编号区分，因未采用规范的文书形式进行答复，故这些城市该项指标不得分。

（五）政府信息公开诉讼的胜诉率

1.总体表现分析

本项指标旨在通过检索最高人民法院司法案例数据库，整理并统计受测评城市政府信息公开案件的判决结果，考察相关城市 2022 年度政府信息公开诉讼胜诉率情况。2022 年度全国行政机关信息公开案件胜诉率为 67.15%，各市行政机关政府信息公开案件胜诉率等于全国平均水平时，比值为 1，得分为 5 分。胜诉率为正向指标，各市行政机关胜诉率越高，其与全国胜诉率的比值越大，分数越高。该项指标总分为 10 分，100 个城市的总体得分情况见表 B.7-6。

表 B.7-6　"政府信息公开诉讼的胜诉率"指标 100 个城市得分情况

	高于全国平均水平				低于全国平均水平					
得分（分）	10	7<X<8	6<X<7	5<X<6	4<X<5	3<X<4	2<X<3	1<X<2	1	0<X<1
城市（个）	3	5	17	17	22	17	14	2	1	2

2.分差说明和典型事例

本项三级指标总分 10 分，平均得分 4.748 分，平均得分率在各项三级指标中最低，为 47.48%。共有 42 个城市的胜诉率高于全国平均水平，其中 3 个城市得满分，分别是克拉玛依市、拉萨市、银川市，说明这 3 个城市 2022 年度的案件胜诉率达到了全国平均胜诉率的 2 倍以上。5 个城市得分在 7~8 分，分别是南京市、杭州市、上海市、深圳市、东莞市。17 个城市得分在 6~7 分，17 个城市得分在 5~6 分。

另有 58 个城市的案件胜诉率低于全国平均水平，其中 22 个城市得分在 4~5 分，17 个城市得分在 3~4 分，14 个城市得分在 2~3 分，5 个城市得分在 2 分以下。此外，2021 年度有 2 个城市由于案件胜诉率为零该项指标不得分，而本次测评中最低得分为 0.93 分，说明 2022 年度测评中没有案件胜诉率为零的城市。

四 评估结论与建议

2022 年度法治政府评估工作中，"政务公开"指标的平均得分为 66.26 分，平均得分率为 82.82%。为了全面地掌握和更好地评价各地政务公开工作的实施情况和发展态势，在此首先对这一指标在近年来数次法治政府评估工作中的总体得分情况进行回顾，如图 B.7-5 所示。

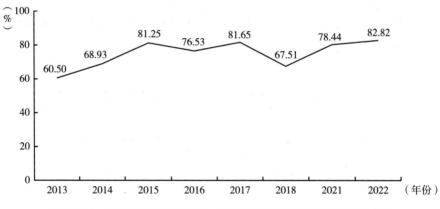

图 B.7-5 历年法治政府评估中"政务公开"指标平均得分率情况

通过纵向观察历年评测数据，可以发现"政务公开"这一指标的平均得分率整体呈现上升趋势，特别是在 2013~2015 年，平均得分率累计增长超过 20%，之后虽然在个别年份出现了些许起伏和波动①，但总体上仍然保持较高水平。尤其就单一年度来看，2015 年、2017 年和 2022 年的平均得分

---

① 2018 年度的平均得分率同上一年度相比减少了约 14%，其主要原因在于当年的指标体系中新增了三级指标"政府网站检索的便利性"与"答复文书格式的规范性"，二者得分率分别为 30.5%、29.75%。

率都突破了80%。相较于2021年，2022年的平均得分率增长幅度较小，主要原因在于三级指标5"政府信息公开诉讼的胜诉率"的得分率因计算方式变化降低15.02个百分点，但其余4个三级指标的得分率分别提升2.43个百分点、7.50个百分点、10.88个百分点、8.50个百分点，因此能够保持2022年的平均得分率在80%以上并有所增长。

（一）存在的问题

虽然从整体上看，无论是在主动公开还是在依申请公开方面，我国地方政府对于政务公开工作的开展均取得了显著成效，绝大多数政府能够主动、完整地公开重点领域信息，及时回复相对人的咨询和信息公开申请。但需要引起注意的是，各地政务公开水平参差不齐，在完善和统一政府信息公开的便利度、回应度、规范度等方面，仍然存在较大不足。信息获取不高效、政民互动不充分、答复效力不到位等诸多问题，亟待有效治理和彻底解决。

1. 政务公开的便民度不足，影响申请主体的信息获取效率

（1）网站板块设置缺乏标准性和统一性

虽然行政许可办理结果的查询便捷性相较往年有所提升，但在评估过程中发现，仍然有部分城市既未在其政府门户网站行政许可的相关界面设置结果查询链接或板块，也未在网页内就如何查询行政许可办理结果作出任何提示说明，导致相对人查询相关事项的难度增加。评估组是基于往年的检索经验和前期的准备工作，才知晓在"信用中国（城市名）"可以查询相应办理结果，但对于广泛的具有一般知识经验水平的许可申请主体，要求其预先充分掌握这类信息的存储地址或检索路径，并不现实，也不符合政务公开工作应秉持的便民原则。

此外，虽然很多城市形式上按照法定要求对行政许可事项进行了全面公开，但在具体的栏目设置、跳转结果等方面也存在较大的差异。部分城市在"申报依据""申请条件""办理流程"等板块之后并列设置"办件公示"板块对申报结果进行公示，类型明确、界分清楚，便于申报人理解和查找。

但部分城市政府门户网站的板块排放缺乏合理性，如将"审批结果"设在"基本信息"栏下，将"设定依据"设在"其他信息"栏下，不仅栏目名称含义模糊，不利于检索人快速定位，而且子项放置次序的合理性也有待商榷。即使是同省的不同地市，相互之间也不尽相同，例如有的城市结果查询板块对应接入的是省级政务服务平台，有的则是接入城市政务服务平台，还有的城市直接在站内显示结果无须跳转。上述情形也从侧面反映出我国部分城市在政府门户网站的建设上缺乏统一管理，导致专栏设置不统一、标识不规范、信息质量参差不齐等问题产生。

（2）咨询服务功能存在潜在的使用门槛

在咨询流程上，大多数城市的政府网站支持支付宝、微信扫码等便捷的登录提交方式，而少数城市则需要经过下载当地政务 App、完成注册、进行人脸识别等一系列步骤才能注册成功、提交咨询件。烦琐的程序要求不仅会普遍增加咨询者的操作时间、产生个人信息安全风险，对于部分移动互联网端使用水平有限的人群，也提高了操作难度。在咨询内容上，个别城市对于咨询者提供的信息有具体要求，但未预先设置提示说明，也未提供补充信息的入口，而是以信息不全为由直接作出办结处理，导致咨询人提出的问题无法得到实际解答。

（3）依申请公开的专门机构和人员需进一步充实

多数地方部门并未设置专门的政府信息公开科室，部门内部对于公开申请存在推诿塞责的现象，需要申请人主动寻找确认能够作出实际答复的科室，增加其申请负担，也不利于树立行政部门的公信力与权威性。即使设有负责信息公开的机构，许多机构也具有临时性，工作人员从其他岗位抽调组成，存在态度不端、专业能力不足的问题。例如，在取消"三需要"的限制之后，仍然反复询问确认申请人的身份信息、申请原因。

2. 政务公开的回应度不足，制约形式上和实质上的有效互动

（1）回应及时性缺乏保证

答复的时效性是政务公开工作回应度高低的重要指征，也是地方政府与

当地群众建立良好互动的基本前提。《政府信息公开条例》第 33 条第 2 款①明确规定了依申请公开的答复时限，尽管对于咨询尚无法定时限要求，但考虑到高效便民的行政理念，本次测评将咨询答复期限设定为 15 天。测评中发现，无论是在咨询服务还是依申请公开方面，都存在行政机关无正当理由长时间迟延答复甚至不予答复的现象。政府信息公开渠道反应迟滞、形同虚设，不仅会影响相对人获取信息解决问题的进度，也会对当地政务公开工作的整体效率产生负面作用。

（2）回应可获得性不足

"我要咨询"栏目以及 12345 热线、市长信箱、部门信箱等板块的建设与利用，是政民互动性与政务公开回应性的重要体现方面。部分城市的门户网站在咨询件提交后或相关部门处理完成后，虽然会自动生成查询编码、显示处理完成，却未提供明确的查询方式、查询入口，导致咨询人无法实际查询到处理结果。"有回复、难获取"，网站的咨询服务功能虚置，使得政府信息公开不免带有形式化、表面化色彩。

（3）回应内容质量欠佳

信息的质量很大程度上决定了决策的质量，重视公开信息的全面性、针对性以及准确性，是提高政务公开工作实效的关键点，也是保障和实现公众知情权、监督权的应有之义。然而，部分城市通过政务公开渠道反馈的信息内容在上述方面仍然存在诸多问题。

首先，对于法定主动公开信息公开不充分。个别城市公开的行政事业性收费目录清单中未包含收费标准信息，作为法定的主动公开信息，这类信息涉及社会公众的普遍利益，需要公众广泛知晓，执行规定出现偏差，未全部公开到位，将造成主动公开的有限性，公众的知情权无法得到保障。

其次，回复内容未直接满足相对人的信息诉求。第一，行政机关未针

---

① 《政府信息公开条例》第 33 条第 2 款规定："行政机关不能当场答复的，应当自收到申请之日起 20 个工作日内予以答复；需要延长答复期限的，应当经政府信息公开工作机构负责人同意并告知申请人，延长的期限最长不得超过 20 个工作日。"

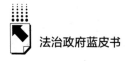

对咨询人的提问作出明确解答，而是简单告知政策查询途径，如微信公众号名称、咨询电话等，意味着咨询人需要另行发起问询，增加其信息获取成本。同时，转从其他途径所获取信息的可靠性背书也会相对削弱。第二，行政机关不予提供所申请信息，仅告知与之相关信息的获取路径。此类回复往往将"土地使用权出让公告、每宗招拍挂出让地块的成交总价"等关联信息等同于被申请信息"国有土地出让金总额"，以前者已主动公开或后者需要行政机关加工分析作为拒绝提供的理由。要求申请人对关联信息自行处理，不免有懒政不作为之嫌。随意模糊二者区别，也容易对申请人造成干扰和误导。此外，也有部分城市的主管部门不仅不予提供所申请信息，也未告知关联信息的获取路径，对于群众需求的回应度之低更是可见一斑。

最后，提供的查询路径不够具体明确。一种情况是仅笼统提供查询渠道，如告知申请人在"中国土地市场网""某省土地使用权网上交易系统"进行检索，提供了官网网址，但未告知具体的查询路径。另一种情况是告知的查询路径有所遗漏，如答复告知书中载明的路径为"自然资源局网—土地供应—土地出让结果"，但经测评员校对，该路径实为"自然资源局网—地政管理—土地供应—土地出让结果"。

3.政务公开的规范度不足，答复正当性与严谨性有待强化

（1）答复主体、形式和内容存在随意性

部分受测评城市未采用正式文书、答复过于粗糙。例如，行政机关工作人员通过添加测评员微信回复申请事项，或使用私人号码回复咨询，过程中甚至还要求测评员撤销咨询；再如，行政机关在出具答复文书之前，先以该部门所有者权益处的名义进行邮箱答复"2022年全市出让价款为××亿元。以此数据为准!!!"。部分城市则存在前后答复不一致的情况，如在电话沟通中告知了申请人具体的信息内容，但出具的正式文书又以"需加工、处理和制作"为由表示不予提供。

（2）不予公开类答复未体现合法原则

行政机关公开政府信息，应当坚持以公开为常态、不公开为例外。对于不予公开决定，行政机关在作出答复时负有说明理由的义务。[①] 但在测评过程中，部分城市的行政机关在告知相对人不予公开时，并未明示法律依据，或者仅援引条文而未对具体适用进行解释说明，使得此类答复的正当性容易引发相对人质疑。

（3）答复文书格式不规范

尽管答复文书格式的规范性较上一年度测评结果有明显提升，但仍然存在较多受测城市的行政机关所作文书格式不规范，缺少编号区分与对法律救济途径的明示。文书的格式瑕疵，亦会从外观上影响文书效力的合法性与有效性。

（二）完善的建议

为破解实践中出现的难题，深化政务公开工作的实效性，落实以人民为中心的根本要求，各地的政务公开工作需要始终贯彻以人为本的核心理念，不断贴近群众、倾听群众，以群众的需求和反馈作为检验工作质量、确定工作方向的首要标准。通过提升政务公开的便利性、强化政务公开的回应性、强调政务公开的规范性，进一步完善政务公开工作的运行机制，推动法治政府、服务型政府在政府信息公开领域的建设，不断提升人民群众对于政务公开工作的满意度。

1. 持续提升政务公开的便民度，降低获取信息的技术与服务门槛

第一，逐步健全地方政府的网站功能。推进各地政府门户网站的建设与管理统一化、标准化，优化网站的布局设计，合理分布政府信息主动公开、依申请公开、在线办理事务、互动交流等重要功能板块，提高浏览检索的便利性与准确性。全面提高办事流程透明度，加强"一件事""一类事"等综合办事信息的公开，根据"放管服"改革进程，及时更新并公开办事方式、办事条件等信息，方便办事群众动态掌握办事进度。

[①] 《政府信息公开条例》第36条第3项规定，对政府信息公开申请，行政机关根据下列情况分别作出答复：行政机关依据本条例的规定决定不予公开的，告知申请人不予公开并说明理由。

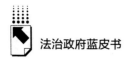

第二，简化咨询服务前置流程，减少咨询渠道的使用障碍。设计政务咨询交互界面时注重简洁性与易操作性，亦可针对特定人群推出适老化、无障碍化使用版本。除填写必要的身份信息外，限制对于其他个人信息的采集。强化行政人员公共服务观念，完善咨询信息的审查补正环节。

第三，健全设立政府信息公开专门机构，配备专职人员。强化培训工作，提高岗位人员尽责意识与履责能力，科学把握信息的分级分类，严格落实政府信息的依法公开。

2. 着力强化政务公开的回应度，建立常态化、有序化的双向互动机制

第一，培养和强化政务公开负责人员的责任意识，加强关注、及时回应群众真正关心的现实问题，杜绝拖延回复、搁置回复的心态习惯。保证回复的时效性，在没有法律法规强制性规定的情况下，各地政府应主动为咨询服务工作设立响应时效，缩减不必要的群众等待时间。

第二，规范咨询受理案件的办结与监督机制，推动咨询回复工作落到实处，避免政务公开落入"有回复、难获取"的形式主义。同时，积极利用人工智能等数据技术，建设智能化的政策问答平台，通过文字、图解、视频等多种形式进行自助答疑，形成高频政策问答库并不断完善丰富，与传统的人工问答模式互为补充，助力效率提升、体验优化、成本节约。

第三，全面落实关于主动公开的有关规定，以政府信息公开平台为依托，进一步聚焦重点政务信息，推动法定主动公开内容全部公开到位。同时，加大信息主动公开力度，及时公开重点涉诉领域信息，避免引发群众焦虑、猜疑情绪。

第四，在中央或省级政府的组织协调下，加快整合各类政府信息平台，构建跨层级、跨部门、跨系统的信息资源统一开放平台。依托统一平台，建立部门间信息共享的动态机制，形成职责明确、协同推进的信息公开格局，消除因行政组织结构条块分割而形成的部门之间、干群之间的信息孤岛现象。

3. 细化要求政务公开规范度，确保答复形式正式、内容正当、文书格式正确

第一，强化培养各地行政机关的法治观念和透明行政理念，将维护人民群众的根本利益和切实需求作为政务公开工作的出发点和落脚点，提升行政人员的公开意识和主动服务精神，促进政务公开领域的服务型政府建设。

第二，增强各地行政机关政务公开的能力，提高工作标准化与规范化水平。各级政府及其工作部门应明确信息公开的责任主体，以派出机构、内设机构名义作出信息公开答复的，需核实其是否享有相应职权。严格规范工作人员的答复流程与答复形式，避免使用私人号码、微信、邮箱等非正式方式随意回复。行政机关应依法依规作出政府信息公开答复，对是否公开的决定在答复文书中列明法律依据、充分说明理由，深度体现行政决定的合法性、专业性、透明性，以强化答复的实际说服力、提升群众满意度。此外，为更好地提升答复文书的规范性，各级行政机关可以通过制定范例统一文书格式，并按照事项类型分别拟制文书模板，提高工作效率和答复文书的标准化；实际应用中，经办人员在向办事群众作出答复之前，应仔细对照、检查答复文书的格式体例是否符合规范，例如是否载明编号、提示法律救济途径。

第三，健全常态化监督机制。针对各地的政务公开工作，要形成长期化、层级化的监督激励机制，对检查过程中发现的问题及时查漏补缺、纠正问责，对工作成果突出的部门与个人进行肯定嘉奖，以此促进政务公开工作的良性发展；拓宽并畅通公众监督的有效渠道，例如开通或增设监督信箱、投诉热线、群众举报信箱、监督意见栏等，便于公众切实参与信息公开全过程。

B.8
行政权力的制约与监督

郝倩 冯健*

摘　要： 在 2023 年评估中，"行政权力的制约与监督"一级指标平均得
分率为 55.14%，在平均得分率之上的城市有 53 个，基本与往年
数量持平。本年度的指标体系整体进行了一定程度的修订，一级
指标的名称由"监督与问责"修改为"行政权力的制约与监
督"，二级指标修改为"内部监督"与"外部监督"两项，三级
指标由原来的五项增加至七项，各个三级指标的分值也进行了相
应的调整。近年来的评估结果显示，法治政府建设在行政权力的
制约与监督方面的整体水平在不断提升，重大行政决策党委报告
制度逐步建立，人大代表建议、政协委员提案办理及公开向好发
展，接受司法监督法律规范逐步完善，同时，各地行政机关对于
信息的公开也越来越及时与全面。但也应注意到，其总体水平仍
有待提升，问题包括：审计报告、结果发布的及时性与质量有待
提高；行政复议相关文书的公开性与自我监督有所欠缺；地方政
府规章、行政规范性文件制定修改重大问题党委报告制度存在缺
位现象；对人大及其常委会监督决定的执行及公开需进一步完
善；接受司法监督文件待进一步落实，判决履行等情况公开不
足；个别城市行政机关负责人出庭率不高。针对以上问题，建议
提高审计报告、结果的质量与公开的及时性；加强行政复议的信

＊ 郝倩，中国政法大学法治政府研究院副教授，法学博士，研究方向：行政法、反垄断法、
劳动法和社会保障法；冯健，中国政法大学师资博士后、法学博士，研究方向：行政法
学、金融法、教育法。中国政法大学法学院 2022 级体育法学研究生赵心畅、中国政法大
学民商经济法学院 2022 级环境与资源保护法学研究生张楚涵协助进行数据检索、分析及
图表绘制等工作。

息公开与自我监督措施；推进地方政府规章、行政规范性文件制定修改重大问题党委报告制度的全面建立；切实执行人大及其常委会监督决定，公开执行数量等情况；落实接受司法监督文件规定，在《法治政府建设报告》中或设置专栏公开履行判决等情况；加强行政机关负责人出庭应诉工作监管考核与违法责任追究。

关键词： 权力制约　权力监督　内部监督　外部监督

一　指标设置及评估标准

（一）指标体系

本年度将一级指标名称由"监督与问责"修改为"行政权力的制约与监督"，一级指标下设 2 项二级指标和 7 项三级指标，相较往年，对指标的结构和内容及相应的分值等都进行了一定程度的调整，具体指标设置见表 B.8-1。

一级指标总分为 80 分，将下设二级指标调整为"内部监督"和"外部监督"两部分。其中，"内部监督"共 40 分，设置 3 项三级指标。（1）是否公开主要审计报告和审计结果（10 分），具体包括：及时、充分公开年度审计报告（6 分）；公开专门领域审计结果公告（4 分）。（2）行政复议主渠道作用的体现（10 分），具体包括：将调解、和解贯穿行政复议全过程（2 分），通过听证、专家咨询等形式公开公正办案（1 分）；采取督察、回访、通报等措施督促行政复议决定有效执行（3 分）；通过发布行政复议意见书、建议书、白皮书、年度报告等方式扩大和延伸复议效果（4 分）。（3）经行政复议案件的胜诉率（20 分）。"外部监督"共 40 分，设置 4 项三级指标。（1）地方政府规章或行政规范性文件制定、修改过程中，是否就重大问题向本级党委会请示报告（10 分）。（2）是否执行本级人大及其常委会的监督决定（2 分）；对人大代表的批评、意见和建议是否认真及时答复

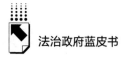

（3分）；是否及时办理政协建议案、提案（2分）；是否公开办理情况报告（3分）。（3）是否及时履行法院生效裁判，支持配合检察院开展行政诉讼监督、行政公益诉讼，积极主动履行职责或纠正违法行为，及时落实、反馈司法建议、检察建议（10分）。（4）行政机关负责人出庭应诉率（10分）。

综观此指标体系下的内容与分值，相较往年，针对疫情防控时期已经过去，开始恢复生产、发展经济的社会现状进行了指标的相应修改，更加注重政府对内部的审计职能与对外部监督途径的反馈情况及具体的信息披露的范围与程度，对各项指标的评估更能反映政府的工作成果，更加贴合政策与政府实际情况，评估的结果也更具客观性与时效性。

表 B.8-1 行政权力的制约与监督指标体系

一级指标	二级指标	三级指标（观测点）
行政权力的制约与监督（80分）	内部监督（40分）	1. 是否公开主要审计报告和审计结果（10分）
		2. 行政复议主渠道作用的体现（10分）
		3. 经行政复议案件的胜诉率（20分）
	外部监督（40分）	4. 地方政府规章或行政规范性文件制定、修改过程中，是否就重大问题向本级党委会请示报告（10分）
		5. 是否执行本级人大及其常委会的监督决定；对人大代表的批评、意见和建议是否认真及时答复；是否及时办理政协建议案、提案；是否公开办理情况报告（10分）
		6. 是否及时履行法院生效裁判，支持配合检察院开展行政诉讼监督、行政公益诉讼，积极主动履行职责或纠正违法行为，及时落实、反馈司法建议、检察建议（10分）
		7. 行政机关负责人出庭应诉率（10分）

（二）设置依据和评分标准

测评的主要依据来源于政府的门户网站、相关职能部门网站、司法裁判文书数据库的信息，通过百度、谷歌等搜索引擎进行辅助查询。相关信息、数据的检索时间为2022年5月1日至2023年4月30日。未能检索到相关内容的，视为该项工作未进行或未落实。本年度三级指标的测评方法和赋分标准较往年进行了部分调整，具体如下。

1. 是否公开主要审计报告和审计结果

【设置依据】《法治政府建设实施纲要（2021—2025年）》要求形成监督合力。坚持将行政权力制约和监督体系纳入党和国家监督体系全局统筹谋划，突出党内监督主导地位。积极发挥审计监督、财会监督、统计监督、执法监督、行政复议等监督作用。

【测评方法】运用网络检索的方式，在被评估城市审计局网站上的"审计结果公告"和"审计动态"栏目中对年度审计报告和专门领域审计结果进行搜索；辅以"审计""审计工作报告""审计报告""2022年度市级预算执行和其他财政收支审计"等关键词在被评估城市的政府官网上进行检索；或者在被评估城市的政府官网"信息公开"栏目中查找"财政信息"中的"审计工作""审计报告"，如果上述方法均未检索到相关信息，则以"城市名称""2022年度审计报告""审计工作报告""2022年度市级预算执行和其他财政收支审计"等关键词在百度上检索有关的新闻报道。

【评分标准】本项指标满分为10分，具体评估标准为：及时、充分公开年度审计报告的，得6分；公开专门领域审计结果公告的，得4分。本项指标最终得分为上述两个观测点得分的总和。

2. 行政复议主渠道作用的体现

【设置依据】《法治政府建设实施纲要（2021—2025年）》指出，发挥行政复议化解行政争议主渠道作用。全面深化行政复议体制改革，整合地方行政复议职责，按照事编匹配、优化节约、按需调剂的原则，合理调配编制资源，2022年底前基本形成公正权威、统一高效的行政复议体制。全面推进行政复议规范化、专业化、信息化建设，不断提高办案质量和效率。健全优化行政复议审理机制。

【测评方法】通过网络检索的方式在被评估城市的政府官网上进行检索，在"行政复议"栏目中查找"行政复议决定书""调解书""和解协议书"等内容，并且在动态栏目中查找相关行政复议回访、督察的相关新闻

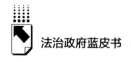

报道及行政复议情况通报的通知，同时在相关政府网站或利用搜索引擎检索行政复议意见白皮书，如果查找不到就用"年度报告""意见书""建议书"等替换查找。

【评分标准】本项指标满分为10分。具体评估标准为：

（1）能够将调解、和解贯穿行政复议全过程的，酌情得分，最高得2分；能够通过听证、专家咨询等形式公开公正办案的，酌情得分，最高得1分。

（2）能够采取督察、回访、通报等措施督促行政复议决定有效执行的，酌情得分，最高得3分。

（3）能够通过发布行政复议意见书、建议书、白皮书、年度报告等方式扩大和延伸复议效果的，酌情得分，最高得4分。

本项指标的最终得分为上述三个观测点的得分总和。

3. 经行政复议案件的胜诉率

【设置依据】《法治政府建设实施纲要（2021—2025年）》要求形成监督合力。坚持将行政权力制约和监督体系纳入党和国家监督体系全局统筹谋划，突出党内监督主导地位。积极发挥审计监督、财会监督、统计监督、执法监督、行政复议等监督作用。

【测评方法】以数据采集为主要手段。以中国司法大数据研究院统计得出的数据为依据，观察并计算得出被评估城市政府2022年度经行政复议案件的胜诉率。

【评分标准】本项指标满分为20分，赋分方式采取层差法，具体评估标准为：在司法案例数据库中检索得到各个城市2022年度经行政复议案件的生效判决书，从中筛选出被告行政机关胜诉的案件，除以当地2022年度经行政复议案件的总数，就是经行政复议案件的胜诉率。本项满分为20分，以10分为基准分（比值为1），比值小于1的，每少10个百分点，加2分，加至20分为止；比值大于1的，每多10个百分点，减2分，减至0分为止。各市比值＝当地案件胜诉率/全国案件胜诉率，胜诉率越高，比值越大，分数越高。

4. 地方政府规章或行政规范性文件制定、修改过程中，是否就重大问题向本级党委会请示报告

【设置依据】《市县法治政府建设示范指标体系》（2021 年版）要求，坚持党对地方政府规章或者行政规范性文件制定工作的领导，制定、修改过程中遇有重大问题及时向本级党委请示报告。

【测评方法】通过网络检索的方式，以"请示""汇报""批复"等为关键词登录被评估城市的政府官网或者利用搜索引擎查询相关政府工作报告，如查询不到，则利用搜索引擎以相同关键词检索相关的新闻报道，评估政府是否发布了相关的报告或者是否就相关问题向本级党委会进行汇报和请示。

【评分标准】本项指标满分为 10 分，具体评估标准为：建立规章、规范性文件向同级党委请示制度得 5 分；建立重大行政决策向同级党委报告制度得 5 分。

5. 是否执行本级人大及其常委会的监督决定；对人大代表的批评、意见和建议是否认真及时答复；是否及时办理政协建议案、提案；是否公开办理情况报告

【设置依据】《法治政府建设实施纲要（2021—2025 年）》要求，坚持将行政权力制约和监督体系纳入党和国家监督体系全局统筹谋划，突出党内监督主导地位。推动党内监督与人大监督、民主监督、行政监督、司法监督、群众监督、舆论监督等各类监督有机贯通、相互协调。同时《市县法治政府建设示范指标体系》（2021 年版）指出，认真研究办理人大及其常委会组成人员对政府工作提出的有关审议意见、人大代表和政协委员提出的意见和建议，要求办理后满意度达 95% 以上。

【测评方法】以网络检索为主要方式登录被评估城市政府官网、人大常委会官网以及政协委员会官网，以"法治政府建设报告""政府工作报告""人大代表批评、意见和建议""政协建议案、提案""办理人大代表意见和政协提案的情况""执行人大及常委会的监督决定"等关键词进行检索，考察被评估城市是否认真及时接受本级人大及其常委会、政协委员会以及人大

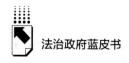

代表的监督并及时针对相关代表的质询予以反馈。

【评分标准】本项指标满分为 10 分，具体评估标准为：

（1）执行本级人大及其常委会的监督决定，得 2 分。

（2）对人大代表的批评、意见和建议认真及时答复，得 3 分。

（3）及时办理政协建议案、提案，得 2 分；公开办理情况报告，得 3 分。

本项指标最终得分为上述三个观测点的得分总和。

6. 是否及时履行法院生效裁判、支持配合检察院开展行政诉讼监督、行政公益诉讼，积极主动履行职责或纠正违法行为，及时落实、反馈司法建议、检察建议

【设置依据】《法治政府建设实施纲要（2021—2025 年）》要求，支持法院依法受理和审理行政案件，切实履行生效裁判。支持检察院开展行政诉讼监督工作和行政公益诉讼，积极主动履行职责或者纠正违法行为。认真做好司法建议、检察建议落实和反馈工作。

【测评方法】以网络检索为主要方式登录被评估城市政务网站，以年度"法治政府建设工作报告"、"行政应诉"等为检索词，考察行政机关是否有积极接受司法监督的工作文件和行政应诉的工作文件，是否及时履行法院生效裁判，支持配合检察院开展行政诉讼监督、行政公益诉讼，积极主动履行职责或纠正违法行为，及时落实、反馈司法建议、检察建议的情况。

【评分标准】本项指标满分为 10 分，具体评估标准为：被评估城市出台接受司法监督的工作文件的，得 5 分；积极落实文件要求，在工作报告中明确其及时履行人民法院生效裁判、支持人民法院审理案件的，累计得 8 分；明确其有支持配合检察院开展行政诉讼监督、行政公益诉讼，积极主动履行职责或纠正违法行为，及时落实、反馈司法建议、检察建议情况的，累计得 10 分。

7. 行政机关负责人出庭应诉率

【设置依据】《国务院办公厅关于加强和改进行政应诉工作的意见》规

定："四、依法履行出庭应诉职责。被诉行政机关负责人要带头履行行政应诉职责，积极出庭应诉。不能出庭的，应当委托相应的工作人员出庭，不得仅委托律师出庭。对涉及重大公共利益、社会高度关注或者可能引发群体性事件等案件以及人民法院书面建议行政机关负责人出庭的案件，被诉行政机关负责人应当出庭。经人民法院依法传唤的，行政机关负责人或者其委托的工作人员不得无正当理由拒不到庭，或者未经法庭许可中途退庭。""六、积极履行人民法院生效裁判。被诉行政机关要依法自觉履行人民法院生效判决、裁定和调解书。对人民法院作出的责令重新作出行政行为的判决，除原行政行为因程序违法或者法律适用问题被人民法院判决撤销的情形外，不得以同一事实和理由作出与原行政行为基本相同的行政行为。对人民法院作出的行政机关继续履行、采取补救措施或者赔偿、补偿损失的判决，要积极履行义务。"《行政诉讼法》第 3 条第 3 款规定："被诉行政机关负责人应当出庭应诉。不能出庭的，应当委托行政机关相应的工作人员出庭。"

【测评方法】以数据采集为主要手段由中国司法大数据研究院统计各城市 2018～2022 年度一审审结的行政案件总数（①）、行政机关负责人出庭应诉的案件数量（②）。将②所得数据除以①所得数据，计算出各市 2018～2022 年度的行政机关负责人出庭应诉率。

【评分标准】本项指标满分为 10 分，采取比值赋分法。各市得分＝基准分（5 分）×（当地行政机关负责人出庭应诉率/全国行政机关负责人出庭应诉率），行政机关负责人出庭应诉率越高，比值越大，分数越高。得分区间为［0，10］，低于 0 分的赋 0 分，高于 10 分的赋 10 分。

二 总体评估结果分析

本部分总分为 80 分。从总体评估结果上看，在 100 个评估对象中，平均分为 44.11 分，平均得分率为 55.14%。在平均分之上的城市有 53 个，占城市总数的 53%。本项评估下最高得分率为 74.33%，最低得分率为 33.01%，二者相差 41.32 个百分点。在本项评估中，排在前五的城市分别是青岛（74.33%）、上海（71.08%）、贵阳（70.65%）、北京（70.00%）、广州（70.00%）（本年度得分率排名1~30的城市见图B.8-1）。

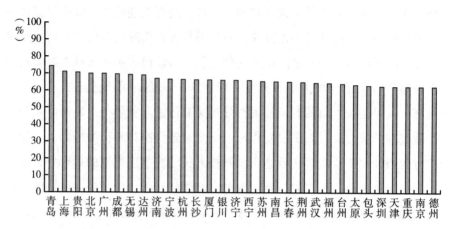

图 B. 8-1 "行政权力的制约与监督"指标排名 1~30 的城市得分率情况

从2021~2022年的评估结果来看，在100个评估对象中，平均得分率为73.86%，2023年与2021~2022年相比有所下降，这与指标的调整有一定关系。2021~2022年在平均分以上的城市有56个，占城市总数的56%。2021~2022年的最高得分与最低得分相差33.33分。2021年得分率排在前五名的城市分别是西宁（89.13%）、六安（87.58%）、茂名（87.34%）、南通（86.99%）、邯郸（86.48%）。

本项一级指标共包含7项三级指标，三级指标3满分为20分，其余三级指标满分均为10分。各三级指标的得分状况如下：三级指标1"是否公开主要审计报告和审计结果"，平均得分率为62.45%；三级指标2"行政复议主渠道作用的体现"，平均得分率为22.39%；三级指标3"经行政复议案件的胜诉率"，平均得分率为49.30%；三级指标4"地方政府规章或行政规范性文件制定、修改过程中及重大行政决策过程中，是否就重大问题向本级党委会请示报告"，平均得分率为71.20%；三级指标5"是否执行本级人大及其常委会的监督决定；对人大代表的批评、意见和建议是否认真及时答复；是否及时办理政协建议案、提案；是否公开办理情况报告"，平均得分率为 87.80%；三级指标 6 "是否及时履行法院生效裁判，支持配合检察院开展行政诉讼监督、行政公益诉讼，积极主动履行职责或纠正违法行为，及时落实、反馈司法建议、检察建议"，平均得分率为 47.36%；三级指标 7 "行政机关负责人出庭应诉率"，平均得分率为 51.33%。

其中平均得分率最高的是三级指标 5，平均得分率最低的是三级指标 2。这反映出部分城市未能发挥行政复议化解行政争议主渠道作用，未能基本形成公正权威、统一高效的行政复议体制。本指标下各三级指标的平均得分率情况见图 B.8-2。

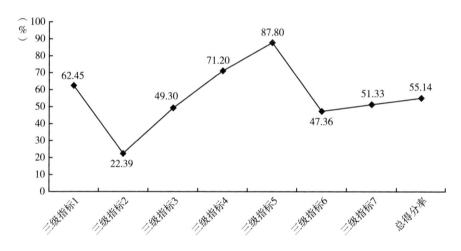

图 B.8-2   "行政权力的制约与监督"各三级指标的平均得分率

三　三级指标评估结果分析

（一）内部监督

1. 是否公开主要审计报告和审计结果

（1）总体表现分析

在 100 个评估对象中，有 2 个城市得满分，4 个城市在 9.0~9.5 分，

11 个城市在 8.0~8.5 分，48 个城市在 7.0~7.5 分，19 个城市在 5.0~6.5 分，其余 16 个城市在 0~4.5 分。从评估结果分析，大部分被评估城市能较好完成对审计报告及相关审计结果的公开。100 个城市的总体得分情况见表 B.8-2。

表 B.8-2　三级指标 1 100 个城市总体得分情况

得分(分)	9.0~10.0	8.0~8.5	7.0~7.5	5.0~6.5	0~4.5
城市(个)	6	11	48	19	16

（2）分差说明及典型事例

此观测点仅有两个城市取得满分，主要原因是部分城市的《审计报告》内容较为简略，分类较为粗略，支撑报告的相关数据较少，不够有说服力，且报告中关于审计建议部分概括性的方向较多，而具体落实的措施过少，可行性与可操作性欠缺。且截至最后检索期限 2023 年 4 月 30 日，仍有 10 个被评估城市尚未公布《审计报告》及相关领域审计结果。

本项指标的典范城市是保定市和沧州市，在两个城市的官网中可以检索到相应的审计报告，且两城市采取专门的报告形式发布其审计报告及相关审计结果，审计报告结构清晰，涵盖的领域非常细致、完善，对于审计结果的数据公布得非常完整；在审计建议章节中，提出的建议具体、切实、可行。说明上述两个城市能够很好地完成审计工作，并且对审计结果的信息公开得非常全面和及时。

2.行政复议主渠道作用的体现

（1）总体表现分析

在 100 个城市中，本项指标没有城市获得满分，评分在 7.0~9.5 分的城市仅 2 个，评分在 5.0~6.5 分的城市有 9 个，评分在 3.0~4.5 分的城市有 21 个，评分在 1.5~2.5 分的城市有 26 个，评分在 0~1.0 分的城市有 42 个。从结果来看，针对本项指标，各城市的表现情况整体不好，大部分城市的得分在 5 分以下，且 0~1.0 分的城市多达 42 个，占 42%。

说明绝大多数城市未能较好地完成此三级指标下要求的将行政调解、和解贯穿行政复议全过程，按法律规定通过听证、专家咨询等形式公正办案，采取督察、回访、通报等措施督促行政复议决定有效执行，通过发布白皮书、意见书等方式扩大和延伸复议效果等具体规定。100 个城市的总体得分情况见表 B.8-3。

表 B.8-3　三级指标 2 100 个城市总体得分情况

得分(分)	7.0~10.0	5.0~6.5	3.0~4.5	1.5~2.5	0~1.0
城市(个)	2	9	21	26	42

（2）分差说明及典型事例

本观测点主要围绕行政复议制度进行评估，被评估城市的平均得分率为 22.39%，相较于满分 10 分而言存在较大差距，将城市之间的得分进行比较，会发现具体分差并不是很大，95% 的城市分数在 5 分以下，仅有 30% 的城市得分高于平均值，其中，北京与天津得分率均为 70.00%，远高于平均水平。

本观测点分三个部分进行评估，在检索时发现，在大部分城市的官网上进行行政复议决定书、调解书、和解书等相关内容检索，很难检索到行政机关发布的和解书与调解书；在检索听证、专家咨询等形式时，只有部分城市存在进行听证程序的报道或者公告；针对督察与回访进行检索时，也只有少部分城市针对行政复议回访、督察进行过新闻报道；在被评估城市的政府官网进行行政复议情况年度报告等检索时，部分城市政府官网能够检索到行政复议情况的通报。故总体观之，行政机关对行政复议的相关信息披露较为缺乏充分性与完整性，事后也没有及时跟进回访，在对行政复议工作进行总结方面也比较欠缺，还有很大的提升空间。

3. 经行政复议案件的胜诉率

（1）总体表现分析

本项指标旨在通过收集、整理和统计被测评城市经行政复议案件的判决结果，考察被测评城市 2022 年度经行政复议案件的胜诉情况，以此来观测其法治政府建设中的内部监督指标绩效。2022 年度全国行政机关经行政复议案件的胜诉率为 77.41%，各市行政机关政府信息公开案件胜诉率等于全国平均水平时，比值为 1，得分为 10 分。胜诉率为正向指标，胜诉率越高，则各市行政机关与全国的比值越大，分数越高。100 个城市的总体得分情况见表 B.8-4。

表 B.8-4　三级指标 3 100 个城市总体得分情况

得分（分）	0	2	4	6	8	12	14	16	18	20
城市（个）	3	5	7	15	18	22	19	9	0	2

（2）分差说明和典型事例

本项指标重点观测 2022 年度各市经行政复议案件的胜诉率，被评估的城市平均得分率为 49.30%，该项指标总体得分情况较好。在 100 个城市中，胜诉率高于全国平均水平的共有 52 个城市，占比 52%；胜诉率低于全国平均水平的共有 48 个城市，占比 48%。

所评估的 100 个城市中，得分为满分（20 分）的城市有 2 个，为西宁市和克拉玛依市[1]，占总数的 2%。除满分的城市外，高分城市（16 分及以上）中经行政复议案件的胜诉率在 95% 以上具有典范意义的城市有 6 个，分别为杭州、上海、长沙、南通、宁波、盐城。

经行政复议的涉诉案件中，排名前三的行政领域是治安管理执法、土地行政管理、综合执法，占比分别为 34.41%、26.95%、11.47%。其中治安管理执法领域，行政机关胜诉率达 62.12%，18.40% 的案件与行政拘留有关；土地行政管理领域，行政机关胜诉率达 80.22%，33.01% 的案件与行政征收有关；综合执法领域，行政机关胜诉率达 74.16%，47.32% 的案件与行

---

[1]　在评估年度内，西宁市经行政复议案件中行政机关胜诉率达 100%，因而赋其满分 20 分；而克拉玛依市则是因在评估年度内无涉及经行政复议的案件，因此评估组推定行政机关自觉履行义务且获得行政相对人的认可，赋其满分 20 分。

政处罚有关。结合以上三个行政领域的情况，治安管理执法领域的胜诉率还有一定的提升空间，应引起重视。

（二）外部监督

1. 地方政府规章或行政规范性文件制定、修改过程中及重大行政决策过程中，是否就重大问题向本级党委会请示报告

（1）总体表现分析

在 100 个城市中，有 27 个城市获得满分，占总数的 27%；平均得分为7.12 分，平均得分率为 71.20%。其中得分为 9~10 分的城市有 36 个，得分为 7~8.5 分的城市有 29 个，得分为 5~6.5 分的城市有 17 个，得分为 2.5~4.5 分的城市有 13 个，得分为 0~2 分的城市有 5 个。从评估结果分析，在地方政府规章或行政规范性文件制定、修改过程中及重大行政决策过程中，大部分被评估城市基本上能满足就重大问题向本级党委会请示报告的要求。100 个城市的总体得分情况见表 B.8-5。

表 B.8-5　三级指标 4 100 个城市总体得分情况

得分（分）	9~10	7~8.5	5~6.5	2.5~4.5	0~2
城市（个）	36	29	17	13	5

（2）分差说明及典型事例

本指标包含两个观测点。观测点一为地方政府规章或行政规范性文件制定、修改过程中是否就重大问题向本级党委会请示报告，平均得分率为62.70%，得满分的城市有 37 个。观测点一的扣分点主要在于部分城市未在政策文件或法律规范中规定"制定、修改地方政府规章或行政规范性文件过程中应当就重大问题向本级党委会请示报告"的内容，部分城市甚至未在政策文件或法律规范中规定"制定、修改地方政府规章或行政规范性文件应当坚持党的领导、程序法定"。观测点二为重大行政决策过程中，是否就重大问题向本级党委会请示报告，平均得分率为 76.90%，得满分的城市有 63 个，大多数城市已建

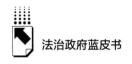

立重大行政决策过程中就重大问题向本级党委请示报告的制度。观测点二的扣分点主要在于部分城市未在政策文件或法律规范中规定"重大行政决策过程中应当就重大问题向本级党委会请示报告"的内容，部分城市甚至未在政策文件或法律规范中规定"重大行政决策过程中应当坚持党的领导、程序法定"。

本项指标的典范城市为上海市。上海市于 2018 年 5 月 16 日出台《上海市人民政府规章制定程序规定》，其中第 5 条规定："制定规章，应当贯彻落实党的路线方针政策和决策部署。制定政治方面法律、法规的配套规章和重大经济社会方面的规章，应当按照有关规定，及时报告市委。"其既从宏观层面上规定制定规章应坚持党的领导的原则，又具体规定制定重要规章应当按规定报告市委的规则。前者具有统筹性，后者具有可操作性，使得制定规章就重大事项向党委报告制度既具有统摄性，又具有可行性。上海市于 2020 年 8 月 24 日出台《上海市重大行政决策程序规定》，其中第 3 条规定"重大行政决策必须坚持和加强党的全面领导，全面贯彻党的路线方针政策和决策部署，发挥党的领导核心作用，把党的领导贯彻到重大行政决策全过程"，第 6 条规定"决策机关应当根据本规定第五条规定的决策事项范围，结合职责权限和本地实际，确定决策事项目录，报经同级党委同意后向社会公布"，第 36 条规定"重大行政决策出台前应当按照规定向同级党委请示报告"。其在总则部分第 3 条单独规定坚持党的领导的基本原则，五次出现"党"，以"加强""全面""全过程"等表述强调重大行政决策中坚持党的领导的必要性与重要性。"决策事项目录报党委同意后公布"与"重大行政决策出台前报党委请示报告"配套施行保障了重大行政决策就重大事项向党委报告制度的全面性、有效性。如上海市在此要求下发布《2023 年度上海市人民政府重大行政决策事项目录》。

2. 是否执行本级人大及其常委会的监督决定；对人大代表的批评、意见和建议是否认真及时答复；是否及时办理政协建议案、提案；是否公开办理情况报告

（1）总体表现分析

在 100 个城市中，有 12 个城市获得满分，占总数的 12%，平均得分为

8.78 分，平均得分率为 87.80%，总体得分较高。其中得分为 9~10 分的城市有 72 个，得分为 7~8.5 分的城市有 23 个，得分为 5.5~6.5 分的城市有 5 个。从评估结果分析，大部分被评估城市能自觉接受本级人大及政协的监督。100 个城市的总体得分情况见表 B.8-6。

表 B.8-6　三级指标 5 100 个城市总体得分情况

得分(分)	9~10	7~8.5	5.5~6.5
城市(个)	72	23	5

（2）分差说明及典型事例

本指标包含四个观测点。观测点一为执行本级人大及其常委会的监督决定，平均得分率为 51.25%，得满分的城市有 13 个，得零分的城市有 10 个。观测点一的扣分点主要在于部分城市未在政府工作报告中体现"执行本级人大及常委会的决议、决定"，部分城市甚至未在政府工作报告中体现"接受人大监督"。观测点二为对人大代表的批评、意见和建议认真及时答复，平均得分率为 99.83%，99 个被评估城市取得满分，说明各地普遍重视对人大代表批评、意见和建议的答复。观测点二的扣分点在于个别城市未体现办理的及时性。观测点三为及时办理政协建议案、提案，平均得分率为 99.75%，得满分的城市有 99 个，说明各地普遍重视及时办理政协建议案、提案。观测点三的扣分点在于个别城市未体现办理的及时性。观测点四为公开办理情况报告，平均得分率为 92.17%，得满分的城市有 89 个，说明大部分城市能够公开办理情况报告。观测点四的扣分点在于部分城市未在政府信息公开等板块公开人大代表的批评、意见和建议及政协建议案、提案的办理进度、结果等信息。具体而言，部分城市未更新办理情况报告，具有滞后性；部分城市仅公开人大代表的批评、意见和建议的办理情况而未公开政协建议案、提案的办理情况，部分城市仅公开政协建议案、提案的办理情况而未公开人大代表的批评、意见和建议的办理情况，部分城市仅公开省级政协建议案、提案的办理情况而未公开市级政协建议案、提案的办理情况，具有

187

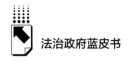

片面性。

项目组在评估过程中发现，很多城市在本指标之下都有亮点做法。淮南市在政府工作报告中明确总结其办理人大常委会审议意见14件，以量化的方式体现其满足了执行本级人大及其常委会的监督决定的工作要求；在政府官网"政府信息公开"下设置"建议提案办理"栏目，并将该栏目划分为"办理制度与推进情况""人大代表建议办理""政协委员提案办理""省人大代表建议办理""省政协委员提案办理"五大部分，其中"办理制度与推进情况"包括任务分解表、年度报告等内容，切实保障人大代表建议、政协委员提案办理的推进与公开。泉州市在政府工作报告中明确指出其严格执行《关于加快推进21世纪"海丝名城"建设的决议》等市人大及其常委会决议决定，以举例的方式体现对人大及其常委会决议决定的执行情况。福州市在政府工作报告中不仅公布了办件的具体数量，还公布了办件的满意率情况。青岛市在政府工作报告中不仅公布了办件的具体数量，还公布了办结率。

3. 是否及时履行法院生效裁判，支持配合检察院开展行政诉讼监督、行政公益诉讼，积极主动履行职责或纠正违法行为，及时落实、反馈司法建议、检察建议

（1）总体表现分析

在100个城市中，有5个城市获得满分，占总数的5%，平均得分为4.736分，平均得分率为47.36%，总体得分情况不太理想。其中得分为7~10分的城市有12个，得分为5~6.5分的城市有56个，得分为2.5~4分的城市有22个，得分为0~2分的城市有10个。从评估结果分析，只有极少部分被评估城市能满足及时履行法院生效裁判，支持配合检察院开展行政诉讼监督、行政公益诉讼，积极主动履行职责或纠正违法行为，及时落实、反馈司法建议、检察建议的要求；大部分被评估城市仅能满足部分要求。100个城市的总体得分情况见表B.8-7。

表 B.8-7　三级指标 6 100 个城市总体得分情况

得分（分）	7~10	5~6.5	2.5~4	0~2
城市（个）	12	56	22	10

（2）分差说明及典型事例

本指标的评估重点有三方面：一是出台接受司法监督的工作文件；二是积极落实文件要求，在工作报告中明确其及时履行人民法院生效裁判、支持人民法院审理案件；三是明确其有支持配合检察院开展行政诉讼监督、行政公益诉讼，积极主动履行职责或纠正违法行为，及时落实、反馈司法建议、检察建议情况。本指标中大部分城市出台了接受司法监督的工作文件。主要扣分点为被评估城市未在政府工作报告或法治政府建设报告等文件中明确体现其积极落实接受司法监督工作文件的要求，即未体现其支持人民法院审理案件、及时履行人民法院生效判决，或未体现其支持配合检察院开展行政公益诉讼、行政诉讼监督，积极主动履行职责或纠正违法行为，及时落实、反馈司法建议、检察建议情况。

项目组在评估过程中发现，部分城市在本指标之下有亮点做法。北京市发布《2022 年北京市行政复议和行政应诉工作白皮书》，包括行政复议案件情况、行政应诉案件情况及行政复议、行政应诉工作成效三部分，以白皮书形式发布全市行政复议和行政应诉工作情况报告，对于人民群众深度了解行政复议和行政应诉工作、促进法治政府建设具有重要意义。海口市在《海口市人民政府关于 2022 年法治政府建设情况的报告》中指出"其尊重并执行人民法院生效裁判，2022 年我市区两级法院涉及政府的判决全部执行或调解完成"及"重视司法、检察建议，认真研究改进措施，建议答复率 100%"，以判决执行率及建议答复率的百分比形式直观展现接受司法监督的情况。

4. 行政机关负责人出庭应诉率

（1）总体表现分析

本项指标旨在通过收集、整理和统计被测评城市所涉行政诉讼案件，考察被测评城市 2018~2022 年度行政机关负责人出庭应诉的情况，以此来观测其法治政府建设中的外部监督指标绩效。2018~2022 年度全国行政机关负责人出庭应诉率为 82.79%，各市行政机关负责人出庭应诉率等于全国平均水平时，比值为 1，得分为 5 分。出庭应诉率为正向指标，应诉率越高，则各市行政机关与全国的比值越大，分数越高。100 个城市的总体得分情况见表 B.8-8。

表 B.8-8　三级指标 7 100 个城市总体得分情况

得分（分）	1.00~1.50	3.00~3.50	3.51~3.99	4.00~4.50	4.51~4.99	5.00~5.50	5.51~5.99
城市（个）	1	6	6	6	15	20	46

（2）分差说明及典型事例

本项指标重点观测 2018~2022 年各市行政机关负责人出庭应诉情况，总体得分情况较好，100 个城市的平均得分率为 51.33%，高于全国平均水平 1.33 个百分点，反映出行政机关负责人出庭应诉的自觉意识不断增强。

该项指标各城市得分分差较小，66 个城市分数在 5.00~5.99 分，数据结果分布显示，66% 的城市行政机关负责人出庭应诉率在 82.79% 以上，高于全国平均水平。行政机关负责人出庭应诉率达 95% 以上的城市有 33 个，占 33%。得分低于全国平均水平的城市共有 34 个，占 34%，分数集中于 4~4.99 分。整体来看，2018~2022 年度，全国行政机关负责人出庭应诉率较高，侧面反映出我国行政机关法治政府建设有显著成效。但个别城市仍旧存在行政机关负责人出庭应诉率较低的情况。例如，2018~2022 北方某市行政机关负责人出庭率仅为 24.95%，远低于全国平均水平。客观来看，该市行政诉讼案件量远多于其他城市，且从行政机关负责人出庭的次数来看，也远多于其他城市，但其行政机关负责人出庭应诉比例较低的情况仍应当引起重视。

四 评估结论与建议

总体而言,"行政权力的制约与监督"一级指标的平均得分是 44.11 分(总分 80 分),平均得分率 55.14%。2023 年发布的《中国法治政府评估报告(2021~2022 年)》显示,该年度评估报告中,"监督与问责"指标平均得分为 59.09 分(总分 80 分),平均得分率为 73.86%。2020 年发布的《中国法治政府评估报告(2019 年)》显示,该年度评估报告中,"监督与问责"指标平均得分率为 81.37%。2018 年发布的《中国法治政府评估报告(2018 年)》显示,该年度评估报告中,"监督与问责"指标平均得分率为 76.97%。2017 年发布的《中国法治政府评估报告(2017 年)》显示,该年度评估报告中,"监督与问责"指标平均得分率为 73.45%。2016 年发布的《中国法治政府评估报告(2016 年)》显示,该年度评估报告中,"监督与问责"指标平均得分率为 68.02%。2015 年发布的《中国法治政府评估报告(2015 年)》显示,该年度评估报告中,"监督与问责"指标平均得分率为 64.95%。该指标历年测评数据见表 B.8-9。

表 B.8-9 "行政权力的制约与监督"指标历年评估数据对比

年份	平均得分(分)	平均得分率(%)	平均得分以上的城市数量(个)	及格城市数量(个)
2015	64.95	64.95	48	71
2016	68.02	68.02	53	86
2017	73.45	73.45	58	94
2018	76.97	76.97	54	100
2019	81.37	81.37	53	100
2021~2022	59.09	73.86	56	89
2023	44.11	55.14	53	32

注:2015~2019 年指标满分为 100 分,2021~2022 年、2023 年指标满分为 80 分。

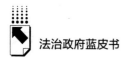

（一）主要的成就

1. 重大行政决策党委报告制度逐步建立

"重大行政决策过程中是否就重大问题向本级党委会请示报告"观测点平均得分率为76.90%，有63个城市得满分，从评估结果看，大多数城市已建立重大行政决策过程中就重大问题向本级党委请示报告的制度。从形式层面分析，较多城市制定了专门的重大行政决策程序规范，或在市政府工作规则中规定了重大行政决策党委报告制度。经检索，部分城市根据《重大行政决策程序暂行条例》和有关法律法规，结合本市实际，制定了专门的重大行政决策程序规定，如上海市制定《上海市重大行政决策程序规定》、荆州市制定《荆州市人民政府重大行政决策程序规定》、襄阳市制定《襄阳市人民政府重大行政决策程序规则》、烟台市制定《烟台市重大行政决策程序规定》等。部分城市在市政府工作规则中规定了重大行政决策党委报告制度，如《南昌市人民政府工作规则》《本溪市人民政府工作规则》《兰州市人民政府工作规则》等。

从内容层面分析，较多城市在法律规范中既规定了重大行政决策坚持党的领导、程序法定的基本原则，又规定了重大行政决策向本级党委请示报告的具体规则。如《青岛市重大行政决策程序规定》第7条规定，重大行政决策必须坚持和加强党的全面领导，全面贯彻党的路线方针政策和决策部署，发挥党的领导核心作用，把党的领导贯彻到重大行政决策全过程。该条明确了重大行政决策坚持党的领导的基本原则。第8条规定，重大行政决策应当严格遵守法定权限，依法履行法定程序。该条明确了重大行政决策坚持程序法定的基本原则。第38条规定，重大行政决策出台前需要向市委请示报告的，按照规定办理。该条明确了重大行政决策向本级党委请示报告的具体制度。

2. 人大代表建议、政协委员提案办理及公开情况稳步向好发展

"对人大代表的批评、意见和建议认真及时答复"观测点平均得分率为99.83%，99个被评估城市取得满分，说明各地普遍重视对人大代表批评、

意见和建议的答复。"及时办理政协建议案、提案"观测点平均得分率为99.75%，99个被评估城市取得满分，说明各地普遍重视及时办理政协建议案、提案。经检索，大部分城市政府工作报告中均涉及"坚持人大、政协监督""人大代表建议、政协委员提案办理情况"的内容。且较多城市在政府工作报告中提及办理人大代表建议及政协委员提案的具体数量、办结率及满意度等，如《2023年成都市人民政府工作报告》中指出其办理市人大代表建议579件、市政协委员提案729件，办理结果满意率达100%；《2023年大连市人民政府工作报告》中指出其办理人大代表建议489件、政协提案439件，办结率和满意率均达100%。部分城市专门发布人大代表建议及政协委员提案办理情况总结报告，如北京市发布《2022年北京市人民政府办理全国人大代表建议和全国政协委员提案有关情况》、淮南市发布《2022年议案、建议办理情况的报告》。

"公开办理情况报告"观测点平均得分率为92.17%，得满分的城市有89个，说明大部分城市能够公开办理情况报告。从形式层面分析，"人大代表建议及政协委员提案办理情况"公布得更加及时、排版布局更加合理醒目，更有利于人民群众及时、便捷地了解相关情况。关于公布及时，大多城市均能及时将办理情况上网，如菏泽市于2023年7月13日成文的《关于在重大节日期间"以限代禁"燃放烟花爆竹的建议》于当日发布，天津市于2022年10月19日成文的《天津市人民政府办公厅对市十七届人大六次会议第0117号建议的答复》于2022年10月31日发布。关于排版醒目，大多数城市在"政务公开"下的"法定主动公开"部分设置"建议提案办理情况"栏目，如菏泽市、淄博市等；部分城市则在"政务公开"下单独设置"建议提案办理情况"，如北京市、天津市等。从内容层面分析，公开的"人大代表建议及政协委员提案办理情况"分类更加科学、内容更加翔实，更有利于人民群众充分地了解相关情况。

3.接受司法监督的法律规范逐步完善

"是否及时履行法院生效裁判，支持配合检察院开展行政诉讼监督、行政公益诉讼，积极主动履行职责或纠正违法行为，及时落实、反馈司法

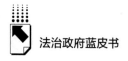

建议、检察建议"指标中有 68 个被评估城市得分在 5 分以上,可见大部分城市出台了接受司法监督的工作文件。从形式层面分析,较多城市根据《法治政府建设实施纲要(2021—2025 年)》《国务院办公厅关于加强和改进行政应诉工作的意见》《行政诉讼法》等制定了专门的行政应诉工作文件,如《银川市行政机关负责人出庭应诉工作规定》《北京市人民政府办公厅关于加强和改进行政应诉工作的实施意见》《聊城市行政应诉工作管理办法》等。部分城市在市政府工作规则中规定了行政应诉、接受司法监督等内容,如《无锡市人民政府工作规则》等。部分城市不仅专门制定了行政应诉工作文件,而且在政府工作规则中规定了行政应诉内容,如上海市。

从内容层面分析,行政应诉法律规范通常既包括坚持司法监督的基本原则,又包括履行人民法院生效判决、反馈司法建议及检察建议等具体规则。如《聊城市行政应诉工作管理办法》第 4 条规定,行政机关应当全面接受司法监督。第 35 条规定,对发生法律效力的人民法院判决、裁定、调解书,涉案行政机关应当自觉履行。对不履行法院生效裁判和调解书的行政机关,上一级行政机关在接到法院司法建议后,应当向涉案行政机关提出履行建议书,督促其及时履行。第 36 条规定,对人民法院提出的司法建议和人民检察院提出的检察建议,行政机关应当认真研究和办理,并将办理结果及时书面予以回复。

(二)存在的问题

1. 审计报告与审计结果的发布不够及时、质量有待提高

从检索得到的结果与据此形成的数据来看,行政机关在此观测点得分较低的主要原因是审计报告本身质量较低与发布审计报告超出了检索的截止时间。对于审计报告本身的质量问题,大部分行政机关会按时发布审计报告,但报告的内容却较为粗略,不能细致地反映本级财政的支出与收入,加之分类较为简单,只能了解财政支出的大类,却无法得知财政支出的具体事项;在审计报告中提出的问题过于宏观,没有把握问题的实质,以致后面有针对

性的审计建议无法落到实处，说明审计机关并没有切实分析或者讨论财政支出需要改进的方面，有些流于形式。

还有部分城市并没有按时发布检索报告，这说明部分城市政府对信息公开的及时性没有给予足够的重视，信息发布不及时非常容易对群众的知情权与监督权产生负面的影响，不利于建立群众对政府的信任，也非常影响政府内部的工作效率，信息公开的及时性也是体现政府内部自我监督很重要的环节之一。

2. 行政复议相关文书的公开性与自我监督有所欠缺

本观测点得分较低，平均得分率为22.39%，说明在行政复议文书的公开方面各个城市总体的表现均不够理想，主要原因如下。首先，行政复议相关文书的公开较为欠缺。行政机关在行政复议程序结束后，并没有及时公开相应的决定书、调解书、和解书，2024年1月1日开始实施的修订后的《行政复议法》第5条第1款规定：行政复议机关办理行政复议案件，可以进行调解。可见新法修订非常重视对行政复议调解作为解决行政争议主渠道作用的发挥，但在检索过程中仅能检索到要求提高行政机关复议调解率、和解率的相关报道，无法得知行政机关按要求改进行政复议后展现出的结果。其次，修订后的《行政复议法》第50条第1、2款规定：审理重大、疑难、复杂的行政复议案件，行政复议机关应当组织听证。行政复议机关认为有必要听证，或者申请人请求听证的，行政机构可以组织听证。这说明立法机关在此次修订过程中十分重视对听证程序的监督与管理，行政机关也应在行政复议过程中强化对听证程序的遵守与执行。第52条第1、2款规定了行政复议委员会的具体构成以及需要组织行政复议委员会的情形。行政复议机关也应加强对专家咨询制度的建设与落实。但在具体的检索过程中，行政机关在行政复议过程中如果需要听证或者专家咨询也并没有太多相应的报道与公告，听证程序作为公众参与的重要方式，是平衡各方利益的重要途径，也是新法重点修订的内容之一，行政机关如果对于重大行政案件该听证却不听证，该进行专家咨询却不进行，会影响到行政复议结果的公正性，也是重大的程序瑕疵。最后，行政复议事后的自我监督有所欠缺。此观测点要求行政

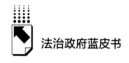

机关在行政复议后进行针对群众的回访工作，对于行政复议情况进行以年度报告、意见书或白皮书等为主要形式的自我反省、自我提升，但大部分城市并没有较好地完成，大部分行政机关在完成行政复议后对后期的回访与自我反思缺乏重视，没有及时进行行政复议的年度总结，不仅不利于行政机关内部的自我监督与自我提高，也不利于公众了解行政机关行政复议的具体情况与复议的工作趋势。

3. 地方政府规章、行政规范性文件制定修改过程中就重大问题向党委报告制度存在缺位现象

"地方政府规章或行政规范性文件制定、修改过程中是否就重大问题向本级党委会请示报告"观测点的平均得分率为 62.70%。未获得满分的城市有 63 个，多是由于仅在地方政府规章或行政规范性文件制定、修改相关规范中规定"坚持党的领导"或"遵循法定程序"等概括性的内容，而未涉及重大问题向本级党委汇报的具体规则。得零分的城市有 13 个，多是由于未制定地方政府规章或行政规范性文件制定、修改相关规范或相关规范中未涉及"坚持党的领导"及"遵循法定程序"的内容。市政府制定的政府规章与行政规范性文件具有反复适用性、对象不特定性等特点，涉及公民等主体的权利义务，具有普遍约束力。此外，制定政府规章与行政规范性文件属于政府依法履职的重要方式，应当坚持党的领导、由党把关。地方政府规章或行政规范性文件制定、修改过程中就重大问题向党委报告制度缺位，会影响地方政府规章的科学性、合法性，损害群众切身利益及政府形象。

4. 对本级人大及其常委会监督决定的执行及其公开需进一步完善

"执行本级人大及其常委会的监督决定"观测点的平均得分率为 51.25%，得满分的城市有 13 个，得零分的城市有 10 个。绝大部分被评估城市在政府工作报告中仅概括提到"接受人大监督"，而未具体提到"如何接受人大监督"，更未涉及"执行本级人大及其常委会监督决定"的内容。部分城市在政府工作报告中涉及"执行本级人大及其常委会监督决定"相关内容，如《2023 年××市政府工作报告》中明确表明其认真执行市人大及

其常委会的决议、决定，但未进一步说明执行决议、决定的数量或内容。绝大部分被评估城市在政府工作报告中未涉及或未全面、深入指出"执行本级人大及其常委会的监督决定"情况的原因之一为市政府未执行本级人大及其常委会的监督决定，原因之二为市政府未公开对本级人大及其常委会监督决定的执行情况。这不利于政府依法接受人大的监督，也不利于人民群众监督政府，阻碍了法治政府的建设。因此，各市政府应当进一步完善对本级人大及其常委会监督决定的执行及其公开。

5. 接受司法监督文件有待进一步落实，判决履行、司法建议反馈等情况公开不足

"是否及时履行法院生效裁判，支持配合检察院开展行政诉讼监督、行政公益诉讼，积极主动履行职责或纠正违法行为，及时落实、反馈司法建议、检察建议"指标的平均得分率为 47.36%，仅有 5 个城市获得满分。大多数城市已制定接受司法监督的法律规范，得分不理想的主要原因有：一是未贯彻落实相关法律规范的规定，即未及时履行法院生效判决，未及时反馈司法建议、检察建议等；二是判决履行、司法建议反馈情况公开不足。接受司法监督是法治政府建设的基本要求，而履行法院判决、反馈司法建议则是接受司法监督的重要部分，应当将相关情况纳入《法治政府建设报告》中予以公开。而绝大多数城市的《法治政府建设报告》中并未涉及政府履行法院生效判决、反馈司法建议等情况，甚至未概括涉及接受司法监督的情况。且这些城市同样未在政府官网的其他板块涉及接受司法监督、履行生效判决、反馈司法建议等情况。这不利于人民群众监督政府接受司法监督，不利于法治政府的建设。

6. 部分城市行政机关负责人出庭率仍旧不高

在评估过程中分析得出，个别城市行政机关负责人出庭率仍不高。行政机关负责人出庭机制体现着行政机关对人民群众诉求的重视及对人民法院依法行使审判权的尊重。近年来，随着法治政府建设工作的持续深入，各地行政机关对行政机关负责人出庭应诉工作的重视程度逐渐增强，行政机关出庭应诉率得到了质的提升，多地行政机关负责人出庭率超过 90%。但在此背

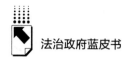

景下，部分城市仍旧对行政机关负责人出庭的重视程度不高，尚未意识到行政机关负责人出庭应诉的重要意义。

（三）完善的建议

1. 提高审计报告与审计结果的质量与公开的及时性

各地行政机关应当在规定的时间内完成对审计报告的信息披露工作，且在审计报告编写过程中应当对上一年度财政支出的领域进行具体的分类，以表格等形式完整地体现各领域的具体支出，对于超出费用预算的部分应当强调进行具体的说明，在指出审计过程中出现的问题时应当尽量细化问题，避免空话套话，在提出审计建议时，在宏观层面给予建议的同时，应当细化到具体的领域，给予行政机关可操作的指导意见，助力行政机关更好地改进财政预算执行工作。

2. 加强行政复议的信息公开与相应的自我监督措施

各地行政机关应当强化行政复议的信息公开，依据新修订的《行政复议法》内容，加强对于行政案件的和解与调解，同时对于行政复议的结果应当及时公开，以便公众查阅。在行政复议过程中如果有重大、疑难、复杂等需要听证或申请人请求听证与组织专家咨询或行政复议委员会等情形，应当按规定及时举行听证大会，成立行政复议委员会，聘请专家学者提供专业咨询意见，加强复议的程序合法性，从而保证复议的实体合法合理性。行政复议结束后，督察组或行政复议机关应当及时跟进行政复议的结果，调查公众对于行政复议的满意程度，及时听取群众对行政复议提出的意见，跟进复议结果的执行与反馈工作。同时，针对复议的全过程情况应当定期进行总结与公示，不仅督促行政机关自我提升复议工作的专业性，更是保证公众知情权与监督权的重要表现，且在行政复议的年度报告中应当包含行政复议结果的汇总以及发现的问题与改进的措施，同样应避免流于形式。

3. 扎实推进地方政府规章、行政规范性文件制定、修改过程中就重大问题向党委报告制度的全面建立

根据《市县法治政府建设示范指标体系》（2021年版）的规定，坚持

党对地方政府规章或者行政规范性文件制定工作的领导，制定、修改过程中遇有重大问题及时向本级党委请示报告。据此，应当从两个维度推动党对地方政府规章或者行政规范性文件制定工作的领导，一是宏观层面上确定坚持党的领导、遵循法定程序的基本原则，二是具体层面上明确政府规章或者行政规范性文件制定、修改过程中应当就重大问题向本级党委请示报告。法治具有固根本、稳预期、利长远的保障作用，应当通过法律规范的明确规定保障地方政府规章、行政规范性文件制定、修改过程中就重大问题向党委报告制度的建立。具体而言，有条件的市政府可借鉴上海市、德州市政府的经验，依据《中华人民共和国立法法》《规章制定程序条例》等法律、法规，结合本市实际，制定符合本地实际的《市人民政府规章制定程序规定》或《市政府立法工作规定》。条件不成熟的市政府可以借鉴福州市的经验，在《市政府工作规则》中增加"年度规章制定工作计划在审批前应当按照有关规定及时报送市委审定。市人民政府制定涉及重大经济社会方面的规章，应当按照有关规定及时报告市委。拟列入下年度市委常委会工作要点的重点规章制定项目和下年度拟提交市委常委会议审议的重要规章制定项目，应当按照有关规定及时向市委提出建议"等条款。

4. 切实执行本级人大及其常委会监督决定，公开执行数量、内容等情况

根据《市县法治政府建设示范指标体系》（2021 年版）的规定，市县政府应当认真研究办理人大及其常委会组成人员对政府工作提出的有关审议意见。根据《中华人民共和国宪法》第 3 条的规定，国家行政机关由人民代表大会产生，对它负责，受它监督。据此，各市政府应当执行本级人大及其常委会的监督决定。而各市政府对本级人大及其常委会的监督决定的执行属于政府工作的重要内容，应当将执行情况如实地展现于政府工作报告中。具体而言，在政府工作报告"工作回顾"部分介绍"接受人大监督"情况时，增加"执行本级人大及其常委会的监督决定的情况"的内容。并且可以借鉴泉州市、福州市的经验，通过提供执行数量的量化方式、提供决议名称的举例方式，提升内容的翔实性及可信度。

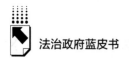

5. 深入落实接受司法监督文件规定,在《法治政府建设报告》中公开或在官网上设置专门栏目公开履行判决、答复司法建议等情况

《法治政府建设实施纲要(2021—2025年)》规定,支持法院依法受理和审理行政案件,切实履行生效裁判。支持检察院开展行政诉讼监督工作和行政公益诉讼,积极主动履行职责或者纠正违法行为。认真做好司法建议、检察建议落实和反馈工作。部分城市仅制定接受司法监督文件却未予以落实的主要原因是缺乏严格的法律责任追究机制。因此,为了督促政府落实接受司法监督的文件规定,应当在接受司法监督法律规范中增加硬性的法律责任条款,使其"不敢不接受司法监督"。部分城市仅制定接受司法监督文件却未予以落实的原因还包括行政机关工作人员缺乏法律观念、法律素养不足。因此,为了督促行政机关工作人员落实接受司法监督的文件规定,应当加强对领导干部、工作人员的法律培训,使其"主动、正确接受司法监督"。关于大多数城市未在《法治政府建设报告》中涉及接受司法监督内容的情况,应当引导各市政府根据《法治政府建设实施纲要(2021—2025年)》的规定在《法治政府建设报告》中增加履行判决、反馈司法建议、积极履职、纠正违法行为、支持行政公益诉讼等情况的内容,以全面、准确的数据支撑、案例分析等方式帮助人民群众实现对该城市接受司法监督情况定量认识与定性认识的统一,助力法治政府的建设。此外,可以在政府官网"政务公开"下设"接受司法监督情况"专栏,分级、分类公开政府履行生效判决、反馈司法建议的数据分析、案例解读等详细情况。

6. 加强行政机关负责人出庭应诉工作监管考核与违法责任追究

行政机关负责人出庭应诉有利于行政机关及时发现行使行政职责过程中存在的问题,并有针对性地予以改进,对提升行政机关负责人运用法治思维和法治方式化解行政争议的能力、提高行政机关依法行政水平、促进法治政府建设均具有重要意义。为解决行政机关负责人出庭应诉意识不强、重视不足的问题,一方面要制定明确的行政机关负责人出庭应诉工作的义务性规定,界定清晰行政机关负责人必须出庭的情形,并制定细则明确行政机关负责人不出庭应诉将依法追究相关责任。另一方面要完善考核评价机制，将行政机关负责人出庭应诉纳入本级法治政府建设及依法行政工作考核范围，细化、具化考核标准，将支持人民法院受理和审理行政案件、行政机关负责人出庭应诉、执行人民法院生效裁判以及行政应诉能力建设等情况纳入考核体系，激励行政机关负责人出庭应诉。

B.9
法治政府对法治社会的带动

李红勃[*]

摘　要： 2022~2023 年法治政府评估，在一级指标"法治政府对法治社会的带动"下设"社会矛盾有效化解""推进公共法律服务体系建设""增强全社会法治观念"二级指标，通过这些指标对政府推进法治政府建设的情况进行了评估和考察。评估发现，在社会矛盾有效化解方面，我国调解组织建设日趋完善，发展形势向好，行政裁决工作机制不断健全；在推进公共法律服务体系建设方面，各地政府发挥多主体多元供给的优势，积极提供优质的公共法律服务，法律援助工作和村（居）法律顾问的落实工作正在实质性、多样性发展；在增强全社会法治观念方面，领导干部法治思维的培养工作得到高度重视和积极落实，普法工作机制和落实情况良好。但同时发现该领域还存在诸多问题，例如行政裁决面临实践困境，公共法律服务体系供给有待进一步实质化建设，"谁执法谁普法"制度的实施效果有待提升等。为进一步让社会公众共享法治政府建设的成果，通过法治政府建设带动法治社会进步，建议重构行政裁决在多元化纠纷解决机制中的制度，保障行政裁决在多元化纠纷解决机制中功能的有效发挥；提高公共法律服务质效，完善多样化公共法律服务供给；完善"普法责任清单"制度建设，推进法治宣传教育融入法治实践全过程。

---

[*] 李红勃，中国政法大学法治政府研究院教授，法学博士，研究方向：法理学、人权法、教育法。中国政法大学法学院 2022 级法学理论硕士研究生朱玉宸、中国政法大学法学院 2022 级教育法硕士研究生马晟誉、中国政法大学法学院 2022 级教育法硕士研究生邹芷玥协助进行数据检索、分析及图表制作等工作。

关键词：　法治社会　人民调解　行政裁决　公共法律服务　普法责任

法治社会建设是全面依法治国的基础工程。法治建设各环节、各领域彼此关联、相互影响，只有在国家、政府、社会各个层面构建系统完备、科学规范、运行有效的制度体系，才能实现法治建设各个环节相互配合、协同运转。其中，法治政府的本质属性是为人民服务，法治政府建设不仅仅涉及行政机关内部的法治理念、法治思维和法治信仰，还要让社会公众共享法治政府建设的成果，增强人民群众法治获得感、幸福感、安全感，让法治成为人民美好生活需要的重要保障。在此背景下，项目组设置了"法治政府对法治社会的带动"一级指标，这体现了对新时代法治政府建设内涵与特征的准确认识和全面把握。

在2022～2023年的评估中，项目组以国家最新法律法规、政策文件为根据，以往年的评估经验为参考，全面调整和修订了评估指标，使评估指标体系更趋于体系完备、逻辑严密、方法合理。围绕"法治政府对法治社会的带动"一级指标，项目组主要从社会矛盾有效化解、推进公共法律服务体系建设、增强全社会法治观念三个方面对100个城市进行了评估。评估结果显示，各地政府在通过调解组织建设、推进行政裁决以有效化解社会矛盾，加强多元化法律服务供给以及通过领导干部法治思维培养，推进"谁执法谁普法"普法责任制建设等方面采取了积极有效的措施，对法治社会培育产生了卓有成效的带动作用，但在落实机制上尚存不足，有待进一步改进和完善。

一　指标设置及评估标准

在2022～2023年的评估中，在"法治政府对法治社会的带动"板块中，评估设计与上年度的整体思路基本保持一致，并考虑到评估项目整体之间的连贯性与逻辑性，对本板块中的指标体系进行了调整，同时也更全面地评估法治政府对法治社会的各类影响。

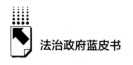

（一）指标体系

在 2022～2023 年的评估中，"法治政府对法治社会的带动"一级指标下共设立了 3 个二级指标，分别为"社会矛盾有效化解""推进公共法律服务体系建设""增强全社会法治观念"，并在二级指标下设立 6 个三级指标，共计 80 分（见表 B.9-1）。

"社会矛盾有效化解"下设"调解组织建设"和"推进行政裁决"两个三级指标，各占 15 分；"推进公共法律服务体系建设"下设"多元化公共法律服务供给建设"和"法律援助与村（居）法律顾问"两个三级指标，各占 15 分；"增强全社会法治观念"下设"领导干部法治思维培养"和"落实'谁执法谁普法'"两个三级指标，各占 10 分。

表 B.9-1　法治政府对法治社会的带动指标体系

一级指标	二级指标	三级指标
法治政府对法治社会的带动（80 分）	（一）社会矛盾有效化解（30 分）	1. 调解组织建设(15 分)
		2. 推进行政裁决(15 分)
	（二）推进公共法律服务体系建设（30 分）	3. 多元化公共法律服务供给建设(15 分)
		4. 法律援助与村(居)法律顾问(15 分)
	（三）增强全社会法治观念(20 分)	5. 领导干部法治思维培养(10 分)
		6. 落实"谁执法谁普法"(10 分)

（二）设置依据和评估标准

课题组主要依据 2018 年最高人民法院、司法部、民政部等六部门联合印发的《关于加强人民调解员队伍建设的意见》，2019 年中共中央办公厅、国务院办公厅《关于加快推进公共法律服务体系建设的意见》，2020 年中共中央《法治社会建设实施纲要（2020—2025 年）》，2021 年中共中央《法治中国建设规划（2020—2025 年）》，2021 年中共中央、国务院《法治政府建设实施纲要（2021—2025 年）》以及 2021 年司法部《全国公共法律服务体系建设规划（2021—2025 年）》设计评估指标、依据和评价体系。

对比上一年度的指标设计，本部分的指标为避免指标测量的重复，增强整体评估的体系性、逻辑性，将评估指标进行了一定调整。第一，本年度评估将原有的二级指标"行政争议实质性解决"调整至第四大一级指标"依法行政制度体系完善"之中，本部分二级指标更新为"推进公共法律服务体系建设"，并依据公共法律服务的主体与内容，在其下设立了"多元化公共法律服务供给建设"与"法律援助与村（居）法律顾问"两个三级指标，以测量各地公共法律服务体系的基本情况以及实施效果。第二，本年度评估将原有的二级指标"增强全社会法治观念"项下的三级指标"在全社会开展普法活动"更改为"领导干部法治思维培养"，进一步扩充了评估主体的范围，增强评估结果的丰富性。

各三级指标（观测点）的设置依据、测评方法以及评分标准如下。

1. 调解组织建设

【设置依据】《法治政府建设实施纲要（2021—2025 年）》规定："加强行政调解工作。依法加强消费者权益保护、交通损害赔偿、治安管理、环境污染、社会保障、房屋土地征收、知识产权等方面的行政调解，及时妥善推进矛盾纠纷化解。各职能部门要规范行政调解范围和程序，组织做好教育培训，提升行政调解工作水平。坚持'三调'联动，推进行政调解与人民调解、司法调解有效衔接。"中央政法委、最高人民法院、司法部、民政部、财政部、人力资源和社会保障部《关于加强人民调解员队伍建设的意见》指出："健全管理制度。人民调解委员会应当建立健全人民调解员聘用、学习、培训、考评、奖惩等各项管理制度，加强对人民调解员的日常管理。建立人民调解员名册制度，县（市、区）司法行政部门定期汇总人民调解员基本信息，及时向社会公开并通报人民法院，方便当事人选择和监督。建立岗位责任和绩效评价制度，完善评价指标体系。"

【测评方法】网络检索。利用人民法院调解平台查询各市调解组织数量、人民调解员名册等信息；以人民法院调解平台、各市政府官网平台为主要渠道，以百度、搜狗、微信搜一搜等搜索引擎为辅助渠道，搜索

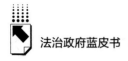

关键词"调解员培训""调解培训",在各网站上进行检索,了解各市人民调解员的培训情况。本指标的检索时间为2022年5月1日至2023年4月30日。

【评分标准】本项满分为15分:(1)在消费者权益保护、交通损害赔偿、治安管理、环境污染、社会保障、房屋土地征收、知识产权等领域设立了调解组织并开展行政调解的,每一项得1分,最高得5分;(2)随机抽取五个区县(不足五个的按实际数量),能够发布人民调解员名册的,每个得1分,最高得5分;(3)随机抽取五个区县(不足五个的按实际数量),查询年度人民调解员培训情况,开展了业务培训的,每个得1分,最高得5分。

2. 推进行政裁决

【设置依据】《法治政府建设实施纲要(2021—2025年)》规定:"有序推进行政裁决工作。发挥行政裁决化解民事纠纷的'分流阀'作用,建立体系健全、渠道畅通、公正便捷、裁诉衔接的裁决机制。推行行政裁决权利告知制度,规范行政裁决程序,推动有关行政机关切实履行行政裁决职责。全面梳理行政裁决事项,明确行政裁决适用范围,稳妥推进行政裁决改革试点。强化案例指导和业务培训,提升行政裁决能力。研究推进行政裁决法律制度建设。"

【测评方法】网络检索。以各级政府及其职能部门、政务服务平台官方网站为主要搜索渠道,以百度、搜狗、微信搜一搜等搜索引擎为辅助搜索渠道,通过搜索"行政裁决制度""行政裁决方案""行政裁决程序""行政裁决培训"等关键词,了解各市行政裁决推进情况。本指标的检索时间为2022年5月1日至2023年4月30日。

【评分标准】本项满分为15分:(1)出台了行政裁决的规章制度、实施方案的,得5分;(2)发布了行政裁决事项与适用范围的,得4分;(3)以自然资源权属争议、知识产权纠纷为对象进行检索,能够查询到行政裁决办理机构、处理程序的,得2分;能够实现行政裁决在线立案、在线办理的,得2分;能够进行案例指导和开展业务培训的,得2分。

3. 多元化公共法律服务供给建设

【设置依据】《法治社会建设实施纲要（2020—2025 年）》针对法治社会建设的主体内容要求，提出"加快律师、公证、仲裁、司法鉴定等行业改革发展，完善公共法律服务管理体制和工作机制，推进公共法律服务标准化、规范化、精准化，有效满足人民群众日益增长的高品质、多元化法律服务需求"。同时，针对公共法律服务平台的建设，提出"加强公共法律服务实体、热线、网络三大平台建设，推动公共法律服务与科技创新手段深度融合，尽快建成覆盖全业务、全时空的公共法律服务网络"。此外，《全国公共法律服务体系建设规划（2021—2025 年）》提出，应"发挥律师在公共法律服务中的主力军作用、营造法治化营商环境、坚持和强化公证的公益性以及健全完善司法鉴定管理使用衔接机制"等。

【测评方法】网络检索。依据各市及其下辖区县人民政府门户网站、信息公开网站、融媒体平台，以及各市公共法律服务网站、司法局网站、律师协会网站、公证处网站、司法鉴定机构网站等网络平台，在评估时段内，首先检索律师、公证处、司法鉴定机构三个主体的基本信息，检索出能够证明相关组织机构设立、存续、工作内容等的基本信息。其次，通过模糊检索"律师公益法律服务""公证便民""司法鉴定便民"等关键词，检索出能够证明其工作部署、工作开展的政策文件和新闻资讯，据此进行评分。本指标的检索时间为 2022 年 5 月 1 日至 2023 年 4 月 30 日。

【评分标准】本项满分为 15 分，主要从公共法律服务的供给主体着手，即评估律师、公证、司法鉴定三个行业的各地覆盖率，以及公共法律服务的供给能力与创新能力。具体而言，标准设立如下。（1）律师能积极开展公益法律服务，提供免费法律咨询服务、调解服务、参与化解信访案件的，每项得 1 分，最高得 3 分；能够创新服务形式，开展特色服务活动的，如开展民营企业"法治体检""法律进企业"活动的，酌情加分，最高得 2 分。（2）公证机构在市域内实现全覆盖的，酌情得分，最高得 3 分；能够在服务金融、民营企业、知识产权保护等领域采取便企利民政策措施的，酌情加分，最高得 2 分。（3）司法鉴定机构在市域内以及业务种类实现全覆盖的，

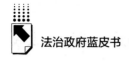

如覆盖法医类、物证类、声像资料鉴定类等业务范围的，酌情得分，最高得3分；司法鉴定机构能够发挥公益作用，对法律援助案件当事人依法减收、免收司法鉴定费用的，酌情加分，最高得2分。

4. 法律援助与村（居）法律顾问

【设置依据】在法律援助领域，《法治社会建设实施纲要（2020—2025年）》提出"健全公民权利救济渠道和方式，完善法律援助制度和国家司法救助制度，制定出台法律援助法，保障困难群体、特殊群众的基本公共法律服务权益"。同时，《全国公共法律服务体系建设规划（2021—2025年）》提出"推动法律援助法实施。建立健全法律援助机构，实现县级以上法律援助机构全覆盖，配齐配强法律援助机构工作人员，有效履行国家责任。落实国家基本公共服务标准，强化质量监管，完善配套制度，完善法律援助服务标准体系，建立健全评价指标体系"。在村（居）法律顾问领域，《法治社会建设实施纲要（2020—2025年）》提出"健全村（居）法律顾问制度，充分发挥村（居）法律顾问作用"，《关于加快推进公共法律服务体系建设的意见》提出"加快推进村（居）法律顾问全覆盖"。《全国公共法律服务体系建设规划（2021—2025年）》提出"村（居）法律顾问工作进一步加强和规范，服务领域不断扩展，服务能力不断提升，服务质效不断增强"。

【测评方法】网络检索。依据各市及其下辖区县人民政府门户网站、信息公开网站、融媒体平台等网络平台，在评估时段内，以"法律援助""法律援助+（群团组织）""村（居）法律顾问"为关键词检索，检索出能证明相关机构部署和开展工作的政策文件以及新闻报道，并以此为基础进行评分。本指标的检索时间为2022年5月1日至2023年4月30日。

【评分标准】本项满分为15分，主要从法律援助与村（居）法律顾问两大内容着手，在法律援助方面，评估其市政府是否推进了法律援助工作、是否联合群团组织开展了专项活动。在村（居）法律顾问方面，评估其是否实现全覆盖，是否能够扩展服务领域、落实服务质效等。具体而言，标准设立如下。（1）市政府能够出台专门支持政策的，得2分，政府能做专门工作部署的，得 1 分，开展专门宣传活动的，得 1 分，最高得 4 分；能够和群团组织如工会、妇联、共青团、残联等联合开展专项法律援助活动的，每项得 1 分，最高得 4 分。（2）能够实现村（居）法律顾问全覆盖的，酌情得分，最高得 2 分；村（居）法律顾问参与矛盾纠纷化解，服务村（居）依法治理，提供法律咨询和服务的，酌情赋分，最高得 3 分；对村/社区法律顾问开展职前培训或业务培训的，酌情赋分，最高得 2 分。

5. 领导干部法治思维培养

【设置依据】《关于开展法治宣传教育的第八个五年规划（2021—2025 年）》提出应重点抓好"关键少数"，提高各级领导干部运用法治思维和法治方式深化改革、推动发展、化解矛盾、维护稳定、应对风险的能力；《法治社会建设实施纲要（2020—2025 年）》要求充分发挥领导干部带头尊法学法守法用法对全社会的示范带动作用，进一步落实国家工作人员学法用法制度，健全日常学法制度，强化法治培训，完善考核评估机制，不断增强国家工作人员特别是各级领导干部依法办事的意识和能力。

【测评方法】网络检索。对地方政府及各市直部门的门户网站、信息公开网站进行访问，同时以百度、必应、微信等搜索引擎和融媒体平台为辅助，以"法治培训""法治讲座"等为关键词进行检索、核对，查找工作文件、新闻报道、普法文章、年度报告等佐证材料，据此开展评估。本指标分为两个四级指标，检索时间分别为 2021 年 1 月 1 日至 2022 年 1 月 1 日、2022 年 1 月 1 日至 2023 年 1 月 1 日。

【评分标准】本项指标满分为 10 分，分别检索 2021 年度和 2022 年度各地针对政府领导班子成员和承担行政执法职能的部门负责人开展法治专题讲座培训的情况，能够检索到 2021 年度举办 2 期及以上政府领导班子成员参加的法治专题讲座相关信息的，得 5 分，能够检索到举办 2 次及以上承担行政执法职能的部门负责人参加的法治专题培训的相关信息的，得 5 分；能够检索到 2022 年度举办 2 期及以上政府领导班子成员参加的法治专题讲座相关信息的，得 5 分，能够检索到举办 2 次及以上承担行政执法职能的部门负责人参加的法治专题培训的相关信息的，得 5 分。此后取 2021 年度和 2022

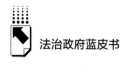

年度得分的平均分。

6. 落实"谁执法谁普法"

【设置依据】《法治社会建设实施纲要（2020—2025 年）》要求落实"谁执法谁普法"普法责任制，实现国家机关普法责任制清单全覆盖；《关于实行国家机关"谁执法谁普法"普法责任制的意见》要求建立法官、检察官、行政执法人员、律师等以案释法制度，加强典型案例的收集、整理、研究和发布工作，建立以案释法资源库，充分发挥典型案例的引导、规范、预防与教育功能。

【测评方法】网络检索。对地方政府及各市直部门的门户网站、信息公开网站进行访问，以百度、必应、微信等搜索引擎和融媒体平台为辅助，以"普法责任清单""谁执法谁普法""以案释法""以案普法"等为关键词进行检索、核对，查找工作文件、新闻报道、普法文章、年度报告等佐证材料，据此开展评估。本指标的检索时间为 2022 年 5 月 1 日至 2023 年 4 月 30 日。

【评分标准】本项指标满分为 10 分，分为普法责任制清单的发布、基层"谁执法谁普法"活动开展情况、法治队伍落实"以案释法"制度的情况三个四级指标。关于普法责任制清单的发布情况这一指标，项目组一一访问地方政府及各市直部门的门户网站、信息公开网站以及其他搜索引擎，在市司法局、民政局、公安局、市场监管局、城市管理综合执法局等部门中随机抽取三个，能够检索到公开发布的普法责任制清单的，每个得 1 分，最高得 3 分。关于基层"谁执法谁普法"活动开展情况这一指标，项目组在各市中随机挑选两个区县，访问市政府、区县政府、市直部门、区县部门等门户网站、信息公开网站以及其他搜索引擎，对其开展"谁执法谁普法"情况进行查询，根据活动数量和质量酌情打分，最高得 4 分；对不涉区的地级市则随机挑选两个街道办事处或者乡镇进行评估。关于法治队伍落实"以案释法"制度的情况这一指标，项目组在各市司法局、民政局、公安局、市场监管局、城市管理综合执法局中随机抽取四个，查找网络公开发布的工作总结、新闻报道等材料，能够佐证该部门有效开展行政复议人员、行政执法人员、律师以案释法活动的，每个得 1 分，最高得 4 分。

二　总体评估结果分析

本项指标评估总分为 80 分，共有 100 个被评估的城市，平均得分为 69.06 分。其中，共有 49 个城市得分在平均分之上，在被评估城市总数中占 49%；共有 51 个城市得分在平均分之下，在被评估城市总数中占 51%。在本项指标的评估中，最高得分为 78 分，最低得分为 48 分，总体区分度较大。在这些分数区段中，大多数城市的得分在 65~75 分，共计有 79 个城市在这个分数区段，在所有被评估城市中占 79%。在本级指标下，得分率排名前三的城市依次是：南京（97.50%）、上海（97.50%）、北京（96.25%）。

本年度得分率排名 1~30 的城市情况见图 B.9-1。

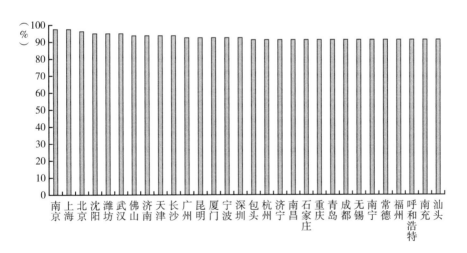

图 B.9-1　"法治政府对法治社会的带动"指标排名 1~30 的城市得分率情况

"法治政府对法治社会的带动"一级指标包含 6 个三级指标（观测点），各三级指标（观测点）的得分情况如下：（1）调解组织建设，平均得分率为 95.20%；（2）推进行政裁决，平均得分率为 87.53%；（3）多元化公共法律服务供给建设，平均得分率为 82.87%；（4）法律援助与村（居）法律顾问，平均得分率为 72.87%；（5）领导干部法治思维培养，平均得分率为 99.25%；（6）落实"谁执法谁普法"，平均得分率为 83.60%（见图 B.9-2）。

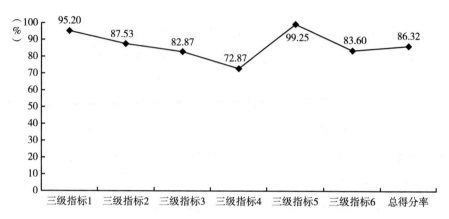

图 B.9-2　"法治政府对法治社会的带动"各三级指标的平均得分率

三　三级指标评估结果分析

（一）调解组织建设

1.总体表现分析

《法治政府建设实施纲要（2021—2025 年）》明确提出，要加强行政调解工作，依法加强消费者权益保护、交通损害赔偿、治安管理、环境污染、社会保障、房屋土地征收、知识产权等方面的行政调解。根据实施纲要的要求，项目组在三级指标"调解组织建设"下以这些领域为重点进行指标设计，主要观测地方政府是否设立了这些重点领域的调解组织、是否发布了人民调解员名册、是否开展了年度人民调解员培训来评估各城市在调解组织建设方面的完成情况。

在本次评估中，三级指标"调解组织建设"的平均得分为 14.28 分，平均得分率为 95.20%，获得满分的城市有 58 个，不超过 8 分的城市仅有 1 个（见表 B.9-2）。从这项指标中可以看出我国调解组织建设日趋完善，发展形势向好，多数被评估城市已在重点领域成立调解组织，积极开展调解工作，发布调解员名册和开展调解员培训业务。

表 B.9-2　"调解组织建设"指标总体得分情况

得分（分）	15	12~14	9~11	8分及以下
城市（个）	58	40	1	1

2. 分差说明与典型事例

通过观测，近八成的城市在消费者权益保护、交通损害赔偿、治安管理、环境污染、社会保障等五个及以上的重点领域设立了专门的调解组织，近 1/5 的城市在四个重点领域设立了专门的调解组织。在被评估的 100 个城市中，超过九成的城市设立了医疗纠纷调解委员会和交通事故调解组织，对公正处理医患纠纷与及时有效解决交通事故纠纷起到了极大的作用。除此之外，一些城市在其他领域设立了专门的调解组织，如包头市设立了婚姻家庭纠纷调解委员会，南充市设立了保险纠纷人民调解委员会，海口市设立了涉侨纠纷调解组织，这些调解组织在化解特定领域的矛盾方面发挥了重要的作用。

长期以来，调解在化解矛盾纠纷方面都起到重要的作用。及时有效地化解矛盾，让矛盾不激化、纠纷不升级，对于维护人民群众合法权益、促进社会和谐稳定十分必要。《关于加强人民调解员队伍建设的意见》指出，要健全管理制度，建立健全人民调解员聘用、学习、培训、考评、奖惩等各项管理制度；要建立人民调解员名册制度，定期汇总人民调解员基本信息，及时向社会公开。根据《关于加强人民调解员队伍建设的意见》的要求，项目组在三级指标"调解组织建设"下设立两项得分点，通过查询各市发布人民调解员名册及开展人民调解员培训的情况来评估打分。

根据评估结果，在发布人民调解员名册方面，绝大多数城市已在相关平台发布人民调解员的具体信息，包括所属调解组织、是否被法院认证、办理案件数量以及结案数量等。该项指标满分为 5 分，平均得分为 4.96 分，平均得分率为 99.20%。在被评估的 100 个城市中，98 个城市在发布人民调解员名册方面获得满分，由此可见，绝大多数城市已根据意见要求发布人民调解员名册供公众查询。在开展人民调解员培训方面，项目组通过搜索"区县名/市名+人民调解员培训"，调查各市开展人民调解员培训的情况。该项指标满分为 5 分，平均得分为 4.6 分，平均得分率为 92.00%，其中 70 个城市得分为 5 分，24 个城市得分为 4 分，由此可见绝大多数城市在开展人民调解员培训的工作上卓有成效。

（二）推进行政裁决

1. 总体表现分析

作为社会矛盾化解的重要途径之一，行政裁决具有效率高、成本低、专业性强、程序简便等优点，《法治政府建设实施纲要（2021—2025 年）》中指出，要有序推进行政裁决工作，发挥行政裁决化解民事纠纷的"分流阀"作用。本项指标针对各城市是否有效推进行政裁决工作而设计，满分为 15 分。根据评估结果，推进行政裁决的平均得分为 13.13 分，平均得分率为 87.53%。具体分值分布见表 B.9-3。

表 B.9-3　"推进行政裁决"指标总体得分情况

得分(分)	15	12~14	9~11	8分及以下
城市(个)	15	73	11	1

2. 分差说明与典型事例

在"推进行政裁决"这一指标下，项目组设立了如下的专项得分点：出台了行政裁决的规章制度、实施方案的，得 5 分；发布了行政裁决事项与适用范围的，得 4 分；以自然资源权属争议、知识产权纠纷为对象进行检索，能够查询到行政裁决办理机构、处理程序的，得 2 分；能够实现行政裁决在线立案、在线办理的，得 2 分；能够进行案例指导和开展业务培训的，得 2 分。

在是否出台行政裁决的规章制度、实施方案这一得分点上，100 个城市的平均得分为 4.32 分，平均得分率为 86.40%，其中获得满分 5 分的城市有 62 个，获得 4 分的城市有 15 个，获得 3 分的城市有 16 个，获得 2 分的城市有 7 个。过半数的城市都能够在这一得分点上获得满分，但仍有少部分城市未能出台行政裁决的规章制度和实施方案。多数城市主要在专利侵权纠纷、自然资源权属争议等领域出台行政裁决的暂行办法、实施程序。

在是否发布行政裁决事项与适用范围这一得分点上，100 个城市的平均得分为 3.96 分，平均得分率为 99.00%，其中获得满分 4 分的城市有 98 个。可见绝大多数城市已通过各种渠道发布了行政裁决事项清单，只有极个别城市无法检索到相关信息。

在能否查询到行政裁决办理机构、处理程序，能否实现行政裁决在线立案、在线办理，能否进行案例指导和开展业务培训这一得分点上，100 个城市的平均得分为 4.85 分，平均得分率为 80.83%，其中获得满分 6 分的城市有 31 个，获得 5 分的城市有 27 个，获得 4 分的城市有 39 个。

（三）多元化公共法律服务供给建设

1. 总体表现分析

本项指标重在评估公共法律服务供给建设的基本情况，满分为 15 分，100 个城市的平均得分为 12.43 分。如表 B.9-4 所示，本项二级指标得分为满分的城市有 15 个，占比 15%，总体而言，各地均能落实《法治社会建设实施纲要（2020—2025 年）》以及《全国公共法律服务体系建设规划（2021—2025 年）》的相应要求，发挥多主体多元供给的优势，积极提供优质的公共法律服务。

表 B. 9-4 "多元化公共法律服务供给建设"指标总体得分情况

得分(分)	15	12~14	9~11	8分及以下
城市(个)	15	55	29	1

2. 分差说明及典型事例

本三级指标针对律师、公证机构、司法鉴定机构这三个不同主体进行考察。第一，在律师的公共法律服务供给项下，评估结果显示，各地的律师积极推动了公益法律服务的开展以及积极提供了免费法律咨询和调解服务，同时，有 86 个城市的律师参与到化解信访案件的工作之中。在创新服务形式这项考察中，满分为 2 分，平均得分为 1.92 分，有 92 个城市的律师在参与常规的公益法律服务之外，还针对企业开展"法治体检""万所联万会"等助企纾困的特色服务活动，南阳市律协与侨联合作建立"侨联法律服务中心和涉侨纠纷调解工作室"，哈尔滨市建立自贸试验区哈尔滨片区律师人才库，因地制宜开展特色活动，充分彰显了律师在公共法律服务中的能动性、专业性、高效性，发挥了主力军作用。

第二，在公证机构的公共法律服务供给项下，项目组设置了两个测评点。一是评估公证机构在市域内是否实现全覆盖，评估结果显示，有 92 个城市的公证机构实现了市域范围内全覆盖，体现出公证服务均等化与可及性趋于完善。二是评估公证机构的公益法律服务提供形式，具体测评方式为：能够创新服务形式，开展特色服务活动的，如开展民营企业"法治体检""法律进企业"活动的，酌情加分，最高得 2 分。在本次评估中，该得分点平均得分为 1.83 分，绝大多数公证机构采取便企利民措施时集中在公证流程的简便以及对于企业营商环境的优化，但整体而言，较少在知识产权保护、服务金融领域采取相应措施，仅有部分城市进行了积极尝试，如重庆市探索"元宇宙数字世界公证业务"的全新服务方式，大连市探索建立知识产权侵权行为公证悬赏取证制度，广州市探索深化"银行+公证"的服务金融模式等。

第三，在司法鉴定机构的公共法律服务供给项下，项目组设置了两个测评点。一是评估司法鉴定机构是否在市域内以及业务种类实现全覆盖，该得分点满分为 3 分，平均得分为 2.25 分，其中获得满分的城市有 45 个，所有城市的司法鉴定机构均实现了市域内全覆盖，但在业务种类上各地的差异较大。二是评估司法鉴定机构是否发挥了公益作用，具体测评方式为：司法鉴定机构能够发挥公益作用，对法律援助案件当事人依法减收、免收司法鉴定费用的，酌情加分，最高得 2 分。在本次评估中，该得分点的平均得分为 0.66 分，其中获得满分的城市有 21 个，平均得分率为 45.00%，整体而言，仅有较少城市针对困难群众、特殊情形依法进行减收、免收司法鉴定费用。在司法鉴定领域，北京、长沙、重庆、广州、哈尔滨、武汉等城市在实现市域、种类全覆盖的同时，也充分发挥司法鉴定机构的公益作用，不断满足社会和人民群众的司法鉴定需求。

（四）法律援助与村（居）法律顾问

1. 总体表现分析

本项指标旨在评估公共法律服务的核心内容，即法律援助工作以及近年来强调的村（居）法律顾问制度建设工作。该指标满分 15 分，100 个城市平均得分为 10.94 分，如表 B.9-5 所示，本项二级指标得分为满分的城市仅有 3 个，占比 3%，多数城市在 9~14 分的得分区间。

表 B.9-5 "法律援助与村（居）法律顾问"指标总体得分情况

得分（分）	15	12~14	9~11	8 分及以下
城市（个）	3	32	59	6

2. 分差说明及典型事例

本三级指标主要分为两个部分，即法律援助部分与村（居）法律顾问部分。首先，在法律援助部分评估设置中，满分为 8 分，平均得分为 5.84 分。有 10 个城市获得满分，48% 的城市获得 6 分。因此从整体来看，各地

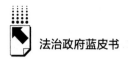

法律援助工作推进得较好。

关于"市政府出台支持法律援助的政策文件"一项，有 16 个城市在本次统计时段中获得满分，例如，石家庄市司法局出台《法律援助扩面提质九项措施》，天津市司法局联合市退役军人事务局出台《关于加强退役军人法律援助工作的若干措施》，北京市司法局出台《北京市实行法律援助告知承诺制的意见（试行）》，这些城市积极运用政策工具指导法律援助工作的开展，不断推动法律援助工作的精细化发展。关于"政府作专门工作部署"与"开展专门宣传活动"两项，分别有 96 个、100 个城市达到了满分。关于"和群团组织联合开展专项法律援助活动"一项，满分为 4 分，平均得分为 3.51 分，有 64% 的城市积极联合工会、妇联、共青团、残联等群团组织开展专项法律援助活动。各地法律援助工作的推进充分体现出政府对于法律援助工作的重视，以及对于活动开展的多样性与专业性的要求正在不断提高。

其次，在村（居）法律顾问部分评估设置中，满分为 7 分，平均得分为 5.09 分。98% 的城市实现了村（居）法律顾问全覆盖。关于"参与矛盾纠纷化解、服务村（居）依法治理，提供法律咨询和服务"一项，满分为 3 分，平均得分为 2.38 分，有 49 个城市获得满分。89% 的城市能做到引入村（居）法律顾问参与至基层矛盾纠纷化解、提供基础性的法律咨询以及普法宣传等工作之中，但仅有少数城市落实了村（居）法律顾问参与服务村（居）依法治理，如协助制定村规民约等工作。关于"对村（居）法律顾问开展培训"一项，满分为 2 分，平均得分为 0.74 分，仅有 22% 的城市专门针对村（居）法律顾问开展了相应的职前培训或业务培训。总的来说，各地村（居）法律顾问正在实现形式上全覆盖的基础上不断从实质上落实法律服务供给的精准性、专业性和多样性，力图实现因地制宜、发挥实效。

（五）领导干部法治思维培养

1. 总体表现分析

领导干部作为具体行使和运用公权力的人，其法治思维和法治素养直接关涉法治的实践效果。《法治政府建设实施纲要（2021—2025年）》要求全面加强依法行政能力建设，健全领导干部学法用法机制，并明确县级以上地方各级政府应当负责本地区领导干部法治专题培训，地方各级政府领导班子每年应当举办两期以上法治专题讲座。

因此，项目组在"领导干部法治思维培养"这一三级指标下根据这一要求进行评估指标设计，分别考察各城市2021年度和2022年度针对政府领导班子成员和承担行政执法职能的部门负责人开展法治专题讲座培训的情况。在本次评估中，"领导干部法治思维培养"这一三级指标满分为10分，100个城市平均得分为9.925分，满分率98%，未取得满分的城市仅有2个（见表 B.9-6）。由此可见，我国当前对于领导干部法治思维的培养高度重视，几乎所有被评估城市均对政府领导班子成员和承担行政执法职能的部门负责人开展了两期及以上的法治专题讲座，促进领导干部带头尊法、学法、守法，运用法治思维处理国家与社会的各种事务。

表 B.9-6 "领导干部法治思维培养"指标总体得分情况

得分（分）	10	9	8	0~7
城市（个）	98	0	1	1

2. 分差说明及典型事例

本次被评估城市中，有98个城市明确公开了近两年针对领导干部和执法部门负责人开展法治专题讲座的情况，完成率远超每年两期的文件指标要求，仅有2个城市由于政府门户网站建设问题，穷尽搜索途径仍无法搜寻到2021年度法治专题讲座工作情况的信息。

评估结果显示，各地政府广泛采用了邀请专家进行专题培训，常态化开展"会前学法"等形式，积极推进法治培训的开展。在培训人员上，各地根据多元化法治需求不断扩展专家队伍的范围，既包括执法办案人员、实务部门负责人，也包括各地高校的法学教师、学术科研机构的法学专家学者、律师等法律服务工作者；在培训内容上，各地基本上紧扣"八五"普法规

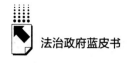

划的要求，学习内容以习近平法治思想、宪法、民法典、党内法规以及与推动高质量发展、社会治理现代化密切相关的法律法规为主。总体而言，法治宣传教育工作的开展较为扎实，有效提升了领导干部严格依法决策、严格依法办事、严格依法行政的素养和能力，发挥"关键少数"在全面推进依法治国战略中的关键作用。

（六）落实"谁执法谁普法"

1. 总体表现分析

全民普法和全民守法是全面依法治国的长期基础性工作，完善分工负责、共同参与的普法工作机制是提升普法工作实效、实现转型升级的基础。党的十八届四中全会决定明确要求坚持把全民普法和守法作为依法治国的长期基础性工作，实行国家机关"谁执法谁普法"的普法责任制。《关于实行国家机关"谁执法谁普法"普法责任制的意见》中明确了"建立普法责任制、明确普法内容、围绕热点难点问题向社会开展普法、建立和完善以案释法制度"等具体工作部署。

据此，项目组在"落实'谁执法谁普法'"这一三级指标下进行评估指标设计，分为普法责任制清单的发布、基层"谁执法谁普法"活动开展情况、法治队伍落实"以案释法"制度的情况三个考察点，对各地的普法工作机制和落实情况进行系统性评估。在本次评估中，"落实'谁执法谁普法'"这一三级指标的满分为 10 分，100 个城市平均得分为 8.36 分，有 41 个城市获得满分（见表 B.9-7），满分率 41%，总体而言，各地普法工作的推进和落实情况较为良好。

表 B.9-7 "落实'谁执法谁普法'"指标总体得分情况

得分（分）	10	9	8	0~7
城市（个）	41	13	12	34

2. 分差说明及典型事例

本指标项下包含了三个方面的考察点。评估结果显示，关于普法责任制

清单的发布情况，该指标的满分为 3 分，平均得分为 1.90 分，满分率为
54%，尚有 28 个城市的司法局、民政局、公安局、市场监管局、城市管理
综合执法局等部门未及时公开发布普法责任制清单。关于基层"谁执法谁
普法"活动开展情况，该指标的满分为 4 分，平均得分为 3.79 分，满分率
为 81%。总体上，各地有关部门较为充分地认识到普法责任制的重要性，
能有效地协调配合，因地制宜，积极推动将普法责任制的各项要求落到实
处，着力建设和完善实施精准、评价科学、责任落实的普法工作体系。关于
法治队伍落实"以案释法"制度的情况，该指标的满分为 3 分，平均得分
为 2.67 分，满分率为 80%，可见各地以案释法制度的落实情况整体良好。
仅有 4 个城市由于政府门户网站建设问题，暂无法查询到相关信息。

本次评估发现，部分城市尤其重视现代信息技术的运用，注重依托新媒
体新技术开展普法活动。例如，江苏省以及汕头市、武汉市、杭州市等地建
立了以案释法典型普法案例库，通过专设普法专栏或普法网站等方式，推进
典型案事件依法解决的过程成为全民普法的公开课。同时，深圳市、郑州
市、岳阳市等城市除开展经常性的以案释法活动外，还积极开展法官、检察
官、行政执法人员、律师等群体的以案释法竞赛，以赛促练、以赛促学、以
赛提能，促进以案释法工作专业化发展，未来有望进一步推动普法活动的精
准化，丰富普法活动的多样性，构建多层次、立体化、全方位的法治宣传教
育网络。

四　评估结论与建议

总体而言，一级指标"法治政府对法治社会的带动"的平均得分为
69.06 分（总分为 80 分），平均得分率为 86.32%。与上一年的平均得分
68.06 分相比，多数城市在这项指标上保持上升趋势。"社会矛盾有效化解"
这一指标的平均得分为 14.28 分（满分为 15 分），平均得分率为 95.20%，
与上一年相比显著上升，有 58 个城市的得分高于平均分，可见多数地方政
府有效开展了社会矛盾有效化解的工作；就"推进公共法律服务体系供给

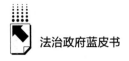

建设"而言，该指标总分为 30 分，本次参评城市的平均得分为 23.36 分，平均得分率为 77.87%，有 50 个城市高于平均分，反映出多数城市能有效推进公共法律服务的供给，从以形式上扩大供给覆盖面为目标转化至以提高服务供给实效为目标；就"增强全社会法治观念"而言，该指标总分为 20 分，本次参评城市的平均得分为 18.29 分，平均得分率为 91.45%，有 54 个城市的得分高于平均分，反映出地方政府对法治宣传教育的高度重视和高效实践，紧抓"关键少数"，推进全民守法，使法治成为社会共识和基本原则。

（一）存在的问题

根据"法治政府对法治社会的带动"评估结果，绝大多数城市取得了不错的成绩，但在某些方面仍有需要加强改进之处。首先，行政裁决面临实践困难；其次，公共法律服务体系供给的实质化建设有待提升；最后，"谁执法谁普法"制度的实施效果有待提升。

1. 行政裁决面临实践困难

根据评估数据，我们可以发现在"社会矛盾有效化解"这项指标下，绝大多数地方政府在调解组织建设的工作上表现较好，但在推进行政裁决工作上仍有需要加强之处。目前被评估城市在行政裁决制度方面主要存在如下两个方面的问题。第一，行政裁决的制度设计有待完善。行政裁决设定规范的明确性不够，行政裁决主体设置较为分散、独立性不彰，且行政裁决缺乏完整具体的程序规定。一方面，我国的制度设计缺乏对行政裁决的概念、适用范围的明确，导致现行立法中多为"处理""裁定""决定"等模糊表达；行政裁决的种类也不明确，导致行政机关无法有效行使自己的职能。在实际运作中，土地权属争议等领域的行政裁决并未在地方各级人民政府中配置专职的行政裁决人员，而是由一般工作人员担任，这些人员往往承担着其他执法任务，对行政裁决相关法律法规并不熟悉，缺乏一定的专业性。另一方面，我国的行政裁决缺乏完整具体的程序规范，在法律层面的规定多集中于实体法而程序设计粗疏简陋甚至没有规定，这十分不利于对当事人权利的保护。

第二，行政裁决制度运行成本过高，现有救济途径成本过高。一方面，我国行政裁决制度在实践中的运行效果并不理想，行政机关普遍不愿裁决，甚至通过种种隐性策略规避裁决，很多行政裁决制度处于"名存实亡"的状态。行政机关之所以不愿意裁决，根源在于过重的制度运行成本，甚至超过制度规避所带来的风险。这不仅仅会耗费人力、物力等直接行政成本，还存在由于行政裁决被纳入行政诉讼受案范围，被诉至法院并由此承担败诉甚至赔偿的法理责任的可能性。并且，因为法律规范比较抽象，倘若行政机关贸然介入民事纠纷，则有可能面临侵犯私法责难的政治风险。另一方面，行政裁决现有的救济途径成本也很高。当事人如不服裁决结果，需要以行政机关为被告提起行政诉讼，作为民事争议的另一方当事人则是作为第三人参加该行政诉讼，导致救济程序过于冗长，不仅不利于保护当事人的正当权利，也耗费了大量的司法和行政资源。

2. 公共法律服务体系供给的实质化建设有待提升

第一，公共法律服务供给的领域较为单一，供给主体的主动性不强，使得服务供给存在内容形式上的局限性。尤其在公益法律服务领域，在律师、公证机构、司法鉴定机构的公共法律服务供给中，服务供给的创新性、多样性有待提高，多数服务提供仅停留在基础的法律咨询、普法宣传两大内容上，致力于完成"自上而下"式的传统规定工作，形成了一定的路径依赖，缺乏"自下而上"的特色工作开展的驱动力，使得现有的服务供给难以满足人民群众日益增长的高品质、多元化的公共法律服务需求。

第二，公证服务、司法鉴定服务的地域性差异较大，发展不平衡。评估结果显示，中小城市的公证服务、司法鉴定服务的覆盖情况以及服务提供情况显著差于省会城市、大城市。例如在"司法鉴定机构在市域内以及业务种类实现全覆盖"一项中，满分为3分，在得分为0分和1分的22个城市中，有21个城市属于中小城市。由此可见，公证、司法鉴定服务的均等性和可及性仍有较大的提升空间。

第三，村（居）法律顾问的独特作用未能有力发挥，工作多浮于表面。从评估结果中可以看出，村（居）法律顾问在形式上实现了全覆盖，但在具体工作落实中，并未能体现其地域性、专业性优势，基层对该制度设置以及落实的重视程度极低。如仅有较少城市的村（居）法律顾问参与到村（居）依法治理工作之中，其工作容易与律师法律援助等公共法律服务领域重叠，以及很多律师对基层社会的了解程度不够，使得制度极易被架空，职能设置和落实浮于表面，难以发挥其服务质效。

3. "谁执法谁普法"制度的实施效果有待提升

第一，"普法责任清单"的制定和公开情况不佳。推进普法责任精细化、压实化必然要求建立健全普法领导和工作机构机制，明确具体责任部门和责任人员并向社会公开。评估结果显示，尚有28%的城市司法局、民政局、公安局、市场监管局、城市管理综合执法局等部门未及时公开发布普法责任制清单，部分政府部门仅在年度工作总结报告中提及"制定普法责任清单"，但并未将相关文件公开上网；部分公开可见的普法责任清单中也存在表述简单化、责任宽泛化的问题，未切实明确普法工作的主体、内容、时间表、活动方案等，不利于普法教育工作的量化评估和公众监督。

第二，"以案释法"制度有待进一步落实。《关于实行国家机关"谁执法谁普法"普法责任制的意见》要求司法行政机关加强典型案例的收集、整理、研究和发布工作，建立以案释法资源库，组织法官、检察官、行政执法人员、律师开展经常性以案释法活动。评估结果显示，80%的城市相关部门较好地开展了以案释法工作，但已建立以案释法资源库，经常性发布典型案例的城市仍为少数，多数地市只在地方政府及各市直部门的门户网站、信息公开网站等零星发布一些典型案例，工作方式有待进一步系统化、规范化。

（二）改进建议

1. 重构行政裁决在多元化纠纷解决机制中的制度，保障行政裁决在多元化纠纷解决机制中功能的有效发挥

第一，规范行政裁决的适用范围。针对行政裁决在多元化纠纷解决机制中认可度不高的现状，在日后相关法律法规的修订中明确使用"行政裁决"的表述。就其适用范围而言，一方面要稳步扩大行政裁决的适用范围，另一

方面要尊重法院对民事争议享有的原始管辖权，对行政裁决事项作如下要求：作为行政裁决对象的民事纠纷与行政活动有关联，属于专业性高或政策性强的事项，具有及时解决纠纷的必要性。

第二，强化行政裁决主体的独立性，以减少行政机关的人为干预，增强案件审理结果的合法性和公正性。针对自然资源权属纠纷领域，可以在行政机关内部实行职能分离，将裁决人员与前期进行确认登记和调查职能的人员相分离，以避免行政机关的先入为主，提升行政裁决结果的公正性；针对知识产权侵权行政裁决领域，由于其存在大量专业性、技术性实施问题，涉及领域广、疑难复杂案件多，可以考虑将承担行政裁决职能的部门或内设机构重设为事业单位法人。

第三，提升行政裁决程序的公正性。行政裁决程序具有"依申请居中裁判"的准司法特质，应当充分吸收民事诉讼中的正当程序元素，同时保持行政裁决的高效率，赋予当事人正式的听证权。在听证制度设计上，需要行政调查人员、民事争议双方当事人相互之间就法律和事实问题展开质证，以查明案情；未经质证，不得作为定案依据。

2. 提高公共法律服务质效，完善多样化公共法律服务供给

第一，拓宽公共法律服务供给的领域，提高供给主体的积极性与主动性。一是应营造鼓励各地政府提供更符合当地人民群众需求、时代发展的公共法律服务的环境，如通过评比宣传、出台相关政策来激发服务供给主体的积极性、主动性。二是可以通过宣传培训、工作部署等官方形式，有效运用"自上而下"的带动作用，研究适合地方性的服务供给方案，并因地制宜给予有效指导，给各地政府"赋能"，推动多样化的公共法律服务供给。

第二，缩小公证服务、司法鉴定服务的地域性差异。一方面，资源落后地区应不断提高自身的公证服务、司法鉴定服务水平，尽力去缩小与较发达地区的差异。另一方面，较发达地区可以援助并带动欠发达地区的服务建设，实现均衡配置公证服务资源、司法鉴定服务资源，提高公共法律服务整体的可及性、均等性。

第三，厘清村（居）法律顾问的制度价值，增强村（居）法律顾问的

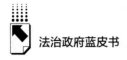

服务质效。应明确村（居）法律顾问制度在推进基层治理现代化和提高基层法律服务供给专业化中的作用，因此，应不断完善村（居）法律顾问的配套保障制度，如建立相应的奖惩机制、激励机制，为村（居）法律顾问提供基础的物质保障，并引入激励机制发挥其辐射作用。同时，需加强村（居）法律顾问队伍建设，要多开展有实效的多样化培训活动，针对基层出现的问题提供专业化的指导交流，助力村（居）法律顾问了解基层、了解民意，进而不断提高服务的质量。

3. 完善"普法责任清单"制度建设，推进法治宣传教育融入法治实践全过程

第一，确保普法责任清单制度的实施，进一步细化实化普法责任。普法责任清单的制定和公开是普法工作转型升级的重要环节，也是推进法治政府建设的基础性工作。一方面，各司其职、各负其责的制度设计有助于提升普法工作的实效性，并推进执法工作的规范化开展。各级政府工作部门负责宣传普及与本部门职责相关的法律法规，并以清单列示的方式明确责任分配，有助于提升执法普法者自身对有关法律制度的理解把握的准确性，在实际工作中坚持运用法治思维，并将法治宣传教育融入法治实践全过程。另一方面，清单的公开有助于加大社会监督力度，促进严格、规范、公正、文明执法，让人民群众更好地理解法律规定，满足人民群众的法治需求，维护社会和谐稳定。因此，各地政府部门应当提高对普法责任清单制度落实的重视程度，坚持法治实践与普法工作联动，定期制定本部门具体的普法责任清单，注重对普法要点、宣传内容、普法对象、方法和时限作出规定并着力推动落实；同时，应当及时将普法责任清单公开发布在地方政府及其各部门门户网站等便于公众查询的渠道，便于公众了解和监督。

第二，充分运用新技术新媒体开展精准普法，建立和完善以案释法数据库，进一步深化司法公开。现代信息技术的应用是提升以案释法制度实效性的重要途径。除了法官、检察官、行政执法人员、律师等法治队伍人员在办案和执法过程中宣讲法律以外，还应当切实开展经常性的以案释法活动，面向社会公众进行普法，而基于当前人民群众多层次、个性化的法治需求，应

进一步推动以案释法的普法定位精准化、供给体系扩大化。一方面，在案例征集、需求匹配等环节，各地政府部门应当注重运用现代信息技术分析各类人群不同的法治需求，以提高普法产品供给的精准性和有效性，促进普法宣传工作向微观化、动态化、互动性转型。另一方面，以案释法的典型案例和相关活动都是法治宣传教育的重要资源，各地政府部门应当在政府网站中开设普法专栏，或利用专门普法网站，定期发布普法内容和工作动态，切实营造法官、检察官、行政执法人员、律师积极参与以案释法工作的良好氛围，推动以案释法工作的常态化开展，并依托微博、微信、微视频等平台扩大普法宣传内容的传播范围，充分发挥典型案例的引导、规范、预防与教育功能。

B.10
优化营商环境的法治保障

成协中[*]

摘　要： 在本次的法治政府评估中，一级指标"优化营商环境的法治保障"的得分率由 2022 年的 74.45% 降低至 60.87%。总体来看，全国营商环境优化的法治保障建设成效有一定波动。本次"优化营商环境的法治保障"相较 2022 年指标有了一定修改，虽然仍旧包含六个三级指标，但部分三级指标的评分标准稍作调整，原因在于三级指标 2 与三级指标 3 的评分标准增加了一个全国平均水平的对比指标，将各地的情况与全国平均水平进行对比后赋分，以期使数据更为科学、准确。从本次的评估结果来看，总体上各地市场准入服务优化、政企沟通制度建立与落实、获取公共资源的平等性三个方面表现相对优异，但各项指标也暴露出在实践中的诸多问题。具体而言，存在负面清单和证照分离改革深化缓慢、行政许可和行政登记审查不严、多地政府未履约或未按合同履约、部分政府尚未建立政企沟通专门渠道、公平竞争保障机制功能实现受阻、获取资源平等性仍有待完善等问题。针对当前所存在的问题，建议各地政府进一步深化调整负面清单的内容和证照分离的范围，依法审慎合理履行审查职责，加强政府诚信建设并贯彻信赖保护原则，健全政企沟通常态化机制，加大公平竞争保障机制落实力度，着力消除差别或歧视待遇现象。

* 成协中，中国政法大学法学院教授。中国政法大学法学院 2021 级宪法学与行政法学硕士研究生苗凌云、中国政法大学法学院 2022 级宪法学与行政法学硕士研究生姚清寻、中国政法大学法学院 2023 级宪法学与行政法学硕士研究生李彤、中国政法大学法学院 2019 级实验班 2 班硕士研究生方彦博协助进行数据检索、分析及图表制作等工作。

关键词： 营商环境　法治保障　政务诚信　政企沟通　公平竞争

一　指标设置及评估标准

（一）指标体系

营商环境对于我国构建新发展格局、推动高质量发展、促进共同富裕的战略目标而言具有重要意义，习近平总书记曾指出"法治是最好的营商环境"，① 故此建设法治化的营商环境是优化营商环境的重要工作。为了持续优化营商环境，加快建设现代化经济体系，国务院先后发布了《国务院办公厅关于印发全国深化"放管服"优化营商环境电视电话会议重点任务分工方案的通知》《国务院办公厅关于做好优化营商环境改革举措复制推广借鉴工作的通知》《优化营商环境条例》《国务院办公厅关于进一步优化营商环境更好服务市场主体的实施意见》《国务院关于开展营商环境创新试点工作的意见》《国务院办公厅关于进一步优化营商环境降低市场主体制度性交易成本的意见》《国务院办公厅关于复制推广营商环境创新试点改革举措的通知》等法律法规和政策文件，对各地营商环境的优化提出更为具体的要求和分工。本次评估拟以上述政策文件为主要依据，观测各级政府在落实相关法律法规和中央政策文件方面的具体成效。本次评估在"优化营商环境的法治保障"一级指标之下设置3项二级指标和6项三级指标，具体内容见表B.10-1。

表 B.10-1　优化营商环境的法治保障指标

一级指标	二级指标	三级指标
优化营商环境的法治保障（90分）	（一）完善行政审批与政务服务（30分）	1. 市场准入服务优化（15分）
		2. 行政许可、行政登记违法情况（15分）
	（二）政务诚信建设状况（15分）	3. 政府合同履约情况（15分）

---

① 2019年2月25日习近平总书记在中央全面依法治国委员会第二次会议上的重要讲话。

一级指标	二级指标	三级指标
优化营商环境的法治保障（90分）	（三）优化营商环境的推进机制（45分）	4. 政企沟通制度建立与落实（15分）
		5. 完善公平竞争保障机制（15分）
		6. 获取公共资源的平等性（15分）

根据《优化营商环境条例》的基本要求，优化营商环境需要国家持续深化简政放权、放管结合、优化服务改革，坚持政务公开透明，着力提升政府服务能力和水平。同时，应当建立畅通有效的政企沟通机制，保障各类市场主体公平参与市场竞争。因此本指标体系设置了"完善行政审批与政务服务""政务诚信建设状况""优化营商环境的推进机制"这三项二级指标。

"完善行政审批与政务服务"围绕营商环境中的政府举措展开，是为了观测各地政府关于行政审批制度改革、政府权责清单制度建设的举措与进展，以破解企业经营的困难，其包含两项三级指标，分别是市场准入服务优化和行政许可、行政登记违法情况。"政务诚信建设状况"则主要考察各级政府的诚实守信情况，助推营商环境高质量发展，包含一个三级指标，即政府合同履约情况。"优化营商环境的推进机制"主要观测各地政府推进优化营商环境机制的构建情况，主要针对政企沟通制度、公平竞争保障机制、各市场主体获取公共资源的平等性等情况进行考察。

在分数设置上，优化营商环境的法治保障一级指标满分90分，其中三项二级指标的分数分配为：完善行政审批与政务服务30分、政府诚信建设状况15分、优化营商环境的推进机制45分。

（二）设置依据和评估标准

本部分指标主要依据为国务院发布的《法治政府建设实施纲要（2021—2025年）》《关于推进国内贸易流通现代化建设法治化营商环境的意见》《关于加强政务诚信建设的指导意见》《优化营商环境条例》《国务院办公厅关于进一步优化营商环境更好服务市场主体的实施意见》《国务

办公厅关于进一步优化营商环境降低市场主体制度性交易成本的意见》《国务院办公厅关于复制推广营商环境创新试点改革举措的通知》等文件中的相关内容和规定。观测中，项目组所依据的材料和数据来源主要为政府门户网站、政府职能部门网站、信用中国网等网络资源，在必要时通过电话咨询等方式对有关信息进行了核实。三级指标的设置依据、观测方法以及评分标准如下。

1. 市场准入服务优化

【设置依据】《法治政府建设实施纲要（2021—2025年）》规定："分级分类推进行政审批制度改革。坚决防止以备案、登记、行政确认、征求意见等方式变相设置行政许可事项。推行行政审批告知承诺制。大力归并减少各类资质资格许可事项，降低准入门槛。有序推进'证照分离'改革全覆盖，将更多涉企经营许可事项纳入改革。深化投资审批制度改革，推进投资领域行政执法监督，全面改善投资环境。全面落实证明事项告知承诺制，新设证明事项必须有法律法规或者国务院决定依据。"《国务院关于实行市场准入负面清单制度的意见》规定："各地区各部门要认真落实市场准入负面清单制度。对各类市场主体基于自愿的投资经营行为，凡涉及市场准入的领域和环节，都要建立和实行负面清单制度；条件成熟时，将采取目录式管理的现行市场准入事项统一纳入市场准入负面清单。"要求2022年上半年编制完成国务院部门权责清单，建立公开、动态调整、考核评估、衔接规范等配套机制和办法。调整完善地方各级政府部门权责清单，加强标准化建设，实现同一事项的规范统一。严格执行市场准入负面清单，普遍落实"非禁即入"。因此，各级政府及其职能部门应当全面实行政府权责清单制度，深入推进"放管服"改革，推动各级政府高效履职尽责。设置本指标是为了观测各地政府是否为市场主体的设立提供了明确的导引，是否实行了权责清单制度和证照分离改革方案，以此判断各地政府提供的市场准入服务的状态和成效。

【观测方法】网络检索。检索被评估市政府网站，观测是否可以便捷找到创办企业所需材料、条件、办结期限，是否公布了本级政府或部门负面清单,是否积极推进本级政府或部门证照分离改革。因创办的企业涉及较多的企业类型,本项观测以查找"有限责任公司的设立"作为主要观测点。本部分指标的检索时间为 2022 年 5 月 1 日至 2023 年 4 月 30 日。

【评分标准】本项满分为 15 分:(1) 在网站上设置"企业设立"相关专栏并明确标识创办企业所需材料、条件、办结期限的,得 5 分;(2) 在网站上公布本级政府或部门负面清单的,得 5 分;(3) 制定本级政府或部门证照分离改革实施方案的,得 5 分。

2. 行政许可、行政登记违法情况

【设置依据】《优化营商环境条例》第 40 条规定"国家实行行政许可清单管理制度,适时调整行政许可清单并向社会公布,清单之外不得违法实施行政许可",第 69 条规定"政府和有关部门及其工作人员有下列情形之一的,依法依规追究责任:……(八)变相设定或者实施行政许可,继续实施或者变相实施已取消的行政许可,或者转由行业协会商会或者其他组织实施已取消的行政许可"。《国务院办公厅关于进一步优化营商环境降低市场主体制度性交易成本的意见》规定:"(三)规范实施行政许可和行政备案。2022 年底前,国务院有关部门逐项制定中央层面设定的行政许可事项实施规范,省、市、县级编制完成本级行政许可事项清单及办事指南。深入推进告知承诺等改革,积极探索'一业一证'改革,推动行政许可减环节、减材料、减时限、减费用。在部分地区探索开展审管联动试点,强化事前事中事后全链条监管。"指标旨在考察涉企行政许可和登记的涉诉情况以及胜诉率,避免地方政府变相设置行政许可、行政登记,实质推动行政权力运行的标准化、规范化。

【观测方法】(1) 由中国司法大数据研究院统计全国 2018~2022 年度:

①行政机关经行政许可、行政登记的案件总数;

②行政机关经行政许可、行政登记的案件胜诉数。

(2) 由中国司法大数据研究院统计各城市 2018~2022 年度:

①行政机关经行政许可、行政登记的案件总数;

②行政机关经行政许可、行政登记的案件胜诉数。

将②所得数据除以①所得数据，计算出全国和各市 2018~2022 年度的行政机关经行政许可、行政登记的案件胜诉率。

【评分标准】本项满分为 15 分，行政许可和行政登记各占 7.5 分，赋分方式采取线性增减法，具体计算方式如下。

（1）行政许可案件胜诉率情况，满分 7.5 分。全国平均水平赋基础分 3.25 分，每高于全国平均水平 1 个百分点加 0.1 分，加满 7.5 分为止，每低于全国平均水平 1 个百分点减 0.1 分，减至 0 分为止。行政许可案件胜诉率的评分公式为：3.75 分+0.1 分×（各市行政许可案件胜诉率−全国行政许可案件胜诉率）×100。

（2）行政登记案件胜诉率情况，满分 7.5 分。全国平均水平赋基础分 3.25 分，每高于全国平均水平 1 个百分点加 0.1 分，加满 7.5 分为止，每低于全国平均水平 1 个百分点减 0.1 分，减至 0 分为止。行政登记案件胜诉率的评分公式为：3.75 分+0.1 分×（各市行政登记案件胜诉率−全国行政登记案件胜诉率）×100。

因此，各城市总分=（1）+（2）。

若某城市在评估年度没有相关涉诉案件，评估组推定行政相对人因认可其行为合法性而自觉履行义务，赋其满分 15 分。

3. 政府合同履约情况

【设置依据】《中华人民共和国地方各级人民代表大会和地方各级人民政府组织法》第 65 条规定："地方各级人民政府应当坚持诚信原则，加强政务诚信建设，建设诚信政府。"国务院《关于加强政务诚信建设的指导意见》规定："规范地方人民政府招商引资行为，认真履行依法作出的政策承诺和签订的各类合同、协议，不得以政府换届、相关责任人更替等理由毁约。""各级人民政府在债务融资、政府采购、招标投标等市场交易领域应诚实守信，严格履行各项约定义务，为全社会作出表率。"《国务院办公厅关于进一步优化营商环境降低市场主体制度性交易成本的意见》规定："开展拖欠中小企业账款行为集中治理，严肃问责虚报还款金额或将无分歧欠款做成有争议欠款的行为，清理整治通过要求中小企业接受指定机构债务凭证或到指定机构贴现进行不当牟利的行为，严厉打击虚假还款或以不签合同、不开发票、不验收等方式变相拖欠的行为。鼓励各地区探索建立政务诚信诉讼执行协调机制，推动政务诚信履约。"政务诚信建设对于推进国家治理体系和治理能力现代化、维护广大人民群众利益而言不可或缺。因此，本指标通过考察被评估城市市级政府合同的履行情况，评估政府的诚信状况。

【观测方法】由中国司法大数据研究院统计各城市 2018~2022 年度：

①行政机关行政合同案件总数以及行政机关作为当事人的民事合同案件总数；

②行政机关在行政合同案件以及行政机关作为当事人的民事合同案件中胜诉的数量。

【评分标准】本项满分 15 分，行政机关行政协议履约情况占 8 分，行政机关作为当事人的民事合同履约情况占 7 分，采取比值赋分法，具体计算方式如下。

第一步：将②除以①，计算出全国和各市 2018~2022 年度的行政机关行政合同和民事合同的案件胜诉率。

第二步：基准分×（当地案件胜诉率/全国案件胜诉率），正向指标，正值差值越大分数越高。

（1）各市行政合同履约情况得分=基准分（4 分）×（当地案件胜诉率/全国案件胜诉率），得分区间为 [0，8]，低于 0 分的赋 0 分，高于 8 分的赋 8 分。

（2）各市民事合同履约情况得分=基准分（3.5 分）×（当地案件胜诉率/全国案件胜诉率），得分区间为 [0，7]，低于 0 分的赋 0 分，高于 7 分的赋 7 分。

第三步：加总得分，即各城市得分=（1）+（2）。

若某城市在评估年度没有相关涉诉案件，评估组推定行政相对人因认可其行为合法性而自觉履行义务，赋其满分 10 分。

4. 政企沟通制度建立与落实

【设置依据】《国务院办公厅关于进一步优化营商环境降低市场主体制度性交易成本的意见》要求"不断完善政策制定实施机制。建立政府部门与市场主体、行业协会商会常态化沟通平台，及时了解、回应企业诉求。制定涉企政策要严格落实评估论证、公开征求意见、合法性审核等要求，重大涉企政策出台前要充分听取相关企业意见"。《优化营商环境条例》规定"政府及其有关部门应当按照构建亲清新型政商关系的要求，建立畅通有效的政企沟通机制，采取多种方式及时听取市场主体的反映和诉求，了解市场主体生产经营中遇到的困难和问题，并依法帮助其解决"。设置本指标的目的在于通过考察各地政府政企沟通机制的实际建立和落实情况，评估各地政府对于营商环境中市场主体权益的考量与保障程度。

【观测方法】网络检索。检索被评估城市的政府网站和相关网站，查找网站上是否公布了政企沟通的渠道、途径和相关实例报道，并在需要的情况下进行电话核实。本部分指标的检索时间为 2022 年 5 月 1 日至 2023 年 4 月30 日。

【评分标准】本项满分 15 分：政府公布企业投诉平台、意见反馈平台等政企沟通联系专门渠道或途径的，加 5 分；涉企相关政策、文件出台前发布意见征求公告的，加 5 分；检索到政府以开展研讨会、座谈会、听证会等形式进行政企沟通实例的，加 5 分。

5. 完善公平竞争保障机制

【设置依据】《法治政府建设实施纲要（2021—2025 年）》规定"强化公平竞争审查制度刚性约束，及时清理废除妨碍统一市场和公平竞争的各种规定和做法，推动形成统一开放、竞争有序、制度完备、治理完善的高标准市场体系。依法平等保护各种所有制企业产权和自主经营权，切实防止滥用行政权力排除、限制竞争行为"。《国务院办公厅关于进一步优化营商环境更好服务市场主体的实施意见》规定"完善优化营商环境长效机制。建立健全政策评估制度"。《国务院办公厅关于进一步优化营商环境降低市场主体制度性交易成本的意见》规定："（十九）切实保障市场主体公平竞争。

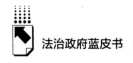

全面落实公平竞争审查制度，2022年10月底前，组织开展制止滥用行政权力排除、限制竞争执法专项行动。细化垄断行为和不正当竞争行为认定标准，加强和改进反垄断与反不正当竞争执法，依法查处恶意补贴、低价倾销、设置不合理交易条件等行为，严厉打击'搭便车'、'蹭流量'等仿冒混淆行为，严格规范滞压占用经营者保证金、交易款等行为。"公平竞争是市场经济的核心，强化公平竞争的基础性地位是建设统一开放的高标准体系的关键保障。营商环境法治保障的加速构建和高质量发展的需要，对公平竞争保障机制提出了更高要求。因此，本指标旨在通过考察政府是否对有违公平竞争的行为、政策与规定等进行找寻和消除，客观评估地方政府对于营商环境中公平竞争机制的建立与完善情况。

【观测方法】网络检索。检索被评估城市政府网站，同时借助公共搜索引擎，观测被评估城市政府是否建立了市场主体权益平等保护机制，其发布的涉企政策文件是否经过公平审查程序、是否存在有碍公平竞争的内容。同时检索各地政府网站和相关网站公布的典型案例报道，以及检索裁判文书网观测其是否有因损害市场公平竞争而涉诉的情况。本部分指标的检索时间为2022年5月1日至2023年4月30日。

【评分标准】本项满分15分：建立公平竞争审查联席会议、审查专家库、政策措施抽查机制、考核制度等公平竞争保障机制的，加5分；发布涉企政策文件公平竞争审查与评估工作情况与审查结论，或存在公平竞争保障的正面报道的，存在一例加2分，最多加10分；存在损害市场公平竞争实例报道或诉讼案件的，存在一例扣5分，扣完为止。

6. 获取公共资源的平等性

【设置依据】《法治政府建设实施纲要（2021—2025年）》规定"依法平等保护各种所有制企业产权和自主经营权，切实防止滥用行政权力排除、限制竞争行为"。《优化营商环境条例》第12条规定"国家保障各类市场主体依法平等使用资金、技术、人力资源、土地使用权及其他自然资源等各类生产要素和公共服务资源。各类市场主体依法平等适用国家支持发展的政策。政府及其有关部门在政府资金安排、土地供应、税费减免、资质许可、标准制定、项目申报、职称评定、人力资源政策等方面，应当依法平等对待各类市场主体，不得制定或者实施歧视性政策措施"。《国务院办公厅关于进一步优化营商环境降低市场主体制度性交易成本的意见》规定"取消各地区违规设置的供应商预选库、资格库、名录库等，不得将在本地注册企业或建设生产线、采购本地供应商产品、进入本地扶持名录等与中标结果挂钩，着力破除所有制歧视、地方保护等不合理限制"。因此，各市场主体获取公共资源的平等性与否，关乎市场主体的生产积极性与社会公共资源分配的合理性。本指标设置的目的在于通过考察被评估城市政府采购活动中招标等环节的公平公正性，了解该地获取公共资源的平等性程度，进而对该地优化营商环境的法治保障状况予以客观评估。

【观测方法】网络检索。检索被评估城市政府采购网站投诉处理公开栏目，以及检索公共搜索引擎和中国裁判文书网，观测其是否涉及以招标文件的编制存在差别或歧视待遇为由提起的政府采购投诉处理、新闻报道或案例文书，以及其处理认定结果，以观测该行政区域内获取公共资源的平等性程度。本部分指标的检索时间为2022年5月1日至2023年4月30日。

【评分标准】本项满分15分。如存在认定政府采购招标文件的编制存在差别或歧视待遇的投诉认定实例、新闻报道或司法案例的，存在一例扣3分，扣完为止。

二 总体评估结果分析

本项指标评估总分为90分，100个城市的平均得分为54.78分，得分率为60.87%。得分在平均分之上的城市共46个，占被评估城市总数的46%；得分在平均分以下的城市共54个，占城市总数的54%，总体得分趋于正态分布。本项评估最高得分为80.22分，最低得分为26.25分，总体区分度较大。其中得分主要分布在50~60分区间，共计40个城市，占所有被评估城市的40%。本项指标下，得分排名前五的城市依次是：南京市

（80.22 分）、汕头市（79.01 分）、上海市（73.67 分）、厦门市（72.56 分）、杭州市（71.11 分）。

反观 2022 年的评估结果，2022 年本指标总分为 90 分，100 个城市的平均得分为 67.00 分，平均得分率为 74.45%。得分在平均分之上的城市共 54 个，占被评估城市总数的 54%；得分在平均分以下的城市共 46 个，占城市总数的 46%，总体得分趋于正态分布。本项评估最高得分为 82.51 分，最低得分为 36.06 分，总体区分度较大。其中得分主要分布在 60~70 分区间，共计 43 个城市，占所有被评估城市的 43%。本项指标下，得分排名前五的城市依次是：杭州市（82.51 分）、北京市（82.25 分）、成都市（81.44 分）、淮南市（81.29 分）、宁波市（78.38 分）。对比发现，本年度比较明显的变化是：平均得分率有一定程度的波动，较之前降低了 13.58 个百分点，主要原因在于三级指标 2、三级指标 3 观测方法与评分标准的调整。

本年度得分率排名 1~30 的城市情况见图 B.10-1。

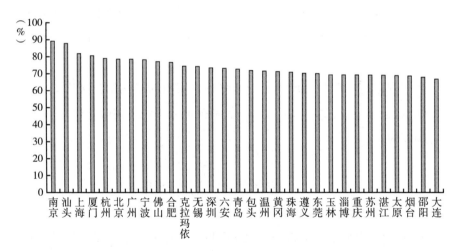

图 B.10-1 "优化营商环境的法治保障"指标排名 1~30 的城市得分率情况

优化营商环境的法治保障一级指标下共包含 6 个三级指标（观测点），各三级指标满分均为 15 分。各三级指标（观测点）得分情况如下：①市场准入服务优化，平均得分为 10.77 分；②行政许可、行政登记违法情况，平均得分为 7.18 分；③政府合同的履约情况，平均得分为 7.65 分；④政企沟通制度建立与落实，平均得分为 10.35 分；⑤完善公平竞争保障机制，平均得分为 8.18 分；⑥获取公共资源的平等性，平均得分为 10.74 分。各三级指标的平均得分率见图 B.10-2。

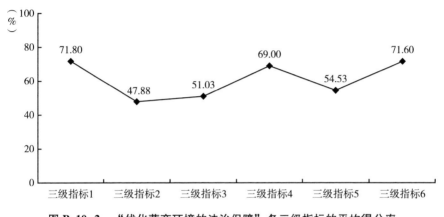

图 B.10-2 "优化营商环境的法治保障"各三级指标的平均得分率

三 三级指标评估结果分析

（一）市场准入服务优化

1. 总体表现分析

各城市关于市场准入服务的优化情况考察，包括"网站上设置'企业设立'相关专栏并明确标识创办企业所需材料、条件，办结期限""在网站上公布本级政府或部门负面清单""制定本级政府或部门证照分离改革实施方案"三项数据，每项分值设置为 5 分。第一，要求设置"企业设立"相关专栏，明确标识创办企业所需材料、条件，办结期限，从而打破地域和行业垄断，提高市场准入效率。该项数据整体情况优秀，得分率达到 95% 以上。第二，要求严格落实市场准入负面清单制度，在市场禁止进入的领域和环节以外，各类市场主体基于自愿的投资经营行为都可以进入，促进市场主体的准入明晰。该项数据考察情况良好，得分率达到70%。第三，要求有序推进"证照分离"改革全覆盖，将更多涉企经营许可事项纳入改革，简化市场企业经营业务的准入程序。该项数据考察情况不佳，得分率仅为46%，"证照分离"改革制度的深化调整应当更加受到重视。这样，以上三个指标可以判断市场准入便捷程度及政府优化准入服务成效。在本项指标下，获得15分的城市有26个，占26%；获得10分的城市有53个，占53%；获得5分的城市有12个，占12%。本项指标得分情况见表B.10-2。

表 B. 10-2 "市场准入服务优化"指标100个城市得分情况

得分（分）	15	14~11	10	9~6	5
城市（个）	26	7	53	2	12

2. 分差说明及典型事例

在观测中可以发现，26%的城市在政府门户网站可以同时找到"创办企业所需材料、条件、办结期限""市场准入负面清单""证照分离改革的实施方案"。7%的城市可以查询到这三项内容，但在某项数据的公布中存在瑕疵而被扣除分数。有53%的城市在创办企业的便捷查询途径、市场准入负面清单的公布情况、证照分离改革实施方案的出台情况方面仅能公布其中两项具体内容，还有两个城市存在公布瑕疵而被扣除分数的情况。有12%的城市只公布其中一项，且多数为"网站上设置'企业设立'相关专栏并明确标识创办企业所需材料、条件、办结期限的"。不同的得分阶段存在不同的情况说明。

首先，获得15分的城市在其政府网站上都可以查询到与开办企业相关的专栏，能够便捷查找到关于创办企业的专门窗口、条件和期限，让企业创办更加节省时间、提高效率；同时，该政府部门也制定并公布了市场准入负面清单和证照分离改革实施方案，例如保定市政府根据国务院、河北省相继推行的行政许可事项清单管理和行政备案规范管理改革进行了动态调整并于2022年12月公布了最新的《保定市承接的涉企经营许可事项改革清单》。

获得 11~14 分的城市可以检索到市场准入负面清单和证照分离改革实施方案的文件，由于市场准入负面清单或证照分离改革实施方案的制定公布不够便捷，能够找到部分信息，但并未采取如集中公开的清单式方法，被相应地扣除部分分数。获得 10 分的城市在其政府门户网站可以便捷找到创办企业的窗口以及所需材料、办理期限等，但未检索到市场准入负面清单或者未检索到证照分离改革实施方案的文件，如某市虽然可以查询到市场准入负面清单，但未检索到推进证照分离改革的实施方案。获得 6~9 分的有两个城市，其中 A 市在网站上设置"企业设立"相关专栏并明确标识创办企业所需材料、条件、办结期限，能够检索到但并未完整公布本级政府或部门负面清单，也未检索到制定本级政府或部门证照分离改革实施方案，最终获得 7 分。B 市也是类似的情况。获得 5 分的城市在政府门户网站可以便捷找到创办企业所需材料、条件、办结期限等信息，但无法检索到市场准入负面清单及证照分离改革实施方案的文件。通过以上不同的得分等级，可以发现各个城市关于市场准入服务优化的情况。

（二）行政许可、行政登记违法情况（15分）

1.总体表现分析

本项指标旨在通过收集、整理和统计被测评城市行政许可、行政登记的判决结果中的胜诉率情况，逆向考察被测评城市 2018~2022 年度行政许可、行政登记行为的违法情况，以此来观测其法治政府建设中行政审批与政务服务指标绩效。2018~2022 年度全国行政机关行政许可、行政登记案件胜诉率分别为 53.20%、32.27%，各市行政机关行政许可、行政登记等于全国平均水平时，比值为 1，分别得 3.75 分。胜诉率为正向指标，胜诉率越高，分数越高。本项指标得分情况见表 B.10-3。

表 B.10-3 "行政许可、行政登记违法情况"指标 100 个城市得分情况

得分（分）	0~2.99	3.00~4.99	5.00~7.49	7.50~8.99	9.00~11.99	12.00~13.99	14.00~15.00
城市（个）	10	19	28	19	13	7	4

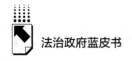
2. 分差说明及典型事例

本项指标所观测的 100 个城市中，平均得分为 7.18 分，低于全国平均水平 0.32 分，总体得分情况一般，分数在 5~7.49 分的城市最多。从数据结果分析，得分高于全国平均水平的城市有 43 个，占总数的 43%；得分低于全国平均水平的城市有 57 个，占总数的 57%。

该项指标获得满分的城市为克拉玛依①，得分较高（14 分以上）的具有典范意义的城市有 3 个，分别是盐城、上海、南京。盐城市行政许可和行政登记案件胜诉率分别为 86.36%、87.95%，上海市行政许可和行政登记案件胜诉率分别为 90.72%、63.53%，南京市行政许可和行政登记案件胜诉率分别为 100.00%、61.29%。得分较低的城市有 2 个，其中 C 市的行政许可和行政登记案件胜诉率分别为 25.00%、1.30%，D 市的行政许可和行政登记案件胜诉率分别为 14.48%、7.92%。

全国行政许可案件整体数量较少，从所涉行政登记种类来看，工商登记占比最高，达 45.72%。从行政领域来看，行政许可案件量排名前三的行政领域为市场监管、土地行政管理、综合执法领域，所占比重分别为 34.30%、20.20%、7.10%。行政许可整体案件量少，但胜诉率不高，全国平均胜诉率仅为 53.20%，应引起重视。在败诉原因中，45.29% 的案件败诉原因为程序违法，包括超期作出行政行为、注册登记信息错误等。此外，34.53% 的案件因申请材料虚假而被法院认定为行政机关作出行政行为缺乏事实和法律依据，因此判决撤销该行政行为。

全国行政登记案件量呈波动下降趋势，年均降幅达 6.66%，但仍不可忽视行政登记案件行政机关胜诉率同样较低。全国行政登记案件胜诉率为 32.27%，被评估的 100 个城市中低于全国平均水平的城市有 56 个，占 56%。从所涉行政登记类型中，房屋所有权登记占比最高，达 34.07%。从行政领域看，行政登记案件量排名前三的行政领域为主体行政管理、住

---

① 在评估年度内，克拉玛依市行政许可案件量胜诉达 100%，无涉及行政登记的案件，因此评估组推定行政机关自觉履行义务且获得行政相对人的认可，赋其满分 15 分。

房和城乡建设、自然资源领域，所占比重分别为47.25%、7.58%、6.70%。行政登记案件胜诉率较低的原因之一为行政机关作出行政登记所认定的事实不清，其中因当事人提交了虚假材料而行政机关仅作了形式审查导致作出不当行政行为的案件占17.36%。此外，行政登记中同样存在程序违法较为严重的现象，占18.20%，主要情形有没有公示、当事人未亲自办理等。

（三）政府合同履约情况

1. 总体表现分析

本项指标旨在通过收集、整理和统计被测评城市行政合同案件以及行政机关作为当事人的民事合同案件（以下简称"民事合同"案件）的胜诉率，逆向考察被测评城市2018~2022年度政府合同履约情况，以此来观测其法治政府建设中政务诚信建设指标绩效。2018~2022年度全国行政机关行政合同和民事合同案件胜诉率分别为54.83%、42.47%，各市行政机关行政合同、民事合同胜诉率等于全国平均水平时，比值为1，分别得4分和3.5分。胜诉率为正向指标，胜诉率越高，分数越高。本项指标得分情况见表B.10-4。

表B.10-4　"政府合同履约情况"指标100个城市得分情况

得分（分）	0~3.99	4.00~5.99	6.00~7.49	7.50~8.99	9.00~10.99	11.00~12.99	13.00~15.00
城市（个）	3	20	24	27	19	5	2

2. 分差说明及典型事例

本项指标重点观测2018~2022年度各市行政机关在行政合同和民事合同案件中的胜诉率，该项指标总体得分较好，被评估城市的平均得分为7.65分，高于全国平均水平0.15分，分数集中分布于7.50~8.99分数段。得分在全国平均水平以上的城市有53个，占总数的53%；得分在全国平均水平以下的城市有47个，占总数的47%。该项指标评分获得满分（15分）

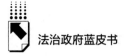

的城市有 2 个，为拉萨和克拉玛依①。除满分城市外分数较高且具有典范意义的城市有盐城、西宁、深圳、宜春、南京 5 个城市，得分均在 11 分以上。得分较低的城市有 3 个，得分分别为 3.61 分、3.38 分、3.21 分。

在行政合同中，胜诉率极差较大。胜诉率高的达 100%，而胜诉率低的仅为 0%，可见不同城市间政府的契约精神和履约意识有较大差别。从行政领域来看，涉案量排名前三的领域为土地行政管理、住房和城乡建设、综合执法，占比分别为 77.12%、7.02%、3.09%。而从败诉结果来看，36.92% 的案件为确认判决，其中 67.44% 的案件为确认征收补偿协议有效；28.27% 的案件为给付判决，法院判决行政机关限期支付行政相对人相关款项，包括拆迁补助费、安置过渡费、违约金、设备补偿款、工程款、污水处理费等；11.35% 的案件为撤销判决，撤销内容包括撤销协议、撤销解除协议通知等。

在民事合同中，行政机关胜诉率较低，需要引起重视。不论是全国平均水平还是被评估的 100 个城市，民事合同的平均胜诉率都低于 50%。在民事合同中，胜诉率达 80% 以上的有拉萨、大同，78% 的城市胜诉率在 30%~60%。从行政领域来看，涉案量排名前三的为土地行政管理、市场监管、综合执法，占比分别为 45.54%、7.13%、7.01%。行政机关在民事合同中的诉讼地位不同，对其胜诉率的影响也较为明显。当行政机关作为原告时，行政机关胜诉率高达 85.01%，而当行政机关作为被告时，其胜诉率仅达 26.72%。

（四）政企沟通制度建立与落实

1. 总体表现分析

本项指标主要通过观测被评估城市的政府门户网站和相关网站，检索是否公布了政企沟通的渠道、途径以及是否有相关实例报道，满分为 15 分。《国务院办公厅关于进一步优化营商环境降低市场主体制度性交易成本的意

---

① 2018~2022 年度拉萨市、克拉玛依市无行政合同涉案案件，所涉民事合同案件胜诉率 100%，因此评估组推定行政机关能自觉履行合约义务，赋其满分 15 分。

见》要求"不断完善政策制定实施机制。建立政府部门与市场主体、行业协会商会常态化沟通平台,及时了解、回应企业诉求。制定涉企政策要严格落实评估论证、公开征求意见、合法性审核等要求,重大涉企政策出台前要充分听取相关企业意见"。通过设立政企沟通联系专门渠道或途径,以及开展研讨会、座谈会、听证会等形式建立健全政企常态化沟通机制,充分聆听和了解企业的想法及诉求,从而提升涉企政策的质量和落实效率。因此,本项指标主要考察被评估城市是否建立并落实了政企沟通制度,以期反映被评估城市对企业意见、诉求的重视程度。本项指标下,获得满分的城市有 21 个,占总数的 21%。本项指标得分情况见表 B. 10-5。

表 B. 10-5 "政企沟通制度建立与落实"指标 100 个城市得分情况

得分(分)	15	10	5	0
城市(个)	21	67	10	2

2. 分差说明及典型事例

本项指标下,各城市平均得分是 10.35 分。在观测中可以发现,大部分城市在制定和出台涉企政策文件时充分征求了相关企业的意见,严格落实了评估论证、公开征求意见、合法性审核等要求,并以开展研讨会、座谈会、听证会等形式进行政企沟通。三成以上的城市建立了企业投诉平台、意见反馈平台等政企沟通联系专门渠道或途径,但是约七成城市仍未建立专门的企业投诉平台、意见反馈平台等政企沟通联系专门渠道或途径。这说明有较多城市仍需设置政企沟通渠道,建立健全政府与各类企业的常态化沟通交流机制,及时了解并回应企业诉求。

从本项指标的观测情况来看,首先,获得满分的城市在其政府网站上都能查找到企业投诉平台、意见反馈平台等政企沟通联系专门渠道或途径,如东莞市在"政民互动"专栏的"12345 政府热线"中设有"企业市长直通车"这一栏目,为企业反映意见诉求提供了一个专门的渠道平台,有利于促进企业与当地政府的直接有效沟通,使企业的意见与诉求得到针对性解决。其次，获得 10 分的城市，大部分是由于尚未建立政企沟通联系专门渠道或途径，比如 2022 年北方某市在涉企相关政策、文件出台前发布了意见征求公告，并以建立"民营企业之家"等各种形式进行政企沟通，但未公布企业投诉平台、意见反馈平台等政企沟通联系专门渠道或途径。最后，获得 5 分的城市大多能检索到在涉企相关政策、文件出台前发布了意见征求公告，或是存在以开展研讨会、座谈会、听证会等形式同企业进行交流反馈的政企沟通实例，但未检索到其设有企业投诉平台、意见反馈平台等政企沟通联系专门渠道或途径。

（五）完善公平竞争保障机制

1. 总体表现分析

本项指标主要观测的是各地政府建立健全公平竞争保障机制的情况，满分为 15 分。强化公平竞争的基础性地位是建设国际化和法治化的一流营商环境的关键，而现阶段的新发展格局也对市场的竞争环境提出了更高的要求。并且，公平竞争审查制度作为党中央、国务院部署的重要举措，要求政府机关增强公平竞争理念和自我审查能力，进而切实推进和保障市场间的公平竞争。因此，本项指标对各地政府公平竞争审查制度建立健全情况和是否存在滥用行政权力排除、限制竞争情况等进行观测，以评估各地公平竞争保障机制的建设成效。本项指标下，获得满分的城市有 7 个，占总数的 7%。本项指标得分情况见表 B. 10-6。

表 B. 10-6　"完善公平竞争保障机制"指标 100 个城市得分情况

得分（分）	15	11~14	10	6~9	5	1~4	0
城市（个）	7	27	7	32	9	16	2

2. 分差说明及典型事例

本项指标下，各城市平均得分为 8.18 分。在观测中发现，多数城市已建立公平竞争审查联席会议制度并开展维护市场公平竞争专项活动，部分城市发布涉企政策文件的公平竞争情况的征求意见与审查结论，但同时也有部分城市出现滥用行政权力、限制竞争的行为。

通过观测发现，在获得满分的城市中，通常已建立较为完善的公平竞争审查制度，并且可以检测到多例开展政策文件公平竞争清理、打击不正当竞争维护市场公平竞争的专项活动或事例报道。例如，南京市建立了公平竞争审查约谈制度、过错追究责任制度、公示公平竞争审查政策措施名录库等多项制度，多角度完善和落实公平竞争审查机制。在得分为 10~14 分的城市中，其公平竞争保障机制的建立与完善仍有漏缺。一方面，部分城市可以检索到较多打击不正当竞争实例，但在公平竞争机制的构建方面仍有需要完善的空间，如在公平竞争审查专家库、政策措施公平竞争清理等方面继续完善。另一方面，部分城市虽然已建立相对健全的公平竞争机制，但检索到的政策文件公平竞争清理或是事例报道却相对有限。其中，某市在公平竞争保障机制构建、政策文件清理以及相关事例报道等方面均表现较好，但在国家市场监督管理局官网可以检索到存在 1 起滥用行政权力排除、限制竞争案件而被扣分。得分在 5~9 分的城市占多数，或是因为检索到的涉企政策文件公平竞争审查、维护公平竞争保障正面报道的实例较少，或是本表现尚可，却因存在滥用行政权力排除、限制竞争案件而被扣分。得分在 5 分以下的城市在公平竞争审查联席会议、政策措施抽查等保障机制方面存在欠缺，也难以检索到开展公平竞争保障的实例或正面报道，部分城市甚至还同时存在滥用行政权力排除、限制竞争案件。

（六）获取公共资源的平等性

1.总体表现分析

本项指标主要观测的是各个城市政府采购活动中招标等环节的公平公正性程度，满分为 15 分。政府采购作为公共资源交易市场最核心的部分，其所使用的资金具有公共性且数额巨大，与供应商之经济权益乃至生存权利关系甚巨，故此通过观测各地政府是否涉及招标文件编制存在差别或歧视待遇等情况，一定程度上可以评估地方政府推进确保各类市场主体平等获取公共

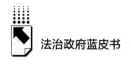

资源工作的状态和实效。本项指标下，获得满分的城市有 35 个，占总数的 35%。本项指标得分情况见表 B. 10-7。

表 B. 10-7　"获取公共资源的平等性"指标 100 个城市得分情况

得分（分）	15	12	10	9	6	3	0
城市（个）	35	27	0	20	5	5	8

2. 分差说明及典型事例

本项指标下，各城市平均得分为 10.74 分，得分集中在 9～15 分区间，整体得分情况较好。得分为满分的城市有 35 个，表明这些城市并未检索到因政府采购差别待遇或歧视待遇引起的司法案件与新闻报道，也未收到群众的投诉举报，如大同市、厦门市。得分为 12 分的城市有 27 个，这些城市仅能检索到 1 例涉及政府采购差别待遇或歧视待遇的情况，且经观测发现，这 27 个城市所涉情况均未涉及司法案件或新闻报道。得分在 3～9 分的城市有 30 个，表明这些城市存在 2～4 例涉及政府采购差别待遇或歧视待遇的现象。这些现象均为在省市政府采购网或者公共互联网检索到的投诉举报或处理，而不涉及政府采购差别待遇或歧视待遇引发的司法案件。得分为 0 分的城市有 8 个，这些城市存在 5 例及以上涉及政府采购差别待遇或歧视待遇引起的司法案件、新闻报道或投诉举报。

四　评估结论与建议

此次优化营商环境的法治保障评估结果显示，市场准入服务优化得分率为 71.80%，行政许可、行政登记违法情况得分率为 47.88%，政府合同履约情况得分率为 51.03%，政企沟通制度建立与落实得分率为 69.00%，完善公平竞争保障机制得分率为 54.53%，获取公共资源的平等性得分率为 71.60%。优化营商环境的法治保障总得分率为 60.87%，相较之前有一定的回落，部分可能出于三级指标 2 与三级指标 3 测评方法和评分标准调整的原因，但也不能否认仍有较多城市在优化营商环境的法治保障的具体开展与落实上存在持续深化的空间。如在行政许可与行政登记、政府合同履约、政企沟通机制、公平竞争保障机制等方面，仍然存在审查不严、履约意识不强、机制落实不到位等问题，各地政府应当在未来的建设中对建设过程中展现的漏缺之处进行完善，不断提升优化营商环境的法治保障水平。

（一）存在的问题

1. 负面清单和证照分离改革的深化调整缓慢

相关法律规范与政策文件要求，各级政府应当全面实行政府权责清单制度，推动各级政府高效履职尽责。应当调整完善地方各级政府部门权责清单，加强标准化建设，实现同一事项的规范统一，严格执行市场准入负面清单。同时，有序推进"证照分离"改革全覆盖，将更多涉企经营许可事项纳入改革。积极推进"一业一证"改革，探索实现"一证准营"、跨地互认通用。依据上述要求，各级政府及其相关部门大多制定并公布了市场准入负面清单和证照分离改革方案，但是广泛存在"制定即完结"的情况，也即并没有及时调整与更新负面清单的内容和证照分离的实施范围。随着市场经济的快速发展，负面清单的内容和证照分离的实施范围应当随着市场需求的变更而变动，也应当随着改革的深入而逐渐推进。然而，在调查中发现多数城市政府并没有根据方案运行的实际情况进行动态评估与完善，导致部分方案存在一定程度的滞后性。

2. 行政许可、行政登记审查不严

行政许可、行政登记领域中存在的问题集中于行政机关对申请材料审查不严。行政许可和行政登记案件中，行政机关胜诉率较低的主要原因是行政机关在进行材料审查时较为粗略，对材料的真实性关注度不高，没有向申请人本人核实相关事实，虚假材料案件较多，导致行政许可和行政登记受理中作出的行政行为证据支持不足，最终被法院认定为缺乏事实根据而被撤销或确认违法。例如，行政许可案件中，34.53%的败诉案件因申请材料虚假而被法院认定为行政机关作出的行政行为缺乏事实和法律依据，因此判决撤销

该行政行为；而行政登记案件中，17.36%的败诉案件因申请材料虚假而被法院认定为行政机关作出的行政行为缺乏事实和法律依据，因此判决撤销该行政行为。

3. 多地政府存在未履约或未按约定履约情况

政府合同履约情况中，未履约或未按约定履约是行政机关败诉的主要原因。行政机关不能如期履约其本质是不能审慎缔约，尤其在以 BOT 模式开展的合作项目中，行政机关没有对项目潜在的风险进行充分评估，致使项目进展到中途无法推进，最终烂尾。另外，在缔约时，行政机关作出超出兑现能力范围的承诺，致使在建项目或者建成项目面临无法继续推进的风险，例如不能如期交付土地或者净地交付。更有甚者，部分行政机关在缔约时审核不规范，所作的合同约定违反相关法律法规强制性规定，例如国有土地出让没有经历招标、拍卖、挂牌程序就开始建设，出让的土地为农用地但没有进行农用地审批就出让等，致使合同最终被法院确认无效。出现履约不能后，部分行政机关又滥用行政优益权，随意变更解除协议且不予补偿，导致行政相对人只能提起诉讼。

4. 部分地方政府的政企沟通联系专门渠道亟待落实

课题组在检索时发现，部分城市的政府官网中未公布企业投诉平台、意见反馈平台等政企沟通联系专门渠道或途径，在一定程度上阻碍了企业与当地政府的直接有效沟通，企业的意见诉求缺失传递给政府的专门渠道或途径。

此情况反映出部分地方政府在了解市场主体生产经营中遇到的困难和问题工作方面仍不够重视。在建立畅通有效的政企沟通机制时，部分地方政府在专门政企沟通的渠道设置上仍有进步空间。为保障企业意见与诉求被充分听取，提高涉企相关政策文件的实效性，为企业营造良好的营商环境，地方政府应为企业反映意见诉求提供一个专门的渠道或平台。

5. 部分城市公平竞争保障机制建设实效性有待加强

公平竞争对于营商环境的优化而言至关重要，但构建促进各类市场主体公平竞争和有序发展的机制和体系并非一蹴而就，在评估过程中就发现部分城市的公平竞争保障机制似乎并未发挥其应有之效应，具体表现如下：其一，在部分城市政府官方门户网站以"公平竞争"为关键词进行检索，在不限制检索时间范围的情况下相关检索结果都极少，甚至有城市仅有个位数的相关内容，相应城市实际开展公平竞争保障的程度有待考证；其二，部分城市在开展涉企政策文件公平竞争审查和清理等工作时，仅在专项活动总结或年度工作报告中简单提及审查的政策文件的数量或是曾开展相应工作，而甚少公布涉及的政策文件的具体名称、依据、结果等内容，不利于公民与社会的监督；其三，部分城市仍存在滥用行政权力、限制竞争案件，在被评估的 100 个城市中，有 12 个城市均可以在国家市场监督管理总局官方网站检索到在被评估时间段内存在滥用行政权力排除、限制竞争案件，其中 1 个城市存在 2 例，其余 11 个城市均为 1 例。以上几个层面均表明，部分地区公平竞争保障机制建设还存在漏缺，各地政府均需持续关注公平竞争审查机制的建设与落实。

6. 市场主体获取公共资源的平等性保障仍有待完善

在现代社会，尤其是市场经济模式下，公共资源的获取对于公民的经济利益乃至生存权利的保障而言具有重要作用。因而，在法治国家，市场主体平等获取公共资源的权利应得到重视并受到保护。同时，实现构建全国统一大市场的目标，也要求各级政府加快营造与维护高效规范、公平竞争、充分开放的市场环境，建立或遵循全国统一的市场制度规则。然而，在评估过程中仍然能够发现多地采购人在政府采购行为中针对不同市场主体设定差别或歧视待遇的情况。通过观测发现，在被评估的 100 个城市中，仅有 35 个城市未被发现在政府采购领域存在针对不同市场主体设定差别或歧视待遇的情形，其余城市均不同程度地存在前述情形。此外，并不排除由于相关信息披露机制尚不完善，仍有相当数量的相关案件未获得披露。

（二）完善的建议

1. 逐步深化调整负面清单的内容和证照分离的范围

根据国家和地方相关工作要求，为进一步提高审批效率，优化营商环

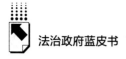
境，激发市场主体活力，应当根据"市场准入负面清单"和"证照分离"改革方案相关工作的安排，全面梳理最新的"负面清单"和"证照分离"的改革事项，优化准入和审批服务，促进企业快速进入经营状态。同时，以深化"放管服"改革，实现"负面清单"的落实、"证照分离"改革全覆盖为目标，进一步推进"市场准入负面清单"和"证照分离"改革工作的深入，及时根据市场经济发展情况调整相关内容，激发市场主体活力和社会创造力。建章立制、优化服务，实现群众办事"一次办好"，全力协助市场主体获取证照、准入准营，有效降低市场主体准营时间成本及办理证照的畏难情绪，逐渐提升企业和群众的满意度。

2. 依法审慎合理履行审查职责

地方政府部门在开展行政许可、行政登记时，应当依法审慎合理地履行审查职责。行政机关应当重视在行政许可和行政登记中对申请人材料的审查工作，提高行政工作人员审慎审查意识，规范工作流程。尤其应当重视对工商登记、公司登记或者变更登记的材料审查，避免因程序不当、虚假材料而作出不当行政行为，侵害公民、法人等的合法权益，从而导致行政机关在行政诉讼中面临败诉风险。

3. 加强诚信政府建设并贯彻信赖保护原则

其一，加强诚信政府建设，规范政府缔约行为。规范政府在招商引资、政府与社会资本合作中与投资主体依法签订的各类协议。行政机关在缔结合约时，要加强对项目的可行性评估，认真审查投资人资质、能力和合作的诚意，限制和规范未批先建、先开工后补手续等违法行为，严格把关项目资金来源和资金筹措方式，从源头上杜绝因缔约过失导致的协议不能履行及政府失信问题。建立行政合同备案审查及监督管理制度，加强对合约履行情况的全流程监督管理，避免合约出现违反法律法规的约定。

其二，落实信赖利益保护原则优化营商环境。行政机关应当严格兑现向社会及行政相对人依法给予的政策优惠和作出的行政允诺。坚决避免发生因政府换届、领导人员更替而违约毁约，保护合同行政相对人的信赖利益。严格限制行政优益权的适用，增强行政机关的法治意识，不得随意变更解除协议。对因国家利益、公共利益或者其他法定事由确需改变承诺和协议约定的，应当对企业和投资人所受损失依法给予补偿。

4. 设置政企沟通渠道，建立健全政府与各类企业的常态化沟通交流机制

各地政府及其职能部门应当按照构建亲清新型政商关系的要求，建立健全政府与民营企业、外资企业等各类企业间的常态化沟通交流机制，通过多种方式及时获悉市场主体的真实诉求，深入了解市场主体在生产经营过程中遇到的新情况新问题，并依法帮助其解决，及时改进政策举措。

因而，行政机关应为企业反映意见诉求提供一个专门平台，这是推进科学民主决策、建设法治政府的重要举措。行政机关应当建立健全政企沟通机制，并实现该制度的规范化、长效化，充分发挥该机制的功能与效应。同时，应当充分尊重市场主体意愿，增强政策措施的针对性和有效性，充分听取企业的意见与诉求，发现并解决问题。

为实现政企沟通制度的建立与落实，首先，各地政府应为企业反映自身诉求提供一个具有针对性的专门平台，为企业与政府沟通提供必要的平台支持。地方政府可以在政府网站和相关网站提供专门用于政企沟通的渠道、途径，如"企业直通车""企业市长热线"，并配备专业人员保障"接诉即办"。

其次，各级政府应当建立健全政府与各类企业的常态化沟通交流机制。政府与企业之间需要建立协商机制，通过双方的协商和谈判达成共识。政府可以通过听取企业的意见和建议，修订政策和规划；企业也可以通过反馈市场信息和需求，促进政策和规划的优化和完善。政府与企业之间需要建立反馈机制，及时了解对方的意见和反馈。政府可以通过问卷调查、专家咨询等方式，了解企业对政策和规划的反馈；企业也可以通过反馈意见、举报违规行为等方式，促进政府的监督和管理。政府要建立和企业之间的多元沟通渠道，包括会议、洽谈、座谈、咨询、研究、调查等方式以开展研讨会、座谈会、听证会等形式同企业沟通，建立起及时沟通的桥梁。

最后，在设置政府和企业沟通专门渠道和建立健全政府与各类企业的常态化沟通交流机制时，地方政府需要确保人员和技术的支持；在拟定涉企政

策时，地方政府要坚持公开征求意见，通过多种渠道了解企业困难和问题，保障涉企政策文件的适配性。

5. 持续加大公平竞争保障机制构建与执行力度

在评估过程中可以发现，多数地方政府均已建立公平竞争审查联席会议制度，但检索结果所显示的开展较为有限的政策抽查和清理以及频发的滥用行政权力、限制竞争案件等均表明各地政府在公平竞争保障机制建设及其功能发挥方面仍存在完善空间。首先，建立健全涉企政策文件与措施抽查机制与定期清理机制。通过观测可以发现，被评估的城市中只有少部分开展了政策措施公平竞争抽查工作，各地政府应积极向优秀城市学习与看齐，如北京市两年来抽查的公平竞争政策文件数量多达 2000 余份。其次，完善公平竞争审查程序。当前多数城市仅在活动总结或年度工作报告中简单提及公平竞争审查情况，因此各地政府可以通过完善公平竞争审查程序的方式，为地区内所开展的公平竞争审查和政策措施清理建立完善的、齐全的、具有可操作性的遵照流程与要求，以程序助推制度切实发挥实效。最后，各地政府根据实际工作情况可以考虑将打击不正当竞争、维护公平竞争的工作与行动纳入主动信息公开范畴，如贵阳市按月定期公布其开展的反不正当竞争工作情况与结果。

6. 进一步消解政府采购中的差别或歧视待遇现象

通过观测发现，实践中出现的采购人在政府采购行为中针对不同市场主体设定差别或歧视待遇的情况表现形式多样，这既可能出现在制定招标文件时设置不合理资格要求，将不相关因素纳入评审因素，亦有可能是突破法定程序而变相设定差别歧视待遇。为解决前述问题，国务院及财政部门已然通过规范制定、指导案例发布等方式，明确了设定差别或歧视待遇在实践中的具体表现形态，并就实践中的相关争议问题进行解答与明确；人民法院在相关裁判中，就相关问题亦多采相同之观点。故而，未来各地政府及其财政部门应进一步丰富、完善、调整对于设定差别或歧视待遇之具体表现形态的规定，督促采购人及采购代理人严格遵循法定的政府采购程序。此外，差别待遇和歧视待遇有显性和隐性之区分，后者往往是基于隐性态度或思维定式而产生，在当下尤其体现在部分采购人针对民营中小企业所抱持的态度和采取的举动上。因此，仅解决显性歧视可能并不能充分完成优化营商环境、确保公共资源公平分配的目标，尚须通过对传统认知偏差的修正，对维护民营中小企业合法权益观念的培育，以及对相应激励机制、监督机制的建构与完善，实现消除或消减隐性歧视的目标。

B.11

数字法治政府

刘　艺[*]

摘　要： 2023年，以《法治政府实施纲要（2021—2025年）》中"着力实现政府治理信息化与法治化深度融合"的规定为基础，结合《关于加强数字政府建设的指导意见》《数字中国建设整体布局规划》的内容，对数字法治政府指标体系进行了全面更新。根据新的评估指标进行评估，发现数字法治政府建设整体向纵深推进，在行政执法公示平台建设、网络问政平台建设以及政务服务平台个人隐私政策的落实等方面表现优异，在行政执法监督平台建设中取得了明显的进步。杭州、深圳、上海、宁波等东部沿海地区城市数字政府建设成效显著，在政务服务平台、行政规范性文件公开、政府数据公开等方面都取得了优异的成绩。但是，总体来看，仍然存在很多问题。大部分城市没有将数字基础服务覆盖到特殊群体，无障碍阅读栏目建设比较滞后。政府数据开放情况不理想，100个城市中近半数城市没有建立数据开放平台，已建立数据开放平台的城市开放的数据质量和数量也有进一步提升的空间。部分城市政府存在履行个人信息保护职责不到位的情况，侵犯公民个人信息的刑事案件屡有发生。根据评估情况，建议各地做好数字法治政府建设的顶层设计，在引领数字经济、数字社会发展过程中，积极发挥数字法治政府作用，推动政务平台

---

* 刘艺，中国政法大学法治政府研究院教授，法学博士，研究方向：行政法基础理论、行政程序制度、社会行政法、行政检察理论。中国政法大学法学院2021级宪法学与行政法学博士研究生高瑞、2023级宪法学与行政法学博士研究生许峭、2022级宪法学与行政法学硕士研究生刘洁、2022级法律（法学）硕士研究生林沁雪、2023级宪法学与行政法学硕士研究生韩雨珊、2023级法律（法学）硕士研究生孙煜铖协助进行数据检索、分析及图表制作等工作。

向高效规范化发展，积极履行法治对数字政府的引领作用，确保数字政府建设的便民性和为民性。

关键词： 数字法治政府　政务服务平台　政府数据开放　个人信息保护
行政执法监督平台

十九届五中全会审议通过的《中共中央关于制定国民经济和社会发展第十四个五年规划和二○三五年远景目标的建议》中明确提出"加强数字社会、数字政府建设，提升公共服务、社会治理等数字化智能化水平"。国务院出台的以《关于加强数字政府建设的指导意见》为代表的一系列数字政府建设文件，也为数字政府建设作出了具体的指引。在党和政府的文件指引下，各地数字政府建设如火如荼，各级政府运用互联网、大数据、人工智能等技术手段推动行政管理的数字化、智能化，也为法治政府建设进行赋能，推动法治政府建设向纵深发展。但是，数字政府的建设成效参差不齐，未能体现法治对数字政府建设的引领作用，也出现了偏离法治轨道的现象。然而，在这一系列文件中，如何在法治轨道上推进数字政府建设，并非规范的重点。国务院出台的《法治政府建设实施纲要（2021—2025 年）》（以下简称《纲要》）明确将"健全法治政府建设科技保障体系，全面建设数字法治政府"作为法治政府建设的一项重要举措，要将数字政府建设与法治政府建设相结合，着力实现政府治理信息化与法治化深度融合。故依据《纲要》设立"数字法治政府"一级指标，旨在考察各个城市通过数字政府赋能法治政府建设，依法推动行政执法流程优化，提升行政效能。在本指标体系具体设计中，以数字政府和法治政府二者的融合作为本次评估的理论基础和出发点，考察数字法治政府建设的"智能高效"以及规范化运行成果。在本年度的指标体系设计中，全面覆盖《纲要》中提出的加快信息化平台建设、加快推进数据有序开放和深入推进"互联网+"监管执法等数字法治政府建设要求，并结合《个人信息保护法》《数据安全法》《网络安全法》

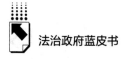

等法律，以及国务院出台的《关于加强数字政府建设的指导意见》等一系列数字政府建设文件，与《纲要》中的任务要求之间的关系，进行更为深入的考察。例如，依据《国务院办公厅关于加强行政规范性文件制定和监督管理工作的通知》（国办发〔2018〕37号）的要求，对于涉及群众切身利益、社会关注度高的行政规范性文件，在文件公布后，主动回应关切，通过新闻发布会、媒体访谈、专家解读等方式进行解释说明，充分利用政府网站、社交媒体等加强与公众的交流和互动。行政规范性文件查询平台等政府网站是回应群众关切，对行政规范性文件制定背景和内容进行解释说明的首选平台。故对行政规范性文件统一查询平台规范化建设的指标设计，新增了一项观察点，考察是否设置专门解读栏目或者解读文件链接，对行政规范性文件进行解读。通过将《纲要》要求、法律法规规定和数字政府建设文件的要求"三结合"的方式，最终形成了本指标体系。

一 指标设置及评估标准

（一）指标体系

本次评估的"数字法治政府"指标以《纲要》第九部分规定的"健全法治政府建设科技保障体系，全面建设数字法治政府"为依据设置。同时，还结合了《个人信息保护法》《数据安全法》《网络安全法》《无障碍环境建设条例》等法律法规的规定，以及中共中央、国务院印发的《数字中国建设整体布局规划》，国务院出台的《关于加强数字政府建设的指导意见》（国发〔2022〕14号）、《关于全面推行行政执法公示制度全过程记录制度重大执法决定法制审核制度的指导意见》（国办发〔2018〕118号）、《国务院办公厅关于扩大政务服务"跨省通办"范围进一步提升服务效能的意见》（国办发〔2022〕34号）、《国务院办公厅关于加快推进"一件事一次办"打造政务服务升级版的指导意见》（国办发〔2022〕32号）、《国务院办公厅关于印发全国一体化政务服务平台移动端建设指南的通知》（国办函

〔2021〕105 号）等文件的要求，对具体的指标体系进行设计。二级指标从四个方面对数字法治政府进行评估，分别是"数字法治政府整体部署""政府平台建设""政府数据开放与个人信息保护""权力监督数字化"。在二级指标之下分设三级指标，作为具体观测点（见表 B.11-1）。

在分数设置上，数字法治政府一级指标 100 分，四项二级指标的分值分配为：数字法治政府整体部署 10 分、政府平台建设 60 分、政府数据开放与个人信息保护 20 分和权力监督数字化 10 分。九项三级指标的分值分配为：数字法治政府建设规划 10 分，行政执法平台建设 15 分，政务服务平台建设 25 分，地方政府规章、行政规范性文件公开与规范化运行 15 分，信息无障碍建设 5 分，政府数据开放情况 10 分，个人信息保护与处理个人敏感信息规则落实情况 10 分，网络问政情况 5 分，行政执法监督平台建设情况 5 分。

表 B.11-1　数字法治政府评估指标体系

一级指标	二级指标	三级指标
数字法治政府 （100分）	（一）数字法治政府整体部署（10分）	1. 数字法治政府建设规划（10分）
	（二）政府平台建设（60分）	2. 行政执法平台建设（15分）
		3. 政务服务平台建设（25分）
		4. 地方政府规章、行政规范性文件公开与规范化运行（15分）
		5. 信息无障碍建设（5分）
	（三）政府数据开放与个人信息保护（20分）	6. 政府数据开放情况（10分）
		7. 个人信息保护与处理个人敏感信息规则落实情况（10分）
	（四）权力监督数字化（10分）	8. 网络问政情况（5分）
		9. 行政执法监督平台建设情况（5分）

（二）设置依据及评估标准

1. 数字法治政府建设规划

【设置依据】法治中国建设已经进入了"规划"时代，法治建设需要通

259

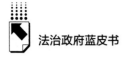

过制定实施法治规划的方式进行系统性谋划、整体性推进。这已经成为中国特色社会主义法治道路的重要经验。因此，设置本指标，以考察各城市关于数字政府建设的整体部署情况。本指标设置两个观察点。2022年6月，国务院出台了《关于加强数字政府建设的指导意见》，作为数字政府建设的引领性文件。各城市作为中央政策的执行者，也应当因地制宜地制定具有地方特色的数字政府建设规划和计划。数字政府建设规划和计划也可成为各城市有计划、有步骤地开展数字政府建设的依据，使数字政府建设有章可循。因此，各城市是否出台数字政府建设规划为第一个观察点。以数字政府引领和驱动数字经济发展是数字政府建设的一个核心问题。正如国务院《关于加强数字政府建设的指导意见》指出的："加强数字政府建设是适应新一轮科技革命和产业变革趋势、引领驱动数字经济发展和数字社会建设、营造良好数字生态、加快数字化发展的必然要求"，"以数字政府建设全面引领驱动数字化发展""助推数字经济发展"。各城市作为国家政策的执行者，是中央有关引领和驱动数字经济发展的战略任务的落实者。评估各个城市在数字政府发展规划中是否明确了助力、推动数字经济发展，以及政府在推动数字经济发展中的具体举措等内容作为第二个观察点。

【测评方法】通过网络检索，考察被评估城市是否存在现行有效的本级数字政府建设文件规划以及在数字政府建设规划中是否存在数字政府与数字经济关系的内容。

【评分标准】满分10分。（1）存在本级现行有效的数字政府建设规划①的，得5分，数字政府建设规划正在征集意见的，得3分，无数字政府建设规划的，得0分。（2）通过对数字政府建设规划的文本进行检索分析，能够检索到数字政府引领、驱动数字经济、数字产业发展相关内容②的，得5分，无此项内容的，得0分。

---

① 各个城市数字政府规划文件的名称通常为《××市数字政府建设规划》《××市数字政府改革建设十四五规划》《智慧城市建设规划》《数字强市建设规划》《数字××发展规划》。

② 具有代表性的内容包括但不限于："引领、驱动数字经济发展""助推数字经济发展""完善数字经济治理体系""保障、规范数字经济发展"。

2.行政执法平台建设

【设置依据】该指标设置是《纲要》"深入推进'互联网'+监管执法"的明确要求,是"加快建设全国行政执法综合管理监督信息系统"的过程性步骤。在本指标体系下,共设计三个观察点。首先,考察各城市是否运用物联网、大数据等智慧执法,为行政执法赋能。近年来,在行政效能原则指引下,行政机关充分运用大数据平台、智能监管系统、自动监管系统等智慧执法方式,推动行政执法手段的革新换代。信息技术的运用推动了执法流程准确规范,执法效率明显提升。因此,将各城市政府部门在执法中对信息技术的应用作为一个观察点。其次,是否建立公示平台作为第二个观察点。国务院办公厅《关于全面推行行政执法公示制度全过程记录制度重大执法决定法制审核制度的指导意见》(以下简称《指导意见》)明确了建立统一的执法信息公示平台,全面推行行政执法信息化建设,加强信息化平台建设,大力推进行政执法综合管理监督信息系统建设。最后,各城市执法信息公示平台的公示信息是否全面为第三个观察点。在行政执法信息公示平台的建设方面,由于执法公示平台信息均是对外公开的,便于评估数据的获取,故对公示信息的全面性进行考察。《指导意见》规定:"行政执法机关要在执法决定作出之日起20个工作日内,向社会公布执法机关、执法对象、执法类别、执法结论等信息,接受社会监督,行政许可、行政处罚的执法决定信息要在执法决定作出之日起7个工作日内公开,但法律、行政法规另有规定的除外。"

【测评方法】通过网络检索、网络信息抓取,检索各城市"互联网+监管执法"的新闻和执法结果公示等信息,考察行政机关运用智慧执法手段情况,以及行政执法信息公示平台建设情况。

【评分标准】满分为15分。(1)通过对新闻的检索,考察各地是否在市场监管、农业农村、生态环境保护、城市管理和交通执法等五个领域运用"互联网+监管"或者"智慧执法"、"非现场执法"等执法手段。每个领域有相关新闻的,得1分,共计5分。(2)在行政执法信息公示平台方面,建成独立的或依托其他网站建设行政执法公示平台的,得3分,不存在此类

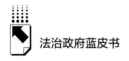

平台的，不得分。（3）平台公示内容的全面性，满分 7 分。平台公示的信息同时含有《指导意见》规定的"行政处罚"和"行政许可"信息；最新一则信息的具体内容包括"执法机关、执法对象、执法类别、执法结论"等要素。以上两项各占 2 分，满分 4 分；平台具有跨部门性的，即包含多个行政机关的执法信息的，得 3 分，不具有跨部门性的，不得分。

3. 政务服务平台建设

【设置依据】《纲要》要求"各省（自治区、直辖市）统筹建成本地区各级互联、协同联动的政务服务平台，实现从省（自治区、直辖市）到村（社区）网上政务全覆盖"。据此，设置本指标。本指标细分为五个观察点，既包括对"规范化"运行的考察，对标国务院出台的有关政务服务平台建设的各项政策文件要求的任务，考察各城市当前的完成度，也包括对"智能高效"的考察，考察各城市政务服务平台利用数字技术、优化审批流程、提升便民服务的能力。在"规范化"方面，第一个观察点是"跨省通办"的建设完成度。"跨省通办"是《纲要》"健全政府机构职能体系"之"（五）深入推进'放管服'改革"的要求，即"加快推进政务服务跨省通办，到 2021 年年底前基本实现高频事项跨省通办"。2022 年 9 月 28 日发布的《国务院办公厅关于扩大政务服务"跨省通办"范围进一步提升服务效能的意见》中要求进一步扩大政务服务"跨省通办"的范围，并新增一批高频政务服务"跨省通办"事项。在考察时，应当结合本意见的附件《全国政务服务"跨省通办"新增任务清单》查看各城市的对照落实情况。第二个观察点是"掌上办"的建设情况。依据《纲要》的要求，加快推进政务服务向移动端延伸，实现更多政务服务事项"掌上办"。依据《国务院办公厅关于印发全国一体化政务服务平台移动端建设指南的通知》的规定，要求国家、省级层面的政务服务平台开通移动互联网应用程序（App）、小程序等服务渠道。虽然该规定未对地级市层面的政务服务平台提出要求，但是考虑到各市的政务服务平台一般依托于省级服务平台建设，且"掌上办"是《纲要》要求的内容，因此以各个城市是否建设政务服务平台 App，是否设置政务服务平台的支付宝和微信小程序作为考察的对象。第三个观察点是"一件事一次办"的推进情况。《纲要》要求"大力推行一件事一次办，提供更多套餐式、主题式集成服务"，同时依据《国务院办公厅关于加快推进"一件事一次办"打造政务服务升级版的指导意见》的规定，为加快推进"一件事一次办"，要求"2022年底前，各地区要建立部门协同、整体联动的工作机制，完成企业和个人政务服务一件事一次办事项基础清单中的任务，并结合各地实际拓展本地区'一件事一次办'事项范围"。因此，观察各地市是否建立"一件事一次办"窗口，并对照国务院文件所附清单，查找基础清单的事项是否已经纳入"一件事一次办"的范围。在《纲要》的指导思想中，提到要建设"智能高效"的法治政府。而"智能高效"更多的是在数字政府建设中体现，尤其是在政府建设的各类平台中得以体现。《纲要》要求行政审批事项"网上办"。同时，《国务院关于加强数字政府建设的指导意见》规定："以数字技术助推深化'证照分离'改革，探索'一业一证'等照后减证和简化审批新途径，推进涉企审批减环节、减材料、减时限、减费用。"部分城市政务平台建立的"秒批秒办"业务利用算法、人工智能等智能工具，极大缩减了审批的时限和环节，优化了审批流程。因此，将各城市政务服务平台中是否设立"秒批秒办"窗口作为第四个观察点。同时，依据部分城市提供电子印章公共服务或者建立电子印章公共服务平台，让相对人的申请、制作、备案等环节实现全流程电子化，申请时间大幅缩减，是高效便民原则的具体体现，也是优化营商环境的重要举措，在此设立第五个观察点。

【测评方法】通过网络检索、网络信息抓取，考察被评估城市政务服务平台的建设情况。

【评分标准】满分为25分。（1）对照《全国政务服务"跨省通办"新增任务清单》，"跨省通办"事项范围扩大任务完成率达到60%的，记3分，完成率达到80%以上的，记5分。（2）观察各城市政务服务平台是否已经建立"掌上办"平台。若具有政务服务App，且具有在线办理业务的功能，得4分，若有微信或支付宝小程序，得1分，若两者均有，记5分。（3）观察各城市政务服务平台是否已建立"一件事一次办"窗口，并对照企业和

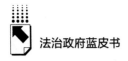

个人政务服务"一件事一次办"事项基础清单，检测各地市的工作完成度。完成基础清单 60% 以上事项的，得 3 分，完成 80% 以上事项的，得 5 分。（4）观察各城市是否建立"秒批秒办"窗口。已设置的，得 5 分，未设置的，不得分。（5）观察各个城市是否在政务服务平台中提供电子印章服务，或者设立专门的电子印章公共服务平台①，已设置的，得 5 分，未设置的，不得分。

4. 地方政府规章、行政规范性文件公开与规范化运行

【设置依据】《纲要》要求"2023 年年底前各省（自治区、直辖市）实现本地区现行有效地方性法规、规章、行政规范性文件统一公开查询"。因此，设计该指标考察地方政府规章、行政规范性文件的统一查询平台建设情况。考虑到绝大部分省份已经建立规章、行政规范性文件统一查询平台，仅考察是否建成统一查询平台的标准过低。本指标的考察重点是统一查询平台建设规范化程度。本指标设置三个观察点。第一个观察点是统一查询平台的便捷性。一般而言，为了方便当事人查询，各城市应当设置查询平台，在政府门户网站政务公开中设置专栏分门别类地对地方政府规章、行政规范性文件进行公开。因此，把是否将地方政府规章、行政规范性文件分门别类地设置不同栏目作为考察点。第二个考察点是公开的全面性。考虑到各地市查询平台主要存在的问题是行政规范性文件的内容不全且杂乱，行政规范性文件的公开还有进一步提升的空间，故专门设置一项观察点，考察行政规范性文件公开的全面性。同时，依据《国务院办公厅关于加强行政规范性文件制定和监督管理工作的通知》（国办发〔2018〕37 号）的规定，对涉及群众切身利益、社会关注度高、可能影响政府形象的行政规范性文件，起草部门要做好出台时机评估工作，在文件公布后加强舆情收集，及时研判处置，主动回应关切，通过新闻发布会、媒体访谈、专家解读等方式进行解释说明，充分利用政府网站、社交媒体等加强与公众的交流和互动。因此，在对行政规范性文件查询平台规范化设置的考察中，观察是否上传了行政规范性文件

---

① 依托省级电子印章公共服务平台，也视为建立了独立的电子印章公共服务平台。

的解读文件。第三个考察点是地方政府规章运行的规范化。《立法法》于2015 年修改后，将地方政府规章的立法权从 49 个较大的市扩展到全部 282个设区的市。在被评估的 100 个城市中，51% 的城市都是在 2015 年《立法法》修改后获得了地方政府规章的立法权。随着地方规章数量增多，地方规章的评估成为重要且应当常规进行的工作。《规章制定程序条例》第 38条规定："国务院部门，省、自治区、直辖市和设区的市、自治州的人民政府，可以组织对有关规章或者规章中的有关规定进行立法后评估，并把评估结果作为修改、废止有关规章的重要参考。"该条文成为地方政府规章进行立法后评估的依据。不过该条文规定过于原则化，对于地方规章立法后评估开展的方式、流程和时限并未予以明确，有待地方政府规章进一步落实。因此，将各地是否在"规章制定程序办法"中细化立法后评估的有关规定，抑或直接制定"立法后评估办法"，以及实践中立法后评估工作开展情况设置为考察点。

【测评方法】通过网络检索，考察被评估城市地方政府规章、行政规范性文件的制定、运行规范性以及开放情况。

【测评标准】满分为 15 分。（1）分别设置地方政府规章、行政规范性文件查询平台或者在政府门户网站的政务公开专栏中分别设置规章、政策文件查询专栏的，得 3 分。若在一个平台或专栏内，对地方政府规章和行政规范性文件未加以区分并进行分门别类的设置，则不得分。（2）在平台或专栏中，若地方政府规章、行政规范性文件专栏根据不同标准进行了分类，如按部门、按时间、按主题进行了细分，并设置目录，得 2 分；在公开的行政规范性文件中，包含各个政府组成部门出台的规范性文件，得 2 分；若还包含区县出台的规范性文件，得 1 分；若包含政策解读栏目，得 2 分。本项共计 7 分。（3）从规范角度观察规章立法后评估运行情况，满分 5 分。在规范制定方面，若该城市在本地制定的"规章制定程序办法"中明确规定"立法后评估"的内容①，得 3 分，制定专门的"立法后评估办法"，得 5 分。

---

① 但是，若仅仅是重复国务院《规章制定程序条例》的规定，则不得分。

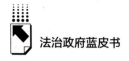

5. 信息无障碍建设

【**设置依据**】 "无障碍"是联合国《残疾人权利公约》确认的基本原则。在数字时代，残疾人的信息无障碍权具有特殊重要性，是残疾人平等参与社会交往、充分享受经济社会权利的前提条件。国务院《关于加强数字政府建设的指导意见》在"持续优化利企便民数字化服务，提升公共服务能力"中提出"围绕老年人、残疾人等特殊群体需求，完善线上线下服务渠道，推进信息无障碍建设，切实解决特殊群体在运用智能技术方面遇到的突出困难"，故设置该指标。同时结合《无障碍环境建设条例》第23条①、第24条②的规定，为保障残疾人等特殊群体的信息无障碍权利，政府承担着线上和线下的双重任务。因此，在本指标的评估中，设置线上、线下两个观察点。在线上观察点中，主要考察各地市的政府门户网站、政务服务平台是否建立"老年人模式"和"无障碍模式"，以及"无障碍模式"功能的全面性。考虑到部分老年人、残障人士不会或无法使用智能手机进行线上办理业务，为了解决这些特殊群体在运用智能技术方面的困难，各城市政务服务中心应当在线下设立专门为老年人、残疾人提供线下办理服务的便捷通道。因此，在线下观察点中，将是否设立特殊群体线下办理业务的特殊通道作为考察对象。

【**测评方法**】 通过检索，考察被评估城市政府门户网站、政务服务平台是否已建立"老年人模式"和"无障碍模式"。

【**评分标准**】 满分为5分。（1）观察各城市政府门户网站和政务服务平台是否为残障人士以及老年人这两类特殊群体设置特殊的网页浏览模式。为残障人士设置的特殊模式主要表示为"无障碍模式"，包含多种视觉辅助和听觉辅助，如页面放大缩小、高对比配色、页面阅读、辅助线等无障碍辅助服务功能。若有此模式，得1分，具备上述四项功能的，则再得1分。为

---

① 《无障碍环境建设条例》第23条："残疾人组织的网站应当达到无障碍网站设计标准，设区的市级以上人民政府网站、政府公益活动网站，应当逐步达到无障碍网站设计标准。"

② 《无障碍环境建设条例》第24条："公共服务机构和公共场所应当创造条件为残疾人提供语音和文字提示、手语、盲文等信息交流服务，并对工作人员进行无障碍服务技能培训。"

老年人设置的特殊模式可以表示为"关怀模式""适老模式""长者模式"，功能主要表现为视觉层面的字体与图片的放大。虽然无障碍浏览模式也包括此项功能，但是"适老模式"更加便捷，通过点击"适老模式"，可以一键导出适合老年人阅读的页面，便于老年人浏览网页。因此，若存在"适老模式"，则得1分。三项得分相加为该观察点最终得分。（2）观察各城市的政务服务中心（部分地市称为"行政服务中心"）是否为老年人、特殊群体设置办理业务特殊通道。线下的便捷通道可能表现为多种情形①，考察的核心要素是有无人员协助特殊群体操作智能化设备，若设置得2分，未设置不得分。

6. 政府数据开放情况

【设置依据】《纲要》明确要求"推进政府和公共服务机构数据开放共享"。各省市对地方立法对"公共数据"的利用问题进行规范时，均规定了政府公共数据应当对社会公众开放，故设置该指标。本指标体系在公共数据开放方面设置了三个观察点。首先，在公共数据开放方面，数据开放需要依托于平台，因此将是否建有专门的政府数据开放平台作为第一个观察点。其次，公共数据开放平台设计应当符合高效便民的要求，页面设计应该能够使公民更加快捷地获得信息，且要保障公共数据向社会公众开放的内容不低于一定的数值。因此，将公共数据开放平台建设是否符合高效便民原则作为第二个考察点。最后，依据《纲要》的规定，各公共数据开放平台应当"优先推动民生保障、公共服务、市场监管等领域政府数据向社会有序开放"。在市场监管日常执法中，"双随机，一公开"制度取得了显著的效果，即通过随机抽取检查对象、随机选派执法检查人员抽查的方式进行执法的"双随机"模式对市场经营主体进行检查，并将检查结果及时公开。对市场主体的日常执法监管也关系到民生保障问题。因此，无论是市场监管还是民生保障的数据，都是应当优先向社会开放的公共数据。将行政执法机关双随机

---

① 例如为老年人、残疾人等特殊群体设置专门的绿色窗口（实践中可能叫法不一），为特殊群体帮办、代办线上业务。或者在政务服务大厅中设置导办员，协助特殊群体操作智能设备。

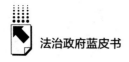

检查的结果公示信息是否公开作为第三个考察点。

【测评方法】通过网络检索、网站页面分析，考察被评估城市政府数据开放平台建设情况。

【评分标准】满分为 10 分。（1）各城市是否建立公共数据开放平台。若已经建立，则得 3 分。未建立，则不得分。（2）各城市数据开放平台是否符合高效便民要求。平台存在政府数据开放目录的，得 2 分，不存在的，不得分；平台数据开放数量（数据集、数据目录、接口数据之和）大于 5000 的，得 2 分。（3）在政务数据公开平台中，检索双随机执法检查的数据开放情况。通过检索关键词"双随机"，若能检索到相关信息，得 3 分，若无法检索到相关信息，则不得分。

7. 个人信息保护情况和处理个人敏感信息规则落实情况

【设置依据】该指标设置依据为《纲要》在"完善突发事件应对制度"中强调了保护个人信息的重要性，即"健全规范应急处置收集、使用个人信息机制制度，切实保护公民个人信息"。依据《个人信息保护法》第 34 条①、第 61 条②的规定，政府在个人信息保护中具有双重职责。一方面，履行个人信息保护职责的部门是政府的职能部门，政府应当保护公民的个人信息权益免受非法的侵害。另一方面，政府也是个人信息的处理主体，其处理个人信息的行为应当依法进行。故设置两个观察点。第一个观察点考察各城市辖区范围内是否存在个人信息权益受到侵害的情形。这种侵害的来源又可分为行政机关侵犯公民个人信息权益和企业大规模侵犯公民信息权益这两种情形。此外，政府需要收集、处理大量的敏感个人信息。随着数字政府的建设，政府开始通过"掌上办""网上办"等方式为公民提供公共服务。在线

---

① 《个人信息保护法》第 34 条："国家机关为履行法定职责处理个人信息，应当依照法律、行政法规规定的权限、程序进行，不得超出履行法定职责所必需的范围和限度。"

② 《个人信息保护法》第 61 条："履行个人信息保护职责的部门履行下列个人信息保护职责：（一）开展个人信息保护宣传教育，指导、监督个人信息处理者开展个人信息保护工作；（二）接受、处理与个人信息保护有关的投诉、举报；（三）组织对应用程序等个人信息保护情况进行测评，并公布测评结果；（四）调查、处理违法个人信息处理活动；（五）法律、行政法规规定的其他职责。"

上办理各项行政业务时，行政机关需收集个人的各方面信息，包括生物识别、特定身份等敏感个人信息。因此，行政机关是否依法处理敏感个人信息关系到公民的各项权益。因此，设置第二个观察点观察各城市政务服务平台是否落实了《个人信息保护法》第 30 条①、第 31 条第 2 款②有关处理敏感个人信息的相关规定。

【测评方法】通过网络信息抓取和对各城市政务服务平台隐私政策的收集分析，考察是否存在被评估城市行政机关泄露公民个人信息或侵害个人信息权益的信息以及各个政务服务平台对敏感个人信息规则的落实情况。

【评分标准】满分为 10 分。（1）本观察点满分 4 分，实行扣分制。本年度内存在企业大规模侵害公民个人信息权益的新闻或判决书，扣 2 分，若经人民法院判决或检察机关提起的行政公益诉讼确认行政机关存在侵害公民个人信息或者企业存在大规模侵害公民个人信息权益的事实，扣 2 分，不存在上述相关信息的，得 4 分。（2）考察各个城市政务服务平台的敏感个人信息规则的落实情况，满分 6 分。城市政务服务平台在收集人脸等生物识别信息时，是否告知了公民收集此类信息的使用目的以及可能对个人权益产生的影响，若有相关条款，得 2 分，无相关条款，不得分；政务服务平台的隐私条款中是否对处理不满十四周岁未成年人个人信息制定了专门的处理规则，若存在相关条款，得 2 分，不存在相关条款，则不得分；政务服务平台的隐私条款中，是否规定了隐私政策的变更通过各种渠道通知信息主体，如存在相关条款，得 2 分，不存在相关条款，不得分。

8. 网络问政情况

【设置依据】该指标设置是《纲要》"健全行政权力制约和监督体系"之"（二十七）全面主动落实政务公开"的要求，即"鼓励开展政府开放

---

① 《个人信息保护法》第 30 条："个人信息处理者处理敏感个人信息的，除本法第十七条第一款规定的事项外，还应当向个人告知处理敏感个人信息的必要性以及对个人权益的影响；依照本法规定可以不向个人告知的除外。"

② 《个人信息保护法》第 31 条第 2 款："个人信息处理者处理不满十四周岁未成年人个人信息的，应当制定专门的个人信息处理规则。"

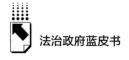

日、网络问政等主题活动，增进与公众的互动交流"。鉴于各城市依托本城市的门户网站，均已建立起"网络问政""政民互动"平台。因此，对于"网络问政"指标的考察，应当结合问政平台的特点，更加注重平台建设的全面性以及时效性。

【测评方法】通过对网络问政平台的观察分析，考察被评估城市的网络问政平台或政民互动平台是否全面设置了咨询建议、意见征集和在线访谈等栏目，以及各个栏目的及时更新情况。

【评分标准】满分5分。考察各城市网络问政、政民互动平台是否设有咨询建议、意见征集和在线访谈三个栏目，且保证每个栏目近三个月内有更新。若有一项栏目不符合要求，则扣1分。三个栏目均未建设或不符合要求，则不得分。

9. 行政执法监督平台建设情况

【设置依据】《纲要》要求："加快建设全国行政执法综合管理监督信息系统，将执法基础数据、执法程序流转、执法信息公开等汇聚一体，建立全国行政执法数据库。"在行政执法协调监督工作体系的建构中，如何用数字化技术手段进行赋能，提高监督协调的效率，健全行政执法监督体制机制是数字法治政府建设应当关注的一项问题。在推行行政执法监督数字化工作时，部分城市建立了行政执法监督平台，成为行政执法监督信息收集和工作开展的重要平台，在行政执法监督体系中发挥着重要作用。因此，设计本指标考察各个城市行政执法监督信息平台建设情况。

【测评方法】通过网络检索，查看各个城市是否建立了行政执法监督平台。在检索时，以实际检索到执法监督平台为准。对于无法直接检索到行政执法监督平台的，若有新闻、政府招标公告等相关信息证明该城市或者该省份已经建立行政执法监督平台，则也视为已经建立。若在相关信息中，显示只是着手建立，则视为未建立行政执法监督平台。

【设置依据】满分5分。若该城市已建立行政执法监督平台或依托省级行政执法监督平台，则得5分。若未建立，则不得分。

二 总体评估结果分析

数字法治政府一级指标评估总分为 100 分,经过评估,被评估城市得分符合正态分布,所有被评估城市本项一级指标平均得分为 71.25 分,及格的城市共 90 个,及格率为 90%(见表 B.11-2)。本项一级指标最高得分为 92 分,最低得分为 49 分,总体区分度较大。本项一级指标得分排名前十位的城市为杭州(92 分)、深圳(91 分)、宁波(87 分)、上海(87 分)、广州(86 分)、东莞(85 分)、北京(84 分)、珠海(83 分)、青岛(82 分)、厦门(82 分)。"数字法治政府"指标排名 1~30 的城市得分率情况见图 B.11-1。

表 B.11-2 数字法治政府一级指标分数分布

得分(分)	不及格						及格	中	优	
	[0,10)	[10,20)	[20,30)	[30,40)	[40,50)	[50,60)	[60,70)	[70,80)	[80,90)	[90,100]
城市(个)	0	0	0	0	1	9	29	48	11	2
数字法治政府一级指标平均得分(分)									71.25	

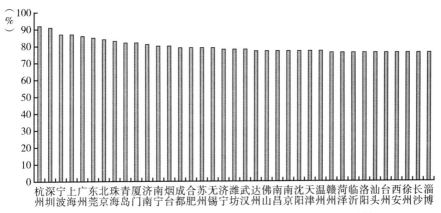

图 B.11-1 "数字法治政府"指标排名 1~30 的城市得分率情况

数字法治政府一级指标共包含九项三级指标。各三级指标平均得分率如下:(1)数字法治政府建设规划,平均得分率 74.00%;(2)行政执法平台建设，平均得分率 93.00%；（3）政务服务平台建设，平均得分率 59.88%；（4）地方政府规章、行政规范性文件公开与规范化运行，平均得分率 69.67%；（5）信息无障碍建设，平均得分率 72.80%；（6）政府数据开放情况，平均得分率 45.90%；（7）个人信息保护与处理个人敏感信息规则落实情况，平均得分率 77.00%；（8）网络问政情况，平均得分率 83.00%；（9）行政执法监督平台建设情况，平均得分率 88.00%（见图 B.11-2）。

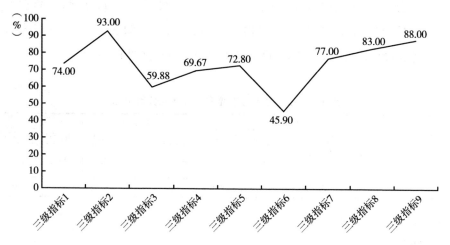

图 B.11-2 "数字法治政府"各三级指标的平均得分率

三 三级指标评估结果分析

（一）数字法治政府建设规划

1. 总体表现分析

本项指标针对 100 个城市的数字政府建设规划制定情况，以及在规划中是否存在数字政府与数字经济关系的内容进行观测，满分 10 分。本项指标下，共有 67 个城市得到满分。100 个城市的得分情况见表 B.11-3。

表 B.11-3　三级指标 1 100 个城市得分情况

得分(分)	10	5	0
城市(个)	67	14	19

2. 分差说明及典型事例

本项指标下，各城市的平均得分为 7.4 分，得分在及格线以上的城市有 67 个，及格率为 67%，这说明该项指标总体表现尚可。评估发现，2023 年共有 67 个城市存在有效的市级数字政府建设规划，有 19 个城市无有效的市级或省级数字政府建设规划。

各城市在不同程度上将数字政府建设以规划形式予以部署，其中程度最高的当数专门的数字政府建设规划，武汉等 36 个城市有专门的数字政府（改革）建设规划，其他的则依托"（新型）智慧城市""数字城市""数字强市""城市数字化""数字化发展""数字化转型"等综合性规划。程度最低的则仅根据所在省份的省级规划进行部署，但少数省份仍没有省级层面的数字政府建设规划兜底。

在数字经济的发展中，数字政府起到了引领作用。其中，67 个城市明确了数字政府对数字经济发展的引领作用，并明确通过多项举措推动数字经济发展。例如，《广州市数字政府改革建设"十四五"规划》中提出，要推进政府内部数据汇聚共享，增强公共数据资源共享开放和利用成效。加速数据要素市场培育，形成规范有序、包容审慎、鼓励创新、协同共治的数字经济发展新环境，助推数字经济高质量发展。《深圳市人民政府关于加快智慧城市和数字政府建设的若干意见》中要求各政府部门通过加快培育数据要素市场、数字经济产业创新发展、加快企业"上云用数赋智"等方式培育数字经济发展"新动能"。《南昌市数字政府规划建设方案》明确要通过推动公共数据开放、建设数据交易市场等数据开放共享赋能数字建设，通过推行"秒批秒办"、大力推进"网上办"，优化行政审批流程，服务数字经济发展。但是，依然有 13 个城市未在数字政府建设规划中明确数字政府如何助力数字经济发展。

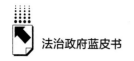

（二）行政执法平台建设

1.总体表现

本项指标对 100 个城市的行政执法平台建设情况进行观测，满分 15 分。本项指标各城市的平均得分是 13.95 分，平均得分率为 93.00%，行政机关运用智慧执法手段，以及执法公示平台建设效果较好。100 个城市的得分情况见表 B.11-4。

表 B.11-4　三级指标 2 100 个城市得分情况

得分（分）	15	11~14	6~10	0~5
城市（个）	58	37	5	0

2.分差说明与典型事例

通过新闻检索，发现行政机关利用智慧执法手段提高执法效能的效果较好，在城市管理、市场监管交通执法、农业农村和生态环境保护领域都普遍采取了智慧执法手段。不过，在农业农村领域，智慧执法手段的应用有待加强，有 13 个城市未检索到农业农村领域运用智慧执法手段的行为。

行政执法公示平台建设方面，100 个城市均已建立起公示的渠道，但绝大部分是依托市政府门户网站的公示栏目，或者信用公示平台进行公示。同时，依据"行政执法三项制度"的要求，执法公示信息应当包含多个类型的行政执法信息，且包含行政执法的"执法机关、执法对象、执法类别和执法结论"等要素。从评估结果来看，各地执法公示平台建设的精细化取得了不错的成效。82 个城市在该项指标中拿到了满分。同时，考虑到维稳和国家安全等因素，部分地区的行政执法信息相对较为敏感，不宜公开，因此，对于此类城市采取相对宽松的评分标准，只要已经建设了行政执法公示平台，且设置了行政执法信息公示的栏目，即可赋予相应的分值。

（三）政务服务平台建设

1. 总体表现分析

本项指标针对 100 个城市的政务服务平台建设情况进行观测，满分 25 分。100 个城市的得分情况见表 B.11-5。

表 B.11-5　三级指标 3 100 个城市得分情况

得分（分）	11~15	16~20	21~25
城市（个）	47	45	8

2. 分差说明及典型事例

本项指标下，各城市的平均得分为 14.97 分，平均得分率为 59.88%，得分在平均分以上的城市有 56 个，这说明该项指标总体表现一般。在本项指标中，没有城市拿到满分。

上年度评估发现，各城市在政务服务平台的移动端、"跨省通办"等服务窗口建设上已经取得了不错的成绩。因此，与上年度指标主要考察线上服务窗口是否设立相比，本年度的考核指标进一步细化，对基础窗口的建设情况进行更深入的考察。其中，本年度观察点的设置对照《国务院办公厅关于扩大政务服务"跨省通办"范围进一步提升服务效能的意见》《国务院办公厅关于加快推进"一件事一次办"打造政务服务升级版的指导意见》中的"任务清单"，考察"跨省通办"和"一件事一次办"窗口建设中服务事项设置的完成度。同时，考虑到上年度评估中发现"秒批秒办"窗口建设情况欠佳，该观察点在本年度评估中予以保留，继续考察各城市的建设情况。评估发现，本年度的政务服务平台建设呈现以下特点。第一，平台互联性大幅提升。相比于上年度的数字法治政府评估，本次评估发现 100 个城市均已建立"跨省通办"窗口。其中，74 个城市"跨省通办"的事项范围达到任务清单的 60%以上，26 个城市达到任务清单的 80%以上。整体而言，"跨省通办"窗口建设在稳步推进，但离文件要求尚有一定差距。第二，"掌上办"成效明显。评估发现 100 个城市均建有政务服务的"掌上办"平台，其中 98 个城市同时建有 App 移动端和微信、支付宝小程序平台，另外 2 个城市虽建有"掌上办"平台，但未建立微信、支付宝小程序平台。第三，政务服务平台部门协同、整体联动的工作机制有待进一步完善。评估发现所有城市均已经建有"一件事一次办"窗口。对照国务院所附的企业和个人政务服务"一件事一次办"事项基础清单，已有 13 个城市完成 80% 以上清单事项的"一件事一次办"，86 个城市完成 60% 以上清单事项的"一件事一次办"，其中，北方某市虽已建有"一件事一次办"窗口，但对于基础事项清单的完成度尚不足 60%，有待进一步提高。《国务院办公厅关于加快推进"一件事一次办"打造政务服务升级版的指导意见》要求 2022 年之前完成企业和个人政务服务"一件事一次办"事项基础清单中的任务。但是，从评估情况来看，绝大部分城市离国务院文件的要求尚存在一定差距。第四，秒批秒办、电子印章等高效便民的服务功能有待进一步完善。仅有 28 个城市建立了"秒批秒办"业务窗口，其余 72 个城市均未设立。39 个城市建立了"电子印章"服务窗口或者独立的电子印章服务平台。

（四）地方政府规章、行政规范性文件公开与规范化运行

1. 总体表现分析

本项指标对 100 个城市的地方政府规章、行政规范性文件公开与规范化运行情况进行观测，满分 15 分。本项指标下，100 个城市平均分为 10.45 分，共有 4 个城市得满分，分数在 9 分以上的城市有 65 个，及格率为 65%。100 个城市的得分情况见表 B.11-6。

表 B.11-6　三级指标 4 100 个城市得分情况

得分	5~7	8~9	10~12	13~15
城市	21	14	35	30

2. 分差说明及典型事例

上年度评估发现，85 个被评估城市均已建立地方政府规章、行政规范

性文件统一查询平台。经过本年度的初步检索，上年度评估时未建立统一查询平台的城市也在逐步建立地方政府规章、行政规范性文件查询平台。因此，在本年度的评估指标中，将查询平台的规范化运作作为重点考核对象进行考察。评估发现，34个城市没有对地方政府规章或行政规范性文件进行分类，并设置目录，16个城市因未公开政府部门制定的行政规范性文件而未得分，27个城市的规范性文件查询平台未见区县政府的规范性文件，2个城市未上传关切群众利益、社会影响大的行政规范性文件的解读文件。地方政府职能部门制定的行政规范性文件数量较多，且清理较为频繁，职能部门规范性文件及其效力信息应成为统一查询平台的重点内容。在对地方政府规章的立法后评估规范化运作考察中发现，仅有13个城市制定了专门的"规章立法后评估办法"，有44个城市在"规章制定程序办法"中明确规定"立法后评估"的内容。从评估结果来看，各个城市立法后评估的规范化水平有待进一步提高。

（五）信息无障碍建设

1. 总体表现分析

本项指标针对100个城市的线上线下信息无障碍建设情况进行观测，满分5分。本项指标下，有17个城市得满分。100个城市的得分情况见表 B. 11-7。

表 B. 11-7　三级指标 5 100 个城市得分情况

得分	2	3	4	5
城市	12	29	42	17

2. 分差说明及典型事例

本指标为本年度新增指标，旨在评估各个城市数字无障碍建设情况。通过评估发现，该指标平均分为3.64分，平均得分率为72.80%，及格以上的城市有88个。通过评估发现的具体问题如下。

第一，线上平台针对特殊群体的智能化无障碍服务建设有待完善。100

个城市中，55 个城市的门户网站、政务服务平台均有"老年人模式"和"无障碍模式"且功能完整，拿到了满分。其余城市在线上无障碍建设中均存在缺漏，其中问题最为突出的是老年人模式建设的缺失。在评估中发现，28 个城市在政务服务网站或政府门户网站没有设置"老年人模式"。100 个城市在政务服务网站或政府门户网站中均设置了无障碍服务模式，但是，有 17 个城市的无障碍服务出现了不同程度的功能失灵与缺失问题，如指读模式失灵、缺少听觉辅助等。

第二，线下政务服务中心针对特殊群体办理业务的特殊通道的建设情况有待提升。100 个城市中，仅 28 个城市针对老年人群体和残障人士均提供线下办理服务的便捷通道，其余大多数仅建设有针对老年人群体或残障人士群体的无障碍服务通道。

（六）政府数据开放情况

1.总体表现分析

本项指标针对 100 个城市的政务数据开放平台建设情况进行观测，满分 10 分。本项指标下，共 20 个城市得满分。100 个城市的得分情况见表 B.11-8。

表 B.11-8　三级指标 6 100 个城市得分情况

得分	10	8	7	6	5	3	0
城市	20	21	6	1	8	1	43

2.分差说明及典型事例

本项指标下，各城市的平均得分为 4.59 分。成都、南充、达州、上饶、贵阳、上海、天津、北京、青岛、烟台、潍坊、济宁、临沂、德州、聊城、厦门、重庆、深圳、宁波、东莞等 20 个城市获得满分。评估发现，43 个城市尚未建成政府数据开放平台。因此，数据开放建设工作有待进一步推进。通过对已建成数据开放平台的城市进一步评估，发现 29 个城市的开放数据集不足 5000。城市数据开放平台开放的公共数据数量有待进一步增加。在对应当优先公开的公共数据的检索中，有 13 个城市未查找到双随机公开信息。

（七）个人信息保护与处理个人敏感信息规则落实情况

1. 总体表现分析

本项指标针对 100 个城市的个人信息保护与处理个人敏感信息规则落实情况进行观测，满分 10 分。本项指标下，16 个城市获得满分。100 个城市的得分情况见表 B.11-9。

表 B.11-9　三级指标 7 100 个城市得分情况

得分	0~3	4~6	7~9	10
城市	1	24	59	16

2. 分差说明及典型事例

本项指标下，各城市的平均得分为 7.7 分，平均得分率为 77.00%。本年度评估的指标相比上年度而言，新增了两项观察点。首先，考虑到在个人信息保护中，政府不仅是个人信息处理者，还应当履行个人信息保护职责，保护公民个人信息权益免受不法侵害，因此，设置了各城市是否发生大规模侵犯公民个人信息的案件作为考察点。通过对案例和新闻的检索发现，很多城市都发生过大规模侵犯个人信息权益的刑事案例。这说明政府个人信息保护职责有待进一步加强。同时，行政机关侵犯公民个人信息权益的情形也屡次出现，主要集中在公安和房屋交易中心等部门。其次，对政务服务平台的隐私政策进行观测，以考察各城市对于个人敏感信息保护的落实情况。从评估结果上看，个人隐私政策落实情况较为理想，79个城市获得了 6 分的满分。但是，部分城市的个人隐私政策仍然存在不完善之处。例如，某市的未成年人个人信息保护政策规定较为笼统，只规定了依据法律法规保护未成年人个人信息，并未明确保护未成年人个人信息的具体规则。

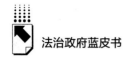

（八）网络问政情况

1. 总体表现分析

本项指标针对 100 个城市的网络问政情况进行观测，满分 5 分。本项指标下，65% 的城市获得满分。100 个城市的得分情况见表 B.11-10。

表 B. 11-10　三级指标 8 100 个城市得分情况

得分	5	3	1	0
城市	65	28	6	1

2. 分差说明及典型事例

本项指标下，各城市的平均得分为 4.15 分，平均得分率为 83.00%。结合上年度评估结果，已有 99 个城市建成了网络问政平台。因此，在本年度的评估中，对网络问政平台建设的具体情况进行了更深入的考察。一般而言，网络问政平台包含咨询建议、在线访谈和意见征集三个栏目。因此，本次评估以这三个栏目是否设置以及是否及时更新为评估指标。评估发现，各地的建设成绩并不显著，仅 64 个城市在市政府门户网站按要求设置了所有相关专栏，且有最近三个月的互动信息，其余 36 个城市存在专栏建设不完整或不及时更新的问题，其中 18 个城市的在线访谈栏目未及时更新，10 个城市未建立在线访谈栏目，8 个城市未建立咨询建议栏目，同时，其他城市也存在三个栏目更新不及时的情况，未能达到网络问政的效果要求。

（九）行政执法监督平台建设情况

1. 总体表现分析

本项指标针对 100 个城市的行政执法监督平台建设情况进行观测，满分 5 分。本项指标下，88% 的城市均得到满分，整体情况较为理想。100 个城市的得分情况见表 B.11-11。

表 B.11-11　三级指标 9 100 个城市得分情况

得分(分)	5	0
城市(个)	88	12

2. 分差说明及典型事例

本项指标下，各城市的平均得分为 4.4 分，平均得分率为 88.00%。在上年度的评估体系中，并未将行政执法监督平台建设情况列为一项三级指标。但是，在行政执法平台建设的考核结果中，提及"具有集约化特征的行政执法综合监督信息系统（平台）还在建设起步阶段"。从本次评估的结果来看，行政执法监督平台的建设取得了优异的成绩，88 个城市已经建成了行政执法监督平台。这个成绩的背后是省级行政执法监督平台的加快推进建设。其中，55 个城市并未建立本城市的行政执法监督平台，还是依托省级执法监督平台。但是，考虑到行政执法监督平台建设起步较晚，同时各个城市依托省级平台也能完成行政执法监督工作，故也赋予了分值。

四　评估结论及建议

（一）评估结论

数字法治政府一级指标平均得分为 71.25 分，及格率为 90%。评估的结果说明我国数字法治政府建设还有很大的提升空间。各城市得分有明显的区域差异，东部地区城市得分普遍高于其他地区城市，排名前十的城市有 9 个城市出自东部沿海省份，分别是杭州、深圳、上海、宁波、广州、东莞、珠海、厦门和青岛。东北、西部和中部地区得分差距不大（见表 B.11-12）。通过对各三级指标得分的横向比较可以看出，绝大部分城市在各类平台建设中已经取得不错的成绩，各个城市均已建成政务服务平台以及地方政府规章、行政规范性文件的统一查询平台，但对照法规文件，对各类平台建设具体内容进行细化考察时，发现各类平台建设的规范化程度有待进一步提高。同时，相较上年度，政府数据开放情况得分率虽然有所提高，但与其他指标相比，得分率依旧偏低。整体来看，数字法治政府的建设情况有待未来进一步观察监测。

表 B. 11-12　不同地区城市一级指标平均得分比较

	东部地区	中部地区	西部地区	东北地区
城市数量（个）	43	27	20	10
平均得分（分）	75.77	68.67	67.85	65.6

（二）存在的问题

1. 数字政府建设规划的引领作用未得到充分发挥

数字政府建设规划本应在数字政府建设中发挥引领作用。国务院出台的《关于加强数字政府建设的指导意见》对全国的数字政府建设具有指导性作用。各地也应当对照该意见，因地制宜地制定本城市的数字政府建设规划，继而引领本地区的数字政府建设。但是，从评估结果来看，各城市数字政府建设规划的引领作用并未得到有效发挥，主要体现在两方面：第一，大部分城市并未出台专门的数字政府建设规划，很多城市还是依托"智慧城市"等综合性数字建设规划，缺乏对于数字政府建设的针对性；第二，部分城市的数字政府建设规划未充分阐明数字政府建设和数字经济发展的关系，未明确数字政府如何推动、服务于数字经济的发展，缺乏对数字经济建设的引领。

2. 政务平台建设的集约化、精细化和智能化有待进一步提升

本次评估对各城市政府门户网站、行政执法平台、行政执法监督平台、政务服务平台、政务数据交换与开放平台等政务平台进行了全方位考察。评估发现，当前政务平台建设中存在以下突出问题。

首先，集约化程度不高。近年来，政务平台过多过滥，令人应接不暇，

基层工作人员需要下载各种政务 App，并注册、打卡，疲于应付各种"数字考核"的问题引发人们关注。原本为了提高行政效率的政务平台建设，却沦为应付考核指标的形式主义建设，给基层工作人员带来新负担，也造成了资源的浪费。造成这一现象的根源就是政务平台的集约化程度不足。这一现象在评估中也有所反映。各地的行政执法平台集约化程度不高，内部办案平台类型较多且同时运行，给执法人员增加了负担。整合多个领域的综合性执法监督平台建设仍处于起步阶段。很多城市仍然依托省级行政执法监督平台，而未建立本市的平台。

其次，政务服务平台有待进一步精细化。本次评估发现，绝大部分城市已经建立相应的行政执法公示的渠道。同时，在政务服务平台建设上已经取得了初步的成果。全国绝大部分城市已建立政务服务平台 App 或微信、支付宝小程序。但是，本次评估对平台建设中的具体情况进行了更为深入的考察，发现平台建设在规范化、精细化上还存在很大的不足。例如，对照国务院印发的《国务院办公厅关于扩大政务服务"跨省通办"范围进一步提升服务效能的意见》和《国务院办公厅关于加快推进"一件事一次办"打造政务服务升级版的指导意见》中任务清单的要求，只有 26 个城市的"跨省通办"窗口建设完成率达到了 80%，在"一件事一次办"窗口建设中，只有 13 个城市达到了 80% 的完成率。对照"行政执法三项制度"的要求，各城市行政执法信息公示的质量还有待进一步提高。

最后，政务平台的智能化有待提高。各城市政务服务平台建设中提供"秒批秒办""电子印章服务"服务事项的城市有限。"秒批秒办"既是自动化行政的样板，也是优化行政审批流程的重要举措。该项业务的缺失，既不利于行政效率的提升，也不利于为下一阶段更高级别自动化行政积累实践经验。

3. 政府的数字基础服务尚存在不足

目前，仍有约半数的城市未建立起政务数据开放平台。既有的数据开放平台也存在数据开放数量不多、质量不高、数据的整合度不够等问题。评估发现，部分城市数据开放数量仅有个位数，数据开放流于形式。同时，数据

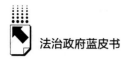

开放的质量也不高。在评估中，对于"双随机"执法检查这一行政执法领域的基本信息进行检索，仍有 13 个城市未检索到相关信息。在为残障人士和老年人等特殊群体提供特殊的数字服务方面，各城市的线上线下无障碍设施建设尚处于不断推进和发展阶段。仅有不到 1/3 的城市在线下为老年人、残障人士等特殊群体建立了特殊通道。

4. 政府的个人信息权益保护义务履行质效不高

在数字政府建设过程中，对于公民个人信息权益的保障，政府扮演着多重角色。首先，政府在收集和处理大量的个人信息过程中，存在侵害公民个人信息权益的风险。因此，政府的首要职责是履行消极的保护义务。从评估结果来看，政府侵害个人信息权益的行为偶有发生，尤其是掌握着大量个人户籍、轨迹信息的公安部门的民警经常滥用个人信息查询的权限，侵害公民的个人信息权益。其次，政府也承担着积极的个人信息保护义务，通过积极地履行职责，保障公民个人信息权益免受侵害。但是，从评估情况来看，绝大部分城市均有侵犯公民个人信息权益的刑事案件发生。政府保护公民个人信息的质效还需进一步提升。

（三）完善的建议

1. 做好建设统筹规划，引领数字政府发展

做好数字政府建设统筹规划，是数字政府法治化的表现，符合法治的可预测性要求。在统筹规划过程中，一方面要认识到数字政府建设具有系统性，需要关注区域的统筹与协调，特别是数字基础设施要在区域中合理布局，地市间各类平台和系统要互联互通，打破"数据孤岛"。2022 年 4 月 19 日，中央全面深化改革委员会第二十五次会议审议通过《关于加强数字政府建设的指导意见》，其中明确"统筹推进技术融合、业务融合、数据融合，提升跨层级、跨地域、跨系统、跨部门、跨业务的协同管理和服务水平"。除国家层面出台全国范围全局性的规划文件外，各省份应出台本省份内部的规划文件，实现省份内部统筹协调。目前尚未出台省级层面规划文件的 4 个省份应尽快出台相关规划文件。系统性也体现在数字政府建设与智慧

城市或数字城市建设等综合性工程的密切关联方面，需要在多领域视角下规划，将数字政府纳入综合性规划中进行统筹。另一方面要认识到数字政府建设具有特殊性，各地市有不同的经济发展水平等实际情况，行政治理数字化具有公益性特征和安全性特殊要求，出台市级层面的专门性规划具有必要性。

2. 转变建设理念，推动政务平台向高效规范化发展

数字政府建设的一项主要内容就是研发各种政务平台等数字平台，为传统行政职能进行赋能，优化行政流程，提高行政效能。当前，政务平台的建设已经进入繁荣的阶段，给人一种"乱花渐欲迷人眼"的不真实感。造成这种不真实感的根源在于政府存在不正确的政绩观。各级政府及政府组成部门将建立政务平台当作本部门的政绩。这导致各种功能相近、内容重叠的政务 App 被推出。而且，各级政府的精力放到了研发各种政务平台上，而忽视了政务平台与行政效率、高效便民之间的关系。同时，为了提高政务 App 的使用率，还会对基层执法人员下达指标，要求下载、注册并打卡，徒增基层的负担。这便是数字时代"形式主义"的新表现。破解这一难题的关键在于转变政务平台的建设思路。因此，在政务平台的建设中，不应当再以平台的建设数量为考核对象，而是要转变理念，以政务平台的建设内容为核心考核指标。以哪些具体内容为考核标准，则需要结合政务平台的性质和建设目的来考虑。例如，在政务服务平台的建设中，其宗旨就在于高效便民，通过互联网、人工智能等技术对传统的行政审批等职能进行赋能，实现流程的优化和再造。因此，在政务服务平台的内容建设考核中，应当以服务事项上网率以及便利化程度为考核指标。在国务院发布的各类文件中，已经有将平台建设内容作为考核指标的趋势。例如，本次评估考核指标体系依据的《国务院办公厅关于扩大政务服务"跨省通办"范围进一步提升服务效能的意见》和《国务院办公厅关于加快推进"一件事一次办"打造政务服务升级版的指导意见》对"跨省通办"和"一件事一次办"窗口建设列出了任务清单。下一步，应当更加注重对这些考核指标的督促和落实，设计出更多细化的考核指标，并纳入政务服务平台建设的考核指标体系中。当然，将政

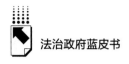

务平台的建设重点放在内容建设上，并非一味排斥新的政务平台的设立。例如，对于行政执法监督平台而言，目前各个城市的建设尚在不断发展阶段，应当鼓励更多的城市建设行政执法监督平台。

3. 积极推动政府数字义务的履行，保障公民的数字权利

进入数字时代，公民在享受数字技术带来的生活便利的同时，也面临数字时代各种潜在的侵权风险。同时，由于数据资源分配的不均衡，公民也需要获取更多的数据，才能充分地参与到信息社会中。尤其是老年人、残障人士等特殊群体在使用数字设备方面存在困难，难以接入数字时代。政府作为公民数字权利的守护者，理应保障公民的数字权利。因此，政府应当从提供数字基础服务、履行公民个人信息权益保护职责和为特殊群体提供特殊的数字保障等多个方面，为落实公民数字权利提供保障。首先，政府要为公民提供基础的数字服务。政务数据开放是公民获取更多数据资源的一项基本制度。因此，尚未建成政府数据开放平台的城市应当加快平台的建设。已建成的政务数据开放平台应当大幅度提高数据开放量，同时提高数据开放的质量，尽可能整合市县两级政府和各个政府职能部门的信息。其次，政府还应当为特殊群体提供数字保障服务。在线上，为老年人、残障人士等特殊群体提供适老模式、无障碍模式，为特殊群体办理线上业务提供便利。在线下，为老年人、残障人士提供数字无障碍的绿色通道。最后，政府应当积极履行个人信息权益保护职责，既要通过构建预防机制和打击违法犯罪保障公民个人信息权益不受非法侵害，也要规范自身处理个人信息的行为，防止政务信息使用不符合目的以及公权力侵害公民隐私的情形。

B.12
社会公众满意度调查

王　翔*

摘　要： 坚持以人民为中心，是习近平法治思想的重要内容。贯彻落实习近平法治思想，持续深入推进法治政府建设必须坚持以人民为中心，以最广大人民群众根本利益为出发点，以人民群众满意为落脚点，不断提升人民群众对法治政府建设的获得感、满意度。这符合新时期法治建设着力提高人民群众满意度的目标追求，也有利于将法治政府建设推向高质量、高水平发展路径。调查中，我们观测到，整体而言，法治政府建设的社会公众满意度呈现逐年提升的趋势，但行政服务人员素养、行政执法规范化水平、行政决策公众参与度、依法行政透明度尚需进一步提高，构建社会公众满意的法治政府仍需持续发力。

关键词： 公众满意度　法治政府　以人民为中心

一　指标设置

贯彻落实习近平法治思想要求推进法治政府建设应坚持以人民为中心。因此，法治政府建设工作理应积极及时回应人民群众的新要求和新期待，法治政府建设的成效也应当普惠社会公众。故而，社会公众满意度调查一直是我们对法治政府建设成效进行评价的重要评估指标。开展

---

* 王翔，中国政法大学法治政府研究院助理研究员。本报告撰写中，中国政法大学法学院博士研究生沈斌晨和硕士研究生郭锦霖、李泽坤等协助进行数据处理、图表制作等工作。

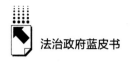

法治政府评估十余年来，项目组系统研究法治政府建设领域人民群众反映强烈或关注度高的突出问题，如法治化营商环境、诚信政府建设、行政服务能力提升、"行政执法三项制度"、政府信息公开等。鉴于此，本次法治政府建设社会公众满意度调查问卷设计依然围绕以上人民群众反映强烈或关注度高的问题展开。项目组依据《法治政府建设实施纲要（2021—2025年）》的新要求，结合往年社会公众满意度评价的具体情况，进一步完善社会公众满意度调查方式。同时，为了兼顾法治政府建设主观评价的人民性和专业性，项目组继续设置面向被评估城市的普通市民和法律专家两个满意度评价指标体系，每个指标体系设置10个由社会公众作答的问题（即10个社会满意度评价指标，具体问卷问题详见表B.12-1、表B.12-2）。

关于社会公众满意度调查中的普通市民问卷，延续了上年度的调查思路，将之前分开的普通市民评价和行政相对人评价进行适度融合，并由之前关注保护和改善生态环境、加强食品安全监管、维护社会治安、解决城市交通问题、加强城市管理保障"市容市貌"和环境卫生、解决"看病难"、社会救助、社会福利（如扶贫、慈善等）、发展教育事业、保障公共安全、开展法治宣传教育等方面的具体工作情况，转换为评价行政机关依法履职、行政效率、行政服务态度、工作人员廉洁奉公、听取公众意见和法治宣传教育等法治政府建设几个重要方面的情况，这些问题既涵盖了对上述关系民生的具体问题的关注，也可以对标法治政府建设的几个主要方面。

关于社会公众满意度调查中的法律专家问卷，近年来，优化营商环境成为法治政府建设中日益突出的重点问题，因此，我们将之前的"市政府在依法推进生态文明建设和环境保护工作方面的情况"指标更换为"市政府在优化营商环境方面的工作情况"，其他指标与往年保持一致。

在社会公众满意度调查各指标的分值设置方面，项目组继续秉持体现社会公众满意度、获得感对法治政府建设的重要性，彰显以人民为中心推进法治政府建设的理念，本指标总分为100分。为了便于参与问卷

调查的社会公众作答，每套问卷各设置 10 个问题，每个问题的分值为
10 分。

表 B. 12-1　社会公众满意度调查问卷题目：普通市民

序号	问题
1	您认为,总的来看,市政府在依法办事方面的情况怎样?（10分）
2	您认为,政务大厅、服务中心窗口工作人员的服务态度怎样?（10分）
3	您认为,政务大厅、服务中心窗口工作人员的办事效率怎样?（10分）
4	您认为,该市在行政处罚过程中进行公正处罚的情况怎样?（10分）
5	您认为,市政府在政府信息公开方面的工作情况怎样?（10分）
6	您认为,市政府及其各职能部门工作人员的廉洁奉公情况怎样?（10分）
7	您认为,市政府在社会救助、社会福利(如扶贫、慈善等)方面的情况怎样?（10分）
8	您认为,市政府为市民提供的投诉或意见反馈渠道的情况怎样?（10分）
9	您认为,市政府在作出重大决策时(如决定建设市政道路、规划公园和工业园区、改进教育举措、调整民生保障标准等)听取社会公众意见的情况怎样?（10分）
10	您认为,市政府在开展法治宣传教育工作方面的情况怎样?（10分）

表 B. 12-2　社会公众满意度调查问卷题目：法律专家

序号	问题
1	您认为,市政府的行政效率怎样?（10分）
2	您认为,市政府作出重大行政决策时听取社会公众的意见建议的情况怎样?（10分）
3	您认为,市政府的信息公开或政务公开的情况怎样?（10分）
4	您认为,市政府在依法防范和化解社会矛盾、解决争议方面的情况怎样?（10分）
5	您认为,市政府及其工作人员严格规范公正文明执法的情况怎样?（10分）
6	您认为,市政府在优化营商环境方面的工作情况怎样?（10分）
7	您认为,市政府诚实守信的情况怎样?（10分）
8	您认为,市政府工作人员的清正廉洁情况怎样?（10分）
9	您认为,市政府开展法治宣传教育工作的情况怎样?（10分）
10	总的来看,您认为,市政府依法行政或建设法治政府的情况怎样?（10分）

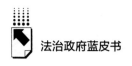

二 调查方法

法治政府建设中的社会公众满意度评价继续沿用往年的问卷调查、实地访谈和违法行为投诉体验等调查方式。项目组选取以中国政法大学法学专业学生为主,以其他高校(如北京大学、清华大学、中国人民大学、吉林大学、武汉大学、西南政法大学、华东政法大学、中南财经政法大学、西北政法大学、山东大学及湖南大学等)生源地为被评价的 100 个城市或在该市就读的 180 余名在校生[①]为辅作为实地调研员,另有 300 余名高校学生作为志愿者协助开展工作。

本次问卷调查继续采取现场随机发放和回收问卷的形式,调查地点主要为该市图书馆、律师事务所、法律援助中心、行政服务中心、商业中心、街道居民社区等,调查对象为该市 18 周岁以上 70 周岁以下、常住或者居住 3 年以上的居民。同时,为了更为准确地了解当地法治政府建设的具体实施状况,调研人员还在当地进行实地访谈。实地调研人员反馈的当地法治政府建设的具体实施情况为项目组进行更为细致、深入的研究提供了宝贵材料。

三 样本量及数据分析

在每个被调查的城市平均发放 370 余份问卷,实地调研人员回收问卷样本量总计为 37862 份,其中,有效样本量为 37797 份。项目组参照 GB/T2828.1—2003《计数抽样检验程序》第 1 部分对采用"独立双录入+独立校对"方式录入的数据进行抽查,结果显示录入错误率低于 0.06%。

---

① 项目组对北京大学、清华大学、中国人民大学、西南政法大学、华东政法大学、中南财经政法大学、西北政法大学、武汉大学、吉林大学、山东大学、湖南大学等 20 余所高校的调研员和参与志愿活动的同学为本次社会公众满意度调查付出的努力和开展的扎实有效的工作深表感谢。

运用 SPSS 23.0 统计分析软件检验问卷信度（检验结果见表 3），可知 Cronbach's Alpha 为 0.965，高于 0.8，问卷信度高。

表 B.12-3　信度分析

可靠性统计	
Cronbach's Alpha	项数
0.965	10

注：使用的统计分析方法主要有频数分析、比例分析与交叉分析等。

四　调查结果

（一）总体情况

从本次调查结果可以看出，问卷涉及的内容能够在一定程度上较准确地反映当地法治政府建设几个重要方面的基本情况。本次调查中，各城市社会公众满意度的总分为 100 分。项目组在分析评估数据时，将得 90 分及以上的城市评为优秀，80 ~ 90 分为良好，70 ~ 80 分为中等，60 ~ 70 分为及格，60 分以下为不及格。

总体分析问卷数据可知，本次被评估的 100 个城市的社会公众满意度的平均得分为 76.98 分（平均得分率为 76.98%）。其中，有 43 个城市的得分高于平均分，57 个城市的得分则是在平均分之下，尚无城市的得分低于 60 分（即不及格）。得分率排名 1 ~ 30 的城市情况见图 B.12-1。

（二）法治政府建设社会公众满意度评价的具体分析

为进一步深入研究社会公众行政服务、行政执法、行政决策、信息公开、预防化解社会矛盾、法治宣传教育等几个重要方面社会公众满意度评价情况，项目组分别对普通市民问卷和法律专家问卷中的相应问题进行具体分析。

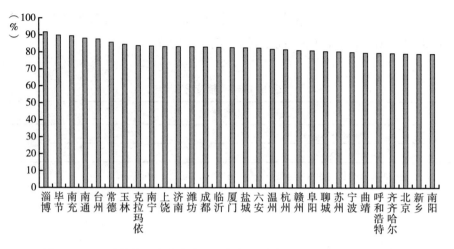

图 B.12-1　"社会公众满意度调查"指标排名 1~30 的城市得分率情况

1. 普通市民问卷

该问卷面向相应城市的普通市民发放,主要围绕依法履职、行政效率、行政服务态度、工作人员廉洁奉公、听取公众意见和法治宣传教育等问题进行问卷调查和访谈。该问卷在本次问卷调查中发放 32866 份,回收 32798 份,其中有效问卷 32747 份。课题组参照 GB/T2828.1—2003《计数抽样检验程序》第 1 部分对采用"独立双录入+独立校对"方式录入的数据进行抽查,结果显示录入错误率低于 0.05%。运用 SPSS 23.0 统计分析软件检验问卷信度,可知 Cronbach's Alpha 为 0.957,高于 0.8,问卷信度高。

该问卷平均得分为 76.96 分,平均得分率为 76.96%,较上年度高出 5.63 个百分点。但总体而言,仍处于中等水平。其中,有 44 个城市高于平均分,没有城市得分低于及格分,该问卷 100 个城市中,淄博、毕节、南充、南通、台州得分率位居前五名(见图 B.12-2)。

为进一步了解市民对问卷中所列问题的满意度评价,项目组对相应问卷的问题逐一进行深入分析。对比数据可知,总体而言,市民对 10 个问题的评价得分率在 73.61%~80.05%(即每个问题的分值在 7.36~8.01分),只有对工作人员的廉洁奉公情况、提供的投诉或意见反馈渠道的情

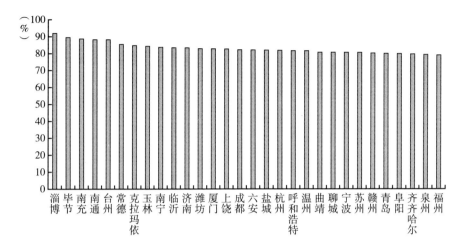

图 B.12-2　普通市民问卷满意度指标排名 1~30 的城市得分率情况

况、作出重大决策时听取社会公众意见的情况三个方面的工作情况评价为及格，法治宣传教育工作方面达到良好水平，其他六个方面均达到中等水平，详见图 B.12-3。

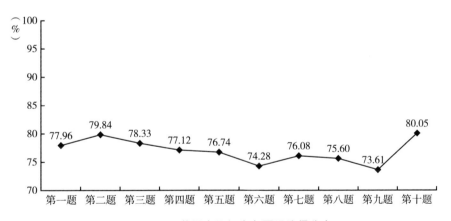

图 B.12-3　普通市民问卷各题平均得分率

　　一是市政府在依法办事方面的情况。该问题市民满意度评价的平均得分率为 77.96%，较上年度高出 5.81 个百分点。列入评估范围的 100 个城市中，该项指标得分高于平均分的城市有 41 个。没有得分在及格线以下的城

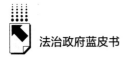

市。其中，居于前五位的城市依次为淄博、毕节、台州、南充、南通。从观测数据看，社会公众对政府依法办事、全面依法履职的认可度较高，政府在落实依法行政和加强法治政府建设方面的成就也日益显现。

二是政务大厅、服务中心窗口工作人员服务态度的情况。该问题市民满意度评价的平均得分率为79.84%，较上年度高出了7.12个百分点。其中，得分在平均分以上的城市有46个，尚无得分在及格线以下的城市。其中，居于前五位的城市依次是淄博、台州、南昌、南充、南通。分析测评数据可知，社会公众认为政务大厅、服务中心窗口工作人员的服务态度较好，这也表明政府持续加强政府服务、优化营商环境、改善行政服务环境和提升工作人员素养等举措的成效日益得到社会公众的认可。

三是政务大厅、服务中心窗口工作人员的办事效率的情况。该问题的平均分为7.83分，平均得分率为78.33%，较上年度高出6.25个百分点。平均分以上城市有42个，没有得分在及格线以下的城市。由此可知，社会公众对政务大厅、服务中心窗口工作人员的办事效率比较认可。近年来，各地政府加快数字政府建设，电子化、数字化平台建设步伐加快，政务服务方面"最多跑一次""数据多跑路，社会公众少跑路"等便民服务理念逐渐深入人心，由此行政服务效率也得以提升。因此，社会公众对政务大厅、服务中心等政务服务窗口工作人员的满意度也随之有所提高。

四是市政府在行政处罚过程中进行公正处罚的情况。该问题的平均得分为7.71分，平均得分率为77.12%，比上年度高出5.70个百分点。平均分以上城市有40个，没有得分在及格线以下的城市。近年来，政府加强"行政执法三项制度"建设，行政执法人员的执法规范化得到了进一步提升，特别是在行政处罚领域，执法人员在执法依据、执法程序及执法后公示方面较往年改进明显，这些举措对于实现公正处罚具有积极推进和保障作用。分析数据可知，社会公众对政府在行政处罚过程中进行公正处罚的情况较为认可。

五是市政府在信息公开方面的工作情况。分析问卷数据可知，该问题的平均得分率为76.74%，比上年度高出5.51个百分点。其中，得分在平均分以上的城市有 44 个，无得分在及格线以下的城市。观察问卷数据可得知，该问题的平均得分率在面向市民问卷的 10 个问题中居中。社会公众对政府信息公开的情况较认可，但距离使社会公众满意还有较大的提升空间。调研中发现，近两年来由于疫情影响，有的城市在政府信息公开的及时性方面具有较大的改进空间。当然，受政府信息化程度和社会公众对政府信息公开关注度的提高等影响，政府信息公开的情况较往年也有所改进。

六是市政府及其各职能部门工作人员的廉洁奉公情况。分析数据可知，该问题的平均得分为 7.43 分，平均得分率为 74.28%，比上年度高出 4.55 个百分点。其中，得分在平均分以上的城市有 44 个，无得分在及格线以下的城市。超过一半的城市在平均分以下，和上年度相比，该指标得分率在面向市民问卷调查的 10 个问题中仍排名倒数第二。分析数据可知，该指标中，社会公众对市政府及其各职能部门工作人员的廉洁奉公情况的评价虽高于及格线，但从整体得分情况看，多数社会公众对政府及其各职能部门工作人员的廉洁奉公情况的期望与现实之间依然有较大差距。

七是市政府在社会救助、社会福利（如扶贫、慈善等）方面的工作情况。分析该问题的问卷数据可知，其平均得分率为 76.08%，较上年度高出 4.64 个百分点。其中，得分在平均分以上的城市有 47 个，无得分在及格线以下的城市。该问题方面社会公众的满意度评价较往年有明显提升，反映出政府在近期持续加大扶贫攻坚力度、致力于共同富裕工作取得明显成效。

八是为市民提供的投诉或意见反馈渠道的情况。该问题的平均得分为 7.56 分，平均得分率为 75.60%，较上年度高出 5.85 个百分点。得分在平均分以上的城市有 42 个，没有得分在及格线以下的城市。调研中，社会公众认为市政府为市民提供的投诉或意见反馈渠道还不够畅通，程序空转较为普遍。一方面，一些市政府不仅在办公场所设置投诉台，而且在网站设立投诉栏目，也有的市政府在其官方 App 设有投诉板块；另一方面，社会公众现场投诉时有时出现投诉台没有工作人员，预留的投诉电话无人接听，官方 App 对一些年长的社会公众来说使用不便，加上有些投诉渠道反馈不及时，从而导致社会公众对投诉或意见反馈渠道的满意度偏低。

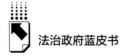

　　九是市政府在作出重大决策时听取社会公众意见的情况。分析本问题的问卷数据可知，该问题的平均得分率为73.61%，较上年度高出了4.50个百分点。其中，得分在平均分以上的城市有45个，无得分在及格线以下的城市。需要注意的是，该指标的平均得分率在本问卷中最低。调研中，我们了解到，虽然国家层面早在2019年9月就实施了《重大行政决策程序暂行条例》，各地方也制定了相应的规范行政决策的地方性法规、规章等，但实践中行政决策领域仍然存在"说起来重要，干起来不要"的情形。在一些关系城市规划发展、民生保障的方面，有的地方政府及相关部门作出重大决策时在听取公众意见方面容易走形式、走过场，这样的行政决策不但不利于科学决策、依法决策，也不利于社会公众了解决策事项和决策的执行。

　　十是开展法治宣传教育工作方面的情况。分析该指标的得分情况可知，其平均得分率为80.05%，较上年度高出6.08个百分点。得分在平均分以上的城市有46个，没有得分在及格线以下的城市。在普通市民调查问卷的10个问题（指标）中，该指标的平均得分率最高。调研中，实地调研人员通过和市民座谈得知，政府各部门普遍开展形式多样的法治宣传教育活动，社会公众对该项工作的满意度高，也取得了较好的社会效果。

　　一些地方政府采用信息化、数字化等方式，借助传统展板和新媒体等平台，对社会公众普遍关心的法律制度进行持续宣传。特别是《民法典》实施以来，各地对《民法典》相关的法律制度宣传持续时间长、宣传范围广，取得了良好的成效。访谈中，我们也注意到，预防犯罪（特别是预防青少年犯罪）方面的法治宣传教育也具有较好的宣传方式和体系。但是，一些与社会公众生活工作密切相关的规范政府及其职能部门的法律规范，宣传力度和效果都有待进一步加强。

　　2. 法律专家问卷

　　该问卷主要面向相应城市的律师、法官及其助理、检察官及其助理、法律顾问（行政机关法律顾问除外）以及从事法学理论研究和实践工作的高校教师发放。其中的问题主要围绕反映政务服务态度、办事效率、信息公开透明度、廉洁自律程度和投诉监督等10个方面的问题进行问卷调查和访谈。

本次问卷调查中，发放问卷5075份，回收问卷5064份，其中有效问卷5050份。课题组参照 GB/T2828.1—2003《计数抽样检验程序》第1部分对采用"独立双录入+独立校对"方式录入的数据进行抽查。抽查的结果显示，问卷的录入错误率低于0.05%。运用 SPSS 23.0 统计分析软件检验问卷信度，可知 Cronbach's Alpha 为0.967，高于0.8，问卷信度高。

　　该问卷平均得分为76.86分，平均得分率为76.86%，有46个城市高于平均分，没有得分在及格线以下的城市，该问卷100个城市中，得分率居前五名的依次为赣州、南充、毕节、淄博、湛江（见图 B.12-4）。

　　法律专家对当地法治政府建设情况的社会公众满意度评价，主要包括政府在行政效率、重大行政决策听取公众意见、政府信息公开、依法防范化解社会矛盾和解决行政争议、严格规范公正文明执法、优化营商环境、诚信廉洁、法治宣传教育等方面的情况。总体而言，法律专家对当地法治政府建设情况的社会公众满意度评价的平均得分率在72.12%~79.47%，社会公众满意度调查的法律专家问卷中的10个问题（指标）得分率差距较小，均高于及格线并处于中等偏高的区间（见图 B.12-5）。

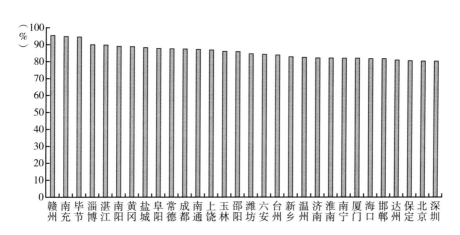

图 B.12-4　法律专家问卷满意度指标排名 1~30 的城市得分率情况

　　一是政府的行政效率情况。该题的平均得分为7.527分，平均得分率为75.27%，较去年该指标平均得分率高出7.82个百分点。平均分以上城市有

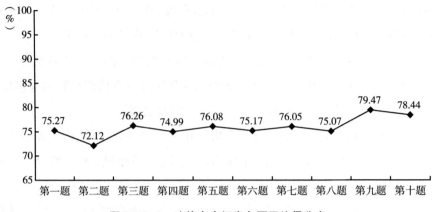

图 B.12-5　法律专家问卷各题平均得分率

47个。100个城市中排名前五位的城市依次为南充、毕节、赣州、淄博、阜阳。由此可知，法律专家对政府的行政效率满意度较低，认为政府的行政效率有待继续提高。

二是政府作出重大行政决策时听取社会公众的意见建议的情况。该题的平均得分为7.212分，平均得分率为72.12%，较上年度高出4.67个百分点。平均分以上城市有51个，及格线以下城市有5个。其中，100个城市中排名前五位的城市依次为南充、毕节、赣州、淄博、南阳。法律专家对政府作出重大行政决策时听取社会公众的意见建议的情况的满意度评价是本问卷中得分最低的指标，也是得分处于及格线以下城市数量最多的指标。近几年，政府作出重大行政决策时听取社会公众的意见建议的情况的得分率一直较低，可以说，专家们认为政府作出重大行政决策时听取社会公众的意见建议的情况较差，政府应该重视并进一步加强作出重大行政决策时听取社会公众的意见相关工作。

三是政府的信息公开或政务公开的情况。该题的平均得分为7.626分，平均得分率为76.26%，较上年度高出6.30个百分点。平均分以上城市有52个。其中，100个城市中排名前五位的城市依次为南充、赣州、毕节、盐城、上饶。没有城市得分在及格线以下。调研中我们了解到，对政府信息公开或政务公开的评价总体上尚可，但由于仍然不同程度地存在政府信息公开不及时、内容不完整等问题，政府在该领域距离让社会公众满意还有较大的提升空间。

四是政府在依法防范和化解社会矛盾、解决争议方面的情况。该题的平均得分为 7.499 分，平均得分率为 74.99%，较上年度高出 5.09 个百分点。平均分以上城市有 52 个。其中，100 个城市中排名前五位的城市依次为南充、赣州、毕节、湛江、西宁。没有得分在及格线以下的城市。该问题的得分率在本问卷中排名倒数第二。由此可知，法律专家们认为政府在依法防范和化解社会矛盾、解决争议方面的工作有较大提升空间。基于此，应加快发挥行政复议在化解矛盾、解决争议方面的主渠道作用，着力建立和完善多元纠纷化解机制和实质化解社会矛盾的相关制度。

五是政府及其工作人员严格规范公正文明执法的情况。该题的平均得分为 7.608 分，平均得分率为 76.08%，较上年度高出 5.44 个百分点。平均分以上城市有 54 个，100 个城市中排名前五位的城市依次为南充、赣州、毕节、湛江、淄博。没有得分在及格线以下的城市。分析以上数据可知，法律专家们对政府及其工作人员严格规范公正文明执法情况的评价达到中等水平，政府及其工作人员应该积极落实"行政执法三项制度"，严格规范公正文明执法，由此才能切实提高法律专家及社会公众对市政府及其工作人员严格规范公正文明执法的满意度。

六是政府在优化营商环境方面的工作情况。该题的平均得分为 7.517 分，平均得分率为 75.17%，较上年度高出 4.38 个百分点。平均分以上的城市有 49 个，100 个城市中排名前五位的依次是赣州、毕节、淄博、湛江、南充。及格线以下城市有 1 个，该指标也是问卷中得分率较低的指标之一。这一调研数据表明，有些地方政府在优化营商环境方面仍然需要加快步伐，作出更为积极的努力。

七是政府诚实守信的情况。该题的平均得分为 7.605 分，平均得分率为 76.05%，较上年度高出 5.10 个百分点。平均分以上城市有 53 个，其中，排名前五位的城市依次是赣州、毕节、南充、湛江、阜阳。没有及格线以下城市。分析调研的相关数据可知，法律专家们认为政府诚信是优化营商环境

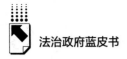

的重要内容，可以对社会起到良好的示范作用，为了切实维护政府公信力，需要加强提升政府诚信度的相关工作。

八是政府工作人员的清正廉洁情况。该题的平均得分为7.507分，平均得分率为75.07%，较上年度高出4.87个百分点。平均分以上城市有55个，其中排名前五位的城市依次是毕节、赣州、南充、淄博、黄冈。法律专家们认为，一些地方政府要加强在重点领域和关键环节进行廉政风险防范，要依靠相关法律制度强化对权力运行的全过程监督，通过切实打造廉洁政府，提升政府及其工作人员的清正廉洁度。

九是政府开展法治宣传教育工作的情况。该题的平均得分为7.947分，平均得分率为79.47%，较上年度高出6.18个百分点。平均分以上城市有55个，其中排名前五位的城市依次为赣州、湛江、毕节、南充、南阳。没有得分在及格线以下的城市。该指标的得分率为社会公众满意度调查法律专家问卷中最高的，这与普通市民对政府法治宣传教育工作的评价基本一致。从调研数据分析可知，部分城市开展法治宣传教育工作的方式有待创新、成效有待提高。

十是政府依法行政或建设法治政府的情况。该题的平均得分为7.844分，平均得分率为78.44%，较上年度高出5.90个百分点。平均分以上城市有51个，其中，排名前五位的城市依次是赣州、南充、毕节、湛江、黄冈。没有得分在及格线以下的城市。总的来看，法律专家们对政府在改革和发展过程中采取有力措施完善依法行政制度建设、推进法治政府建设工作较为满意，与往年相比，法律专家对政府依法行政或建设法治政府的情况的满意度有较大提升。

基于上述数据并结合实地调研情况，就法治政府建设社会公众满意度评价的普通市民问卷和法律专家问卷的情况进行分析，我们初步可以得出如下几点结论。一是整体而言，法治政府建设社会公众满意度评价得分率较往年提高，普通市民满意度评价的平均得分率为76.96%，法律专家的平均得分率为76.86%，得分率均高于70%，超过了得分率的中等线。可以说，当前我国法治政府建设的社会公众满意度评价较往年有了明显进步，有从达到及格线逐步迈入中等线的良好趋势。二是法治政府建设社会公众满意度评价的普通市民问卷和法律专家问卷的各自 10 个指标中，得分率高于中等线的城市数量在一半左右，低于及格线的城市屈指可数，多数指标中没有得分低于及格线的城市。这也表明法治政府建设呈现整体稳步推进的态势，社会公众满意度也随之得以提升。三是法治政府建设社会公众满意度评价中，普通市民满意度评价略高于法律专家的评价，由于法律专家对法治政府建设的参与度和熟知程度一般较普通市民更高，其对法治政府建设的期许和要求也会略高于普通市民。四是在政府作出重大行政决策时听取社会公众意见方面，普通市民和法律专家的满意度评价得分率依然都比较低，均为其相应 10 个评价指标体系中得分率最低的指标。这既反映了普通市民和法律专家关注重大决策听取公众意见的情况，也表明一些地方政府在作出重大行政决策时听取公众意见的落实情况有待提升。五是在政府开展法治宣传教育工作的情况方面，普通市民和法律专家的满意度评价得分率均比较高，均为其相应 10 个评价指标体系中得分率最高的指标。这表明普通市民和法律专家对政府开展法治宣传教育工作的满意度较高。

五　相关建议

通过分析以上问卷的作答情况，项目组获得了社会公众对法治政府建设进行主观评价的数据和资料，进而在对我国当前法治政府建设的社会公众满意度评价进行上述分析后，对今后进一步提升其社会满意度评价提出如下几点建议。

一是作出重大行政决策应切实依法听取社会公众意见。重大行政决策的民主化是依法行政、建设法治政府的重要衡量标准之一。实践中，行政机关以公开征求意见、听证会、座谈会等形式听取社会公众意见的目的在于使重大行政决策能充分吸取群众的有益意见。这既是加强法治政府建设的基本要求，也是实现社会治理多元化的重要举措，更是提升社会公众参与感和获得感最直接、最有效的方式。根据重大决策相关法律规范，凡是可以公开的，特别是涉及社会公众切身利益的重要规划、重大公共政策、重大公共建设项目等，政府首先应全面主动落实政务公开。本次调查中，我们了解到，行政机关部分工作人员无法准确识别重大行政决策事项，使得部分属于重大行政决策的事项未严格履行重大行政决策程序，或者未依法听取社会公众意见，或者将听取社会公众意见与征求相关部门意见混同。另外，部分重大行政决策虽然听取了社会公众意见，但未积极回应和及时反馈社会公众意见，也未说明采纳及无法采纳的理由及依据。鉴于此，为提高政府行政决策质量，进一步提升重大决策的公信力和执行力，建议制定和作出重大行政决策的相关部门严格落实《重大行政决策程序暂行条例》及其所在地方重大行政决策程序具体实施办法等要求，高度重视听取社会公众意见，以提高重大行政决策的民主性、科学性，从而提高重大决策的社会公众满意度。

二是深入推进行政执法体制改革，进一步提升行政执法的质量和水平。实践中，法律的实施至关重要，行政执法是实现法治政府建设成效的关键，进一步提高行政执法队伍的能力和素质是落实严格规范文明执法的关键所在。调研中，我们了解到，当前行政执法规范化建设在稳步推进，其效果也得以初步显现。但随着市场监督管理、生态环境保护、交通运输及农业农村等重点领域相继开展综合行政执法体制改革，这些领域的行政执法力量重心逐渐下移，部分基层单位的行政执法力量日渐力不从心、行政执法人员素质有待提高等问题日益突出。调研中，社会公众普遍关心的行政效率问题，也和执法队伍的素质密切相关。鉴于此，我们建议相关部门有针对性地制定程序正义与实体正义并重的执法人员培养方案，重点学习行政执法相关程序要求，将行政执法工作整体纳入行政执法人员考核指标体系，这有利于进一步提高行政执法人员的专业素质和能力，保障行政执法质量稳步提高。

三是进一步推进诚信廉洁政府建设，完善行政问责制度。诚信廉洁政府通过公务员的信用行为加以体现，因此应加强公务员的诚信理念和廉洁勤政观念教育，严格规范其个人和公务行为，加大对违反政务诚信和廉洁制度的政务行为的惩处力度。目前，我国行政问责相关法律规范的位阶较低，全国性的专门的行政问责法律制度尚不完善，因此，实践中在进行行政问责的时候缺乏统一、具体的问责标准和依据，这在一定程度上制约了诚信廉洁政府建设。鉴于此，我们建议，加强对权力的制约和监督，在持续推进政府系统廉政建设和反腐败斗争过程中加快完善行政问责制度，尤其是尽快制定统一的专门行政问责法律制度。

城市分报告
City Sub-Reports

一 鞍山市人民政府

表1 鞍山市人民政府一级指标评估得分率

单位：%

	政府职能依法全面履行	法治政府建设的组织领导	依法行政制度体系完善	行政决策	行政执法	政务公开	行政权力的制约与监督	法治政府对法治社会的带动	优化营商环境的法治保障	数字法治政府	社会公众满意度调查
该市得分率	68.75	67.50	65.00	81.25	57.66	59.11	47.38	73.75	52.07	56.00	75.94
全国平均得分率	74.59	65.80	74.20	81.16	63.42	82.82	55.14	86.32	60.87	71.25	76.98

在本次评估中，鞍山市法治政府建设的组织领导、行政决策得分率高于全国平均水平，较往年取得了新的提升。这体现出该市重视法治政府建设的组织领导，积极履行法治建设主体责任，将建设法治政府摆在工作全局的重要位置，同时行政决策领域的规范化程度较为理想，各项制度普遍得到落实，政府重大行政决策合法化、科学化、民主化程度得到进一步提高。

同时，该市在数字法治政府、社会公众满意度调查等方面表现相对良好，与往年指标相比整体呈现进步趋势。在政府职能依法全面履行、依法行政制度体系完善、行政执法、政务公开、行政权力的制约与监督、法治政府对法治社会的带动、优化营商环境的法治保障等方面，鞍山市尚存在一定的进益空间，该市政府需要及时发现问题，借鉴表现优异地区的经验做法，持之以恒寻找对策与出路，不断推进重点领域工作。

在全国法治政府建设深入推进的大背景下，鞍山市法治政府建设工作整体呈现出稳定趋势。面对法治政府建设工作中的机遇与挑战，该市政府需要不断坚定信心，科学精准发力，在法治政府建设中取得新的进展。

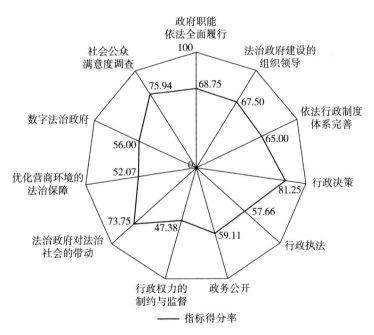

图1 鞍山市人民政府一级指标评估得分率

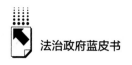

二　包头市人民政府

表2　包头市人民政府一级指标评估得分率

单位：%

	政府职能依法全面履行	法治政府建设的组织领导	依法行政制度体系完善	行政决策	行政执法	政务公开	行政权力的制约与监督	法治政府对法治社会的带动	优化营商环境的法治保障	数字法治政府	社会公众满意度调查
该市得分率	65.00	62.50	53.42	87.50	65.07	82.11	63.00	91.25	71.85	60.00	74.00
全国平均得分率	74.59	65.80	74.20	81.16	63.42	82.82	55.14	86.32	60.87	71.25	76.98

可以看出，该市行政决策、行政执法、行政权力的制约与监督、法治政府对法治社会的带动、优化营商环境的法治保障得分率高于全国平均水平，

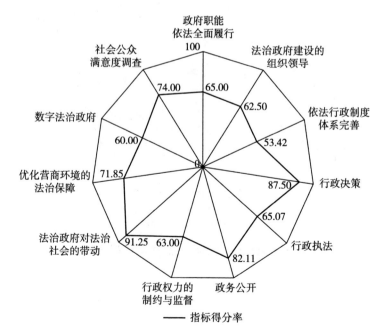

图2　包头市人民政府一级指标评估得分率

说明该市政府在这五个方面评价较高；在政府职能依法全面履行、法治政府建设的组织领导、依法行政制度体系完善、政务公开、数字法治政府、社会公众满意度调查这六个方面低于全国平均水平，说明该市政府在这些方面尚需进一步提高。

三　保定市人民政府

表3　保定市人民政府一级指标评估得分率

单位：%

	政府职能依法全面履行	法治政府建设的组织领导	依法行政制度体系完善	行政决策	行政执法	政务公开	行政权力的制约与监督	法治政府对法治社会的带动	优化营商环境的法治保障	数字法治政府	社会公众满意度调查
该市得分率	68.75	62.50	63.00	70.00	68.49	81.64	44.23	86.25	55.70	65.00	77.83
全国平均得分率	74.59	65.80	74.20	81.16	63.42	82.82	55.14	86.32	60.87	71.25	76.98

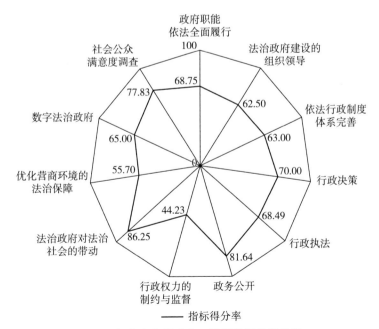

图3　保定市人民政府一级指标评估得分率

307

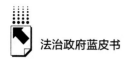

可以看出，该市行政执法、社会公众满意度调查得分率高于全国平均水平，说明该市政府在这两个方面评价较高；在政府职能依法全面履行、法治政府建设的组织领导、依法行政制度体系完善、行政决策、政务公开、行政权力的制约与监督、法治政府对法治社会的带动、优化营商环境的法治保障、数字法治政府这九个方面低于全国平均水平，说明该市政府在这些方面尚需进一步提高。

四　北京市人民政府

表4　北京市人民政府一级指标评估得分率

单位：%

	政府职能依法全面履行	法治政府建设的组织领导	依法行政制度体系完善	行政决策	行政执法	政务公开	行政权力的制约与监督	法治政府对法治社会的带动	优化营商环境的法治保障	数字法治政府	社会公众满意度调查
该市得分率	72.50	82.50	80.50	100.00	77.32	94.95	70.00	96.25	78.62	84.00	79.08
全国平均得分率	74.59	65.80	74.20	81.16	63.42	82.82	55.14	86.32	60.87	71.25	76.98

可以看出，该市法治政府建设的组织领导、依法行政制度体系完善、行政决策、行政执法、政务公开、行政权力的制约与监督、法治政府对法治社会的带动、优化营商环境的法治保障、数字法治政府、社会公众满意度调查得分率高于全国平均水平，说明该市政府在这十个方面评价较高；在政府职能依法全面履行这方面低于全国平均水平，说明该市政府在这方面尚需进一步提高。

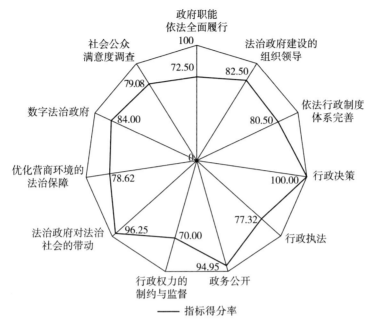

图 4　北京市人民政府一级指标评估得分率

五　本溪市人民政府

表 5　本溪市人民政府一级指标评估得分率

单位：%

	政府职能依法全面履行	法治政府建设的组织领导	依法行政制度体系完善	行政决策	行政执法	政务公开	行政权力的制约与监督	法治政府对法治社会的带动	优化营商环境的法治保障	数字法治政府	社会公众满意度调查
该市得分率	77.50	72.50	63.00	43.75	53.70	73.40	51.98	78.75	46.43	60.00	75.00
全国平均得分率	74.59	65.80	74.20	81.16	63.42	82.82	55.14	86.32	60.87	71.25	76.98

在本次评估中，本溪市政府职能依法全面履行、法治政府建设的组织领导得分率高于全国平均水平，较往年取得了新的提升。这体现出该市政府依

法全面履行政府职能，恪守法定职责必须为、法无授权不可为，把政府活动全面纳入法治轨道，同时加强对法治政府建设的组织领导，推进法治建设第一责任人职责，将建设法治政府摆在工作全局的重要位置。

同时，该市在依法行政制度体系完善、社会公众满意度调查等方面相对表现良好，与往年指标相比整体呈现进步趋势。在行政决策、行政执法、政务公开、行政权力的制约与监督、法治政府对法治社会的带动、优化营商环境的法治保障、数字法治政府等方面尚存在一定的进益空间，该市政府需要及时发现问题，借鉴表现优异地区的经验做法，持之以恒寻找对策与出路，不断推进重点领域工作。

在全国法治政府建设深入推进的大背景下，本溪市法治政府建设工作整体呈现出稳定趋势。面对法治政府建设工作中的机遇与挑战，该市政府需要不断坚定信心，科学精准发力，在法治政府建设中取得新的进展。

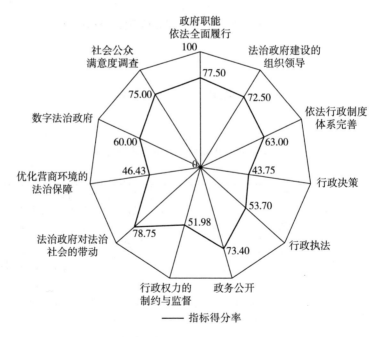

图5 本溪市人民政府一级指标评估得分率

六　毕节市人民政府

表6　毕节市人民政府一级指标评估得分率

单位：%

	政府职能依法全面履行	法治政府建设的组织领导	依法行政制度体系完善	行政决策	行政执法	政务公开	行政权力的制约与监督	法治政府对法治社会的带动	优化营商环境的法治保障	数字法治政府	社会公众满意度调查
该市得分率	71.25	51.25	81.00	81.25	49.74	82.78	57.59	76.25	63.81	62.00	89.85
全国平均得分率	74.59	65.80	74.20	81.16	63.42	82.82	55.14	86.32	60.87	71.25	76.98

可以看出，该市依法行政制度体系完善、行政决策、行政权力的制约与监督、优化营商环境的法治保障、社会公众满意度调查得分率高于全国平均水平，

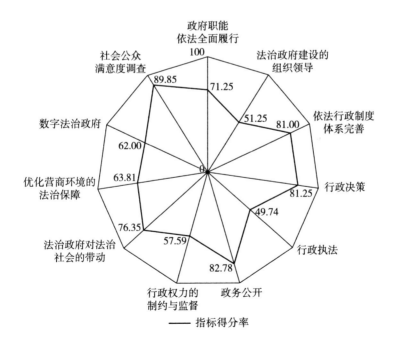

图6　毕节市人民政府一级指标评估得分率

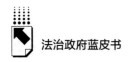

说明该市政府在这五个方面评价较高；在政府职能依法全面履行、法治政府建设的组织领导、行政执法、政务公开、法治政府对法治社会的带动、数字法治政府这六个方面低于全国平均水平，说明该市政府在这些方面尚需进一步提高。

七　沧州市人民政府

表7　沧州市人民政府一级指标评估得分率

单位：%

	政府职能依法全面履行	法治政府建设的组织领导	依法行政制度体系完善	行政决策	行政执法	政务公开	行政权力的制约与监督	法治政府对法治社会的带动	优化营商环境的法治保障	数字法治政府	社会公众满意度调查
该市得分率	68.75	70.00	63.00	81.25	59.83	76.40	60.84	82.50	48.60	59.00	78.15
全国平均得分率	74.59	65.80	74.20	81.16	63.42	82.82	55.14	86.32	60.87	71.25	76.98

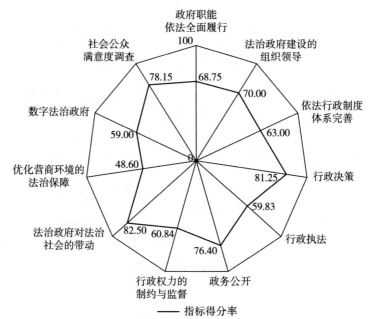

图7　沧州市人民政府一级指标评估得分率

可以看出，该市法治政府建设的组织领导、行政决策、行政权力的制约与监督、社会公众满意度调查得分率高于全国平均水平，说明该市政府在这四个方面评价较高；在政府职能依法全面履行、依法行政制度体系完善、行政执法、政务公开、法治政府对法治社会的带动、优化营商环境的法治保障、数字法治政府这七个方面低于全国平均水平，说明该市政府在这些方面尚需进一步提高。

八 长春市人民政府

表 8 长春市人民政府一级指标评估得分率

单位：%

	政府职能依法全面履行	法治政府建设的组织领导	依法行政制度体系完善	行政决策	行政执法	政务公开	行政权力的制约与监督	法治政府对法治社会的带动	优化营商环境的法治保障	数字法治政府	社会公众满意度调查
该市得分率	61.25	68.75	68.00	86.25	58.87	87.30	65.21	87.50	29.17	71.00	75.90
全国平均得分率	74.59	65.80	74.20	81.16	63.42	82.82	55.14	86.32	60.87	71.25	76.98

可以看出，该市法治政府建设的组织领导、行政决策、政务公开、行政权力的制约与监督、法治政府对法治社会的带动得分率高于全国平均水平，说明该市政府在这五个方面评价较高；在政府职能依法全面履行、依法行政制度体系完善、行政执法、优化营商环境的法治保障、数字法治政府、社会公众满意度调查这六个方面低于全国平均水平，说明该市政府在这些方面尚需进一步提高。

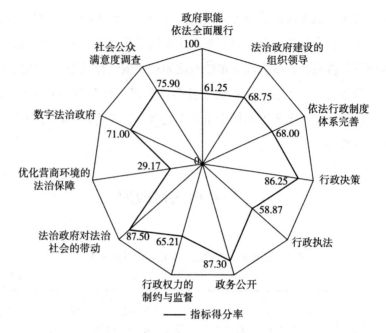

图8 长春市人民政府一级指标评估得分率

九 常德市人民政府

表9 常德市人民政府一级指标评估得分率

单位：%

	政府职能依法全面履行	法治政府建设的组织领导	依法行政制度体系完善	行政决策	行政执法	政务公开	行政权力的制约与监督	法治政府对法治社会的带动	优化营商环境的法治保障	数字法治政府	社会公众满意度调查
该市得分率	70.00	57.50	71.00	72.50	75.44	74.74	44.92	91.25	57.58	51.00	85.75
全国平均得分率	74.59	65.80	74.20	81.16	63.42	82.82	55.14	86.32	60.87	71.25	76.98

可以看出，该市行政执法、法治政府对法治社会的带动、社会公众满意度调查得分率高于全国平均水平，说明该市政府在这三个方面评价较高；在

政府职能依法全面履行、法治政府建设的组织领导、依法行政制度体系完善、行政决策、政务公开、行政权力的制约与监督、优化营商环境的法治保障、数字法治政府这八个方面低于全国平均水平，说明该市政府在这些方面尚需进一步提高。

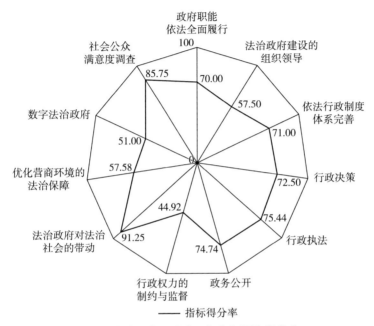

图9 常德市人民政府一级指标评估得分率

十　长沙市人民政府

表10　长沙市人民政府一级指标评估得分率

单位：%

	政府职能依法全面履行	法治政府建设的组织领导	依法行政制度体系完善	行政决策	行政执法	政务公开	行政权力的制约与监督	法治政府对法治社会的带动	优化营商环境的法治保障	数字法治政府	社会公众满意度调查
该市得分率	62.50	80.00	78.50	93.75	71.99	92.96	66.42	93.75	65.85	76.00	74.96

续表

	政府职能依法全面履行	法治政府建设的组织领导	依法行政制度体系完善	行政决策	行政执法	政务公开	行政权力的制约与监督	法治政府对法治社会的带动	优化营商环境的法治保障	数字法治政府	社会公众满意度调查
全国平均得分率	74.59	65.80	74.20	81.16	63.42	82.82	55.14	86.32	60.87	71.25	76.98

可以看出，该市法治政府建设的组织领导、依法行政制度体系完善、行政决策、行政执法、政务公开、行政权力的制约与监督、法治政府对法治社会的带动、优化营商环境的法治保障、数字法治政府得分率高于全国平均水平，说明该市政府在这九个方面评价较高；在政府职能依法全面履行、社会公众满意度调查这两个方面低于全国平均水平，说明该市政府在这些方面尚需进一步提高。

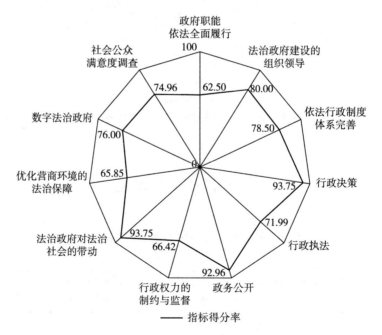

图10 长沙市人民政府一级指标评估得分率

十一 成都市人民政府

表11 成都市人民政府一级指标评估得分率

单位：%

	政府职能依法全面履行	法治政府建设的组织领导	依法行政制度体系完善	行政决策	行政执法	政务公开	行政权力的制约与监督	法治政府对法治社会的带动	优化营商环境的法治保障	数字法治政府	社会公众满意度调查
该市得分率	81.25	83.75	76.00	76.25	72.17	88.49	69.71	91.25	64.23	79.00	82.90
全国平均得分率	74.59	65.80	74.20	81.16	63.42	82.82	55.14	86.32	60.87	71.25	76.98

可以看出，该市政府职能依法全面履行、法治政府建设的组织领导、依法行政制度体系完善、行政执法、政务公开、行政权力的制约与监督、法治政府对法治社会的带动、优化营商环境的法治保障、数字法治政府、社会公

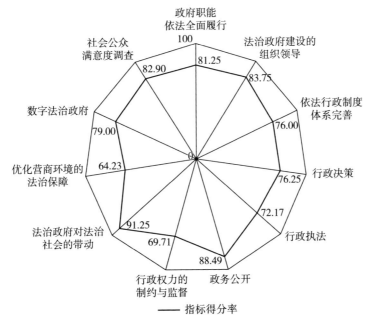

图11 成都市人民政府一级指标评估得分率

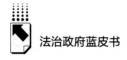

众满意度调查得分率高于全国平均水平，说明该市政府在这十个方面评价较高；在行政决策这方面低于全国平均水平，说明该市政府在这方面尚需进一步提高。

十二　重庆市人民政府

表 12　重庆市人民政府一级指标评估得分率

单位：%

	政府职能依法全面履行	法治政府建设的组织领导	依法行政制度体系完善	行政决策	行政执法	政务公开	行政权力的制约与监督	法治政府对法治社会的带动	优化营商环境的法治保障	数字法治政府	社会公众满意度调查
该市得分率	75.00	78.75	71.00	97.50	67.64	93.96	62.38	91.25	69.17	74.00	75.28
全国平均得分率	74.59	65.80	74.20	81.16	63.42	82.82	55.14	86.32	60.87	71.25	76.98

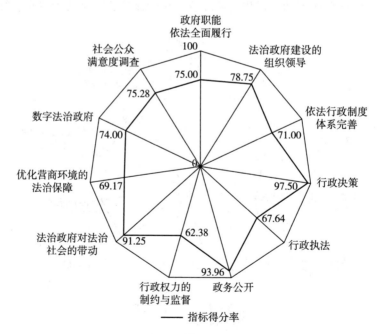

图 12　重庆市人民政府一级指标评估得分率

318

可以看出，该市政府职能依法全面履行、法治政府建设的组织领导、行政决策、行政执法、政务公开、行政权力的制约与监督、法治政府对法治社会的带动、优化营商环境的法治保障、数字法治政府得分率高于全国平均水平，说明该市政府在这九个方面评价较高；在依法行政制度体系完善、社会公众满意度调查这两个方面低于全国平均水平，说明该市政府在这些方面尚需进一步提高。

十三　达州市人民政府

表 13　达州市人民政府一级指标评估得分率

单位：%

	政府职能依法全面履行	法治政府建设的组织领导	依法行政制度体系完善	行政决策	行政执法	政务公开	行政权力的制约与监督	法治政府对法治社会的带动	优化营商环境的法治保障	数字法治政府	社会公众满意度调查
该市得分率	73.75	55.00	91.00	76.25	53.79	78.10	69.10	82.50	58.19	77.00	74.64
全国平均得分率	74.59	65.80	74.20	81.16	63.42	82.82	55.14	86.32	60.87	71.25	76.98

可以看出，该市依法行政制度体系完善、行政权力的制约与监督、数字法治政府得分率高于全国平均水平，说明该市政府在这三个方面评价较高；在政府职能依法全面履行、法治政府建设的组织领导、行政决策、行政执法、政务公开、法治政府对法治社会的带动、优化营商环境的法治保障、社会公众满意度调查这八个方面低于全国平均水平，说明该市政府在这些方面尚需进一步提高。

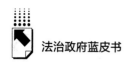
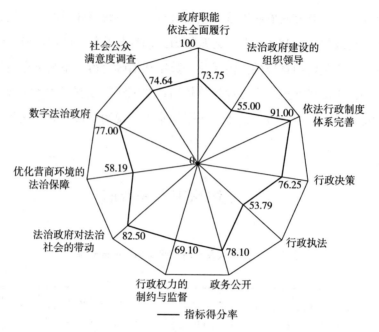

图 13　达州市人民政府一级指标评估得分率

十四　大连市人民政府

表 14　大连市人民政府一级指标评估得分率

单位：%

	政府职能依法全面履行	法治政府建设的组织领导	依法行政制度体系完善	行政决策	行政执法	政务公开	行政权力的制约与监督	法治政府对法治社会的带动	优化营商环境的法治保障	数字法治政府	社会公众满意度调查
该市得分率	86.25	51.25	68.00	81.25	66.45	82.24	58.80	88.75	66.74	67.00	71.94
全国平均得分率	74.59	65.80	74.20	81.16	63.42	82.82	55.14	86.32	60.87	71.25	76.98

可以看出，该市政府职能依法全面履行、行政决策、行政执法、行政权力的制约与监督、法治政府对法治社会的带动、优化营商环境的法治保障得

分率高于全国平均水平，说明该市政府在这六个方面评价较高；在法治政府建设的组织领导、依法行政制度体系完善、政务公开、数字法治政府、社会公众满意度调查这五个方面低于全国平均水平，说明该市政府在这些方面尚需进一步提高。

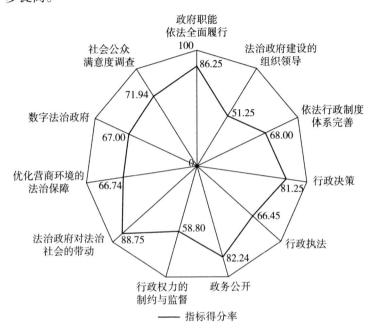

图14 大连市人民政府一级指标评估得分率

十五 大同市人民政府

表15 大同市人民政府一级指标评估得分率

单位：%

	政府职能依法全面履行	法治政府建设的组织领导	依法行政制度体系完善	行政决策	行政执法	政务公开	行政权力的制约与监督	法治政府对法治社会的带动	优化营商环境的法治保障	数字法治政府	社会公众满意度调查
该市得分率	77.50	75.00	66.00	55.00	65.78	53.10	40.48	81.25	58.38	71.00	73.36

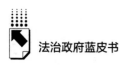
	政府职能依法全面履行	法治政府建设的组织领导	依法行政制度体系完善	行政决策	行政执法	政务公开	行政权力的制约与监督	法治政府对法治社会的带动	优化营商环境的法治保障	数字法治政府	社会公众满意度调查
全国平均得分率	74.59	65.80	74.20	81.16	63.42	82.82	55.14	86.32	60.87	71.25	76.98

可以看出,该市政府职能依法全面履行、法治政府建设的组织领导、行政执法得分率高于全国平均水平,说明该市政府在这三个方面评价较高;在依法行政制度体系完善、行政决策、政务公开、行政权力的制约与监督、法治政府对法治社会的带动、优化营商环境的法治保障、数字法治政府、社会公众满意度调查这八个方面低于全国平均水平,说明该市政府在这些方面尚需进一步提高。

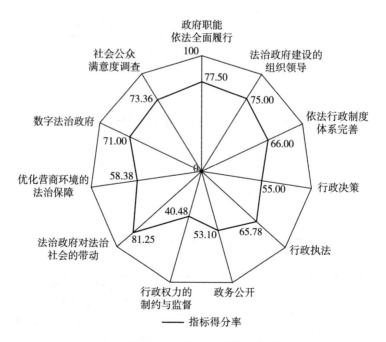

图 15 大同市人民政府一级指标评估得分率

十六　德州市人民政府

表16　德州市人民政府一级指标评估得分率

单位：%

	政府职能依法全面履行	法治政府建设的组织领导	依法行政制度体系完善	行政决策	行政执法	政务公开	行政权力的制约与监督	法治政府对法治社会的带动	优化营商环境的法治保障	数字法治政府	社会公众满意度调查
该市得分率	72.50	58.75	86.00	83.75	62.53	88.75	62.31	85.00	64.80	74.00	74.40
全国平均得分率	74.59	65.80	74.20	81.16	63.42	82.82	55.14	86.32	60.87	71.25	76.98

可以看出，该市依法行政制度体系完善、行政决策、政务公开、行政权力的制约与监督、优化营商环境的法治保障、数字法治政府得分率高于全国平均

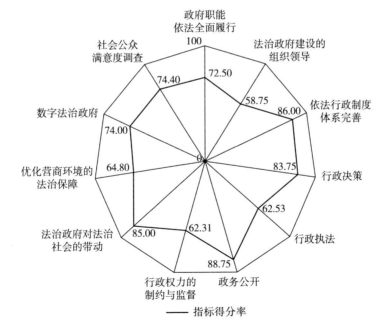

图16　德州市人民政府一级指标评估得分率

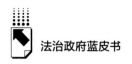

水平，说明该市政府在这六个方面评价较高；在政府职能依法全面履行、法治政府建设的组织领导、行政执法、法治政府对法治社会的带动、社会公众满意度调查这五个方面低于全国平均水平，说明该市政府在这些方面尚需进一步提高。

十七　东莞市人民政府

表 17　东莞市人民政府一级指标评估得分率

单位：%

	政府职能依法全面履行	法治政府建设的组织领导	依法行政制度体系完善	行政决策	行政执法	政务公开	行政权力的制约与监督	法治政府对法治社会的带动	优化营商环境的法治保障	数字法治政府	社会公众满意度调查
该市得分率	67.50	75.00	86.00	87.50	68.19	90.01	52.08	88.75	70.10	85.00	73.99
全国平均得分率	74.59	65.80	74.20	81.16	63.42	82.82	55.14	86.32	60.87	71.25	76.98

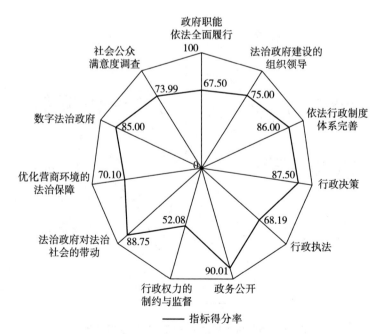

图 17　东莞市人民政府一级指标评估得分率

可以看出，该市法治政府建设的组织领导、依法行政制度体系完善、行政决策、行政执法、政务公开、法治政府对法治社会的带动、优化营商环境的法治保障、数字法治政府得分率高于全国平均水平，说明该市政府在这八个方面评价较高；在政府职能依法全面履行、行政权力的制约与监督、社会公众满意度调查这三个方面低于全国平均水平，说明该市政府在这些方面尚需进一步提高。

十八　佛山市人民政府

表18　佛山市人民政府一级指标评估得分率

单位：%

	政府职能依法全面履行	法治政府建设的组织领导	依法行政制度体系完善	行政决策	行政执法	政务公开	行政权力的制约与监督	法治政府对法治社会的带动	优化营商环境的法治保障	数字法治政府	社会公众满意度调查
该市得分率	83.75	42.50	83.50	82.50	69.09	91.08	59.94	93.75	77.15	77.00	74.93
全国平均得分率	74.59	65.80	74.20	81.16	63.42	82.82	55.14	86.32	60.87	71.25	76.98

可以看出，该市政府职能依法全面履行、依法行政制度体系完善、行政决策、行政执法、政务公开、行政权力的制约与监督、法治政府对法治社会的带动、优化营商环境的法治保障、数字法治政府得分率高于全国平均水平，说明该市政府在这九个方面评价较高；在法治政府建设的组织领导、社会公众满意度调查这两个方面低于全国平均水平，说明该市政府在这些方面尚需进一步提高。

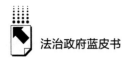

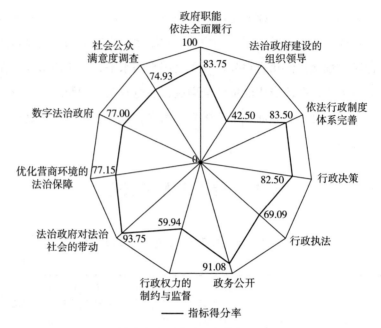

图18 佛山市人民政府一级指标评估得分率

十九　福州市人民政府

表19　福州市人民政府一级指标评估得分率

单位：%

	政府职能依法全面履行	法治政府建设的组织领导	依法行政制度体系完善	行政决策	行政执法	政务公开	行政权力的制约与监督	法治政府对法治社会的带动	优化营商环境的法治保障	数字法治政府	社会公众满意度调查
该市得分率	78.75	81.25	71.00	71.25	66.08	87.91	64.45	91.25	59.37	72.00	77.75
全国平均得分率	74.59	65.80	74.20	81.16	63.42	82.82	55.14	86.32	60.87	71.25	76.98

可以看出，该市政府职能依法全面履行、法治政府建设的组织领导、行政执法、政务公开、行政权力的制约与监督、法治政府对法治社会的带动、

数字法治政府、社会公众满意度调查得分率高于全国平均水平，说明该市政府在这八个方面评价较高；在依法行政制度体系完善、行政决策、优化营商环境的法治保障这三个方面低于全国平均水平，说明该市政府在这些方面尚需进一步提高。

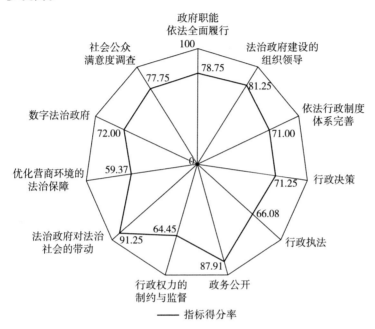

图19　福州市人民政府一级指标评估得分率

二十　抚顺市人民政府

表20　抚顺市人民政府一级指标评估得分率

单位：%

	政府职能依法全面履行	法治政府建设的组织领导	依法行政制度体系完善	行政决策	行政执法	政务公开	行政权力的制约与监督	法治政府对法治社会的带动	优化营商环境的法治保障	数字法治政府	社会公众满意度调查
该市得分率	83.75	57.50	73.50	61.25	63.18	81.98	47.24	81.25	52.55	57.00	78.27

续表

	政府职能依法全面履行	法治政府建设的组织领导	依法行政制度体系完善	行政决策	行政执法	政务公开	行政权力的制约与监督	法治政府对法治社会的带动	优化营商环境的法治保障	数字法治政府	社会公众满意度调查
全国平均得分率	74.59	65.80	74.20	81.16	63.42	82.82	55.14	86.32	60.87	71.25	76.98

可以看出，该市政府职能依法全面履行、社会公众满意度调查得分率高于全国平均水平，说明该市政府在这两个方面评价较高；在法治政府建设的组织领导、依法行政制度体系完善、行政决策、行政执法、政务公开、行政权力的制约与监督、法治政府对法治社会的带动、优化营商环境的法治保障、数字法治政府这九个方面低于全国平均水平，说明该市政府在这些方面尚需进一步提高。

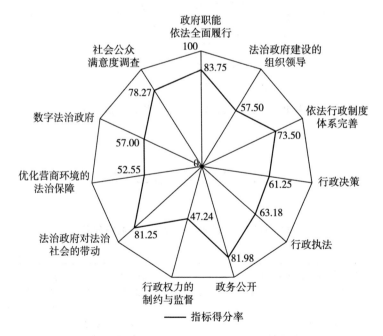

图20　抚顺市人民政府一级指标评估得分率

二十一　阜阳市人民政府

表 21　阜阳市人民政府一级指标评估得分率

单位：%

	政府职能依法全面履行	法治政府建设的组织领导	依法行政制度体系完善	行政决策	行政执法	政务公开	行政权力的制约与监督	法治政府对法治社会的带动	优化营商环境的法治保障	数字法治政府	社会公众满意度调查
该市得分率	67.50	66.25	80.00	91.25	71.21	82.30	58.42	87.50	62.10	75.00	80.85
全国平均得分率	74.59	65.80	74.20	81.16	63.42	82.82	55.14	86.32	60.87	71.25	76.98

可以看出，该市法治政府建设的组织领导、依法行政制度体系完善、行政决策、行政执法、行政权力的制约与监督、法治政府对法治社会的带动、优化

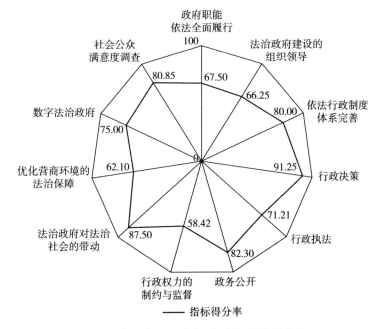

图 21　阜阳市人民政府一级指标评估得分率

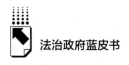

营商环境的法治保障、数字法治政府、社会公众满意度调查得分率高于全国平均水平，说明该市政府在这九个方面评价较高；在政府职能依法全面履行、政务公开这两个方面低于全国平均水平，说明该市政府在这些方面尚需进一步提高。

二十二　赣州市人民政府

表22　赣州市人民政府一级指标评估得分率

单位：%

	政府职能依法全面履行	法治政府建设的组织领导	依法行政制度体系完善	行政决策	行政执法	政务公开	行政权力的制约与监督	法治政府对法治社会的带动	优化营商环境的法治保障	数字法治政府	社会公众满意度调查
该市得分率	82.50	63.75	63.00	91.25	58.61	81.65	54.14	85.00	56.42	76.00	80.99
全国平均得分率	74.59	65.80	74.20	81.16	63.42	82.82	55.14	86.32	60.87	71.25	76.98

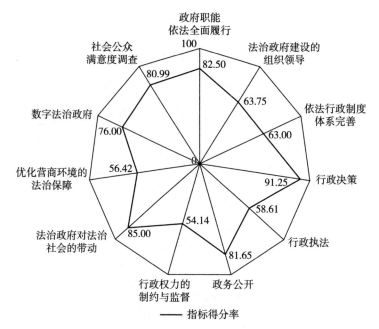

图22　赣州市人民政府一级指标评估得分率

可以看出，该市政府职能依法全面履行、行政决策、数字法治政府、社会公众满意度调查得分率高于全国平均水平，说明该市政府在这四个方面评价较高；在法治政府建设的组织领导、依法行政制度体系完善、行政执法、政务公开、行政权力的制约与监督、法治政府对法治社会的带动、优化营商环境的法治保障这七个方面低于全国平均水平，说明该市政府在这些方面尚需进一步提高。

二十三 广州市人民政府

表 23 广州市人民政府一级指标评估得分率

单位：%

	政府职能依法全面履行	法治政府建设的组织领导	依法行政制度体系完善	行政决策	行政执法	政务公开	行政权力的制约与监督	法治政府对法治社会的带动	优化营商环境的法治保障	数字法治政府	社会公众满意度调查
该市得分率	83.75	77.50	88.50	97.50	68.44	95.68	70.00	92.50	78.56	86.00	73.71
全国平均得分率	74.59	65.80	74.20	81.16	63.42	82.82	55.14	86.32	60.87	71.25	76.98

可以看出，该市政府职能依法全面履行、法治政府建设的组织领导、依法行政制度体系完善、行政决策、行政执法、政务公开、行政权力的制约与监督、法治政府对法治社会的带动、优化营商环境的法治保障、数字法治政府得分率高于全国平均水平，说明该市政府在这十个方面评价较高；在社会公众满意度调查这方面低于全国平均水平，说明该市政府在这方面尚需进一步提高。

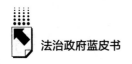

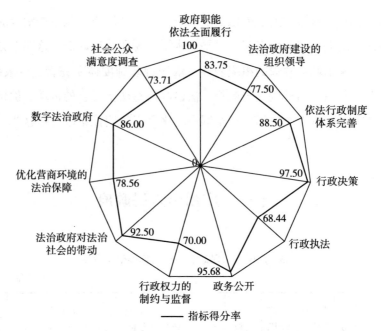

图23 广州市人民政府一级指标评估得分率

二十四 贵阳市人民政府

表24 贵阳市人民政府一级指标评估得分率

单位：%

	政府职能依法全面履行	法治政府建设的组织领导	依法行政制度体系完善	行政决策	行政执法	政务公开	行政权力的制约与监督	法治政府对法治社会的带动	优化营商环境的法治保障	数字法治政府	社会公众满意度调查
该市得分率	88.75	63.75	83.50	87.50	57.32	84.33	70.65	87.50	64.57	74.00	71.60
全国平均得分率	74.59	65.80	74.20	81.16	63.42	82.82	55.14	86.32	60.87	71.25	76.98

可以看出，该市政府职能依法全面履行、依法行政制度体系完善、行政决策、政务公开、行政权力的制约与监督、法治政府对法治社会的带动、优化营

商环境的法治保障、数字法治政府得分率高于全国平均水平，说明该市政府在这八个方面评价较高；在法治政府建设的组织领导、行政执法、社会公众满意度调查这三个方面低于全国平均水平，说明该市政府在这些方面尚需进一步提高。

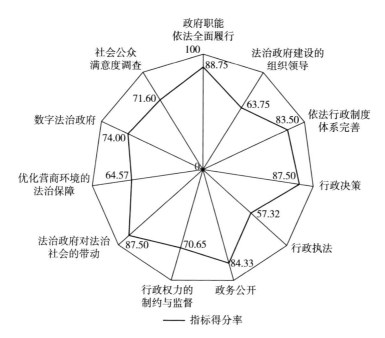

图 24　贵阳市人民政府一级指标评估得分率

二十五　哈尔滨市人民政府

表 25　哈尔滨市人民政府一级指标评估得分率

单位：%

	政府职能依法全面履行	法治政府建设的组织领导	依法行政制度体系完善	行政决策	行政执法	政务公开	行政权力的制约与监督	法治政府对法治社会的带动	优化营商环境的法治保障	数字法治政府	社会公众满意度调查
该市得分率	63.75	56.25	65.50	92.50	53.27	58.96	37.99	85.63	43.02	75.00	72.76

续表

	政府职能依法全面履行	法治政府建设的组织领导	依法行政制度体系完善	行政决策	行政执法	政务公开	行政权力的制约与监督	法治政府对法治社会的带动	优化营商环境的法治保障	数字法治政府	社会公众满意度调查
全国平均得分率	74.59	65.80	74.20	81.16	63.42	82.82	55.14	86.32	60.87	71.25	76.98

可以看出，该市行政决策、数字法治政府得分率高于全国平均水平，说明该市政府在这两个方面评价较高；在政府职能依法全面履行、法治政府建设的组织领导、依法行政制度体系完善、行政执法、政务公开、行政权力的制约与监督、法治政府对法治社会的带动、优化营商环境的法治保障、社会公众满意度调查这九个方面低于全国平均水平，说明该市政府在这些方面尚需进一步提高。

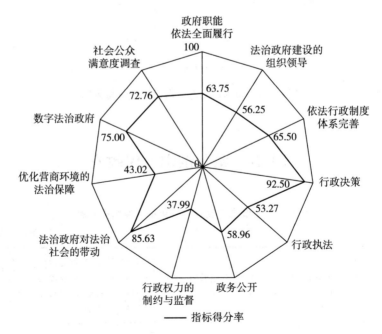

图 25　哈尔滨市人民政府一级指标评估得分率

二十六 海口市人民政府

表26 海口市人民政府一级指标评估得分率

单位：%

	政府职能依法全面履行	法治政府建设的组织领导	依法行政制度体系完善	行政决策	行政执法	政务公开	行政权力的制约与监督	法治政府对法治社会的带动	优化营商环境的法治保障	数字法治政府	社会公众满意度调查
该市得分率	77.50	68.75	83.00	80.00	63.38	74.34	58.78	80.00	58.55	69.00	75.19
全国平均得分率	74.59	65.80	74.20	81.16	63.42	82.82	55.14	86.32	60.87	71.25	76.98

可以看出，该市政府职能依法全面履行、法治政府建设的组织领导、依法行政制度体系完善、行政权力的制约与监督得分率高于全国平均水平，说

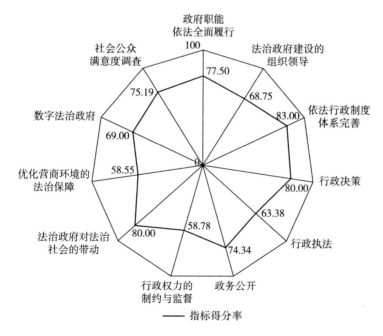

图26 海口市人民政府一级指标评估得分率

明该市政府在这四个方面评价较高；在行政决策、行政执法、政务公开、法治政府对法治社会的带动、优化营商环境的法治保障、数字法治政府、社会公众满意度调查这七个方面低于全国平均水平，说明该市政府在这些方面尚需进一步提高。

二十七　邯郸市人民政府

表 27　邯郸市人民政府一级指标评估得分率

单位：%

	政府职能依法全面履行	法治政府建设的组织领导	依法行政制度体系完善	行政决策	行政执法	政务公开	行政权力的制约与监督	法治政府对法治社会的带动	优化营商环境的法治保障	数字法治政府	社会公众满意度调查
该市得分率	71.25	71.25	73.00	87.50	51.49	74.56	53.15	81.25	52.00	52.00	72.29
全国平均得分率	74.59	65.80	74.20	81.16	63.42	82.82	55.14	86.32	60.87	71.25	76.98

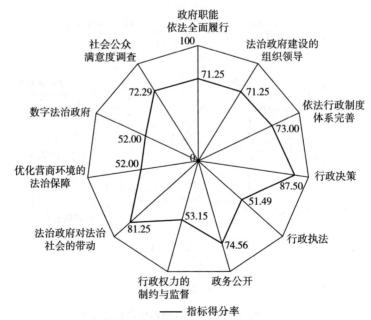

图 27　邯郸市人民政府一级指标评估得分率

可以看出，该市法治政府建设的组织领导、行政决策得分率高于全国平均水平，说明该市政府在这两方面评价较高；在政府职能依法全面履行、依法行政制度体系完善、行政执法、政务公开、行政权力的制约与监督、法治政府对法治社会的带动、优化营商环境的法治保障、数字法治政府、社会公众满意度调查这九个方面低于全国平均水平，说明该市政府在这些方面尚需进一步提高。

二十八　杭州市人民政府

表 28　杭州市人民政府一级指标评估得分率

单位：%

	政府职能依法全面履行	法治政府建设的组织领导	依法行政制度体系完善	行政决策	行政执法	政务公开	行政权力的制约与监督	法治政府对法治社会的带动	优化营商环境的法治保障	数字法治政府	社会公众满意度调查
该市得分率	82.50	82.50	88.50	86.25	73.00	90.23	66.62	91.25	79.01	92.00	81.45
全国平均得分率	74.59	65.80	74.20	81.16	63.42	82.82	55.14	86.32	60.87	71.25	76.98

可以看出，该市政府职能依法全面履行、法治政府建设的组织领导、依法行政制度体系完善、行政决策、行政执法、政务公开、行政权力的制约与监督、法治政府对法治社会的带动、优化营商环境的法治保障、数字法治政府、社会公众满意度调查得分率高于全国平均水平，说明该市政府在这十一个方面评价较高。

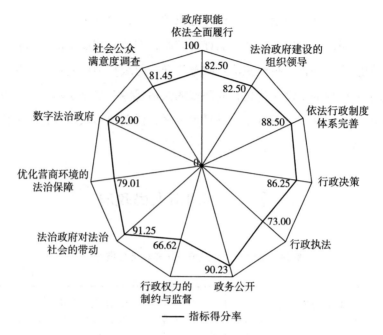

图 28 杭州市人民政府一级指标评估得分率

二十九 合肥市人民政府

表 29 合肥市人民政府一级指标评估得分率

单位：%

	政府职能依法全面履行	法治政府建设的组织领导	依法行政制度体系完善	行政决策	行政执法	政务公开	行政权力的制约与监督	法治政府对法治社会的带动	优化营商环境的法治保障	数字法治政府	社会公众满意度调查
该市得分率	85.00	56.25	78.00	80.00	62.57	77.21	58.92	88.75	76.66	79.00	76.60
全国平均得分率	74.59	65.80	74.20	81.16	63.42	82.82	55.14	86.32	60.87	71.25	76.98

可以看出，该市政府职能依法全面履行、依法行政制度体系完善、行政权力的制约与监督、法治政府对法治社会的带动、优化营商环境的法治保障、数

字法治政府得分率高于全国平均水平，说明该市政府在这六个方面评价较高；在法治政府建设的组织领导、行政决策、行政执法、政务公开、社会公众满意度调查这五个方面低于全国平均水平，说明该市政府在这些方面尚需进一步提高。

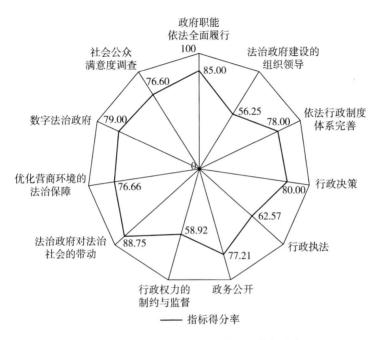

图29 合肥市人民政府一级指标评估得分率

三十 菏泽市人民政府

表30 菏泽市人民政府一级指标评估得分率

单位：%

	政府职能依法全面履行	法治政府建设的组织领导	依法行政制度体系完善	行政决策	行政执法	政务公开	行政权力的制约与监督	法治政府对法治社会的带动	优化营商环境的法治保障	数字法治政府	社会公众满意度调查
该市得分率	77.50	62.50	68.00	75.00	58.22	92.04	57.13	85.00	55.07	76.00	77.04

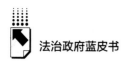
续表

	政府职能依法全面履行	法治政府建设的组织领导	依法行政制度体系完善	行政决策	行政执法	政务公开	行政权力的制约与监督	法治政府对法治社会的带动	优化营商环境的法治保障	数字法治政府	社会公众满意度调查
全国平均得分率	74.59	65.80	74.20	81.16	63.42	82.82	55.14	86.32	60.87	71.25	76.98

可以看出，该市政府职能依法全面履行、政务公开、行政权力的制约与监督、数字法治政府、社会公众满意度调查得分率高于全国平均水平，说明该市政府在这五个方面评价较高；在法治政府建设的组织领导、依法行政制度体系完善、行政决策、行政执法、法治政府对法治社会的带动、优化营商环境的法治保障这六个方面低于全国平均水平，说明该市政府在这些方面尚需进一步提高。

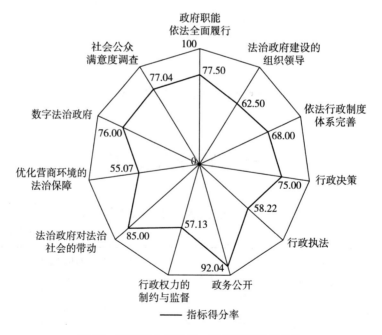

图30　菏泽市人民政府一级指标评估得分率

三十一 衡阳市人民政府

表31 衡阳市人民政府一级指标评估得分率

单位：%

	政府职能依法全面履行	法治政府建设的组织领导	依法行政制度体系完善	行政决策	行政执法	政务公开	行政权力的制约与监督	法治政府对法治社会的带动	优化营商环境的法治保障	数字法治政府	社会公众满意度调查
该市得分率	78.75	67.50	66.00	73.75	57.50	66.83	51.48	88.75	52.04	54.00	72.88
全国平均得分率	74.59	65.80	74.20	81.16	63.42	82.82	55.14	86.32	60.87	71.25	76.98

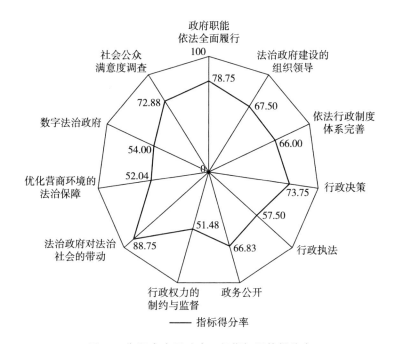

图31 衡阳市人民政府一级指标评估得分率

341

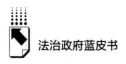

可以看出，该市政府职能依法全面履行、法治政府建设的组织领导、法治政府对法治社会的带动得分率高于全国平均水平，说明该市政府在这三个方面评价较高；在依法行政制度体系完善、行政决策、行政执法、政务公开、行政权力的制约与监督、优化营商环境的法治保障、数字法治政府、社会公众满意度调查这八个方面低于全国平均水平，说明该市政府在这些方面尚需进一步提高。

三十二　呼和浩特市人民政府

表32　呼和浩特市人民政府一级指标评估得分率

单位：%

	政府职能依法全面履行	法治政府建设的组织领导	依法行政制度体系完善	行政决策	行政执法	政务公开	行政权力的制约与监督	法治政府对法治社会的带动	优化营商环境的法治保障	数字法治政府	社会公众满意度调查
该市得分率	66.25	66.25	68.00	71.25	65.67	83.06	56.08	91.25	56.41	70.00	79.49
全国平均得分率	74.59	65.80	74.20	81.16	63.42	82.82	55.14	86.32	60.87	71.25	76.98

可以看出，该市法治政府建设的组织领导、行政执法、政务公开、行政权力的制约与监督、法治政府对法治社会的带动、社会公众满意度调查得分率高于全国平均水平，说明该市政府在这六个方面评价较高；在政府职能依法全面履行、依法行政制度体系完善、行政决策、优化营商环境的法治保障、数字法治政府这五个方面低于全国平均水平，说明该市政府在这些方面尚需进一步提高。

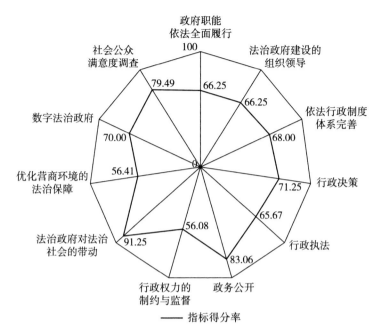

图32 呼和浩特市人民政府一级指标评估得分率

三十三 淮南市人民政府

表33 淮南市人民政府一级指标评估得分率

单位：%

	政府职能依法全面履行	法治政府建设的组织领导	依法行政制度体系完善	行政决策	行政执法	政务公开	行政权力的制约与监督	法治政府对法治社会的带动	优化营商环境的法治保障	数字法治政府	社会公众满意度调查
该市得分率	82.50	68.75	78.00	90.00	60.32	87.48	57.65	85.00	65.34	67.00	75.24
全国平均得分率	74.59	65.80	74.20	81.16	63.42	82.82	55.14	86.32	60.87	71.25	76.98

可以看出，该市政府职能依法全面履行、法治政府建设的组织领导、依法行政制度体系完善、行政决策、政务公开、行政权力的制约与监督、优化营商

环境的法治保障得分率高于全国平均水平，说明该市政府在这七个方面评价较高；在行政执法、法治政府对法治社会的带动、数字法治政府、社会公众满意度调查这四个方面低于全国平均水平，说明该市政府在这些方面尚需进一步提高。

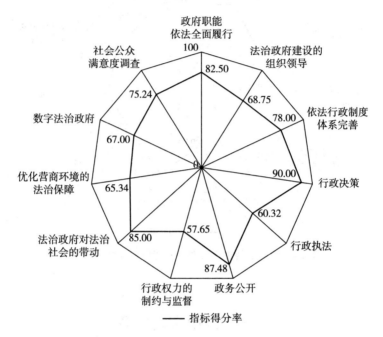

图33　淮南市人民政府一级指标评估得分率

三十四　黄冈市人民政府

表34　黄冈市人民政府一级指标评估得分率

单位：%

	政府职能依法全面履行	法治政府建设的组织领导	依法行政制度体系完善	行政决策	行政执法	政务公开	行政权力的制约与监督	法治政府对法治社会的带动	优化营商环境的法治保障	数字法治政府	社会公众满意度调查
该市得分率	76.25	70.00	71.00	88.75	56.33	81.98	59.88	82.50	71.28	64.00	77.48

	政府职能依法全面履行	法治政府建设的组织领导	依法行政制度体系完善	行政决策	行政执法	政务公开	行政权力的制约与监督	法治政府对法治社会的带动	优化营商环境的法治保障	数字法治政府	社会公众满意度调查
全国平均得分率	74.59	65.80	74.20	81.16	63.42	82.82	55.14	86.32	60.87	71.25	76.98

可以看出，该市政府职能依法全面履行、法治政府建设的组织领导、行政决策、行政权力的制约与监督、优化营商环境的法治保障、社会公众满意度调查得分率高于全国平均水平，说明该市政府在这六个方面评价较高；在依法行政制度体系完善、行政执法、政务公开、法治政府对法治社会的带动、数字法治政府这五个方面低于全国平均水平，说明该市政府在这些方面尚需进一步提高。

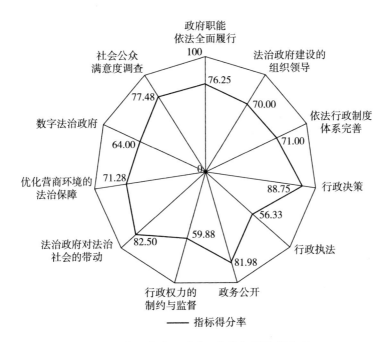

图34 黄冈市人民政府一级指标评估得分率

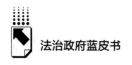

三十五　吉林市人民政府

表35　吉林市人民政府一级指标评估得分率

单位：%

	政府职能依法全面履行	法治政府建设的组织领导	依法行政制度体系完善	行政决策	行政执法	政务公开	行政权力的制约与监督	法治政府对法治社会的带动	优化营商环境的法治保障	数字法治政府	社会公众满意度调查
该市得分率	62.50	47.50	66.00	85.00	58.26	70.48	59.34	81.25	60.65	68.00	64.88
全国平均得分率	74.59	65.80	74.20	81.16	63.42	82.82	55.14	86.32	60.87	71.25	76.98

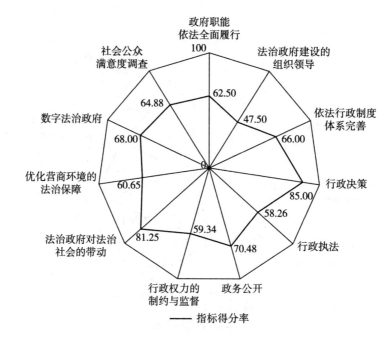

图35　吉林市人民政府一级指标评估得分率

可以看出，该市政府行政决策、行政权力的制约与监督得分率高于全国平均水平，说明该市政府在这两个方面评价较高；在政府职能依法全面履行、法治政府建设的组织领导、依法行政制度体系完善、行政执法、政务公开、法治政府对法治社会的带动、优化营商环境的法治保障、数字法治政府、社会公众满意度调查这九个方面低于全国平均水平，说明该市政府在这些方面尚需进一步提高。

三十六　济南市人民政府

表36　济南市人民政府一级指标评估得分率

单位：%

	政府职能依法全面履行	法治政府建设的组织领导	依法行政制度体系完善	行政决策	行政执法	政务公开	行政权力的制约与监督	法治政府对法治社会的带动	优化营商环境的法治保障	数字法治政府	社会公众满意度调查
该市得分率	77.50	81.25	78.50	85.00	66.84	88.86	67.16	93.75	63.08	81.00	83.16
全国平均得分率	74.59	65.80	74.20	81.16	63.42	82.82	55.14	86.32	60.87	71.25	76.98

可以看出，该市政府职能依法全面履行、法治政府建设的组织领导、依法行政制度体系完善、行政决策、行政执法、政务公开、行政权力的制约与监督、法治政府对法治社会的带动、优化营商环境的法治保障、数字法治政府、社会公众满意度调查得分率高于全国平均水平，说明该市政府在这十一个方面评价较高。

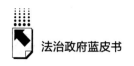
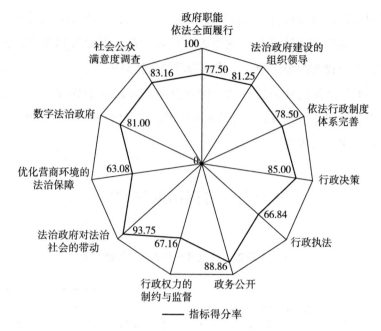

图36　济南市人民政府一级指标评估得分率

三十七　济宁市人民政府

表37　济宁市人民政府一级指标评估得分率

单位：%

	政府职能依法全面履行	法治政府建设的组织领导	依法行政制度体系完善	行政决策	行政执法	政务公开	行政权力的制约与监督	法治政府对法治社会的带动	优化营商环境的法治保障	数字法治政府	社会公众满意度调查
该市得分率	60.00	58.75	88.50	92.50	67.43	88.54	66.19	91.25	54.04	78.00	77.52
全国平均得分率	74.59	65.80	74.20	81.16	63.42	82.82	55.14	86.32	60.87	71.25	76.98

可以看出，该市依法行政制度体系完善、行政决策、行政执法、政务公开、行政权力的制约与监督、法治政府对法治社会的带动、数字法治政府、社会公

众满意度调查得分率高于全国平均水平，说明该市政府在这八个方面评价较高；在政府职能依法全面履行、法治政府建设的组织领导、优化营商环境的法治保障这三个方面低于全国平均水平，说明该市政府在这些方面尚需进一步提高。

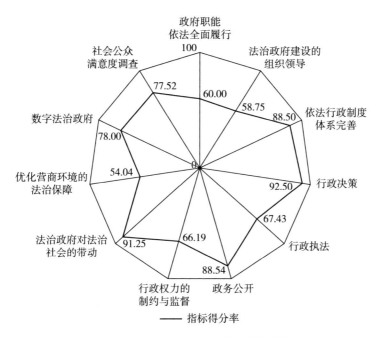

图37 济宁市人民政府一级指标评估得分率

三十八 揭阳市人民政府

表38 揭阳市人民政府一级指标评估得分率

单位：%

	政府职能依法全面履行	法治政府建设的组织领导	依法行政制度体系完善	行政决策	行政执法	政务公开	行政权力的制约与监督	法治政府对法治社会的带动	优化营商环境的法治保障	数字法治政府	社会公众满意度调查
该市得分率	80.00	73.75	71.00	73.75	55.78	89.55	47.98	82.50	56.70	73.00	73.59

349

续表

	政府职能依法全面履行	法治政府建设的组织领导	依法行政制度体系完善	行政决策	行政执法	政务公开	行政权力的制约与监督	法治政府对法治社会的带动	优化营商环境的法治保障	数字法治政府	社会公众满意度调查
全国平均得分率	74.59	65.80	74.20	81.16	63.42	82.82	55.14	86.32	60.87	71.25	76.98

可以看出，该市政府职能依法全面履行、法治政府建设的组织领导、政务公开、数字法治政府得分率高于全国平均水平，说明该市政府在这四个方面评价较高；在依法行政制度体系完善、行政决策、行政执法、行政权力的制约与监督、法治政府对法治社会的带动、优化营商环境的法治保障、社会公众满意度调查这七个方面低于全国平均水平，说明该市政府在这些方面尚需进一步提高。

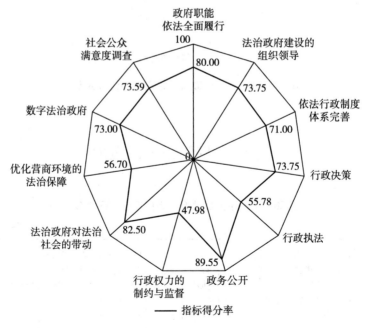

图38　揭阳市人民政府一级指标评估得分率

三十九　荆州市人民政府

表39　荆州市人民政府一级指标评估得分率

单位：%

	政府职能依法全面履行	法治政府建设的组织领导	依法行政制度体系完善	行政决策	行政执法	政务公开	行政权力的制约与监督	法治政府对法治社会的带动	优化营商环境的法治保障	数字法治政府	社会公众满意度调查
该市得分率	71.25	55.00	76.00	81.25	63.61	85.48	64.99	86.25	62.35	63.00	73.94
全国平均得分率	74.59	65.80	74.20	81.16	63.42	82.82	55.14	86.32	60.87	71.25	76.98

可以看出，该市依法行政制度体系完善、行政决策、行政执法、政务公开、行政权力的制约与监督、优化营商环境的法治保障得分率高于全国平均水平，

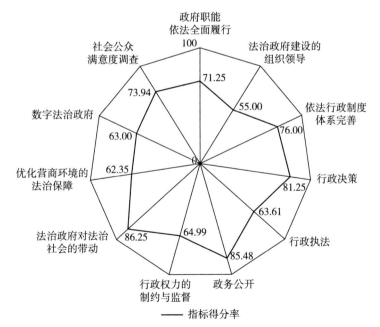

图39　荆州市人民政府一级指标评估得分率

说明该市政府在这六个方面评价较高；在政府职能依法全面履行、法治政府建设的组织领导、法治政府对法治社会的带动、数字法治政府、社会公众满意度调查这五个方面低于全国平均水平，说明该市政府在这些方面尚需进一步提高。

四十 克拉玛依市人民政府

表40 克拉玛依市人民政府一级指标评估得分率

单位：%

	政府职能依法全面履行	法治政府建设的组织领导	依法行政制度体系完善	行政决策	行政执法	政务公开	行政权力的制约与监督	法治政府对法治社会的带动	优化营商环境的法治保障	数字法治政府	社会公众满意度调查
该市得分率	78.75	67.50	66.00	82.50	63.52	90.63	58.41	85.00	74.44	60.00	83.74
全国平均得分率	74.59	65.80	74.20	81.16	63.42	82.82	55.14	86.32	60.87	71.25	76.98

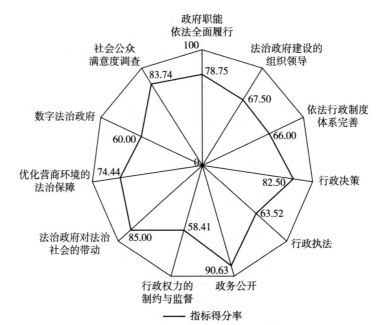

图40 克拉玛依市人民政府一级指标评估得分率

可以看出，该市政府职能依法全面履行、法治政府建设的组织领导、行政决策、行政执法、政务公开、行政权力的制约与监督、优化营商环境的法治保障、社会公众满意度调查得分率高于全国平均水平，说明该市政府在这八个方面评价较高；在依法行政制度体系完善、法治政府对法治社会的带动、数字法治政府这三个方面低于全国平均水平，说明该市政府在这些方面尚需进一步提高。

四十一　昆明市人民政府

表 41　昆明市人民政府一级指标评估得分率

单位：%

	政府职能依法全面履行	法治政府建设的组织领导	依法行政制度体系完善	行政决策	行政执法	政务公开	行政权力的制约与监督	法治政府对法治社会的带动	优化营商环境的法治保障	数字法治政府	社会公众满意度调查
该市得分率	72.50	62.50	78.50	70.00	65.58	89.65	38.37	92.50	59.06	65.00	69.30
全国平均得分率	74.59	65.80	74.20	81.16	63.42	82.82	55.14	86.32	60.87	71.25	76.98

可以看出，该市依法行政制度体系完善、行政执法、政务公开、法治政府对法治社会的带动得分率高于全国平均水平，说明该市政府在这四个方面评价较高；在法治政府建设的组织领导、政府职能依法全面履行、行政决策、行政权力的制约与监督、优化营商环境的法治保障、数字法治政府、社会公众满意度调查这七个方面低于全国平均水平，说明该市政府在这些方面尚需进一步提高。

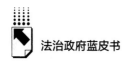

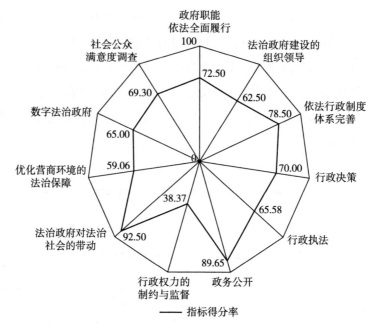

图 41　昆明市人民政府一级指标评估得分率

四十二　拉萨市人民政府

表 42　拉萨市人民政府一级指标评估得分率

单位：%

	政府职能依法全面履行	法治政府建设的组织领导	依法行政制度体系完善	行政决策	行政执法	政务公开	行政权力的制约与监督	法治政府对法治社会的带动	优化营商环境的法治保障	数字法治政府	社会公众满意度调查
该市得分率	76.25	36.25	63.00	20.00	46.90	87.50	58.37	60.00	61.38	55.00	74.45
全国平均得分率	74.59	65.80	74.20	81.16	63.42	82.82	55.14	86.32	60.87	71.25	76.98

　　本次评估中，拉萨市在政府职能依法全面履行、政务公开、行政权力的制约与监督、优化营商环境的法治保障四个方面得分率高于全国平均水平，

较往年得到了明显的提升。这一成绩对拉萨市意义重大，反映出拉萨市在法治政府建设方面的不懈努力，在政府职能履行、政务公开、行政权力的制约与监督、优化营商环境等方面精准施策。

同时，该市在依法行政制度体系完善、社会公众满意度调查这两个方面相对表现良好。这体现出拉萨市在相关领域的法治政府建设工作中稳中求进，不断完善制度规范建设，并取得了一定的成绩。该市在法治政府建设的组织领导、行政决策、法治政府对法治社会的带动等方面继续发力，但仍存在较大进益空间，可以借鉴吸收其他城市和地区的优秀经验成果，因地制宜地转化为下一年度工作实践。

在全国法治政府建设深入推进的过程中，拉萨市法治政府建设工作扎实推进，呈现进步趋势，也面临新阶段突破发展的困难和挑战。面对下一年度法治政府建设工作的新要求新挑战，拉萨市需要保持定力，发挥优势，逐个解决困难，在法治政府建设中取得不断进步。

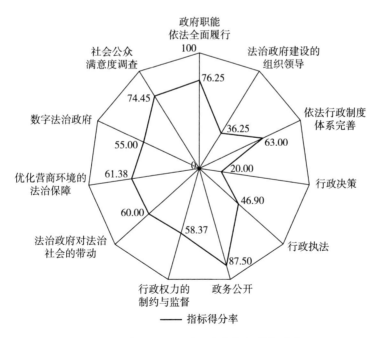

图42　拉萨市人民政府一级指标评估得分率

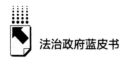

四十三　兰州市人民政府

表43　兰州市人民政府一级指标评估得分率

单位：%

	政府职能依法全面履行	法治政府建设的组织领导	依法行政制度体系完善	行政决策	行政执法	政务公开	行政权力的制约与监督	法治政府对法治社会的带动	优化营商环境的法治保障	数字法治政府	社会公众满意度调查
该市得分率	51.25	66.25	65.50	63.75	54.90	69.65	48.85	83.75	34.03	60.00	69.61
全国平均得分率	74.59	65.80	74.20	81.16	63.42	82.82	55.14	86.32	60.87	71.25	76.98

在本次评估中，兰州市政府法治政府建设的组织领导指标表现突出，高于全国平均水平，取得了一定的进步。这反映出兰州市政府在法治政府建设

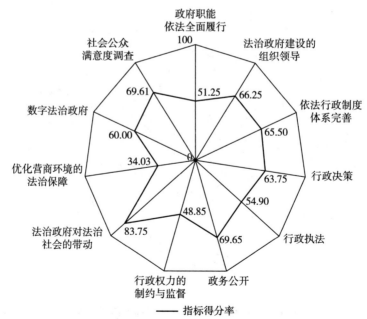

图43　兰州市人民政府一级指标评估得分率

356

的组织领导层面持续发力。同时，该市在依法行政制度体系完善、行政决策、行政执法、政务公开、行政权力的制约与监督、法治政府对法治社会的带动、数字法治政府、社会公众满意度调查方面相对表现较好，可见该市在这些方面持续发力，实现了工作成果的转化。在政府职能依法全面履行、优化营商环境的法治保障等方面，兰州市尚存在一定的进益空间，该市政府可以针对重点领域的工作困难，寻找对策与出路，持续推进工作。

在全国法治政府建设持续推进的大背景下，兰州市法治政府建设工作需要保持定力。与往年指标相比，本年度兰州市法治政府建设稍有波折，在个别指标有所进步的同时，也存在部分亟须重视和解决的问题与挑战。

四十四　聊城市人民政府

表 44　聊城市人民政府一级指标评估得分率

单位：%

	政府职能依法全面履行	法治政府建设的组织领导	依法行政制度体系完善	行政决策	行政执法	政务公开	行政权力的制约与监督	法治政府对法治社会的带动	优化营商环境的法治保障	数字法治政府	社会公众满意度调查
该市得分率	72.50	48.75	83.00	92.50	63.20	87.90	57.41	90.00	64.84	67.00	80.38
全国平均得分率	74.59	65.80	74.20	81.16	63.42	82.82	55.14	86.32	60.87	71.25	76.98

可以看出，该市依法行政制度体系完善、行政决策、政务公开、行政权力的制约与监督、法治政府对法治社会的带动、优化营商环境的法治保障、社会公众满意度调查得分率高于全国平均水平，说明该市政府在这七个方面评价较高；在政府职能依法全面履行、法治政府建设的组织领导、行政执法、数字法治政府这四个方面低于全国平均水平，说明该市政府在这些方面尚需进一步提高。

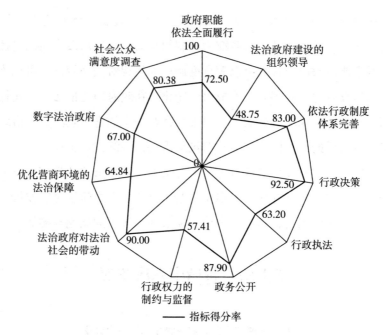

图44 聊城市人民政府一级指标评估得分率

四十五 临沂市人民政府

表45 临沂市人民政府一级指标评估得分率

单位：%

	政府职能依法全面履行	法治政府建设的组织领导	依法行政制度体系完善	行政决策	行政执法	政务公开	行政权力的制约与监督	法治政府对法治社会的带动	优化营商环境的法治保障	数字法治政府	社会公众满意度调查
该市得分率	78.75	55.00	73.50	86.25	67.70	86.91	52.90	88.75	54.87	76.00	82.74
全国平均得分率	74.59	65.80	74.20	81.16	63.42	82.82	55.14	86.32	60.87	71.25	76.98

可以看出，该市政府职能依法全面履行、行政决策、行政执法、政务公开、法治政府对法治社会的带动、数字法治政府、社会公众满意度调查得分

率高于全国平均水平,说明该市政府在这七个方面评价较高;在法治政府建设的组织领导、依法行政制度体系完善、行政权力的制约与监督、优化营商环境的法治保障这四个方面低于全国平均水平,说明该市政府在这些方面尚需进一步提高。

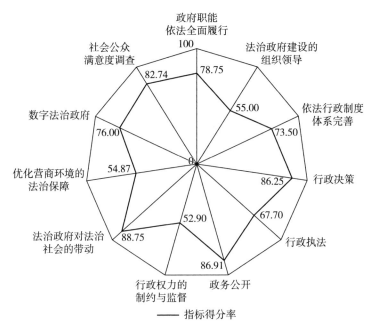

图45 临沂市人民政府一级指标评估得分率

四十六 六安市人民政府

表46 六安市人民政府一级指标评估得分率

单位:%

	政府职能依法全面履行	法治政府建设的组织领导	依法行政制度体系完善	行政决策	行政执法	政务公开	行政权力的制约与监督	法治政府对法治社会的带动	优化营商环境的法治保障	数字法治政府	社会公众满意度调查
该市得分率	81.25	77.50	86.00	87.50	62.24	93.70	53.42	83.75	73.16	74.00	82.37

续表

	政府职能依法全面履行	法治政府建设的组织领导	依法行政制度体系完善	行政决策	行政执法	政务公开	行政权力的制约与监督	法治政府对法治社会的带动	优化营商环境的法治保障	数字法治政府	社会公众满意度调查
全国平均得分率	74.59	65.80	74.20	81.16	63.42	82.82	55.14	86.32	60.87	71.25	76.98

可以看出，该市政府职能依法全面履行、法治政府建设的组织领导、依法行政制度体系完善、行政决策、政务公开、优化营商环境的法治保障、数字法治政府、社会公众满意度调查得分率高于全国平均水平，说明该市政府在这八个方面评价较高；在行政执法、行政权力的制约与监督、法治政府对法治社会的带动这三个方面低于全国平均水平，说明该市政府在这些方面尚需进一步提高。

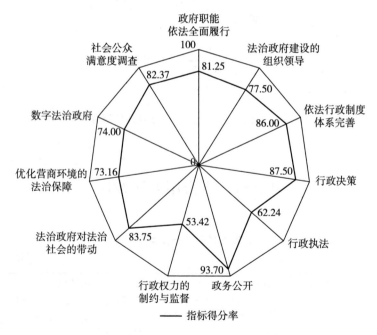

图46 六安市人民政府一级指标评估得分率

四十七　洛阳市人民政府

表47　洛阳市人民政府一级指标评估得分率

单位：%

	政府职能依法全面履行	法治政府建设的组织领导	依法行政制度体系完善	行政决策	行政执法	政务公开	行政权力的制约与监督	法治政府对法治社会的带动	优化营商环境的法治保障	数字法治政府	社会公众满意度调查
该市得分率	66.25	77.50	81.00	75.00	57.74	93.60	53.56	83.75	57.86	76.00	75.09
全国平均得分率	74.59	65.80	74.20	81.16	63.42	82.82	55.14	86.32	60.87	71.25	76.98

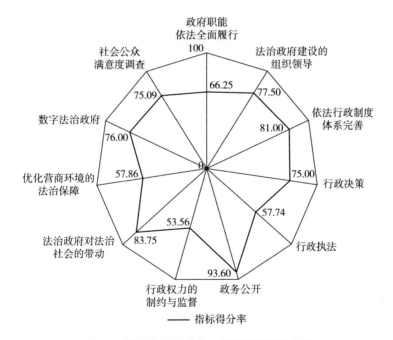

图47　洛阳市人民政府一级指标评估得分率

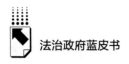

可以看出，该市法治政府建设的组织领导、依法行政制度体系完善、政务公开、数字法治政府得分率高于全国平均水平，说明该市政府在这四个方面评价较高；在政府职能依法全面履行、行政决策、行政执法、行政权力的制约与监督、法治政府对法治社会的带动、优化营商环境的法治保障、社会公众满意度调查这七个方面低于全国平均水平，说明该市政府在这些方面尚需进一步提高。

四十八　茂名市人民政府

表48　茂名市人民政府一级指标评估得分率

单位：%

	政府职能依法全面履行	法治政府建设的组织领导	依法行政制度体系完善	行政决策	行政执法	政务公开	行政权力的制约与监督	法治政府对法治社会的带动	优化营商环境的法治保障	数字法治政府	社会公众满意度调查
该市得分率	80.00	55.00	81.00	91.25	57.18	86.50	43.60	85.00	58.18	68.00	76.24
全国平均得分率	74.59	65.80	74.20	81.16	63.42	82.82	55.14	86.32	60.87	71.25	76.98

可以看出，该市政府职能依法全面履行、依法行政制度体系完善、行政决策、政务公开得分率高于全国平均水平，说明该市政府在这四个方面评价较高；在法治政府建设的组织领导、行政执法、行政权力的制约与监督、法治政府对法治社会的带动、优化营商环境的法治保障、数字法治政府、社会公众满意度调查这七个方面低于全国平均水平，说明该市政府在这些方面尚需进一步提高。

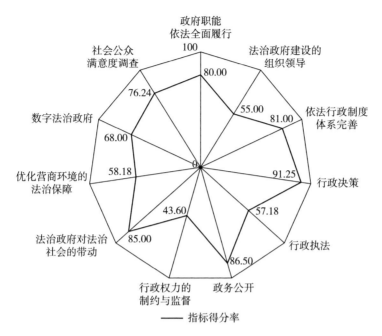

图 48 茂名市人民政府一级指标评估得分率

四十九 南昌市人民政府

表 49 南昌市人民政府一级指标评估得分率

单位：%

	政府职能依法全面履行	法治政府建设的组织领导	依法行政制度体系完善	行政决策	行政执法	政务公开	行政权力的制约与监督	法治政府对法治社会的带动	优化营商环境的法治保障	数字法治政府	社会公众满意度调查
该市得分率	58.75	73.75	66.00	92.50	59.36	86.54	65.39	91.25	45.77	77.00	76.22
全国平均得分率	74.59	65.80	74.20	81.16	63.42	82.82	55.14	86.32	60.87	71.25	76.98

可以看出，该市法治政府建设的组织领导、行政决策、政务公开、行政权力的制约与监督、法治政府对法治社会的带动、数字法治政府得分率高于全国

平均水平，说明该市政府在这六个方面评价较高；在政府职能依法全面履行、依法行政制度体系完善、行政执法、优化营商环境的法治保障、社会公众满意度调查这五个方面低于全国平均水平，说明该市政府在这些方面尚需进一步提高。

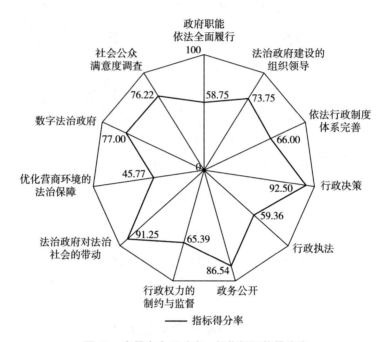

图49 南昌市人民政府一级指标评估得分率

五十 南充市人民政府

表50 南充市人民政府一级指标评估得分率

单位：%

	政府职能依法全面履行	法治政府建设的组织领导	依法行政制度体系完善	行政决策	行政执法	政务公开	行政权力的制约与监督	法治政府对法治社会的带动	优化营商环境的法治保障	数字法治政府	社会公众满意度调查
该市得分率	88.75	57.50	55.00	92.50	61.44	66.79	50.77	91.25	53.26	72.00	89.48

	政府职能依法全面履行	法治政府建设的组织领导	依法行政制度体系完善	行政决策	行政执法	政务公开	行政权力的制约与监督	法治政府对法治社会的带动	优化营商环境的法治保障	数字法治政府	社会公众满意度调查
全国平均得分率	74.59	65.80	74.20	81.16	63.42	82.82	55.14	86.32	60.87	71.25	76.98

可以看出，该市政府职能依法全面履行、行政决策、法治政府对法治社会的带动、数字法治政府、社会公众满意度调查得分率高于全国平均水平，说明该市政府在这五个方面评价较高；在法治政府建设的组织领导、依法行政制度体系完善、行政执法、政务公开、行政权力的制约与监督、优化营商环境的法治保障这六个方面低于全国平均水平，说明该市政府在这些方面尚需进一步提高。

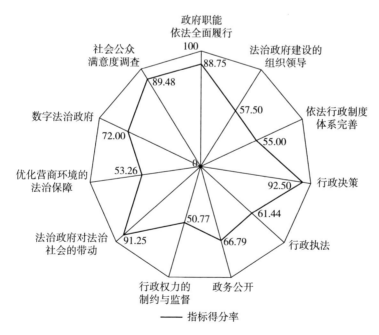

图 50　南充市人民政府一级指标评估得分率

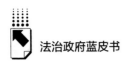

五十一　南京市人民政府

表51　南京市人民政府一级指标评估得分率

单位：%

	政府职能依法全面履行	法治政府建设的组织领导	依法行政制度体系完善	行政决策	行政执法	政务公开	行政权力的制约与监督	法治政府对法治社会的带动	优化营商环境的法治保障	数字法治政府	社会公众满意度调查
该市得分率	66.25	81.25	86.00	88.75	83.48	96.51	62.35	97.50	89.14	77.00	75.28
全国平均得分率	74.59	65.80	74.20	81.16	63.42	82.82	55.14	86.32	60.87	71.25	76.98

可以看出，该市法治政府建设的组织领导、依法行政制度体系完善、行政决策、行政执法、政务公开、行政权力的制约与监督、法治政府对法治社会的

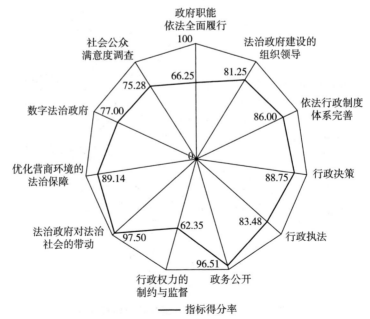

—— 指标得分率

图51　南人民政府一级指标评估得分率

带动、优化营商环境的法治保障、数字法治政府得分率高于全国平均水平，说明该市政府在这九个方面评价较高；在政府职能依法全面履行、社会公众满意度调查这两个方面低于全国平均水平，说明该市政府在这些方面尚需进一步提高。

五十二 南宁市人民政府

表 52 南宁市人民政府一级指标评估得分率

单位：%

	政府职能依法全面履行	法治政府建设的组织领导	依法行政制度体系完善	行政决策	行政执法	政务公开	行政权力的制约与监督	法治政府对法治社会的带动	优化营商环境的法治保障	数字法治政府	社会公众满意度调查
该市得分率	75.00	73.75	78.50	87.50	66.95	69.08	50.77	91.25	57.41	80.00	83.49
全国平均得分率	74.59	65.80	74.20	81.16	63.42	82.82	55.14	86.32	60.87	71.25	76.98

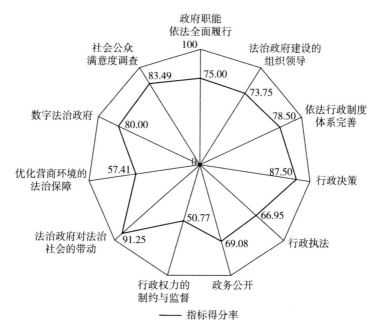

图 52 南宁市人民政府一级指标评估得分率

可以看出，该市政府职能依法全面履行、法治政府建设的组织领导、依法行政制度体系完善、行政决策、行政执法、法治政府对法治社会的带动、数字法治政府、社会公众满意度调查得分率高于全国平均水平，说明该市政府在这八个方面评价较高；在政务公开、行政权力的制约与监督、优化营商环境的法治保障这三个方面低于全国平均水平，说明该市政府在这些方面尚需进一步提高。

五十三　南通市人民政府

表 53　南通市人民政府一级指标评估得分率

单位：%

	政府职能依法全面履行	法治政府建设的组织领导	依法行政制度体系完善	行政决策	行政执法	政务公开	行政权力的制约与监督	法治政府对法治社会的带动	优化营商环境的法治保障	数字法治政府	社会公众满意度调查
该市得分率	87.50	63.75	81.00	76.25	80.58	87.49	59.29	87.50	58.40	75.00	88.05
全国平均得分率	74.59	65.80	74.20	81.16	63.42	82.82	55.14	86.32	60.87	71.25	76.98

可以看出，该市政府职能依法全面履行、依法行政制度体系完善、行政执法、政务公开、行政权力的制约与监督、法治政府对法治社会的带动、数字法治政府、社会公众满意度调查得分率高于全国平均水平，说明该市政府在这八个方面评价较高；在法治政府建设的组织领导、行政决策、优化营商环境的法治保障这三个方面低于全国平均水平，说明该市政府在这些方面尚需进一步提高。

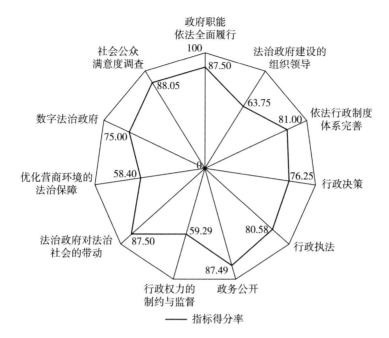

图 53 南通市人民政府一级指标评估得分率

五十四 南阳市人民政府

表 54 南阳市人民政府一级指标评估得分率

单位：%

	政府职能依法全面履行	法治政府建设的组织领导	依法行政制度体系完善	行政决策	行政执法	政务公开	行政权力的制约与监督	法治政府对法治社会的带动	优化营商环境的法治保障	数字法治政府	社会公众满意度调查
该市得分率	65.00	65.00	71.00	76.25	69.43	79.23	56.32	88.75	49.33	71.00	78.95
全国平均得分率	74.59	65.80	74.20	81.16	63.42	82.82	55.14	86.32	60.87	71.25	76.98

可以看出，该市行政执法、行政权力的制约与监督、法治政府对法治社会的带动、社会公众满意度调查得分率高于全国平均水平，说明该市政府在这四

369

个方面评价较高；在政府职能依法全面履行、法治政府建设的组织领导、依法行政制度体系完善、行政决策、政务公开、优化营商环境的法治保障、数字法治政府这七个方面低于全国平均水平，说明该市政府在这些方面尚需进一步提高。

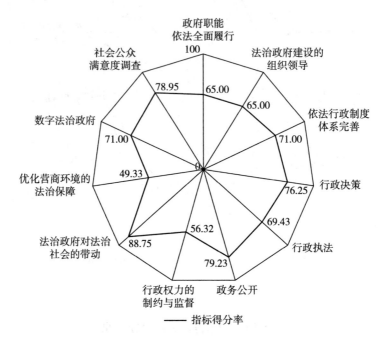

图54 南阳市人民政府一级指标评估得分率

五十五　宁波市人民政府

表55　宁波市人民政府一级指标评估得分率

单位：%

	政府职能依法全面履行	法治政府建设的组织领导	依法行政制度体系完善	行政决策	行政执法	政务公开	行政权力的制约与监督	法治政府对法治社会的带动	优化营商环境的法治保障	数字法治政府	社会公众满意度调查
该市得分率	88.75	78.75	78.00	90.00	75.23	92.49	66.73	92.50	78.26	87.00	79.89

	政府职能依法全面履行	法治政府建设的组织领导	依法行政制度体系完善	行政决策	行政执法	政务公开	行政权力的制约与监督	法治政府对法治社会的带动	优化营商环境的法治保障	数字法治政府	社会公众满意度调查
全国平均得分率	74.59	65.80	74.20	81.16	63.42	82.82	55.14	86.32	60.87	71.25	76.98

可以看出，该市政府职能依法全面履行、法治政府建设的组织领导、依法行政制度体系完善、行政决策、行政执法、政务公开、行政权力的制约与监督、法治政府对法治社会的带动、优化营商环境的法治保障、数字法治政府、社会公众满意度调查得分率高于全国平均水平，说明该市政府在这十一个方面评价较高。

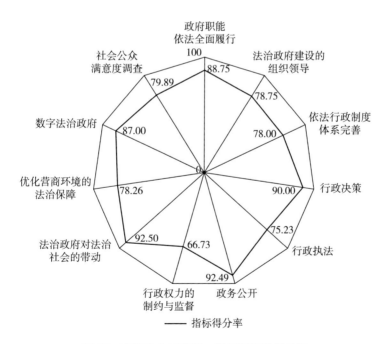

图55 宁波市人民政府一级指标评估得分率

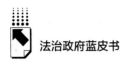

五十六　齐齐哈尔市人民政府

表56　齐齐哈尔市人民政府一级指标评估得分率

单位：%

	政府职能依法全面履行	法治政府建设的组织领导	依法行政制度体系完善	行政决策	行政执法	政务公开	行政权力的制约与监督	法治政府对法治社会的带动	优化营商环境的法治保障	数字法治政府	社会公众满意度调查
该市得分率	47.50	67.50	68.00	75.00	47.09	73.04	30.51	82.50	51.56	61.00	79.30
全国平均得分率	74.59	65.80	74.20	81.16	63.42	82.82	55.14	86.32	60.87	71.25	76.98

在本次评估中，该地区法治政府建设的组织领导、社会公众满意度调查得分率高于全国平均水平，在切实解决法治政府建设、人民群众关心的突出问题上表现优良。这一成绩对于齐齐哈尔地区意义重大，反映出该地区在不断谋求法治政府建设过程中，能够注重公众的参与感和感受，及时听取和反馈公众的意见与建议，公众对法治政府建设的认同度较高。

同时，该地区在依法行政制度体系完善、行政决策、法治政府对法治社会的带动这三个方面相对表现良好。充分体现出该市政府在完善依法行政制度体系、推动行政决策高效化及对法治社会的带动等领域作出的努力，与往年相比，亦取得了较为客观的成果，但仍存在较大的进步空间，可通过借鉴吸收其他地区和城市的优秀经验成果，将有益成果因地制宜地转化为下一年度的工作实践。

在全国法治政府建设深入推进的大背景下，齐齐哈尔市法治政府建设工作整体呈现进步趋势，体现出法治政府建设工作机遇与挑战并存的特点。面对法治政府建设工作发现的问题与困难，齐齐哈尔市仍需迎难而上、再接再厉，在法治政府建设中取得新的成绩。

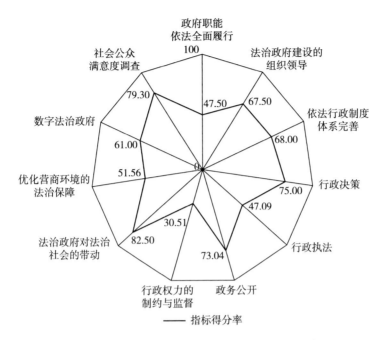

图 56　齐齐哈尔市人民政府一级指标评估得分率

五十七　青岛市人民政府

表 57　青岛市人民政府一级指标评估得分率

单位：%

	政府职能依法全面履行	法治政府建设的组织领导	依法行政制度体系完善	行政决策	行政执法	政务公开	行政权力的制约与监督	法治政府对法治社会的带动	优化营商环境的法治保障	数字法治政府	社会公众满意度调查
该市得分率	87.50	77.50	71.00	91.25	59.39	95.33	74.33	91.25	72.67	82.00	78.72
全国平均得分率	74.59	65.80	74.20	81.16	63.42	82.82	55.14	86.32	60.87	71.25	76.98

可以看出，该市政府职能依法全面履行、法治政府建设的组织领导、行政决策、政务公开、行政权力的制约与监督、法治政府对法治社会的带动、优化

373

营商环境的法治保障、数字法治政府、社会公众满意度调查得分率高于全国平均水平，说明该市政府这九个方面评价较高；在依法行政制度体系完善、行政执法这两个方面低于全国平均水平，说明该市政府在这些方面尚需进一步提高。

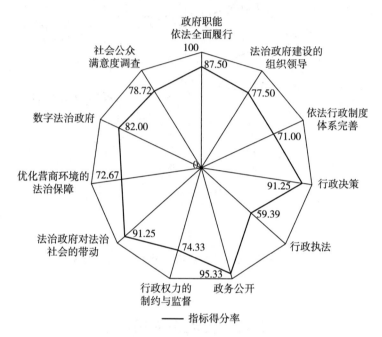

图57 青岛市人民政府一级指标评估得分率

五十八 曲靖市人民政府

表58 曲靖市人民政府一级指标评估得分率

单位：%

	政府职能依法全面履行	法治政府建设的组织领导	依法行政制度体系完善	行政决策	行政执法	政务公开	行政权力的制约与监督	法治政府对法治社会的带动	优化营商环境的法治保障	数字法治政府	社会公众满意度调查
该市得分率	73.75	62.50	65.00	67.50	48.55	83.58	38.67	78.75	50.96	60.00	79.52

续表

	政府职能依法全面履行	法治政府建设的组织领导	依法行政制度体系完善	行政决策	行政执法	政务公开	行政权力的制约与监督	法治政府对法治社会的带动	优化营商环境的法治保障	数字法治政府	社会公众满意度调查
全国平均得分率	74.59	65.80	74.20	81.16	63.42	82.82	55.14	86.32	60.87	71.25	76.98

可以看出，该市政务公开、社会公众满意度调查得分率高于全国平均水平，说明该市政府在这两个方面评价较高；在政府职能依法全面履行、法治政府建设的组织领导、依法行政制度体系完善、行政决策、行政执法、行政权力的制约与监督、法治政府对法治社会的带动、优化营商环境的法治保障、数字法治政府这九个方面低于全国平均水平，说明该市政府在这些方面尚需进一步提高。

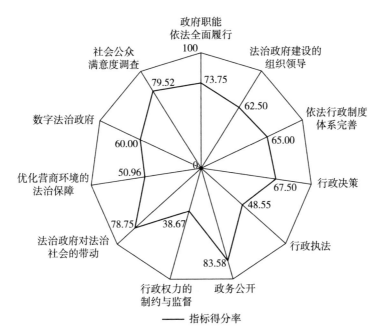

图58 曲靖市人民政府一级指标评估得分率

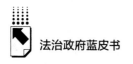

五十九　泉州市人民政府

表 59　泉州市人民政府一级指标评估得分率

单位：%

	政府职能依法全面履行	法治政府建设的组织领导	依法行政制度体系完善	行政决策	行政执法	政务公开	行政权力的制约与监督	法治政府对法治社会的带动	优化营商环境的法治保障	数字法治政府	社会公众满意度调查
该市得分率	91.25	58.75	71.00	67.50	73.95	75.80	49.24	83.75	58.61	66.00	78.01
全国平均得分率	74.59	65.80	74.20	81.16	63.42	82.82	55.14	86.32	60.87	71.25	76.98

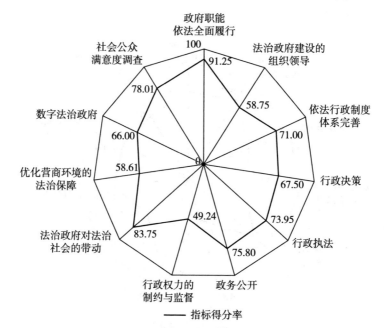

图 59　泉州市人民政府一级指标评估得分率

可以看出，该市政府职能依法全面履行、行政执法、社会公众满意度调查得分率高于全国平均水平，说明该市政府在这三个方面评价较高；在法治政府建设的组织领导、依法行政制度体系完善、行政决策、政务公开、行政权力的制约监督、法治政府对法治社会的带动、优化营商环境的法治保障、数字法治政府这八个方面低于全国平均水平，说明该市政府在这些方面尚需进一步提高。

六十 汕头市人民政府

表60 汕头市人民政府一级指标评估得分率

单位：%

	政府职能依法全面履行	法治政府建设的组织领导	依法行政制度体系完善	行政决策	行政执法	政务公开	行政权力的制约与监督	法治政府对法治社会的带动	优化营商环境的法治保障	数字法治政府	社会公众满意度调查
该市得分率	73.75	67.50	91.00	92.50	63.13	87.86	50.42	91.25	87.79	76.00	75.75
全国平均得分率	74.59	65.80	74.20	81.16	63.42	82.82	55.14	86.32	60.87	71.25	76.98

可以看出，该市法治政府建设的组织领导、依法行政制度体系完善、行政决策、政务公开、法治政府对法治社会的带动、优化营商环境的法治保障、数字法治政府得分率高于全国平均水平，说明该市政府在这七个方面评价较高；在政府职能依法全面履行、行政执法、行政权力的制约与监督、社会公众满意度调查这四个方面低于全国平均水平，说明该市政府在这些方面尚需进一步提高。

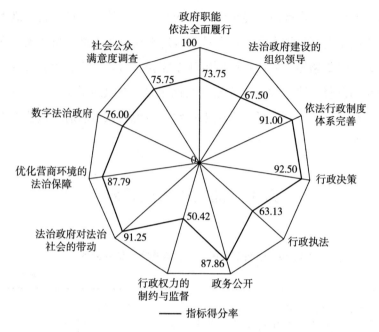

图 60　汕头市人民政府一级指标评估得分率

六十一　商丘市人民政府

表 61　商丘市人民政府一级指标评估得分率

单位：%

	政府职能依法全面履行	法治政府建设的组织领导	依法行政制度体系完善	行政决策	行政执法	政务公开	行政权力的制约与监督	法治政府对法治社会的带动	优化营商环境的法治保障	数字法治政府	社会公众满意度调查
该市得分率	72.50	67.50	73.00	88.75	62.73	76.68	46.84	77.50	52.72	71.00	75.31
全国平均得分率	74.59	65.80	74.20	81.16	63.42	82.82	55.14	86.32	60.87	71.25	76.98

可以看出，该市法治政府建设的组织领导、行政决策得分率高于全国平均水平，说明该市政府在这两个方面评价较高；在政府职能依法全面履行、依法

行政制度体系完善、行政执法、政务公开、行政权力的制约与监督、法治政府对法治社会的带动、优化营商环境的法治保障、数字法治政府、社会公众满意度调查这九个方面低于全国平均水平，说明该市政府在这些方面尚需进一步提高。

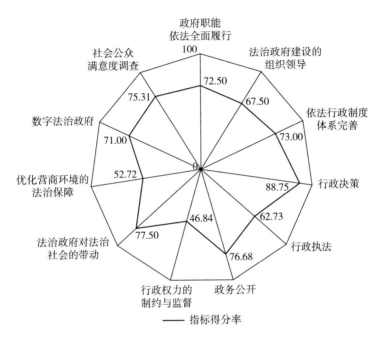

图61 商丘市人民政府一级指标评估得分率

六十二 上海市人民政府

表62 上海市人民政府一级指标评估得分率

单位：%

	政府职能依法全面履行	法治政府建设的组织领导	依法行政制度体系完善	行政决策	行政执法	政务公开	行政权力的制约与监督	法治政府对法治社会的带动	优化营商环境的法治保障	数字法治政府	社会公众满意度调查
该市得分率	76.25	93.75	71.00	97.50	83.54	90.11	71.08	97.50	81.85	87.00	74.37

379

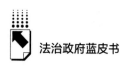

续表

	政府职能依法全面履行	法治政府建设的组织领导	依法行政制度体系完善	行政决策	行政执法	政务公开	行政权力的制约与监督	法治政府对法治社会的带动	优化营商环境的法治保障	数字法治政府	社会公众满意度调查
全国平均得分率	74.59	65.80	74.20	81.16	63.42	82.82	55.14	86.32	60.87	71.25	76.98

可以看出，该市在政府职能依法全面履行、法治政府建设的组织领导、行政决策、行政执法、政务公开、行政权力的制约与监督、法治政府对法治社会的带动、优化营商环境的法治保障、数字法治政府得分率高于全国平均水平，说明该市政府在这九个方面评价较高；在依法行政制度体系完善、社会公众满意度调查这两个方面低于全国平均水平，说明该市政府在这些方面尚需进一步提高。

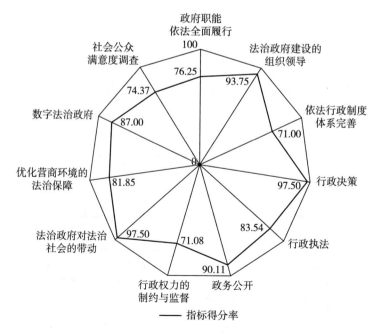

图62 上海市人民政府一级指标评估得分率

六十三　上饶市人民政府

表 63　上饶市人民政府一级指标评估得分率

单位：%

	政府职能依法全面履行	法治政府建设的组织领导	依法行政制度体系完善	行政决策	行政执法	政务公开	行政权力的制约与监督	法治政府对法治社会的带动	优化营商环境的法治保障	数字法治政府	社会公众满意度调查
该市得分率	88.75	60.00	65.42	81.25	52.87	84.74	49.24	82.50	56.07	67.00	83.16
全国平均得分率	74.59	65.80	74.20	81.16	63.42	82.82	55.14	86.32	60.87	71.25	76.98

可以看出，该市政府职能依法全面履行、行政决策、政务公开、社会公众满意度调查得分率高于全国平均水平，说明该市政府在这四个方面评价较高；

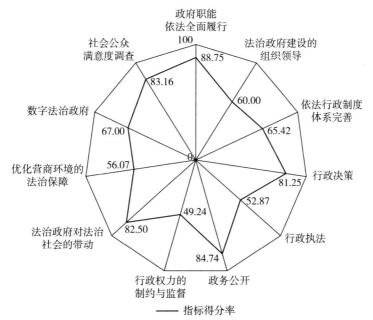

图 63　上饶市人民政府一级指标评估得分率

在法治政府建设的组织领导、依法行政制度体系完善、行政执法、行政权力的制约监督、法治政府对法治社会的带动、优化营商环境的法治保障、数字法治政府这七个方面低于全国平均水平,说明该市政府在这些方面尚需进一步提高。

六十四　邵阳市人民政府

表64　邵阳市人民政府一级指标评估得分率

单位:%

	政府职能依法全面履行	法治政府建设的组织领导	依法行政制度体系完善	行政决策	行政执法	政务公开	行政权力的制约与监督	法治政府对法治社会的带动	优化营商环境的法治保障	数字法治政府	社会公众满意度调查
该市得分率	83.75	67.50	63.42	86.25	62.45	81.20	45.28	82.50	67.79	49.00	78.01
全国平均得分率	74.59	65.80	74.20	81.16	63.42	82.82	55.14	86.32	60.87	71.25	76.98

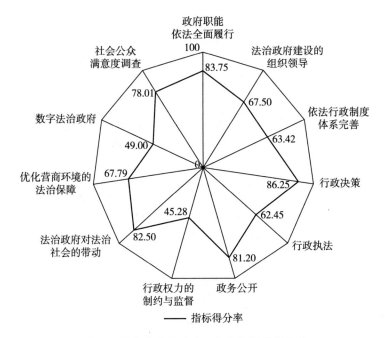

图64　邵阳市人民政府一级指标评估得分率

可以看出，该市政府职能依法全面履行、法治政府建设的组织领导、行政决策、优化营商环境的法治保障、社会公众满意度调查得分率高于全国平均水平，说明该市政府在这五个方面评价较高；在依法行政制度体系完善、行政执法、政务公开、行政权力的制约与监督、法治政府对法治社会的带动、数字法治政府这六个方面低于全国平均水平，说明该市政府在这些方面尚需进一步提高。

六十五 深圳市人民政府

表 65 深圳市人民政府一级指标评估得分率

单位：%

	政府职能依法全面履行	法治政府建设的组织领导	依法行政制度体系完善	行政决策	行政执法	政务公开	行政权力的制约与监督	法治政府对法治社会的带动	优化营商环境的法治保障	数字法治政府	社会公众满意度调查
该市得分率	80.00	83.75	81.00	97.50	79.96	93.16	62.52	92.50	73.44	91.00	78.94
全国平均得分率	74.59	65.80	74.20	81.16	63.42	82.82	55.14	86.32	60.87	71.25	76.98

可以看出，该市政府职能依法全面履行、法治政府建设的组织领导、依法行政制度体系完善、行政决策、行政执法、政务公开、行政权力的制约与监督、法治政府对法治社会的带动、优化营商环境的法治保障、数字法治政府、社会公众满意度调查得分率高于全国平均水平，说明该市政府在这十一个方面评价较高。

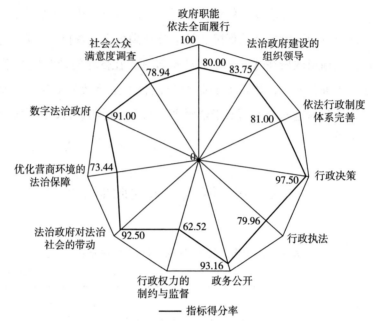

政府职能
依法全面履行
100

社会公众
满意度调查

法治政府建设的
组织领导

78.94

80.00

83.75

数字法治政府

依法行政制度
体系完善

91.00

81.00

优化营商环境的
法治保障

73.44

行政决策

97.50

法治政府对法治
社会的带动

92.50

62.52

79.96

行政执法

行政权力的
制约与监督

93.16

政务公开

—— 指标得分率

图65　深圳市人民政府一级指标评估得分率

六十六　沈阳市人民政府

表66　沈阳市人民政府一级指标评估得分率

单位：%

	政府职能依法全面履行	法治政府建设的组织领导	依法行政制度体系完善	行政决策	行政执法	政务公开	行政权力的制约与监督	法治政府对法治社会的带动	优化营商环境的法治保障	数字法治政府	社会公众满意度调查
该市得分率	80.00	78.75	70.50	92.50	62.80	88.61	44.71	95.00	38.20	77.00	69.10
全国平均得分率	74.59	65.80	74.20	81.16	63.42	82.82	55.14	86.32	60.87	71.25	76.98

可以看出，该市政府职能依法全面履行、法治政府建设的组织领导、行政决策、政务公开、法治政府对法治社会的带动、数字法治政府得分率高于全国

平均水平，说明该市政府在这六个方面评价较高；在依法行政制度体系完善、行政执法、行政权力的制约与监督、优化营商环境的法治保障、社会公众满意度调查这五个方面低于全国平均水平，说明该市政府在这些方面尚需进一步提高。

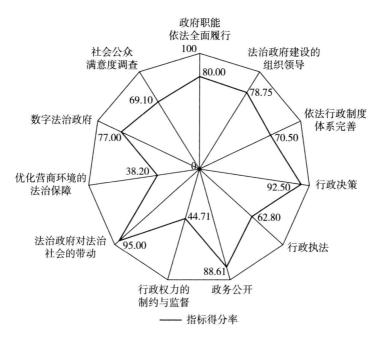

图 66　沈阳市人民政府一级指标评估得分率

六十七　石家庄市人民政府

表 67　石家庄市人民政府一级指标评估得分率

单位：%

	政府职能依法全面履行	法治政府建设的组织领导	依法行政制度体系完善	行政决策	行政执法	政务公开	行政权力的制约与监督	法治政府对法治社会的带动	优化营商环境的法治保障	数字法治政府	社会公众满意度调查
该市得分率	67.50	70.00	72.50	53.75	65.29	68.30	49.33	91.25	49.36	72.00	73.31

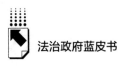

续表

	政府职能依法全面履行	法治政府建设的组织领导	依法行政制度体系完善	行政决策	行政执法	政务公开	行政权力的制约与监督	法治政府对法治社会的带动	优化营商环境的法治保障	数字法治政府	社会公众满意度调查
全国平均得分率	74.59	65.80	74.20	81.16	63.42	82.82	55.14	86.32	60.87	71.25	76.98

可以看出，该市法治政府建设的组织领导、行政执法、法治政府对法治社会的带动、数字法治政府得分率高于全国平均水平，说明该市政府在这四个方面评价较高；在政府职能依法全面履行、依法行政制度体系完善、行政决策、政务公开、行政权力的制约与监督、优化营商环境的法治保障、社会公众满意度调查这七个方面低于全国平均水平，说明该市政府在这些方面尚需进一步提高。

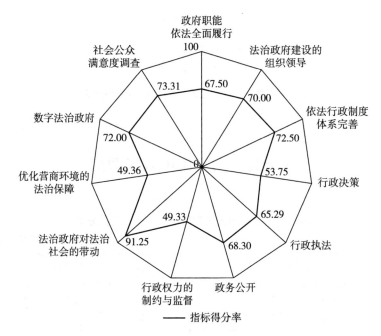

图67 石家庄市人民政府一级指标评估得分率

六十八　苏州市人民政府

表 68　苏州市人民政府一级指标评估得分率

单位：%

	政府职能依法全面履行	法治政府建设的组织领导	依法行政制度体系完善	行政决策	行政执法	政务公开	行政权力的制约与监督	法治政府对法治社会的带动	优化营商环境的法治保障	数字法治政府	社会公众满意度调查
该市得分率	78.75	81.25	88.50	88.75	77.27	92.05	65.54	86.25	69.11	79.00	80.27
全国平均得分率	74.59	65.80	74.20	81.16	63.42	82.82	55.14	86.32	60.87	71.25	76.98

可以看出，该市政府职能依法全面履行、法治政府建设的组织领导、依法行政制度体系完善、行政决策、行政执法、政务公开、行政权力的制约与监督、优化营商环境的法治保障、数字法治政府、社会公众满意度调查得分率高于全

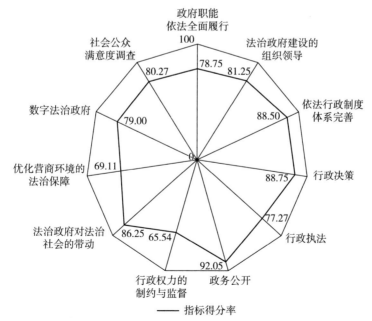

图 68　苏州市人民政府一级指标评估得分率

387

国平均水平，说明该市政府在这十个方面评价较高；在法治政府对法治社会的带动这方面低于全国平均水平，说明该市政府在这方面尚需进一步提高。

六十九　绥化市人民政府

表69　绥化市人民政府一级指标评估得分率

单位：%

	政府职能依法全面履行	法治政府建设的组织领导	依法行政制度体系完善	行政决策	行政执法	政务公开	行政权力的制约与监督	法治政府对法治社会的带动	优化营商环境的法治保障	数字法治政府	社会公众满意度调查
该市得分率	38.75	42.50	70.42	62.50	41.46	68.73	33.55	75.00	54.33	64.00	65.56
全国平均得分率	74.59	65.80	74.20	81.16	63.42	82.82	55.14	86.32	60.87	71.25	76.98

在本次评估中，绥化市在法治政府对法治社会的带动方面表现良好，较往年取得了较大进步。在本年度，绥化市坚持纲举目张，聚焦聚力，市政府35项重点工作、市本级22件民生实事高质高效推进，全部达到预期目标。主动对接，精准服务，市本级政务服务大厅基本实现应进必进，233项政务事项实现"省内通办"、177项实现"跨省通办"，市县两级网办率达100%。12345热线先后整合政务热线59条，打造成为惠企便民的"总客服"。市政府获评人民网网上群众工作"实干担当单位"。法治政府的建设与成果为法治社会的建成奠定了坚实基础。

同时，该市在依法行政制度体系完善、政务公开方面相对表现良好，与往年指标相比整体进步明显。这一方面体现出绥化市对依法行政重视度高，并付诸实践将其落到实处的决心；另一方面表现了绥化市政府致力于建设"阳光下的政府"，注重听取民声的价值倾向。此外，该市在政府职能依法全面履行、行政执法、行政权力的制约与监督等方面尚存在一定的进益空间，该市政府可以针对重点领域的工作困难，寻找对策与出路，持续推进工作。

　　绥化市的法治政府建设工作评估成果经多年纵向对比，呈现出较大的波动趋势。对于具体问题和持续困难的解决，尚需要更稳定的工作定力与更大力度的工作落实。而对新一阶段法治政府建设工作的要求，绥化市需要坚定信心、保持动力，在不断的考验中实现创新与发展。

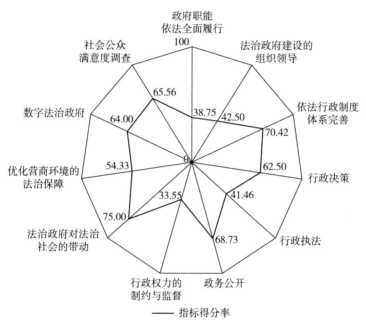

图69　绥化市人民政府一级指标评估得分率

七十　台州市人民政府

表70　台州市人民政府一级指标评估得分率

单位：%

	政府职能依法全面履行	法治政府建设的组织领导	依法行政制度体系完善	行政决策	行政执法	政务公开	行政权力的制约与监督	法治政府对法治社会的带动	优化营商环境的法治保障	数字法治政府	社会公众满意度调查
该市得分率	87.50	55.00	75.50	88.75	66.05	93.00	64.06	81.25	65.29	76.00	87.60

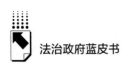

续表

	政府职能依法全面履行	法治政府建设的组织领导	依法行政制度体系完善	行政决策	行政执法	政务公开	行政权力的制约与监督	法治政府对法治社会的带动	优化营商环境的法治保障	数字法治政府	社会公众满意度调查
全国平均得分率	74.59	65.80	74.20	81.16	63.42	82.82	55.14	86.32	60.87	71.25	76.98

可以看出，该市政府职能依法全面履行、依法行政制度体系完善、行政决策、行政执法、政务公开、行政权力的制约与监督、优化营商环境的法治保障、数字法治政府、社会公众满意度调查得分率高于全国平均水平，说明该市政府在这九个方面评价较高；在法治政府建设的组织领导、法治政府对法治社会的带动这两个方面低于全国平均水平，说明该市政府在这些方面尚需进一步提高。

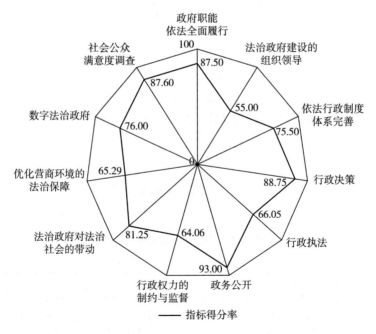

图 70　台州市人民政府一级指标评估得分率

七十一　太原市人民政府

表71　太原市人民政府一级指标评估得分率

单位：%

	政府职能依法全面履行	法治政府建设的组织领导	依法行政制度体系完善	行政决策	行政执法	政务公开	行政权力的制约与监督	法治政府对法治社会的带动	优化营商环境的法治保障	数字法治政府	社会公众满意度调查
该市得分率	72.50	53.75	70.50	88.75	60.07	73.89	63.47	88.75	68.78	69.00	73.29
全国平均得分率	74.59	65.80	74.20	81.16	63.42	82.82	55.14	86.32	60.87	71.25	76.98

可以看出，该市行政决策、行政权力的制约与监督、法治政府对法治社会的带动、优化营商环境的法治保障得分率高于全国平均水平，说明该市政府在

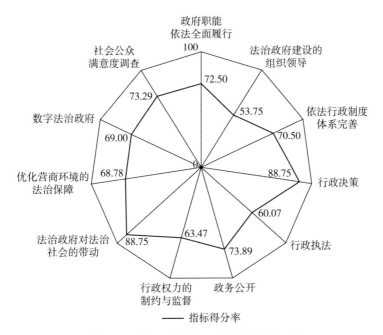

图71　太原市人民政府一级指标评估得分率

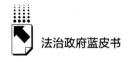

这四个方面评价较高；在政府职能依法全面履行、法治政府建设的组织领导、依法行政制度体系完善、行政执法、政务公开、数字法治政府、社会公众满意度调查这七个方面低于全国平均水平，说明该市政府在这些方面尚需进一步提高。

七十二　泰安市人民政府

表72　泰安市人民政府一级指标评估得分率

单位：%

	政府职能依法全面履行	法治政府建设的组织领导	依法行政制度体系完善	行政决策	行政执法	政务公开	行政权力的制约与监督	法治政府对法治社会的带动	优化营商环境的法治保障	数字法治政府	社会公众满意度调查
该市得分率	72.50	71.25	96.00	82.50	69.25	87.13	56.39	88.75	56.09	75.00	76.10
全国平均得分率	74.59	65.80	74.20	81.16	63.42	82.82	55.14	86.32	60.87	71.25	76.98

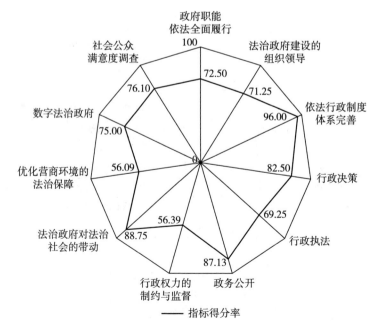

图72　泰安市人民政府一级指标评估得分率

可以看出，该市法治政府建设的组织领导、依法行政制度体系完善、行政决策、行政执法、政务公开、行政权力的制约与监督、法治政府对法治社会的带动、数字法治政府得分率高于全国平均水平，说明该市政府在这八个方面评价较高；在政府职能依法全面履行、优化营商环境的法治保障、社会公众满意度调查这三个方面低于全国平均水平，说明该市政府在这些方面尚需进一步提高。

七十三　唐山市人民政府

表73　唐山市人民政府一级指标评估得分率

单位：%

	政府职能依法全面履行	法治政府建设的组织领导	依法行政制度体系完善	行政决策	行政执法	政务公开	行政权力的制约与监督	法治政府对法治社会的带动	优化营商环境的法治保障	数字法治政府	社会公众满意度调查
该市得分率	68.75	53.75	67.50	50.00	65.40	60.45	38.49	80.00	60.78	59.00	74.62
全国平均得分率	74.59	65.80	74.20	81.16	63.42	82.82	55.14	86.32	60.87	71.25	76.98

在本次评估中，唐山市在行政执法、法治政府对法治社会的带动、优化营商环境的法治保障等方面表现良好，较往年呈现平稳进步趋势，这反映出唐山市政府在行政执法优化、以法治政府建设推动法治社会构建、优化营商环境方面持续发力，并取得了一定成果。

同时，该市在政府职能依法全面履行、依法行政制度体系完善、社会公众满意度调查方面表现相对良好，且后两项指标与往年指标相比进步十分明显。可见该市在重视公众的意见与建议、稳步推进公众参与的同时，不断致力于提高政府职能履行能力，并完善了依法行政制度体系，实现了工作成果的转化。在法治政府建设的组织领导、行政决策、行政权力的制约与监督等方面，唐山市尚存在一定的进益空间，该市政府可以针对重点领域的工作困难，寻找对策与出路，持续推进工作。

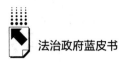

在全国法治政府建设持续推进的大背景下，唐山市法治政府建设工作需要持续的定力。与往年指标相比，本年度唐山市法治政府建设既有进步，亦存在亟须重视和解决的问题与挑战。

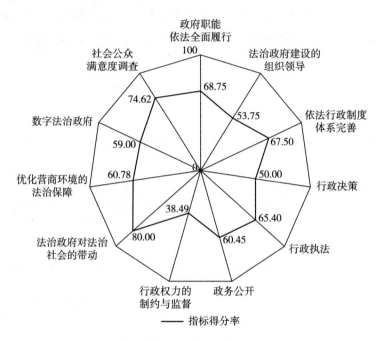

图73　唐山市人民政府一级指标评估得分率

七十四　天津市人民政府

表74　天津市人民政府一级指标评估得分率

单位：%

	政府职能依法全面履行	法治政府建设的组织领导	依法行政制度体系完善	行政决策	行政执法	政务公开	行政权力的制约与监督	法治政府对法治社会的带动	优化营商环境的法治保障	数字法治政府	社会公众满意度调查
该市得分率	71.25	70.00	73.00	100.00	80.79	95.94	62.40	93.75	60.66	77.00	73.59

	政府职能依法全面履行	法治政府建设的组织领导	依法行政制度体系完善	行政决策	行政执法	政务公开	行政权力的制约与监督	法治政府对法治社会的带动	优化营商环境的法治保障	数字法治政府	社会公众满意度调查
全国平均得分率	74.59	65.80	74.20	81.16	63.42	82.82	55.14	86.32	60.87	71.25	76.98

可以看出，该市法治政府建设的组织领导、行政决策、行政执法、政务公开、行政权力的制约与监督、法治政府对法治社会的带动、数字法治政府得分率高于全国平均水平，说明该市政府在这七个方面评价较高；在政府职能依法全面履行、依法行政制度体系完善、优化营商环境的法治保障、社会公众满意度调查这四个方面低于全国平均水平，说明该市政府在这些方面尚需进一步提高。

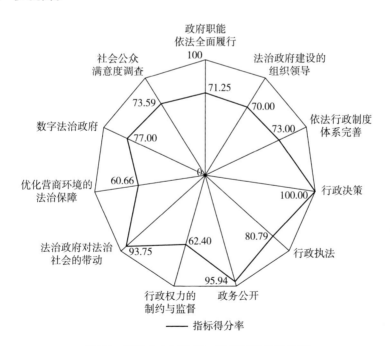

图 74　天津市人民政府一级指标评估得分率

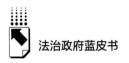

七十五　潍坊市人民政府

表 75　潍坊市人民政府一级指标评估得分率

单位：%

	政府职能依法全面履行	法治政府建设的组织领导	依法行政制度体系完善	行政决策	行政执法	政务公开	行政权力的制约与监督	法治政府对法治社会的带动	优化营商环境的法治保障	数字法治政府	社会公众满意度调查
该市得分率	81.25	45.00	86.00	91.25	66.29	93.04	55.55	95.00	65.80	78.00	83.13
全国平均得分率	74.59	65.80	74.20	81.16	63.42	82.82	55.14	86.32	60.87	71.25	76.98

可以看出，该市政府职能依法全面履行、依法行政制度体系完善、行政决策、行政执法、政务公开、行政权力的制约与监督、法治政府对法治社会的带

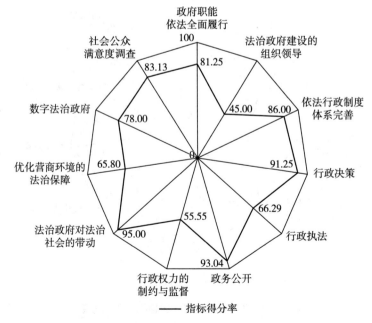

图 75　潍坊市人民政府一级指标评估得分率

动、优化营商环境的法治保障、数字法治政府、社会公众满意度调查得分率高于全国平均水平，说明该市政府在这十个方面评价较高；在法治政府建设的组织领导这方面低于全国平均水平，说明该市政府在这方面尚需进一步提高。

七十六　温州市人民政府

表 76　温州市人民政府一级指标评估得分率

单位：%

	政府职能依法全面履行	法治政府建设的组织领导	依法行政制度体系完善	行政决策	行政执法	政务公开	行政权力的制约与监督	法治政府对法治社会的带动	优化营商环境的法治保障	数字法治政府	社会公众满意度调查
该市得分率	97.50	61.25	68.00	83.75	73.98	92.11	55.43	83.75	71.55	77.00	81.67
全国平均得分率	74.59	65.80	74.20	81.16	63.42	82.82	55.14	86.32	60.87	71.25	76.98

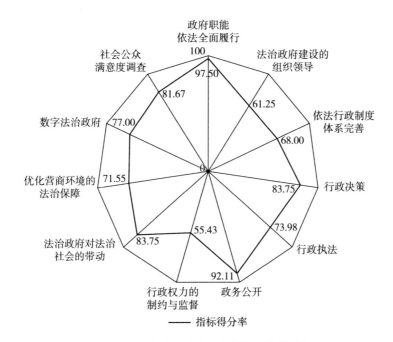

图 76　温州市人民政府一级指标评估得分率

可以看出，该市政府职能依法全面履行、行政决策、行政执法、政务公开、行政权力的制约与监督、优化营商环境的法治保障、数字法治政府、社会公众满意度调查得分率高于全国平均水平，说明该市政府在这八个方面评价较高；在法治政府建设的组织领导、依法行政制度体系完善、法治政府对法治社会的带动这三个方面低于全国平均水平，说明该市政府在这些方面尚需进一步提高。

七十七　乌鲁木齐市人民政府

表77　乌鲁木齐市人民政府一级指标评估得分率

单位：%

	政府职能依法全面履行	法治政府建设的组织领导	依法行政制度体系完善	行政决策	行政执法	政务公开	行政权力的制约与监督	法治政府对法治社会的带动	优化营商环境的法治保障	数字法治政府	社会公众满意度调查
该市得分率	53.75	53.75	66.00	47.50	51.66	71.85	36.27	81.25	55.81	52.00	75.65
全国平均得分率	74.59	65.80	74.20	81.16	63.42	82.82	55.14	86.32	60.87	71.25	76.98

在本次评估中，乌鲁木齐市在法治政府对法治社会的带动、社会公众满意度调查方面表现良好，较往年取得了明显进步。在本年度，乌鲁木齐市全面落实"一规划两纲要"，做到依法治市、依法执政、依法行政共同推进，统筹推动法治首府、法治政府、法治社会一体建设，为该市经济社会持续健康发展提供强有力的法治保障。

同时，该市在法治政府建设的组织领导、依法行政制度体系完善、行政执法、政务公开、优化营商环境的法治保障等方面与往年指标相比整体呈现进步趋势，体现了该市政府在相关方面工作的持续发力并实现了工作成果的转化。在政府职能依法全面履行、行政决策、行政权力的制约与监督、数字法治政府等方面，乌鲁木齐市尚存在一定的进益空间，该市可以针对重点领域的工作困难，寻找对策与出路，持续推进工作。

在全国法治政府建设持续推进的大背景下，乌鲁木齐市法治政府建设工作扎实推进，呈现一定进步趋势，也面临新阶段突破发展的困难与挑战。面对下一年度法治政府建设工作的新要求新挑战，乌鲁木齐市需要迎难而上、再接再厉，逐个解决困难，在法治政府建设中不断取得进步。

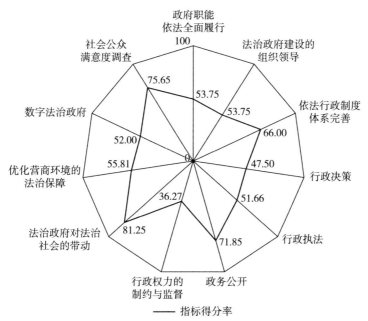

图77　乌鲁木齐市人民政府一级指标评估得分率

七十八　无锡市人民政府

表78　无锡市人民政府一级指标评估得分率

单位：%

	政府职能依法全面履行	法治政府建设的组织领导	依法行政制度体系完善	行政决策	行政执法	政务公开	行政权力的制约与监督	法治政府对法治社会的带动	优化营商环境的法治保障	数字法治政府	社会公众满意度调查
该市得分率	82.50	76.25	76.00	97.50	73.03	77.11	69.38	91.25	74.25	79.00	77.76

续表

	政府职能依法全面履行	法治政府建设的组织领导	依法行政制度体系完善	行政决策	行政执法	政务公开	行政权力的制约与监督	法治政府对法治社会的带动	优化营商环境的法治保障	数字法治政府	社会公众满意度调查
全国平均得分率	74.59	65.80	74.20	81.16	63.42	82.82	55.14	86.32	60.87	71.25	76.98

可以看出，该市政府职能依法全面履行、法治政府建设的组织领导、依法行政制度体系完善、行政决策、行政执法、行政权力的制约与监督、法治政府对法治社会的带动、优化营商环境的法治保障、数字法治政府、社会公众满意度调查得分率高于全国平均水平，说明该市政府在这十个方面评价较高；在政务公开这方面低于全国平均水平，说明该市政府在这方面尚需进一步提高。

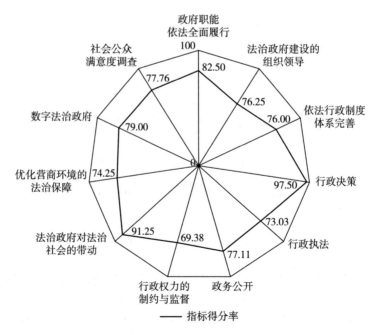

图 78 无锡市人民政府一级指标评估得分率

七十九　武汉市人民政府

表79　武汉市人民政府一级指标评估得分率

单位：%

	政府职能依法全面履行	法治政府建设的组织领导	依法行政制度体系完善	行政决策	行政执法	政务公开	行政权力的制约与监督	法治政府对法治社会的带动	优化营商环境的法治保障	数字法治政府	社会公众满意度调查
该市得分率	78.75	75.00	71.00	88.75	77.15	88.79	64.57	95.00	62.85	78.00	73.78
全国平均得分率	74.59	65.80	74.20	81.16	63.42	82.82	55.14	86.32	60.87	71.25	76.98

可以看出，该市政府职能依法全面履行、法治政府建设的组织领导、行政决策、行政执法、政务公开、行政权力的制约与监督、法治政府对法治社

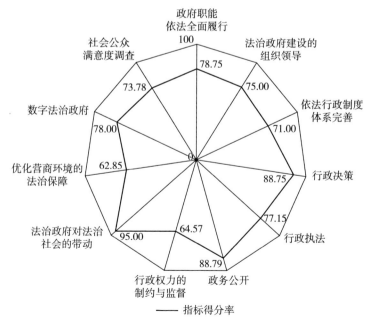

图79　武汉市人民政府一级指标评估得分率

会的带动、优化营商环境的法治保障、数字法治政府得分率高于全国平均水平，说明该市政府在这九个方面评价较高；在依法行政制度体系完善、社会公众满意度调查这两个方面低于全国平均水平，说明该市政府在这些方面尚需进一步提高。

八十　西安市人民政府

表80　西安市人民政府一级指标评估得分率

单位：%

	政府职能依法全面履行	法治政府建设的组织领导	依法行政制度体系完善	行政决策	行政执法	政务公开	行政权力的制约与监督	法治政府对法治社会的带动	优化营商环境的法治保障	数字法治政府	社会公众满意度调查
该市得分率	66.25	72.50	91.00	81.25	70.58	91.70	42.36	85.00	60.33	76.00	73.43
全国平均得分率	74.59	65.80	74.20	81.16	63.42	82.82	55.14	86.32	60.87	71.25	76.98

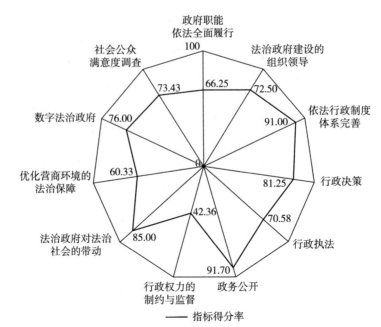

图80　西安市人民政府一级指标评估得分率

可以看出，该市法治政府建设的组织领导、依法行政制度体系完善、行政决策、行政执法、政务公开、数字法治政府得分率高于全国平均水平，说明该市政府在这六个方面评价较高；在政府职能依法全面履行、行政权力的制约与监督、法治政府对法治社会的带动、优化营商环境的法治保障、社会公众满意度调查这五个方面低于全国平均水平，说明该市政府在这些方面尚需进一步提高。

八十一　西宁市人民政府

表 81　西宁市人民政府一级指标评估得分率

单位：%

	政府职能依法全面履行	法治政府建设的组织领导	依法行政制度体系完善	行政决策	行政执法	政务公开	行政权力的制约与监督	法治政府对法治社会的带动	优化营商环境的法治保障	数字法治政府	社会公众满意度调查
该市得分率	77.50	53.75	63.00	76.25	53.27	59.33	66.13	80.00	47.94	65.00	73.65
全国平均得分率	74.59	65.80	74.20	81.16	63.42	82.82	55.14	86.32	60.87	71.25	76.98

可以看出，该市政府职能依法全面履行、行政权力的制约与监督得分率高于全国平均水平，说明该市政府在这两个方面评价较高；在法治政府建设的组织领导、依法行政制度体系完善、行政决策、行政执法、政务公开、法治政府对法治社会的带动、优化营商环境的法治保障、数字法治政府、社会公众满意度调查这九个方面低于全国平均水平，说明该市政府在这些方面尚需进一步提高。

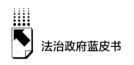

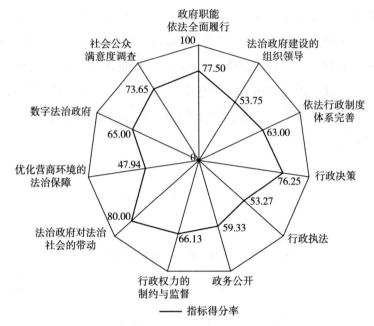

图 81　西宁市人民政府一级指标评估得分率

八十二　厦门市人民政府

表 82　厦门市人民政府一级指标评估得分率

单位：%

	政府职能依法全面履行	法治政府建设的组织领导	依法行政制度体系完善	行政决策	行政执法	政务公开	行政权力的制约与监督	法治政府对法治社会的带动	优化营商环境的法治保障	数字法治政府	社会公众满意度调查
该市得分率	95.00	62.50	76.00	97.50	75.43	88.53	66.39	92.50	80.62	82.00	82.63
全国平均得分率	74.59	65.80	74.20	81.16	63.42	82.82	55.14	86.32	60.87	71.25	76.98

可以看出，该市政府职能依法全面履行、依法行政制度体系完善、行政决策、行政执法、政务公开、行政权力的制约与监督、法治政府对法治社会的带

动、优化营商环境的法治保障、数字法治政府、社会公众满意度调查得分率高于全国平均水平，说明该市政府在这十个方面评价较高；在法治政府建设的组织领导这方面低于全国平均水平，说明该市政府在这方面尚需进一步提高。

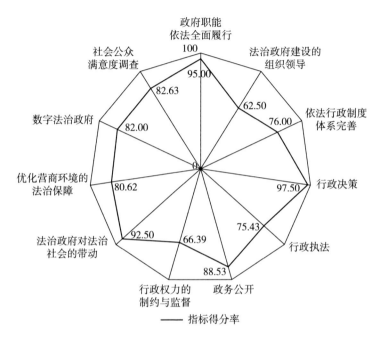

图82　厦门市人民政府一级指标评估得分率

八十三　襄阳市人民政府

表83　襄阳市人民政府一级指标评估得分率

单位：%

	政府职能依法全面履行	法治政府建设的组织领导	依法行政制度体系完善	行政决策	行政执法	政务公开	行政权力的制约与监督	法治政府对法治社会的带动	优化营商环境的法治保障	数字法治政府	社会公众满意度调查
该市得分率	53.75	45.00	93.50	76.25	60.76	84.64	60.46	86.25	61.77	74.00	71.46

续表

	政府职能依法全面履行	法治政府建设的组织领导	依法行政制度体系完善	行政决策	行政执法	政务公开	行政权力的制约与监督	法治政府对法治社会的带动	优化营商环境的法治保障	数字法治政府	社会公众满意度调查
全国平均得分率	74.59	65.80	74.20	81.16	63.42	82.82	55.14	86.32	60.87	71.25	76.98

可以看出，该市依法行政制度体系完善、政务公开、行政权力的制约与监督、优化营商环境的法治保障、数字法治政府得分率高于全国平均水平，说明该市政府在这五个方面评价较高；在政府职能依法全面履行、法治政府建设的组织领导、行政决策、行政执法、法治政府对法治社会的带动、社会公众满意度调查这六个方面低于全国平均水平，说明该市政府在这些方面尚需进一步提高。

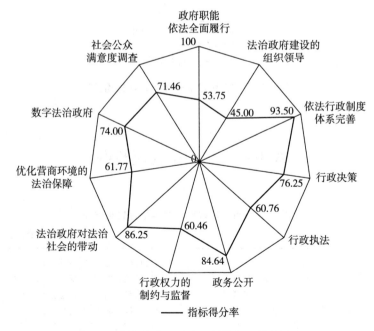

图83　襄阳市人民政府一级指标评估得分率

八十四　新乡市人民政府

表84　新乡市人民政府一级指标评估得分率

单位：%

	政府职能依法全面履行	法治政府建设的组织领导	依法行政制度体系完善	行政决策	行政执法	政务公开	行政权力的制约与监督	法治政府对法治社会的带动	优化营商环境的法治保障	数字法治政府	社会公众满意度调查
该市得分率	76.25	72.50	66.00	75.00	67.42	53.49	41.87	83.75	45.67	61.00	79.00
全国平均得分率	74.59	65.80	74.20	81.16	63.42	82.82	55.14	86.32	60.87	71.25	76.98

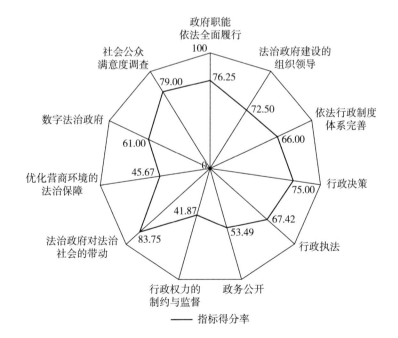

图84　新乡市人民政府一级指标评估得分率

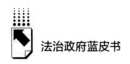

可以看出，该市政府职能依法全面履行、法治政府建设的组织领导、行政执法、社会公众满意度调查得分率高于全国平均水平，说明该市政府在这四个方面评价较高；在依法行政制度体系完善、行政决策、政务公开、行政权力的制约与监督、法治政府对法治社会的带动、优化营商环境的法治保障、数字法治政府这七个方面低于全国平均水平，说明该市政府在这些方面尚需进一步提高。

八十五　信阳市人民政府

表 85　信阳市人民政府一级指标评估得分率

单位：%

	政府职能依法全面履行	法治政府建设的组织领导	依法行政制度体系完善	行政决策	行政执法	政务公开	行政权力的制约与监督	法治政府对法治社会的带动	优化营商环境的法治保障	数字法治政府	社会公众满意度调查
该市得分率	71.25	66.25	66.00	81.25	58.86	79.96	52.86	80.00	45.05	63.00	76.39
全国平均得分率	74.59	65.80	74.20	81.16	63.42	82.82	55.14	86.32	60.87	71.25	76.98

可以看出，该市法治政府建设的组织领导、行政决策得分率高于全国平均水平，说明该市政府在这两个方面评价较高；在政府职能依法全面履行、依法行政制度体系完善、行政执法、政务公开、行政权力的制约与监督、法治政府对法治社会的带动、优化营商环境的法治保障、数字法治政府、社会公众满意度调查这九个方面低于全国平均水平，说明该市政府在这些方面尚需进一步提高。

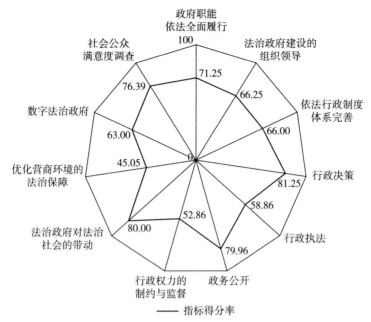

图85 信阳市人民政府一级指标评估得分率

八十六 邢台市人民政府

表86 邢台市人民政府一级指标评估得分率

单位：%

	政府职能依法全面履行	法治政府建设的组织领导	依法行政制度体系完善	行政决策	行政执法	政务公开	行政权力的制约与监督	法治政府对法治社会的带动	优化营商环境的法治保障	数字法治政府	社会公众满意度调查
该市得分率	70.00	57.50	68.00	65.00	52.21	60.33	43.40	80.00	51.92	68.00	66.50
全国平均得分率	74.59	65.80	74.20	81.16	63.42	82.82	55.14	86.32	60.87	71.25	76.98

在本次评估中，邢台市在政府职能依法全面履行、数字法治政府建设方面相对表现良好，较往年取得了明显进步。在本年度，邢台市扎实推进全面

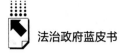

依法行政，加强数字政府建设，推动政务数据共享，坚持将数字技术广泛应用于政府科学决策和管理服务，不断创新依法履职模式和治理机制，体现了"数字化"服务新特点。

同时，该市在法治政府建设的组织领导、依法行政制度体系完善、行政执法、法治政府对法治社会的带动、行政权力的制约与监督、优化营商环境的法治保障、社会公众满意度调查等方面相对表现良好，与往年指标相比整体呈现进步趋势。这体现出邢台市在这几个方面工作力量的投入，深入探寻工作问题，实现了工作成果的转化。在行政决策、政务公开方面，邢台市尚存在一定的进益空间，该市政府可以针对重点领域的工作困难，寻找对策与出路，持续推进工作。

在全国法治政府建设持续推进的大背景下，邢台市法治政府建设工作需要保持定力。与往年指标相比，本年度邢台市法治政府建设稍有波折，在个别指标有所进步的同时，也存在亟须重视和解决的问题与挑战。

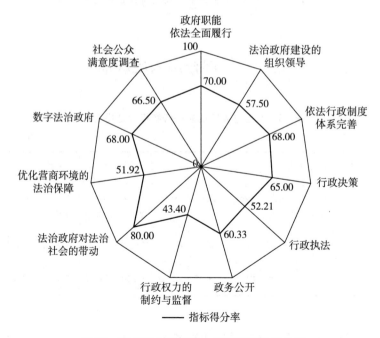

图86　邢台市人民政府一级指标评估得分率

八十七　徐州市人民政府

表87　徐州市人民政府一级指标评估得分率

单位：%

	政府职能依法全面履行	法治政府建设的组织领导	依法行政制度体系完善	行政决策	行政执法	政务公开	行政权力的制约与监督	法治政府对法治社会的带动	优化营商环境的法治保障	数字法治政府	社会公众满意度调查
该市得分率	60.00	60.00	86.00	65.00	63.95	91.35	49.26	86.25	60.13	76.00	73.44
全国平均得分率	74.59	65.80	74.20	81.16	63.42	82.82	55.14	86.32	60.87	71.25	76.98

可以看出，该市依法行政制度体系完善、行政执法、政务公开、数字法治政府得分率高于全国平均水平，说明该市政府在这四个方面评价较高；在政府

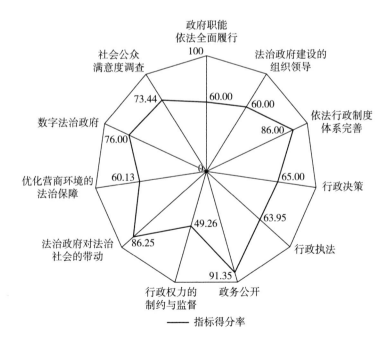

图87　徐州市人民政府一级指标评估得分率

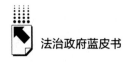

职能依法全面履行、法治政府建设的组织领导、行政决策、行政权力的制约与监督、法治政府对法治社会的带动、优化营商环境的法治保障、社会公众满意度调查这七个方面低于全国平均水平，说明该市政府在这些方面尚需进一步提高。

八十八　烟台市人民政府

表88　烟台市人民政府一级指标评估得分率

单位：%

	政府职能依法全面履行	法治政府建设的组织领导	依法行政制度体系完善	行政决策	行政执法	政务公开	行政权力的制约与监督	法治政府对法治社会的带动	优化营商环境的法治保障	数字法治政府	社会公众满意度调查
该市得分率	90.00	80.00	86.00	87.50	64.64	92.15	48.71	88.75	68.55	80.00	73.22
全国平均得分率	74.59	65.80	74.20	81.16	63.42	82.82	55.14	86.32	60.87	71.25	76.98

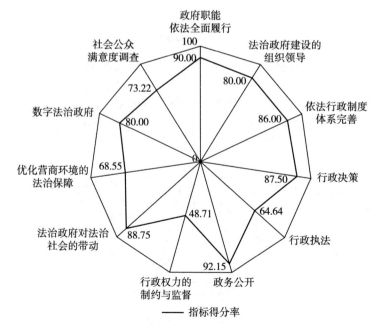

图88　烟台市人民政府一级指标评估得分率

412

可以看出，该市政府职能依法全面履行、法治政府建设的组织领导、依法行政制度体系完善、行政决策、行政执法、政务公开、法治政府对法治社会的带动、优化营商环境的法治保障、数字法治政府得分率高于全国平均水平，说明该市政府在这九个方面评价较高；在行政权力的制约与监督、社会公众满意度调查这两个方面低于全国平均水平，说明该市政府在这些方面尚需进一步提高。

八十九　盐城市人民政府

表 89　盐城市人民政府一级指标评估得分率

单位：%

	政府职能依法全面履行	法治政府建设的组织领导	依法行政制度体系完善	行政决策	行政执法	政务公开	行政权力的制约与监督	法治政府对法治社会的带动	优化营商环境的法治保障	数字法治政府	社会公众满意度调查
该市得分率	81.25	62.50	80.50	86.25	69.60	87.84	57.95	87.50	57.41	74.00	82.52
全国平均得分率	74.59	65.80	74.20	81.16	63.42	82.82	55.14	86.32	60.87	71.25	76.98

可以看出，该市政府职能依法全面履行、依法行政制度体系完善、行政决策、行政执法、政务公开、行政权力的制约与监督、法治政府对法治社会的带动、数字法治政府、社会公众满意度调查得分率高于全国平均水平，说明该市政府在这九个方面评价较高；在法治政府建设的组织领导、优化营商环境的法治保障这两个方面低于全国平均水平，说明该市政府在这些方面尚需进一步提高。

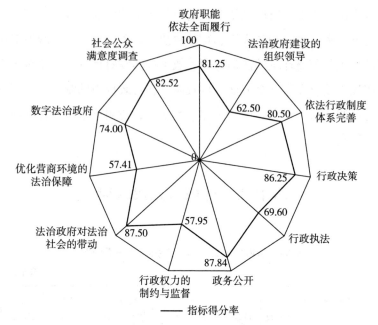

指标得分率

图89 盐城市人民政府一级指标评估得分率

九十　宜春市人民政府

表90　宜春市人民政府一级指标评估得分率

单位：%

	政府职能依法全面履行	法治政府建设的组织领导	依法行政制度体系完善	行政决策	行政执法	政务公开	行政权力的制约与监督	法治政府对法治社会的带动	优化营商环境的法治保障	数字法治政府	社会公众满意度调查
该市得分率	72.50	70.00	63.00	92.50	52.75	77.15	59.26	90.00	50.62	73.00	75.61
全国平均得分率	74.59	65.80	74.20	81.16	63.42	82.82	55.14	86.32	60.87	71.25	76.98

　　可以看出，该市法治政府建设的组织领导、行政决策、行政权力的制约与监督、法治政府对法治社会的带动、数字法治政府得分率高于全国平均水平，

说明该市政府在这五个方面评价较高；在政府职能依法全面履行、依法行政制度体系完善、行政执法、政务公开、优化营商环境的法治保障、社会公众满意度调查这六个方面低于全国平均水平，说明该市政府在这些方面尚需进一步提高。

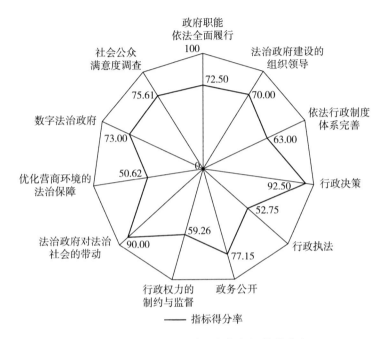

图90 宜春市人民政府一级指标评估得分率

九十一 银川市人民政府

表91 银川市人民政府一级指标评估得分率

单位：%

	政府职能依法全面履行	法治政府建设的组织领导	依法行政制度体系完善	行政决策	行政执法	政务公开	行政权力的制约与监督	法治政府对法治社会的带动	优化营商环境的法治保障	数字法治政府	社会公众满意度调查
该市得分率	81.25	57.50	76.00	92.50	62.68	84.38	66.23	88.75	62.25	74.00	74.44

续表

	政府职能依法全面履行	法治政府建设的组织领导	依法行政制度体系完善	行政决策	行政执法	政务公开	行政权力的制约与监督	法治政府对法治社会的带动	优化营商环境的法治保障	数字法治政府	社会公众满意度调查
全国平均得分率	74.59	65.80	74.20	81.16	63.42	82.82	55.14	86.32	60.87	71.25	76.98

可以看出，该市政府职能依法全面履行、依法行政制度体系完善、行政决策、政务公开、行政权力的制约与监督、法治政府对法治社会的带动、优化营商环境的法治保障、数字法治政府得分率高于全国平均水平，说明该市政府在这八个方面评价较高；在法治政府建设的组织领导、行政执法、社会公众满意度调查这三个方面低于全国平均水平，说明该市政府在这些方面尚需进一步提高。

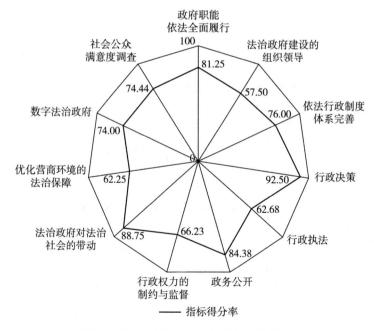

图91　银川市人民政府一级指标评估得分率

九十二 玉林市人民政府

表92 玉林市人民政府一级指标评估得分率

单位：%

	政府职能依法全面履行	法治政府建设的组织领导	依法行政制度体系完善	行政决策	行政执法	政务公开	行政权力的制约与监督	法治政府对法治社会的带动	优化营商环境的法治保障	数字法治政府	社会公众满意度调查
该市得分率	71.25	70.00	66.00	62.50	50.79	87.28	49.52	76.25	69.27	75.00	84.52
全国平均得分率	74.59	65.80	74.20	81.16	63.42	82.82	55.14	86.32	60.87	71.25	76.98

可以看出，该市法治政府建设的组织领导、政务公开、优化营商环境的法治保障、数字法治政府、社会公众满意度调查得分率高于全国平均水平，说明

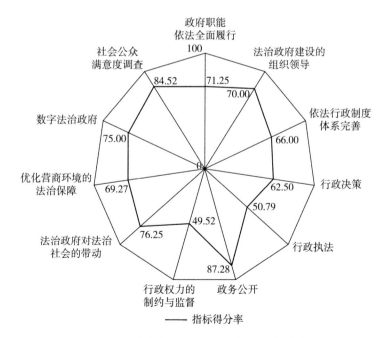

图92 玉林市人民政府一级指标评估得分率

该市政府在这五个方面评价较高；在政府职能依法全面履行、依法行政制度体系完善、行政决策、行政执法、行政权力的制约与监督、法治政府对法治社会的带动这六个方面低于全国平均水平，说明该市政府在这些方面尚需进一步提高。

九十三 岳阳市人民政府

表93 岳阳市人民政府一级指标评估得分率

单位：%

	政府职能依法全面履行	法治政府建设的组织领导	依法行政制度体系完善	行政决策	行政执法	政务公开	行政权力的制约与监督	法治政府对法治社会的带动	优化营商环境的法治保障	数字法治政府	社会公众满意度调查
该市得分率	65.00	73.75	78.50	80.00	55.01	76.25	33.36	78.75	55.06	64.00	75.87
全国平均得分率	74.59	65.80	74.20	81.16	63.42	82.82	55.14	86.32	60.87	71.25	76.98

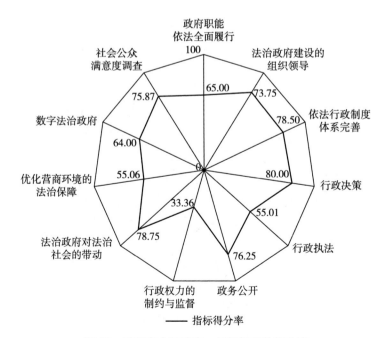

图93 岳阳市人民政府一级指标评估得分率

可以看出，该市法治政府建设的组织领导、依法行政制度体系完善得分率高于全国平均水平，说明该市政府在这两个方面评价较高；在政府职能依法全面履行、行政决策、行政执法、政务公开、行政权力的制约与监督、法治政府对法治社会的带动、优化营商环境的法治保障、数字法治政府、社会公众满意度调查这九个方面低于全国平均水平，说明该市政府在这些方面尚需进一步提高。

九十四 湛江市人民政府

表 94 湛江市人民政府一级指标评估得分率

单位：%

	政府职能依法全面履行	法治政府建设的组织领导	依法行政制度体系完善	行政决策	行政执法	政务公开	行政权力的制约与监督	法治政府对法治社会的带动	优化营商环境的法治保障	数字法治政府	社会公众满意度调查
该市得分率	85.00	57.50	63.50	92.50	52.09	79.96	52.89	82.50	68.98	72.00	73.52
全国平均得分率	74.59	65.80	74.20	81.16	63.42	82.82	55.14	86.32	60.87	71.25	76.98

可以看出，该市政府职能依法全面履行、行政决策、优化营商环境的法治保障、数字法治政府得分率高于全国平均水平，说明该市政府在这四个方面评价较高；在法治政府建设的组织领导、依法行政制度体系完善、行政执法、政务公开、行政权力的制约与监督、法治政府对法治社会的带动、社会公众满意度调查这七个方面低于全国平均水平，说明该市政府在这些方面尚需进一步提高。

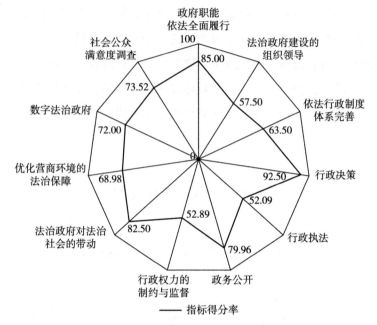

图 94 湛江市人民政府一级指标评估得分率

九十五 郑州市人民政府

表 95 郑州市人民政府一级指标评估得分率

单位：%

	政府职能依法全面履行	法治政府建设的组织领导	依法行政制度体系完善	行政决策	行政执法	政务公开	行政权力的制约与监督	法治政府对法治社会的带动	优化营商环境的法治保障	数字法治政府	社会公众满意度调查
该市得分率	63.75	73.75	76.00	83.75	58.74	92.68	50.07	85.00	49.40	75.00	72.92
全国平均得分率	74.59	65.80	74.20	81.16	63.42	82.82	55.14	86.32	60.87	71.25	76.98

可以看出，该市法治政府对法治社会的带动、依法行政制度体系完善、行政决策、政务公开、数字法治政府得分率高于全国平均水平，说明该市政府在

这五个方面评价较高；在政府职能依法全面履行、法治政府建设的组织领导、行政执法、行政权力的制约与监督、优化营商环境的法治保障、社会公众满意度调查这六个方面低于全国平均水平，说明该市政府在这些方面尚需进一步提高。

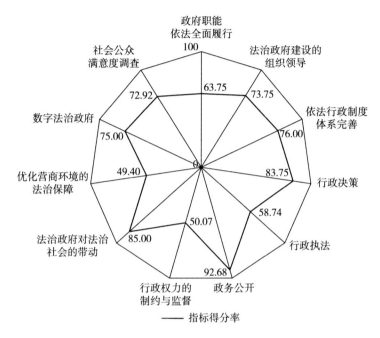

图 95　郑州市人民政府一级指标评估得分率

九十六　周口市人民政府

表 96　周口市人民政府一级指标评估得分率

单位：%

	政府职能依法全面履行	法治政府建设的组织领导	依法行政制度体系完善	行政决策	行政执法	政务公开	行政权力的制约与监督	法治政府对法治社会的带动	优化营商环境的法治保障	数字法治政府	社会公众满意度调查
该市得分率	75.00	70.00	60.42	81.25	58.24	93.09	41.68	85.00	46.60	67.00	77.65

续表

	政府职能依法全面履行	法治政府建设的组织领导	依法行政制度体系完善	行政决策	行政执法	政务公开	行政权力的制约与监督	法治政府对法治社会的带动	优化营商环境的法治保障	数字法治政府	社会公众满意度调查
全国平均得分率	74.59	65.80	74.20	81.16	63.42	82.82	55.14	86.32	60.87	71.25	76.98

可以看出，该市政府职能依法全面履行、法治政府建设的组织领导、行政决策、政务公开、社会公众满意度调查得分率高于全国平均水平，说明该市政府在这五个方面评价较高；在依法行政制度体系完善、行政执法、行政权力的制约与监督、法治政府对法治社会的带动、优化营商环境的法治保障、数字法治政府这六个方面低于全国平均水平，说明该市政府在这些方面尚需进一步提高。

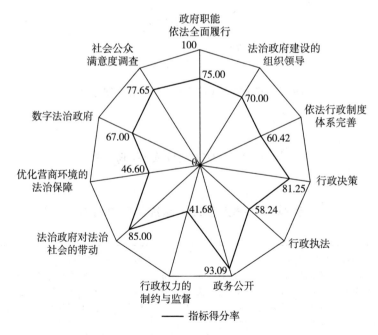

图96 周口市人民政府一级指标评估得分率

九十七　珠海市人民政府

表97　珠海市人民政府一级指标评估得分率

单位：%

	政府职能依法全面履行	法治政府建设的组织领导	依法行政制度体系完善	行政决策	行政执法	政务公开	行政权力的制约与监督	法治政府对法治社会的带动	优化营商环境的法治保障	数字法治政府	社会公众满意度调查
该市得分率	85.00	50.00	91.00	78.75	69.43	89.36	54.90	90.00	70.90	83.00	75.33
全国平均得分率	74.59	65.80	74.20	81.16	63.42	82.82	55.14	86.32	60.87	71.25	76.98

可以看出，该市政府职能依法全面履行、依法行政制度体系完善、行政执法、政务公开、法治政府对法治社会的带动、优化营商环境的法治保障、

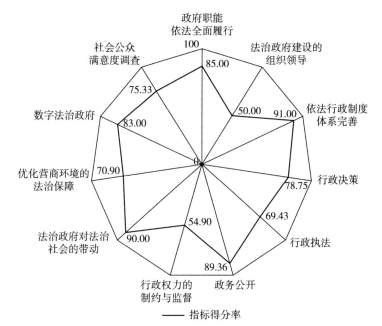

图97　珠海市人民政府一级指标评估得分率

423

数字法治政府得分率高于全国平均水平，说明该市政府在这七个方面评价较高；在法治政府建设的组织领导、行政决策、行政权力的制约与监督、社会公众满意度调查这四个方面低于全国平均水平，说明该市政府在这些方面尚需进一步提高。

九十八　驻马店市人民政府

表 98　驻马店市人民政府一级指标评估得分率

单位：%

	政府职能依法全面履行	法治政府建设的组织领导	依法行政制度体系完善	行政决策	行政执法	政务公开	行政权力的制约与监督	法治政府对法治社会的带动	优化营商环境的法治保障	数字法治政府	社会公众满意度调查
该市得分率	67.50	66.25	61.00	73.75	48.43	79.46	43.47	82.50	41.46	69.00	74.25
全国平均得分率	74.59	65.80	74.20	81.16	63.42	82.82	55.14	86.32	60.87	71.25	76.98

在本次评估中，驻马店市在法治政府建设的组织领导、政务公开方面表现良好，较往年取得了明显进步。在本年度，驻马店市认真落实国家、省关于全面推进政务公开工作的各项决策部署，不断加强政务公开的制度建设、内容建设和平台建设，深入推进重点领域信息公开，增强解读回应实效，认真做好依申请公开、基层政务公开、监督保障等工作，全市政务公开工作成效显著。

同时，该市在政府职能依法全面履行、法治政府建设的组织领导等方面相对表现良好，与往年指标相比整体呈现进步趋势。这体现出驻马店市对于政府职能依法全面履行、法治政府建设的组织领导两方面工作持续发力，实现了工作成果的转化。在行政执法、行政决策、行政权力的制约与监督、优化营商环境的法治保障等方面，驻马店市尚存在一定的进益空间，该市可以针对重点领域的工作困难，寻找对策与出路，持续推进工作。

在全国法治政府建设持续推进的大背景下，驻马店市法治政府建设工作扎实推进，呈现一定进步趋势，也面临新阶段突破发展的困难与挑战。面对下一年度法治政府建设工作的新要求新挑战，驻马店市需要保持定力，发挥优势，逐个解决困难，在法治政府建设中取得不断进步。

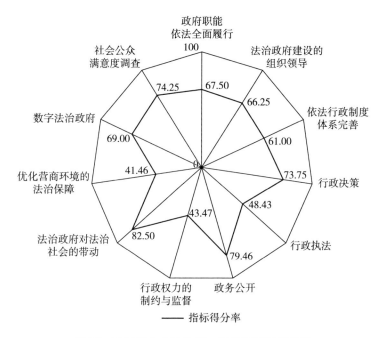

图98 驻马店市人民政府一级指标评估得分率

九十九 淄博市人民政府

表99 淄博市人民政府一级指标评估得分率

单位：%

	政府职能依法全面履行	法治政府建设的组织领导	依法行政制度体系完善	行政决策	行政执法	政务公开	行政权力的制约与监督	法治政府对法治社会的带动	优化营商环境的法治保障	数字法治政府	社会公众满意度调查
该市得分率	76.25	75.00	76.00	92.50	74.60	91.66	52.26	87.50	69.19	76.00	91.72

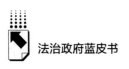

续表

	政府职能依法全面履行	法治政府建设的组织领导	依法行政制度体系完善	行政决策	行政执法	政务公开	行政权力的制约与监督	法治政府对法治社会的带动	优化营商环境的法治保障	数字法治政府	社会公众满意度调查
全国平均得分率	74.59	65.80	74.20	81.16	63.42	82.82	55.14	86.32	60.87	71.25	76.98

可以看出，该市政府职能依法全面履行、法治政府建设的组织领导、依法行政制度体系完善、行政决策、行政执法、政务公开、法治政府对法治社会的带动、优化营商环境的法治保障、数字法治政府、社会公众满意度调查得分率高于全国平均水平，说明该市政府在这十个方面评价较高；在行政权力的制约与监督这方面低于全国平均水平，说明该市政府在这方面尚需进一步提高。

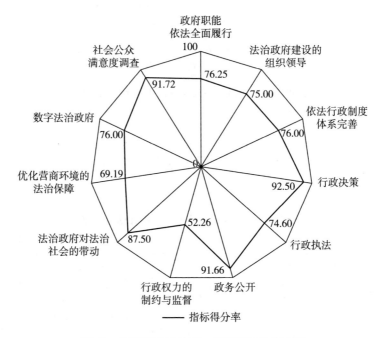

图99　淄博市人民政府一级指标评估得分率

一百 遵义市人民政府

表100 遵义市人民政府一级指标评估得分率

单位：%

	政府职能依法全面履行	法治政府建设的组织领导	依法行政制度体系完善	行政决策	行政执法	政务公开	行政权力的制约与监督	法治政府对法治社会的带动	优化营商环境的法治保障	数字法治政府	社会公众满意度调查
该市得分率	80.00	58.75	76.00	81.25	60.67	90.58	52.77	77.50	70.28	67.00	77.15
全国平均得分率	74.59	65.80	74.20	81.16	63.42	82.82	55.14	86.32	60.87	71.25	76.98

可以看出，该市政府职能依法全面履行、依法行政制度体系完善、行政决策、政务公开、优化营商环境的法治保障、社会公众满意度调查得分率高

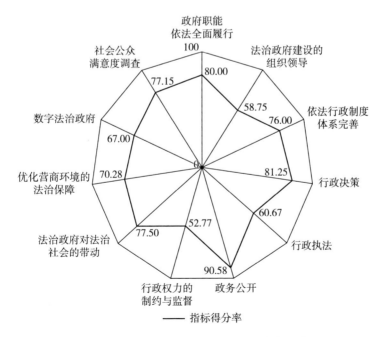

图100 遵义市人民政府一级指标评估得分率

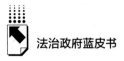
于全国平均水平，说明该市政府在这六个方面评价较高；在法治政府建设的组织领导、行政执法、行政权力的制约与监督、法治政府对法治社会的带动、数字法治政府这五个方面低于全国平均水平，说明该市政府在这些方面尚需进一步提高。

附录一　2023年度中国法治政府评估指标得分率

单位：%

一级指标	二级指标	三级指标	三级指标得分率
政府职能依法全面履行（80分）	简政放权（15分）	跨省通办（15分）	73.00
	清单式管理（15分）	权责清单的动态调整情况（15分）	79.13
	公共服务（20分）	12345政务服务便民热线（10分）	83.90
		托育服务（10分）	55.60
	重大突发事件依法预防处置（15分）	突发事件依法处置能力（15分）	86.20
	生态保护（15分）	生态环境保护情况（15分）	66.33
法治政府建设的组织领导（80分）	法治政府建设的组织保障（40分）	法治政府建设领导作用发挥情况（20分）	72.00
		法治政府建设督察工作落实情况（20分）	45.75
	法治政府建设的落实机制（40分）	法治政府建设主体责任的落实情况（20分）	70.10
		以法治政府建设保障当地中心工作的落实情况（20分）	75.35
依法行政制度体系完善（100分）	制度建设的公众参与度（20分）	地方政府规章草案及其说明是否一律向社会公开征求意见（10分）	54.21
		行政规范性文件的制定是否切实公开听取意见（10分）	31.00
	制度建设的合法性（20分）	地方政府规章的实体合法性（10分）	100.00
		行政规范性文件的实体合法性（10分）	97.00
	制度建设信息化对法治化推进水平（40分）	地方政府规章平台信息化水平（20分）	85.45
		行政规范性文件平台智能化水平落实情况（20分）	86.95
	管理和监督制度实施情况（20分）	地方政府规章清理及后评估制度落实情况（10分）	56.25
		行政规范性文件清理及后评估制度落实情况（10分）	58.75

续表

一级指标	二级指标	三级指标	三级指标得分率
行政决策 (80分)	重大行政决策事项年度目录公开(20分)	重大决策目录制定公开情况(20分)	75.10
	合法决策(20分)	重大决策合法性审查情况(20分)	84.15
	科学决策(20分)	重大决策风险评估(包括社会稳定风险、生态环境风险、经济风险)情况(10分)	70.60
		重大决策专家论证情况(10分)	76.60
	民主决策(20分)	公众参与重大决策情况(20分)	91.40
行政执法 (130分)	(一)行政执法体制改革 (20分)	部门综合执法改革情况(10分)	87.70
		基层执法体制改革情况(10分)	82.90
	(二)重点领域执法(20分)	加大重点领域执法力度(以交通运输领域为考察对象)(10分)	65.50
		加大重点领域执法力度(以安全生产领域为考察对象)(10分)	63.70
	(三)行政执法制度建设 (40分)	完善"行政执法三项制度"(10分)	70.85
		具体行政执法制度建设情况(10分)	65.50
		行政执法具体开展情况(10分)	85.70
		创新行政执法方式情况(10分)	45.00
	(四)行政执法状况(20分)	违法行为投诉体验情况(10分)	34.36
		市政设施损坏投诉情况(10分)	70.40
	(五)行政执法效果(30分)	非诉执行申请被否定情况(10分)	59.50
		行政机关不履行法定职责情况(10分)	50.14
		行政处罚、行政强制、行政许可行为违法情况(10分)	43.21
政务公开 (80分)	(一)主动公开(40分)	重点领域信息主动公开(20分) (1)公开办理行政许可的依据、条件、程序以及办理结果(10分) (2)公开行政事业性收费项目及其依据、标准(10分)	98.53
		政府门户网站的咨询服务功能(20分)	93.00
	(二)依申请公开(40分)	政府提供所申请信息的情况(20分)	81.63
		答复文书格式的规范性(10分)	68.80
		政府信息公开诉讼的胜诉率(10分)	47.48

续表

一级指标	二级指标	三级指标	三级指标得分率
行政权力的制约与监督（80分）	（一）内部监督（40分）	是否公开主要审计报告和审计结果（10分）	62.45
		行政复议主渠道作用的体现（10分）	22.39
		经行政复议案件的胜诉率（20分）	49.30
	（二）外部监督（40分）	地方政府规章或行政规范性文件制定、修改过程中，是否就重大问题向本级党委会请示报告（10分）	71.20
		是否执行本级人大及其常委会的监督决定；对人大代表的批评、意见和建议是否认真及时答复；是否及时办理政协建议案、提案；是否公开办理情况报告（10分）	87.80
		是否及时履行法院生效裁判，支持配合检察院开展行政诉讼监督、行政公益诉讼，积极主动履行职责或纠正违法行为，及时落实、反馈司法建议、检察建议（10分）	47.36
		行政机关负责人出庭应诉率（10分）	51.33
法治政府对法治社会的带动（80分）	（一）社会矛盾有效化解（30分）	调解组织建设（15分）	95.20
		推进行政裁决（15分）	87.53
	（二）推进公共法律服务体系建设（30分）	多元化公共法律服务供给建设（15分）	82.87
		法律援助与村（居）法律顾问（15分）	72.87
	（三）增强全社会法治观念（20分）	领导干部法治思维培养（10分）	99.25
		落实"谁执法谁普法"（10分）	83.60
优化营商环境的法治保障（90分）	（一）完善行政审批与政务服务（30分）	市场准入服务优化（15分）	71.80
		行政许可、行政登记违法情况（15分）	47.88
	（二）政务诚信建设状况（15分）	政府合同履约情况（15分）	51.03
	（三）优化营商环境的推进机制（45分）	政企沟通制度建立与落实（15分）	69.00
		完善公平竞争保障机制（15分）	54.53
		获取公共资源的平等性（15分）	71.60
数字法治政府（100分）	（一）数字法治政府整体部署（10分）	数字法治政府建设规划（10分）	74.00
	（二）政府平台建设（60分）	行政执法平台建设（15分）	93.00
		政务服务平台建设（25分）	59.88
		地方政府规章、行政规范性文件公开与规范化运行（15分）	69.67
		信息无障碍建设（5分）	72.80

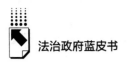

续表

一级指标	二级指标	三级指标	三级指标得分率
数字法治政府（100分）	（三）政府数据开放与个人信息保护（20分）	政府数据开放情况（10分）	45.90
		个人信息保护与处理个人敏感信息规则落实情况（10分）	77.00
	（四）权力监督数字化（10分）	网络问政情况（5分）	83.00
		行政执法监督平台建设情况（5分）	88.00
社会公众满意度调查（100分）	社会公众满意度调查问卷题目：普通市民	您认为，总的来看，市政府在依法办事方面的情况怎样？（10分）	77.96
		您认为，政务大厅、服务中心窗口工作人员的服务态度怎样？（10分）	79.84
		您认为，政务大厅、服务中心窗口工作人员的办事效率怎样？（10分）	78.33
		您认为，该市在行政处罚过程中进行公正处罚的情况怎样？（10分）	77.12
		您认为，市政府在政府信息公开方面的工作情况怎样？（10分）	76.74
		您认为，市政府及其各职能部门工作人员的廉洁奉公情况怎样？（10分）	74.28
		您认为，市政府在社会救助、社会福利（如扶贫、慈善等）方面的情况怎样？（10分）	76.08
		您认为，市政府为市民提供的投诉或意见反馈渠道的情况怎样？（10分）	75.60
		您认为，市政府在作出重大决策时（如决定建设市政道路、规划公园和工业园区、改进教育举措、调整民生保障标准等）听取社会公众意见的情况怎样？（10分）	73.61
		您认为，市政府在开展法治宣传教育工作方面的情况怎样？（10分）	80.05
	社会公众满意度调查问卷题目：法律专家	您认为，市政府的行政效率怎样？（10分）	75.27
		您认为，市政府作出重大行政决策时听取社会公众的意见建议的情况怎样？（10分）	72.12
		您认为，市政府的信息公开或政务公开的情况怎样？（10分）	76.26

续表

一级指标	二级指标	三级指标	三级指标得分率
社会公众满意度调查（100分）	社会公众满意度调查问卷题目：法律专家	您认为，市政府在依法防范和化解社会矛盾、解决争议方面的情况怎样？（10分）	74.99
		您认为，市政府及其工作人员严格规范公正文明执法的情况怎样？（10分）	76.08
		您认为，市政府在优化营商环境方面的工作情况怎样？（10分）	75.17
		您认为，市政府诚实守信的情况怎样？（10分）	76.05
		您认为，市政府工作人员的清正廉洁情况怎样？（10分）	75.07
		您认为，市政府开展法治宣传教育工作的情况怎样？（10分）	79.47
		总的来看，您认为，市政府依法行政或建设法治政府的情况怎样？（10分）	78.44

附录二 2023年度中国法治政府评估一级指标排名1～30的城市得分率情况

单位：%

序号	城市	总得分率	"政府职能依法全面履行"得分率	"法治政府建设的组织领导"得分率	"依法行政制度体系完善"得分率	"行政决策"得分率	"行政执法"得分率	"政务公开"得分率	"行政权力的制约监督"得分率	"法治政府对法治社会的带动"得分率	"优化营商环境的法治保障"得分率	"数字法治政府"得分率	"社会公众满意度调查"得分率
1	上海市	83.56	76.25	93.75	71.00	97.50	83.54	90.11	71.08	97.50	81.85	87.00	74.37
2	深圳市	82.85	80.00	83.75	81.00	97.50	79.96	93.16	62.52	92.50	73.44	91.00	78.94
3	北京市	82.78	72.50	82.50	80.50	100.00	77.32	94.95	70.00	96.25	78.62	84.00	79.08
4	杭州市	82.74	82.50	82.50	88.50	86.25	73.00	90.23	66.62	91.25	79.01	92.00	81.45
5	广州市	82.14	83.75	77.50	88.50	97.50	68.44	95.68	70.00	92.50	78.56	86.00	73.71
6	南京市	82.11	66.25	81.25	86.00	88.75	83.48	96.51	62.35	97.50	89.14	77.00	75.28
7	宁波市	82.05	88.75	78.75	78.00	90.00	75.23	92.49	66.73	92.50	78.26	87.00	79.89
8	厦门市	81.32	95.00	62.50	76.00	97.50	75.43	88.53	66.39	92.50	80.62	82.00	82.63
9	苏州市	80.45	78.75	81.25	88.50	88.75	77.27	92.05	65.54	86.25	69.11	79.00	80.27
10	无锡市	78.97	82.50	76.25	76.00	97.50	73.03	77.11	69.38	91.25	74.25	79.00	77.76

附录二 2023年度中国法治政府评估一级指标排名1~30的城市得分率情况

续表

序号	城市	总得分率	"政府职能依法全面履行"得分率	"法治政府建设的组织领导"得分率	"依法行政制度体系完善"得分率	"行政决策"得分率	"行政执法"得分率	"政务公开"得分率	"行政权力的制约监督"得分率	"法治政府对法治社会的带动"得分率	"优化营商环境的法治保障"得分率	"数字法治政府"得分率	"社会公众满意度调查"得分率
11	青岛市	78.81	87.50	77.50	71.00	91.25	59.39	95.33	74.33	91.25	72.67	82.00	78.72
12	淄博市	78.31	76.25	75.00	76.00	92.50	74.60	91.66	52.26	87.50	69.19	76.00	91.72
13	成都市	78.21	81.25	83.75	76.00	76.25	72.17	88.49	69.71	91.25	64.23	79.00	82.90
14	济南市	78.11	77.50	81.25	78.50	85.00	66.84	88.86	67.16	93.75	63.08	81.00	83.16
15	天津市	77.79	71.25	70.00	73.00	100.00	80.79	95.94	62.40	93.75	60.66	77.00	73.59
16	烟台市	77.46	90.00	80.00	86.00	87.50	64.64	92.15	48.71	88.75	68.55	80.00	73.22
17	汕头市	77.45	73.75	67.50	91.00	92.50	63.13	87.86	50.42	91.25	87.79	76.00	75.75
18	长沙市	77.38	62.50	80.00	78.50	93.75	71.99	92.96	66.42	93.75	65.85	76.00	74.96
19	武汉市	77.23	78.75	75.00	71.00	88.75	77.15	88.79	64.57	95.00	62.85	78.00	73.78
20	六安市	77.08	81.25	77.50	86.00	87.50	62.24	93.70	53.42	83.75	73.16	74.00	82.37
21	南通市	77.08	87.50	63.75	81.00	76.25	80.58	87.49	59.29	87.50	58.40	75.00	88.05
22	重庆市	76.95	75.00	78.75	71.00	97.50	67.64	93.96	62.38	91.25	69.17	74.00	75.28
23	温州市	76.63	97.50	61.25	68.00	83.75	73.98	92.11	55.43	83.75	71.55	77.00	81.67
24	东莞市	76.54	67.50	75.00	86.00	87.50	68.19	90.01	52.08	88.75	70.10	85.00	73.99
25	珠海市	76.18	85.00	50.00	91.00	78.75	69.43	89.36	54.90	90.00	70.90	83.00	75.33
26	潍坊市	76.14	81.25	45.00	86.00	91.25	66.29	93.04	55.55	95.00	65.80	78.00	83.13
27	台州市	75.94	87.50	55.00	75.50	88.75	66.05	93.00	64.06	81.25	65.29	76.00	87.60
28	佛山市	75.75	83.75	42.50	83.50	82.50	69.09	91.08	59.94	93.75	77.15	77.00	74.93
29	泰安市	75.44	72.50	71.25	96.00	82.50	69.25	87.13	56.39	88.75	56.09	75.00	76.10
30	盐城市	74.98	81.25	62.50	80.50	86.25	69.60	87.84	57.95	87.50	57.41	74.00	82.52

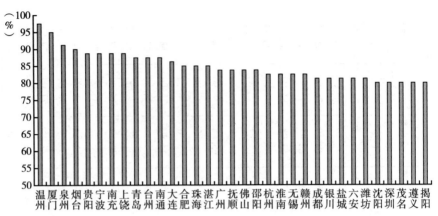

图1　"政府职能依法全面履行"指标排名1~30的城市得分率情况

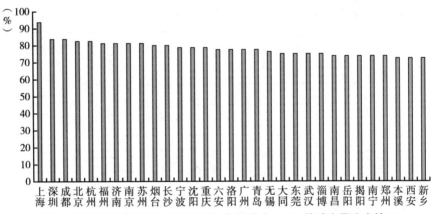

图2　"法治政府建设的组织领导"指标排名1~30的城市得分率情况

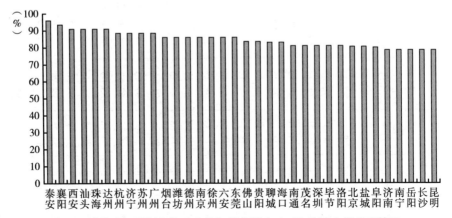

图3　"依法行政制度体系完善"指标排名1~30的城市得分率情况

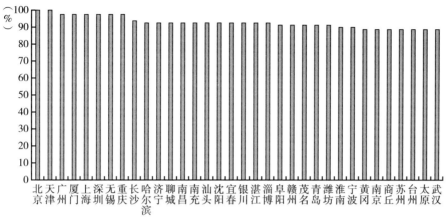

图4 "行政决策"指标排名1~30的城市得分率情况

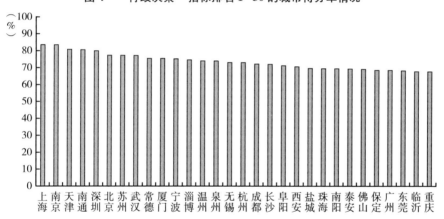

图5 "行政执法"指标排名1~30的城市得分率情况

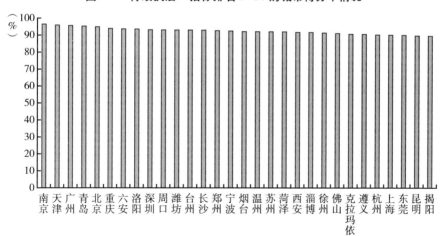

图6 "政务公开"指标排名1~30的城市得分率情况

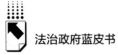
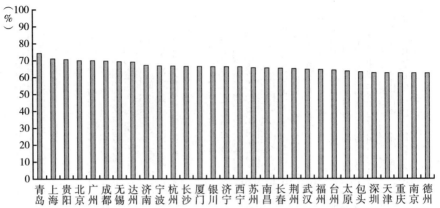

图7　"行政权力的制约与监督"指标排名 1~30 的城市得分率情况

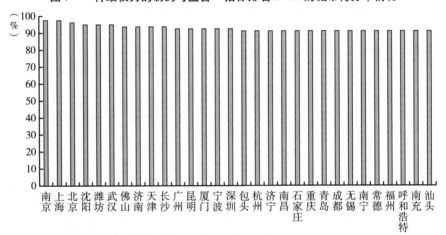

图8　"法治政府对法治社会的带动"指标排名 1~30 的城市得分率情况

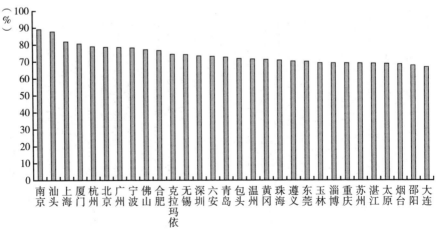

图9　"优化营商环境的法治保障"指标排名 1~30 的城市得分率情况

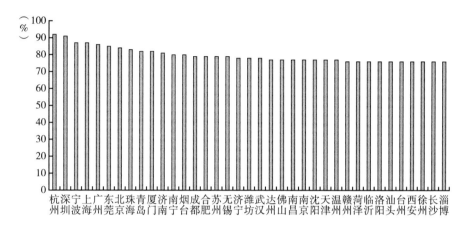

图 10　"数字法治政府"指标排名 1~30 的城市得分率情况

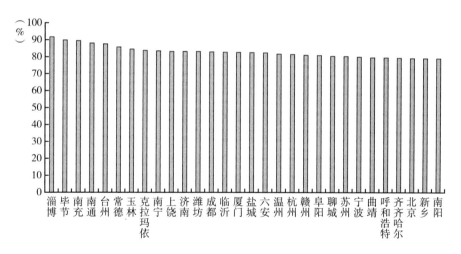

图 11　"社会公众满意度调查"指标排名 1~30 的城市得分率情况

Abstract

This report is the final outcome of the 2023 Local Rule of Law Government Assessment by the Rule of Law Government Institute of China University of Political Science and Law, and is a continuation of the Local Rule of Law Government Assessment launched since 2013. Based on the report of the 20th CPC National Congress, the Outline for the Implementation of the Rule of Law Government Construction (2021−2025) and other important documents on the construction of rule of law government formulated and promulgated by the CPC Central Committee and the State Council, the Rule of Law Government Research Institute, with the solution of specific problems in the construction of the rule of law government as the practical orientation, improved and formed the "2023 Annual China Rule of Law Government Assessment Indicator System", according to which the assessment was completed. A total of 100 cities were assessed, including 4 municipalities directly under the central government, 27 cities where provincial capitals are located, 4 special economic zones, 18 larger cities approved by the State Council, and 47 other cities selected on the basis of population size and geographical distribution. According to the differences in the three levels of indicators, the project team chose the municipal government, each functional department of the municipal government, and some functional departments of the municipal government as the specific targets of the assessment.

The assessment is mainly based on data related to the construction of rule of law governments in 100 cities in 2023. Data collection is mainly through three ways: network search, practical experience and field research, and the application of judicial big data. 2023 assessment report is established on the basis of a more scientific and perfect index system, continue to assess and examine in depth the implementation of local rule of law government construction as well as outstanding problems, put forward feasible suggestions for solutions, and promote the construction of the rule of law government construction of the new era to improve quality and increase efficiency by assessing the construction.

Contents

I　General Report

Abstract: The Institute of Rule of Law and Government of China
University of Political Science and Law has carried out a comprehensive analysis on
the construction of rule of law government in 2023. The results show that the
construction level of the rule of law government has been steadily improved and is
developing in a more refined direction. Further transformation of government
functions, continuous progress in building a integrated government, improvement
in building a participatory government, and the integrated development of a law-
based government and a digital government have taken shape. However, it is also
important to note that the functions of the government need to be further
transformed, and the situation of inadequate supervision in some localities and areas
and inadequate supply of public services is still prominent. Integrated government
construction is still relatively short of systematic efforts at the system level, and it is
urgent to carry out detailed construction from the aspects of rules and standards,
performance evaluation, supervision and accountability. The channels for public
participation need to be further expanded, and the ways of participation need to be
further optimized, so that more active citizens can actively participate in the whole

process of people's democracy. The administrative law enforcement system needs to be further improved, and the role of the rule of law government in driving the rule of law society needs to be further brought into play. To this end, it is necessary to uphold fundamental principles and break new ground, forge ahead bravely, guide and drive high-quality rule of law construction with higher quality rule of law government, and provide a strong guarantee for comprehensively building a modern socialist country on the track of rule of law.

Keywords: Government by Law; Service-oriented Government; Digital Government; Integrated Government; Participatory Government

II　Sub-reports on Indicators

B . 2　Fully Perform Government Functions in Accordance
With the Law　　　　　　　　　　　　　　　　　 ∕ 015

Abstract: In the 2023 assessment, the first-level indicator is divided into five second-level indicators: "streamlining administration and delegating powers", "list-based management", "public services", "prevention and handling of major emergencies in accordance with the law", and "ecological protection", and is refined into six third-level indicators, to conduct a comprehensive, complete, and detailed assessment of the full performance of government functions by local governments in China in accordance with the law. The assessment found that some of the work in the process of fully performing government functions in accordance with the law has achieved remarkable results: the reform of streamlining administration and delegating power has been continuously deepened, the checklist management has been implemented, the level of public services has been improved day by day, and the ability to prevent and deal with major emergencies in accordance with the law has been significantly improved. Of course, there are still some problems in the performance of government functions in China: the "decentralization" of some local governments has not yet been fully realized, the

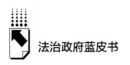

dynamic adjustment of the list of rights and responsibilities of some local governments is insufficient, the update of regulations is not timely enough, the operation of the 12345 government service hotline is not transparent, the relationship between supply and demand is unbalanced, the supply of public services for childcare is insufficient, the ability to respond to major emergencies still needs to be improved, and the implementation of ecological and environmental work is not in place. All local governments shall continue to promote streamlining administration and delegating powers, strengthen the normalized management of dynamic adjustments to the list of rights and responsibilities, comprehensively optimize the construction of service-oriented governments, increase the ability to prevent emergencies and respond to emergencies in accordance with law, and increase the extent of environmental remediation.

Keywords: Government Functions; The Construction of a Rule of Law Government; The Assessment of a Rule of Law Government; Administration According to Law

B. 3 The Organization and Leadership of the Construction of a Law-based Government / 042

Abstract: In the assessment of the law-based government in 2023, under the first-level indicators "The organization and leadership of the construction of a law-based government", there are two second-level indicators: "The organizational guarantee of the construction of a law-based government", "The implementation mechanism for the construction of a law-based government", which can be detailed into four third-level indicators to give an overall investigation of the organization and leadership of rule of law government construction from different levels. The evaluation results show that the leading role of the Party in the construction of the law-based government has been further highlighted, and governments at all levels pay attention to the implementation of the main responsibility of the construction of the law-based government, and ensure central work with the construction of a law-based government. But at the same time, it is found that there are still some problems in the field of organization and leadership, for example, some local party committees lack specific and effective leadership for the construction of the law-based government; The implementation degree and openness of the supervision of the law-based government need to be further improved; The annual report on the construction of the law-based government is still lacking in relevance in terms of feedbacks of practical problems and planning of future measures; The implementation of ensuring central work with the construction of a law-based government needs to be further improved. It is suggested to promote the substantive leadership of Party committees in the construction of law-based government; Improve the implementation plan of supervision of the construction of the law-based government, and ensure the timely disclosure of contents and results; Strengthen the realistic content of the annual report on the construction of a law-based government, attach importance to refining and summarizing the practical problems encountered in practice, and refine and optimize the vision and deployment of future work; Clarify the specific legal protection plan, closely focus on the work of the center to carry out the rule of law conference, and improve the implementation of ensuring central work with the construction of a law-based government.

Keywords: Organization and Leadership; Construction of the Law-based Government; Implementation Mechanism

B.4　Improvement of the Institutional System of Law-based Administration　　　　　　　　　　　　　/ 063

Abstract: The construction of a government based on the rule of law cannot be separated from a systematic, complete, scientifically standardized and effectively functioning institutional system. The outline on promoting the building of a law-based government from 2021 to 2025 emphasizes the importance of "improving the system of administration in accordance with the law, and accelerating the

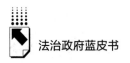

standardization of governmental governance, procedures and the rule of law". This section of the assessment mainly examines the situation of local government regulations and administrative normative documents in terms of public hearings, physical legality, informatization level, and management and supervision. The main basis for indicator design is the deployment requirements of the CPC Central Committee and the State Council for the deployment of local government regulations and administrative normative documents. The assessment shows that localities are doing relatively well in implementing the requirements for the legality of the content of regulations and administrative normative documents, but that shortcomings in the areas of public hearings, cleaning up and post-assessment systems still exist, and that there is an urgent need to target and solve the pain points, blockages and difficulties in the system of sound administration in accordance with the law.

Keywords: Local Government Regulations; Administrative Normative Documents; Democratic Legislative; Cleaning and Post Evaluation

B.5 Administrative Decision-making / 084

Abstract: In the 2022 – 2023 evaluation of the law-based government, "administrative decision-making" is set as the first-level indicator, under which there are four secondary indicators: "annual catalog disclosure of major administrative decision-making matters", "legality of decision-making", "scientificity of decision-making" and "democracy of decision-making". The four second-level indicators are further refined into five third-level indicators to comprehensively examine the perfection of administrative decision-making by government agencies. After evaluation, it was found that the degree of standardization in administrative decision-making is relatively ideal, and various systems have generally been effectively implemented. In particular, significant progress has been made in the legalization, scientificization and democratization of major administrative decisions. However, it was also found that there are still many problems in the field of administrative decision-making. For example, there are irregularities in the disclosure of the annual catalog of major administrative decision-making matters, and the disclosure of decisions still needs to be more comprehensive; the legality review needs to be strengthened, and the quality and efficiency of the review lack sufficient guarantee; the risk assessment of major administrative decisions has problems such as failure to evaluate and insufficient disclosure; The guarantee mechanism for expert evaluation procedures for major decision-making needs to be strengthened, and problems in weak areas are prominent; In some places, public participation is merely a formality, and the feedback mechanism needs to be strengthened. It is recommended to further promote the standardization of the annual catalog disclosure system of major administrative decision-making matters and improve the level of pre-disclosure of major administrative decisions; implement the legality review of major decisions and standardize the legality review process of major decisions; further realize that all types of risk assessments should be fully evaluated, strengthen the legalization and openness of risk assessment; establish a scientific and systematic expert argumentation system, strengthen the transparency of expert argumentation; enrich the forms of public participation, respond to commentators on the adoption of comments, and promote the substantive effect of participation; improve the intelligent and informatization construction of government websites and other communication media, etc.

Keywords: Law-based Government; Administrative Decision-making; Empirical Research

B . 6   Administrative Law Enforcement   / 107

Abstract: For a long time, administrative law enforcement has been a focus of public attention. The Implementation Outline for Building a Rule of Law Government (2021 - 2025) issued by the Central Committee of the Communist Party of China and the State Council in 2021 pointed out that in response to administrative law enforcement work, it is necessary to improve the system of

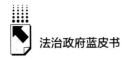

administrative law enforcement, comprehensively promote strict, standardized, fair and civilized law enforcement, focus on improving the satisfaction of the people, and strive to achieve a general improvement in the level of administrative law enforcement. Efforts should be made to ensure that the people can see a clean and upright atmosphere in every law enforcement behavior and feel fairness and justice in every law enforcement decision. The evaluation of the government under the rule of law from 2022 to 2023 is the first evaluation after the end of the COVID-19. The evaluation results show that the reform of administrative law enforcement has been quite effective, but the level of the rule of law of administrative law enforcement is showing a trend of differentiation. Overall, comprehensive administrative law enforcement reform is steadily advancing, and administrative law enforcement in key areas is continuously strengthening. The construction of the "three systems of administrative law enforcement" has made significant progress, and other new systems and methods of law enforcement are also constantly being promoted. In the concept of administrative law enforcement, there is an increasing emphasis on putting people first, with a growing awareness of procedures. Administrative law enforcement results continue to progress towards fairness, transparency, and humanization. While steadily advancing, we should also recognize that there are still a series of problems in administrative law enforcement that affect the quality and efficiency of administrative law enforcement. The regional imbalance in administrative law enforcement is still prominent, the connection between various links of the comprehensive administrative law enforcement mechanism is weak, the coordination and cooperation mechanism for administrative law enforcement is relatively lacking, and there is a lack of targeted and precise institutional rules for administrative law enforcement in key areas. The construction of standardized administrative law enforcement still has a long way to go. In the new era of adhering to the comprehensive rule of law and promoting the construction of the rule of law in China, administrative law enforcement is of utmost importance in lawful administration, which is related to the happiness and health of the people and the long-term stability of the Party and the country. In administrative law enforcement work and various reforms, we must adhere to the concept of people-oriented and people-centered, and promote the continuous progress of administrative law enforcement towards fairness, transparency, and humanization; We must continue to promote the transformation of government functions, optimize the system of government responsibilities and organizational structure, promote the legalization of institutions, functions, authorities, procedures, and responsibilities, improve administrative efficiency and credibility, further enhance the level of rule of law, and ensure high-quality development with high-quality rule of law.

Keywords: Comprehensive Law Enforcement; Law Enforcement in Key Areas; Enforcement Quality

B. 7　The Government-Affairs-Publicity　　　　　　　／ 145

Abstract: In 2023, China's local government affairs openness work continued to maintain the trend of deepening, constantly broadening open channels, increasing the depth of openness, and steadily improving the overall quality of work. However, the openness of local government affairs is still lacking in terms of convenience, responsiveness and standardization, and problems such as inefficient access to information, insufficient interaction between the government and the people, and ineffective responses need to be improved. To this end, it is necessary to further implement the scientific and refined requirements for open government work by improving the professionalism of technology and services, the regularity of interaction mechanisms and the standardization of response review, so as to help modernize the national governance system and capacity with higher-quality openness.

Keywords: Government-affairs-publicity; Active Disclosure; Disclosure on Application; Government-public Interaction

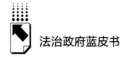
B . 8 Constraints and Oversight of Administrative Power   / 172

Abstract: In the 2023 assessment, the average score rate for the first-level indicator of "constraints and supervision of administrative power" was 55. 14%, with 53 cities above the average, basically the same number as in previous years. This year's indicator system has been revised to a certain extent, with the name of the first-level indicator has been changed from "supervision and accountability" to the "constraint and supervision of administrative power", the two secondary indicators revised to "internal oversight" and "external oversight", the number of tertiary indicators increased from five to seven, and the scores for each tertiary indicator adjusted accordingly. Evaluation results in recent years have shown that the overall level of rule of law government construction in terms of constraints on and supervision of administrative power has continued to improve, with the gradual establishment of a system for reporting major administrative decisions to the Party committee, the handling of and disclosure of local NPC deputies' suggestions and CPPCC committee members' proposals developing favourably, and the acceptance of legal norms for judicial supervision being gradually perfected, while at the same time, the disclosure of information by administrative organs across the country has become more and more timely and comprehensive. However, it should also be noted that its overall level still needs to be improved, with problems including: the timeliness and quality of audit reports and results issued needs to be improved; the openness and self-supervision of administrative reconsideration-related instruments are lacking; there is a lack of a party committee reporting system on major issues relating to the enactment and revision of local government rules, regulations, and administrative normative documents; there is a need to further enhance the implementation and disclosure of the decisions made by administrative organs in respect of supervision by local people's congresses and their standing committees; the acceptance of documents on judicial supervision needs to be further implemented, and the public disclosure of the fulfillment of judgements is insufficient; and the rate of court appearances of persons in charge of the administrative organs of individual cities is low. In response to the above issues, it is recommended that the quality and timeliness of audit reports and results be improved; the disclosure of information on administrative reconsideration and self-supervision measures be strengthened; the comprehensive establishment of a system of party committee reports on major issues relating to the enactment and revision of local government rules and regulations, and administrative normative documents be promoted; the supervisory decisions of the local people's congresses and their standing committees be effectively carried out, and the number of decisions implemented be made public; and the provisions of documents on accepting judicial supervision be implemented. Accepting the provisions of judicial supervision documents, and making public the fulfilment of judgements in the Rule of Law Government Construction Report or setting up a special column; strengthening the supervision and assessment of the work of heads of administrative organs appearing in court to respond to lawsuits and pursuing responsibility for violations of the law.

Keywords: Power Constraints; Power Supervision; Internal Supervision; External Supervision

B.9   The Role of Law-based Government in Driving

Society Governed by Law   / 202

Abstract: In the assessment of law-based government from 2022 to 2023, under the first-level index "the drive of law-based government to the rule of law society", there are two indexes, such as "effectively resolving social contradictions", "promoting the construction of public legal service system" and "enhancing the concept of rule of law in the whole society", through which the government's progress in the construction of law-based government is evaluated and investigated. It is found that in terms of the effective resolution of social contradictions, the construction of mediation organizations in our country is increasingly perfect, the situation of development is improving, and the working mechanism of administrative rulings is constantly improving; in terms of promoting

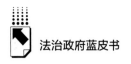

the construction of a public legal service system, local governments have made full use of the advantages of multiple entities and multiple supplies to actively provide high-quality public legal services. Legal aid work and the implementation of village (resident) legal advisers are developing in substance and diversity. In enhancing the concept of the rule of law in the whole society, the training of legal thinking among leading cadres has been highly valued and actively implemented, and the working mechanism and implementation of popularizing law are in good condition. But at the same time, it is found that there are still many problems in this field, such as administrative rulings facing practical difficulties, and the supply of public legal service system needs to be further substantive construction, the implementation effect of the system of "who shall enforce the law and who shall popularize the law" needs to be improved. In order to further let the public share the achievements of the construction of the law-based government and promote the progress of the society based on the rule of law through the construction of the law-based government, it is suggested to reconstruct the system of administrative rulings in the diversified dispute resolution mechanism and ensure the effective play of the function of administrative rulings in the diversified dispute resolution mechanism. Improve the quality and efficiency of public legal services and improve the diversified supply of public legal services; improve the system of "List of Responsibilities to Popularize the Law", and integrate legal publicity and education into the whole process of legal practice.

Keywords: Law-ruled Society; People's Mediation; Administrative Adjudication; Public Legal Services; Responsibility to Popularize the Law

B. 10　The Safeguards for the Rule of Law for Optimizing the
　　Business Environment　　　　　　　　　　　　　　　/ 228

Abstract: In the current Rule of Law Government Assessment, the score rate for the first-level indicator "The safeguards for the rule of law for optimizing the business environment" was reduced from 74. 45% in 2022 to 60. 87%.

Overall, the effectiveness of the construction of the safeguards for the rule of law for the optimization of the national business environment has fluctuated. The "The safeguards for the rule of law for optimizing the business environment" has been modified compared to the 2022 indicators. Although it still contains six level 3 indicators, the scoring criteria for some of the level 3 indicators have been slightly adjusted, as the scoring criteria for level 3 indicators 2 and 3 have been increased by adding a national average comparison indicator, which assigns scores after comparing the situation of each region with the national average, with a view to making the data more scientific and accurate. From the results of this assessment, generally speaking, the optimization of market access services, the establishment and implementation of the government-enterprise communication system, and the equality of access to public resources in each region have performed relatively well, but the indicators have also revealed many problems in practice. Specifically, there are problems such as the slow deepening of the negative list and separation of licenses and permits reforms, laxity in the review of administrative licenses and administrative registrations, the failure of many governments to perform or to perform according to their contracts, the fact that some governments have yet to set up a special channel for communication between the government and the enterprises, the obstacles to the realization of the functioning of the mechanism for guaranteeing fair competition, and the equality of access to resources, which still needs to be perfected. In view of the existing problems, it is recommended that local governments further deepen the adjustment of the content of the negative list and the scope of the separation of licenses and permits, carry out their review duties in a prudent and reasonable manner in accordance with the law, strengthen the integrity of the government and carry out the principle of protection of reliance, improve the mechanism of regular communication between the government and enterprises, strengthen the implementation of the mechanism of guaranteeing fair competition, and make efforts to eliminate the phenomenon of differentiated or discriminatory treatment.

Keywords: Business Environment; The Guarantee of the Rule of Law; Political Integrity; Government-Enterprise Communication; Fair Competition

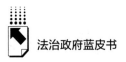
B. 11 Law Based-digital Government   / 256

Abstract: In 2023, based on the provisions of "striving to realize the deep integration of information and rule of law in government governance" in the "Outline for Building of a Law-based Government from 2021 to 2025", combined with the content of the "Guiding Opinions on Strengthening the Construction of Based-digital Government" and the "Overall Layout Plan for the Construction of Based-digital China", the index system of "Law Based-digital Government" was comprehensively updated. According to the evaluation of the new evaluation indicators, it is found that the construction of the law based-digital government has been promoted in depth as a whole, and it has performed well in the construction of the administrative law enforcement publicity platform, the construction of the online governance platform, and the implementation of the personal privacy policy of the government service platform, and has made significant progress in the construction of the administrative law enforcement supervision platform. Hangzhou, Shenzhen, Shanghai, Ningbo and other cities in the eastern coastal areas have achieved remarkable results in the construction of digital governments, and have achieved excellent results in government service platforms, disclosure of administrative normative documents, and disclosure of government data. However, overall, there are still a lot of problems. Most cities have not covered special groups with basic digital services, and the construction of barrier-free reading columns is lagging behind. Nearly half of the 100 cities have not established open data platforms, and there is room for further improvement in the quality and quantity of open data in cities that have established open data platforms. Some city governments have failed to perform their duties to protect personal information, and criminal cases of infringement of citizens' personal information have occurred frequently. Based on the assessment, it is recommended that all localities do a good job in the top-level design of the construction of a digital rule of law government, actively give play to the role of the digital rule of law government in the process of leading the development of the digital economy and digital society, promote the development of government affairs platforms to be efficient and standardized, and actively fulfill the leading role of the rule of law in the digital government, so as to ensure the convenience and service of the people in the construction of the digital government.

Keywords: Law Based-digital Government; Government Service Platform; Government Data Opening; Personal Information Protection; Administrative Law Enforcement Supervision Platform

Abstract: Embracing a people-centric ethos stands as a pivotal tenet in Xi Jinping Thought on the Rule of Law. The steadfast implementation of Xi Jinping Thought on the Rule of Law demands a committed pursuit of developing a law-based government with a keen focus on the people. Grounded in the fundamental interests of the broader population and driven by the quest for public satisfaction, this endeavor continually strives to enhance the public's contentment with the law-based government. This approach not only aligns with the contemporary goal of elevating public satisfaction but also nurtures the evolution of the law-based government towards high quality and excellence. Our survey indicates a consistent upward trend in public satisfaction with the law-based government over the years. However, areas such as the professionalism of administrative service personnel, standardization of administrative law enforcement, public involvement in administrative decision-making, and transparency in administrative procedures require further refinement. A sustained and dedicated effort is essential to construct a law-based government that resonates with and satisfies the public.

Keywords: Public Satisfaction; Law-based Government; People-Centered Approach

北京市哲学社会科学研究基地智库报告
系列丛书

推动智库成果深度转化
打造首都新型智库拳头产品

为贯彻落实中共中央和北京市委关于繁荣发展哲学社会科学的指示精神,北京市社科规划办和北京市教委自 2004 年以来,依托首都高校、科研机构的优势学科和研究特色,建设了一批北京市哲学社会科学研究基地。研究基地在优化整合社科资源、资政育人、体制创新、服务首都改革发展等方面发挥了重要作用,为首都新型智库建设进行了积极探索,成为首都新型智库的重要力量。

围绕新时期首都改革发展的重点热点难点问题,北京市社科联、北京市社科规划办、北京市教委与社会科学文献出版社联合推出"北京市哲学社会科学研究基地智库报告系列丛书"。

北京市哲学社会科学研究基地智库报告系列丛书

（按照丛书名拼音排列）

· 北京产业蓝皮书：北京产业发展报告

· 北京人口蓝皮书：北京人口发展研究报告

· 城市管理蓝皮书：中国城市管理报告

· 法治政府蓝皮书：中国法治政府发展报告

· 健康城市蓝皮书：北京健康城市建设研究报告

· 京津冀蓝皮书：京津冀发展报告

· 平安中国蓝皮书：平安北京建设发展报告

· 企业海外发展蓝皮书：中国企业海外发展报告

· 首都文化贸易蓝皮书：首都文化贸易发展报告

· 中央商务区蓝皮书：中央商务区产业发展报告

法律声明

　　"皮书系列"（含蓝皮书、绿皮书、黄皮书）之品牌由社会科学文献出版社最早使用并持续至今，现已被中国图书行业所熟知。"皮书系列"的相关商标已在国家商标管理部门商标局注册，包括但不限于LOGO（▓）、皮书、Pishu、经济蓝皮书、社会蓝皮书等。"皮书系列"图书的注册商标专用权及封面设计、版式设计的著作权均为社会科学文献出版社所有。未经社会科学文献出版社书面授权许可，任何使用与"皮书系列"图书注册商标、封面设计、版式设计相同或者近似的文字、图形或其组合的行为均系侵权行为。

　　经作者授权，本书的专有出版权及信息网络传播权等为社会科学文献出版社享有。未经社会科学文献出版社书面授权许可，任何就本书内容的复制、发行或以数字形式进行网络传播的行为均系侵权行为。

　　社会科学文献出版社将通过法律途径追究上述侵权行为的法律责任，维护自身合法权益。

　　欢迎社会各界人士对侵犯社会科学文献出版社上述权利的侵权行为进行举报。电话：010-59367121，电子邮箱：fawubu@ssap.cn。

社会科学文献出版社